本书为“中国扶贫战略研究”
（项目批准号：16JJD840007）的研究成果

教育部人文社会科学
重点研究基地

武汉大学社会保障
研究中心

中国社会保障改革与发展报告2017

Reform and Development of Social Security Report 2017

邓大松　刘昌平　等 著

人 民 出 版 社

前　言

社会保障是社会稳定的“安全网”、经济运行的“调节器”，是构建社会主义和谐社会的重要内容，对于调节收入分配、促进社会公平，增加国内需求、拉动经济增长具有十分重要的作用。中国政府一直高度重视社会保障制度建设，党的十四届三中全会《中共中央关于建立社会主义市场经济体制若干问题的决定》明确提出“建立多层次的社会保障制度，为城乡居民提供同我国国情相适应的社会保障，促进经济发展和社会稳定”，将社会保障制度作为社会主义市场经济体制的重要支柱；党的十七大报告中明确提出将“建立覆盖城乡居民的社会保障体系”作为构建社会主义和谐社会的主要任务之一，要求到2020年基本建立覆盖城乡居民的社会保障体系，使人人享有基本生活保障；党的十八大报告中进一步提出“要坚持全覆盖、保基本、多层次、可持续方针，以增强公平性、适应流动性、保证可持续性为重点，全面建成覆盖城乡居民的社会保障体系”。党的十九大报告中明确提出，要按照兜底线、织密网、建机制的要求全面建成覆盖全民城乡统筹、权责清晰、保障适度、可持续的多层次社会保障体系”。

改革开放以来，特别是党的十四届三中全会以来，中国政府抓住国民经济持续快速健康发展的有利时机，在社会保障制度体系建设上作出了不懈努力，取得了重要进展：明确完善社会保障制度的基本原则、总体目标和主要任务，确立社会统筹与个人账户相结合的基本社会养老保险和基本社会医疗保险制度，基本建成了涵盖养老保险、医疗保险、失业保险、工伤保险和生育保险，以及城乡居民最低生活保障制度的社会保障体系；普遍实行个人缴费制度，加大中央和地方财政投入力度，建立全国社会保障基金，初步形成了国家、企业和个人的社会保障资金多渠道筹集机制；扩大社会保险制度的覆盖范围，实现了从国有企业向城镇各种所有制企业、灵活就业人员和个体工商户的延伸；实行原行业统筹下放省级管理，解决条块分割的矛盾，建立了上下贯通、覆盖全国的社会保险社会化管理服务体系。社会保障制度的改革与不断完善，对保障人民群众的基本生活需求和维持社会安定团结，对国有企业改革、经济结构调整的顺利推进，对统筹城乡社会经济发展进程，发挥了十分重要的作用。

中国是世界上最大的发展中国家，人民生活还不富裕，社会主义市场经济体制初步建立，影响发展的体制机制障碍依然存在，经济增长和社会发展面临着许多突出问题。正如党的十七大报告所言："人民生活总体上达到小康水平，同时收入分配差距拉大趋势还未根本扭转，城乡贫困人口和低收入人口还有相当数量，统筹兼顾各方面利益难度加大。"当前，社会保障体系不完善与人民群众日益增长的社会保障需求是构建社会主义和谐社会的突出矛盾之一。

武汉大学社会保障研究中心作为国家"985"工程社会保障研究创新基地和教育部人文社会科学百所重点研究基地之一，长期以来一直致力于社会保障理论与中国社会保障制度研究，承接了包括国家自然科学基金、国家社会科学基金以及教育部、各级政府部门、国内外相关研究机构和社会组织研究课题在内的大量研究任务，近几年取得了一系列研究成果。《中国社会保障改革与发展报告》是由武汉大学社会保障研究中心组织国内社会保障领域诸多知名学者与专家，共同编著的一份重要的年度研究报告，也是教育部哲学社会科学研究报告资助项目"中国社会保障改革与发展报告"（批准号 10JBG009）的重要研究成果，报告重点关注社会保障理论研究与国际比较研究中的前沿问题，当前中国经济社会发展过程中凸显的社会矛盾和民生问题，中国社会保障制度改革过程中的焦点、难点和热点问题。

社会保障是一项复杂的社会系统工程，也是一项正在不断改革和完善的社会经济制度,需要解决的问题和面临的困难太多,《中国社会保障改革与发展报告》不可能穷尽当前社会保障领域内的所有方面。因此,我们试图在有限的篇幅和人力条件下,经过编著者的共同努力,将《中国社会保障改革与发展报告》打造成中国社会保障理论与政策研究的精品与力作。

目　录

1

党的十八大以来扶贫工作的指导思想

邓大松　李玉娇　王仲玮

1.1 引　言

党的十八大以来,以习近平同志为核心的党中央高度重视扶贫开发工作,党的十九大进一步将精准脱贫作为决胜全面建成小康社会必须打赢的三大攻坚战之一,在全国范围内做出一系列重大部署,我国扶贫开发由此进入新时代脱贫攻坚阶段。在习近平总书记有关扶贫的一系列重要论述的指引下,各地各部门认真贯彻党中央决策部署,全面推进精准扶贫、精准脱贫,脱贫攻坚取得决定性进展。根据《2017 年国民经济和社会发展统计公报》,全国农村贫困人口从 2012 年年底的 9899 万人减少至 2017 年年底的 3036 万人,累计减少 6853 万人;贫困发生率从 2012 年年底的 10.2%下降至 2017 年年底的 3.1%,累计下降 7.1 个百分点。我国提前 10 年实现了联合国 2030 年可持续发展议程确定的减贫目标,在全球减贫事业中始终保持领先地位。在肯定党的十八大以来脱贫成效的同时,应当清醒地认识到我国贫困问题的复杂性和脱贫攻坚任务的艰巨性,"入之愈深,其进愈难"。从总量上看,2017 年年底全国农村贫困人口数为 3036 万;从结构上看,现有贫困地区和贫困群众都是几轮扶贫后剩下的"硬骨头",是贫中之贫,困中之困;从群体分布上看,主要是残疾人、孤寡老人、长期患病者等完全或部分丧失劳动能力的贫困人口;从扶贫工作成效上看,当前脱贫攻坚工作中还存在贫困识别不够精准、帮扶措施不实际、政策落实不到位、监管机制不完善等问题。[①] 因此,坚决打赢新时代脱贫攻坚战,必须以习近平总书记有关扶贫的重要论述为指导,不断深入推进扶贫开发的理论创新和实践创新,确保实现 2020 年我国现行标准下

① 《坚决打赢脱贫攻坚战》,中国共产党新闻网,http://cpc.people.com.cn/n1/2017/1123/c415067-29664036.html,2017-11-23。

农村贫困人口全部脱贫，贫困县全部摘帽，实现区域性整体贫困的脱贫攻坚总目标。

1.2 党的十八大以来扶贫工作的指导思想

1.2.1 党的十八大以来扶贫工作指导思想的形成与发展

四十多年来，在中国县、市、省、中央的扶贫工作让习近平总书记对中国“三农”和贫困问题有着深刻的理解，并初步形成了经济大合唱、弱鸟先飞、滴水石穿和思路贫困等重要扶贫理念、观点和方法。2012 年 12 月 31 日，习近平总书记到河北省阜平县看望慰问困难群众，考察扶贫开发工作。在阜平召开的两场座谈会中，习近平总书记强调“把帮助困难群众脱贫致富摆在更加突出位置”，同时提出“因地制宜、科学规划、分类指导、因势利导”，明确要求各项扶持政策要进一步向革命老区、贫困地区倾斜。[①]

党的十八大以来，习近平总书记高度重视扶贫开发工作，将脱贫攻坚摆到治国理政的突出位置，多次组织扶贫重要会议和开展扶贫考察调研。2013 年 11 月，习近平总书记到湖南省湘西土家族苗族自治州花垣县排碧乡十八洞村考察，首次提出了“精准扶贫”的重要思想。这标志着我国的扶贫开发进入新的历史时期，扶贫开发模式由“大水漫灌”变为精准“滴灌”，由“被动输血”变为“主动造血”。在扶贫开发工作中，习近平总书记的精准扶贫战略思想不断丰富和深化。2015 年 2 月，习近平总书记在延安主持召开陕甘宁革命老区脱贫致富座谈会，将扶贫攻坚任务进一步聚焦到革命老区，要求领导干部“看真贫、扶真贫、真扶贫”，做到目标

① 《十八大以来习近平对脱贫攻坚做出超强部署》，中国网，http://news.china.com.cn/2017-06/28/content_41111761_2.htm，2017-06-28。

明确、任务明确、责任明确、举措明确。2015年6月，在贵阳召开的涉及武陵山、乌蒙山、滇桂黔集中连片特困地区的脱贫攻坚座谈会上，习近平总书记提出精准扶贫的基本要求——“六个精准”，即扶贫对象精准、项目安排精准、资金使用精准、措施到户精准、因村派人精准、脱贫成效精准。同年10月，习总书记在2015减贫与发展高层论坛上深刻阐述了中国共产党和中国政府的主张和部署，并首次提出“五个一批”脱贫举措，即发展生产脱贫一批、易地扶贫搬迁脱贫一批、生态补偿脱贫一批、发展教育脱贫一批、社会保障兜底一批。

2015年11月，中央扶贫开发工作会议召开，习近平总书记全面阐述了“六个精准”“五个一批”“四个问题”[①]等重要思想，形成了系统的精准扶贫战略思想。2016年7月，习近平总书记在银川主持召开东西部扶贫协作座谈会时强调，东西部扶贫协作和对口支援是实现先富帮后富、最终实现共同富裕目标的大举措，同时提出“提高认识，加强领导”“完善结对，深化帮扶”“明确重点，精准聚焦”“加强考核，确保成效”四点要求。2017年6月，在太原召开的深度贫困地区脱贫攻坚座谈会上，习近平总书记提出合理确定脱贫目标，加大投入支持力度，集中优势兵力打攻坚战，区域发展必须围绕精准扶贫发力，加大各方帮扶力度，加大内生动力培育力度，加大组织领导力度，加强检查督查八条要求。2018年5月，习近平总书记主持召开中共中央政治局会议，指出“坚持精准扶贫、精准脱贫基本方略，坚持中央统筹、省负总责、市县抓落实的工作机制，坚持大扶贫工作格局，坚持脱贫攻坚目标和现行扶贫标准，聚焦深度贫困地区和特殊贫困群体，突出问题导向，优化政策供给，下足绣花功夫，切实提高贫困人口获得感”。

党的十八大以来，习近平总书记走遍了全国14个集中连片特困地区，进行调研考察，基于长期实践经验对扶贫开发问题进行深入思考和科学总结，为当地脱贫致富开出良方。同时，在全国“两会”、中央经济工作

① 实施精准扶贫战略必须解决好“四个问题”：一是“扶持谁”，即瞄准扶贫对象。二是“谁来扶”，即严格责任机制，同时发挥脱贫攻坚各方合力。三是“怎么扶”，即根据致贫原因和发展需求分类施策。四是“如何退”，即建立合理的贫困人口脱贫和贫困县摘帽机制。

会议、中央政治局会议等重要会议和重要场合,习近平总书记反复强调扶贫开发的重要意义,做出一系列脱贫攻坚的重要指示和部署,习近平总书记关于扶贫开发的重要论述,系统阐明了新时代扶贫开发的一系列重大理论和实践问题,成为新时代我国扶贫工作的重要遵循。

1.2.2 习近平总书记有关扶贫的重要论述的理论渊源和丰富内涵

习近平总书记有关扶贫的重要论述是马克思主义反贫困理论中国化的重要成果。马克思和恩格斯最早从制度层面关注和分析资本主义贫困问题,并在深刻批判资本主义制度的基础上阐述了物质贫困、精神贫困,绝对贫困、相对贫困等现象,并提出消灭剥削制度、发展生产力、满足人的物质和精神需求、建立“真正的共同体”以及促进人的自由全面发展等思想。马克思主义反贫困理论确立了中国共产党看待和分析贫困问题的唯物主义立场,指明了消除贫困的根本路径和方向,为中国共产党反贫困思想的形成和实践提供了重要的思想基础和理论支撑,推动了我国扶贫事业的发展。

习近平总书记关于扶贫开发、脱贫攻坚的一系列重要论述是对马克思主义反贫困理论的继承和创新,充实和发展了马克思主义反贫困理论中国化的基本内涵。一是深化了贫困与社会主义本质关系的认识。马克思在《资本论》中指出,实现社会物质极大丰富、消灭阶级间差别、摆脱私有制是反贫困的前提条件。基于此,习近平总书记认为坚持走中国特色社会主义道路,是我国消除贫困,实现共同富裕的必由之路,并指出“消除贫困、改善民生、实现共同富裕,社会主义的本质要求”①。二是深化了贫困与人的自由全面发展之间关系的认识。马克思和恩格斯在《共产党宣言》中指出,只有在未来物质财富极大丰富和人的精神境界极大提高的共产主义社会,每个人才能自由而全面地发展。基于此,习近平总书记

① 《习近平的“扶贫观”:因地制宜“真扶贫,扶真贫”》,人民网,http://politics.people.com.cn/n/2014/1017/c1001-25854660.html,2014-10-17。

提出扶贫开发是“物质扶贫”和“精神扶贫”的统一，认为“脱贫致富从直观上说是贫困地区创造物质文明的实践活动，但是真正的社会主义不能仅仅理解为生产力的高度发展，还必须要有高度发展的精神文明方面，要提高人民的思想道德水平和科学文化水平，这才是真正意义上的脱贫致富”①。三是深化了马克思主义反贫困中对人的主体性地位的认识。马克思和恩格斯肯定了人民群众在历史活动和实践活动中的主体地位，是历史唯物主义的基本观点和方法。同样，习近平总书记在扶贫工作中坚持以人民为中心的根本价值取向，充分激发贫困人群的内生动力，实行“智志双扶”，认为“扶贫不是慈善救济，而是要引导和支持所有有劳动能力的人，依靠自己的双手开创美好明天”②。四是深化了马克思主义“真正的共同体”思想的认识。马克思和恩格斯在《德意志意识形态》中阐明了“真正的共同体”是代表所有人的共同利益的各个人的联合。而习近平总书记关于“共建一个没有贫困、共同发展的人类命运共同体”③的携手减贫思想正是以增加各国人民共同福祉为目的，体现的是中国对于世界贫困人口的热心关切和主动承担减贫责任的大国担当。

在继承和吸取马克思主义反贫困理论的基础上，习近平总书记立足于我国国情、社情、民情，将马克思主义反贫困理论与中国现阶段扶贫开发实践相结合，提出了一系列新时代扶贫开发的实现路径，开拓和创新了马克思主义反贫困理论中国化的实施路径。一是政治优势和制度优势。习近平总书记认为“发挥社会主义制度可以集中力量办大事的优势，这是我们的最大政治优势”④。在始终坚持党的领导的基础上，发挥各级党委一把手的领导作用，实现省市县乡村五级书记一起抓，为脱贫攻坚提供坚强政治保障。二是精准扶贫。习近平总书记提出“扶贫开发贵在精

① 习近平：《摆脱贫困》，福建人民出版社 1992 年版。

② 《切实把精准扶贫精准脱贫落到实处》，人民网，http://politics.people.com.cn/n1/2016/1020/c1001-28792272.html，2016-10-20。

③ 《为没有贫困的人类命运共同体不懈奋斗》，中国政府网，http://www.gov.cn/zhengce/2015-10/17/content_2948495.htm，2015-10-17。

④ 习近平：《习近平论扶贫工作——十八大以来重要论述摘编》，《党建》2015 第 12 期，第 5—7 页。

准，重在精准，成败之举在于精准”。扶持谁、谁来扶、怎么扶、如何退这四个关键环节贯穿扶贫开发的全过程，必须精准滴灌、对症下药、靶向治疗。三是改革创新。习近平总书记指出，脱贫攻坚必须坚持问题导向，以改革为动力，以构建科学的体制机制为突破口。在扶贫开发实践中，具体问题具体分析，破除旧的体制机制，改革创新扶贫工作的责任落实机制、政策保障机制、资金投入机制和监督考核机制等。四是合力攻坚。习总书记认为“脱贫致富不仅仅是贫困地区的事，也是全社会的事”。应健全东西部扶贫协作机制和定点扶贫机制，并动员社会各方力量参与扶贫攻坚，充分发挥专项扶贫、行业扶贫、社会扶贫等各方面的积极作用，为贫困地区争取更多优质帮扶资源。五是阳光扶贫。习近平总书记强调扶贫领域的公正性、公开性和真实性，认为应该加强扶贫资金阳光化管理，在资金使用、对象识别、责任落实、绩效考核等方面都应加强审计监管，杜绝扶贫领域腐败、作假和职务犯罪等现象的发生。[①] 习近平总书记在致贫原因、扶贫主体、扶贫内容、扶贫方法、扶贫机制、考核评价等诸多方面都提出了富有成效的新探索，开拓和创新了马克思主义反贫困理论在当代中国的具体实践路径，形成了具有中国特色的贫困治理实施方略。[②]

习近平总书记关于精准扶贫、合力攻坚、靶向治疗、智志双扶、实现物质扶贫和精神扶贫统一、共建没有贫困的人类命运共同体等思想理念的提出以及一系列扶贫开发重大理论和实践问题的阐述，是对马克思主义反贫困理论的继承、创新和发展，赋予了中国扶贫思想新的时代内涵与特征，是当前及未来阶段中国脱贫攻坚工作的科学指南和根本遵循。[③]

---

① 《党的十八大以来脱贫攻坚的成就与经验》，中国共产党新闻网，http://theory.people.com.cn/n1/2017/0601/c40531-29310380.html，2017-06-01。

② 杨增岽、张琦：《习近平精准扶贫精准脱贫思想的哲学基础与理论创新》，《贵州社会科学》2018 年第 3 期，第 4—10 页。

③ 黄承伟、刘欣：《新中国扶贫思想的形成与发展》，《国家行政学院学报》2016 年第 3 期，第 63—68 页。

1.3 党的十八大以来的扶贫实践

1.3.1 明确脱贫攻坚目标,做好顶层设计

农村尤其是贫困地区是全面建成小康社会过程中最难以攻克的难关。党的十八届五中全会确定了脱贫攻坚的总体目标,即2020年确保我国现行标准下,农村贫困人口实现脱贫,贫困县全部摘帽,解决区域性整体贫困。具体包括:稳定实现农村贫困人口的"两不愁、三保障",即不愁吃、不愁穿,保障义务教育、基本医疗和住房安全。实现贫困地区农民人均可支配收入增长幅度高于全国平均水平,基本公共服务主要领域指标接近全国平均水平。如期实现脱贫攻坚目标对于我国实现全面建成小康社会——第一个百年奋斗目标具有重大意义,同时标志着我国历史性地解决绝对贫困问题,在减贫事业方面取得了决定性进展。[①] 在明确脱贫攻坚目标的基础上,以习近平同志为核心的党中央基于我国扶贫开发工作实践经验,对脱贫攻坚的制度体系、重点工作和实现路径做出顶层设计,构筑脱贫攻坚的四梁八柱,为扶贫体制机制的创新和政策举措的落实提供了强有力的支撑。

1.3.2 创新机制,建立脱贫攻坚制度体系

按照党中央、国务院决策部署,目前脱贫攻坚四梁八柱的顶层设计已经完成,主要是建立了脱贫攻坚责任、政策、投入、动员、监督、考核六大体系,为打赢脱贫攻坚战提供强有力的制度保障。[②]

---

① 国务院扶贫开发领导小组办公室:《脱贫攻坚砥砺奋进的五年》,http://www.cpad.gov.cn/art/2017/10/17/art_624_72141.html,2017-10-17。

② 《国务院关于脱贫攻坚工作情况的报告》,中国人大网,http://www.npc.gov.cn/npc/xinwen/2017-08/29/content_2027584.htm,2017-08-29。

一是创新脱贫攻坚责任落实机制。按照“中央统筹、省负总责、市县抓落实”的扶贫管理体质，构建责任清晰、各负其责、合力攻坚的责任体系。根据中办、国办印发的《脱贫攻坚责任制实施办法》（厅字〔2016〕33号），党中央、国务院主要负责统筹制定扶贫开发大政方针，出台重大政策举措，规划重大工程项目。省（自治区、直辖市）党委和政府对扶贫开发工作负总责，负责目标确定、项目下达、资金投放、组织动员、监督考核，确保责任制层层落实。中西部22个省份党政主要负责同志向中央签署脱贫攻坚责任书，立下军令状。市（地）党委和政府重点关注脱贫目标任务的完成程度，对域内扶贫相关事宜进行衔接、协调以及督促检查。县级党委和政府承担主体责任，书记和县长是第一责任人，主要负责脱贫进度安排、项目落地和实施、资金使用、人力调配等工作。

二是创新脱贫攻坚政策保障机制。为确保脱贫攻坚目标的如期实现，党中央和国家机关各部门打出政策组合拳，研究制定与扶贫工作相关的200多个政策文件或实施方案，加大对贫困地区资金、土地、科技、人才的扶持力度。根据国家系列脱贫攻坚指导性政策，各地因地制宜出台和完善配套的扶贫政策和举措，涵盖贫困地区的基础设施建设、基本公共服务、生态环境保护、社会保障兜底等重点领域，为脱贫攻坚提供政策保障和支撑。

三是创新脱贫攻坚资金投入机制。坚持脱贫攻坚政府投入的主体和主导作用，加大金融对扶贫攻坚的支持力度，确保政府扶贫投入力度与脱贫攻坚任务相适应。首先，持续加大中央财政对贫困地区的转移支付。根据国务院扶贫办统计数据显示，自2013年以来，中央财政专项扶贫资金五年累计投入2822亿元，2017年中央和地方财政专项扶贫资金规模超过1400亿元。其次，鼓励和引导各类金融机构加大对扶贫开发的金融支持。截至2017年6月底，扶贫小额信贷累计发放3381亿元，共支持了855万贫困户，贫困户获贷率达29%。[①] 再者，在扶贫开发中探索推广政

① 《国务院关于脱贫攻坚工作情况的报告》，中国人大网，http://www.npc.gov.cn/npc/xinwen/2017-08/29/content_2027584.htm，2017-08-29。

府与社会资本合作、政府购买服务、扶贫再贷款等模式,撬动金融资本、社会资本等参与脱贫攻坚。

四是创新脱贫攻坚动员机制。不断完善专项扶贫、行业扶贫和社会扶贫三位一体的大扶贫格局。开展经济强县(市)与国家扶贫开发工作重点县"携手奔小康"行动,组织 342 个东部经济较发达县结对帮扶 539 个西部贫困县。动员中央企业设立贫困地区产业投资基金,开展定点帮扶贫困革命老区"百县万村"行动。鼓励支持民营企业开展"万企帮万村"精准扶贫行动。实施扶贫志愿者行动计划和社会工作专业人才服务贫困地区计划。构建社会扶贫信息服务网络,为社会各界精准帮扶贫困户提供对接平台。发挥全国扶贫日的正向激励作用,积极引导社会成员或组织参与脱贫攻坚。

五是创新脱贫攻坚监督机制。促进纪检、审计、财务、检察等政府机关和各民主党派、媒体、社会等监督主体的协调合作,实现多方力量对脱贫攻坚工作的全方位监督。根据中办、国办印发的《脱贫攻坚督查巡查工作办法》(厅字〔2016〕22 号),国务院扶贫办负责组织各地的督查和巡查工作,督促有关地区和单位扶贫工作的落实情况和脱贫目标的完成情况,着力解决脱贫攻坚过程中存在的突出问题。纪检机关主攻监督执纪问责;审计机关重点规范资金使用和管理;财务部门集中检查财政专项扶贫资金的分配;检察机关负责发现和解决腐败、渎职和职务范围等问题;各民主党派参与开展第三方评估和省际交叉检查工作;社会媒体对政府相关部门和单位实行民主监督,确保扶贫领域的信息公开和执行公正。将各方面的监督结果运用到考核评估和督查巡查中,确保扶贫资金用到实处、行政权力用到正处,以精准监督促进精准扶贫。

六是创新脱贫攻坚考核机制。为确保脱贫成效真实,中央出台省级党委和政府扶贫开发工作成效考核办法,实行最严格的考核评估制度。针对主要目标任务设置科学的考核指标,针对考核结果奖罚分明,实行正向激励和落实责任追究。近两年中央结合考核实践及成效,对考核评估工作做出改进,一方面丰富了考核内容,在减贫成效、精准识别、精准帮扶、扶贫资金的基础上增加脱贫攻坚责任落实、政策落实、工作落实和贫困县摘帽等情况的考核;另一方面增加考核方式的多样化,将第三方评估、省级交叉考核和媒体暗访考核相融合。

1.3.3 坚持精准扶贫精准脱贫基本方略,推进脱贫攻坚重点工作

坚持好精准扶贫、精准脱贫方略的核心是着力解决扶持谁、谁来扶、怎么扶、如何退的问题,确保扶贫开发工作的落实和脱贫成效的真实。

一是摸清贫困底数,做好精准识别和精准管理工作,切实解决好"扶持谁"的问题,实现"扶持对象精准"的要求。2013 年年底,中办、国办印发《关于创新机制扎实推进农村扶贫开发的意见》(中办发〔2013〕25 号),提出由国家统一制定识别办法,并按照县为单位、规模控制、分级负责、精准识别、动态管理的原则,对贫困人口进行精准识别和精准管理。2014 年,国务院扶贫办等中央部门联合印发《建立精准扶贫工作机制实施方案》(国开办发〔2014〕30 号),详细阐述了贫困户和贫困村建档立卡的目标、方法和步骤和工作要求。同年,全国组织 80 万人深入农村开展贫困识别和建档立卡工作,共识别 12. 8 万个贫困村、8962 万贫困人口,基本摸清我国贫困人口分布、致贫原因、脱贫需求等信息,建立起全国扶贫开发信息系统。2015—2016 年,全国开展建档立卡"回头看",补录遗漏的贫困人口和剔除识别有误的贫困人口,提高数据的精确度。2017 年,各地对建档立卡贫困村和贫困人口定期进行全面核查,建立精准扶贫台账,实行有进有出的动态管理。脱贫对象的精准识别为精准扶贫举措的制定和实施打下了坚实的基础。

二是强化干部驻村帮扶制度,解决"谁来扶"的"最后一公里"难题。为了加强脱贫攻坚一线工作力量,保证精准扶贫落地生根,中办、国办印发的《关于创新机制扎实推进农村扶贫开发工作的意见》(中办发〔2013〕25 号)中要求每个贫困村都有驻村工作队,每个贫困户都有帮扶责任人,实现驻村帮扶的长期化和制度化。2015 年 4 月,中共中央组织部等印发《关于做好选派机关优秀干部到村任第一书记工作的通知》(国开办发〔2012〕78 号),选派政治素质好、工作能力强、工作作风实的干部到党组

织软弱涣散村和建档立卡贫困村驻村扶贫。党的十八大以来,全国累计选派驻村干部277.8万人,实现驻村工作队对建档立卡贫困村全覆盖。

三是在精准识别的基础上深入分析致贫原因和发展需求,因地制宜,因人因户因村施策,解决好“怎么扶”的问题。按照“措施到户要精准、项目安排精准、资金使用精准”的基本要求,实施“五个一批”工程。通过发展生产推动具备发展条件贫困地区的有劳动能力的贫困人口脱贫;通过易地搬迁方式推动居住在自然环境恶劣、资源匮乏贫困地区的贫困人口脱贫;通过实行生态补偿推动重点生态保护贫困地区和生态脆弱地区脱贫;通过发展教育推动贫困家庭子女通过提高文化素质和增强劳动力技能脱贫;通过社会保障兜底推动完全或部分丧失劳动能力的贫困人口脱贫。通过对症下药、分类施策做到应扶尽扶,应保尽保。

四是建立和实施贫困人口脱贫和贫困县摘帽机制,从设定时间表、留出缓冲期、实行严格评估几个方面解决“如何退”问题。2016年4月,中办、国办印发《关于建立贫困退出的意见》(厅字〔2016〕16号),详细规定了贫困户、贫困村、贫困县退出的标准、程序、后续扶持政策和工作要求,确保贫困退出机制的严格、规范和透明。贫困户、贫困村和贫困县的退出都要依照国家规定的标准严格执行,退出程序遵循规范的工作流程,且退出后可在攻坚缓冲期内享有原来的扶贫政策和支持力度。各省(自治区、直辖市)因地制宜做好贫困退出的具体实施方案和工作程序,将贫困退出任务层层落实到县到村到户到人。同时,国务院扶贫开发领导小组、各省(自治区、直辖市)党委和政府定期或不定期对贫困退出开展考核评估和监督问责,防止数字脱贫、虚假脱贫,确保脱贫质量。

1.3.4 创新精准扶贫模式,不断拓展精准脱贫有效路径

党的十八大以来,《中共中央国务院关于打赢脱贫攻坚战的决定》(中发〔2015〕34号)、《中华人民共和国国民经济和社会发展第十三个五年规划纲要》以及《“十三五”脱贫攻坚规划》(国发〔2016〕64号)等重要指导性文件相继出台,为各地脱贫攻坚工作指明了方向。各地各部门依据国家脱贫攻坚总体思路和主要工作框架,因地制宜制定实施相关扶贫

政策和举措，不断创新精准扶贫模式，探索发展产业脱贫、转移就业、易地搬迁、健康扶贫和兜底保障等多元化精准脱贫路径。

在产业发展脱贫方面，研究编制《贫困地区发展特色产业促进精准脱贫指导意见》（(农计发〔2016〕59 号)）、《乡村旅游扶贫工程行动方案》（(旅发〔2016〕121 号)）、《关于促进电商精准扶贫的指导意见》（国开办发〔2016〕40 号）等一系列政策文件，探索开展农林产业、乡村旅游、电子商务、资产收益和科技创新等扶贫方式，有效提升贫困地区内生发展动力。一是积极推进农林产业扶贫，充分开发贫困地区资源禀赋，因地制宜发展特色产业。积极整合涉农资金，重点扶持贫困地区主导产业，通过建设特色产品加工、服务基地带动贫困户脱贫。加快完善区域农业全产业链，大力培育新型农业经营主体，创新发展利益联结机制，加快推进农业现代化产业化建设，更好地发挥经营主体带动示范作用。加大贫困地区农产品品牌建设力度，通过龙头企业带动，培育农产品区域品牌，同时强化农产品市场营销和品牌推介力度。二是因地制宜开展旅游扶贫，大力发展乡村旅游、休闲农业和特色文化旅游。在科学编制乡村旅游扶贫规划的基础上，依托贫困地区的自然资源和人文景观，以贫困地区旅游基础设施建设为抓手，结合旅游扶贫人才培养和旅游产品开发，推动实施全方位、多层次的旅游扶贫工程，全面提升旅游扶贫绩效。三是大力发展电商扶贫，让贫困地区和贫困人口共享互联网创新成果。引导和鼓励阿里巴巴、京东等电商企业为贫困地区建立电商服务平台，开通农产品上行绿色通道，拓宽贫困地区特色优质农副产品的销售渠道。完善政府奖励制度，加强政府购买服务力度，构建以贫困村电商服务站点、电商扶贫示范网店、人才培养中心、物流配送中心和仓储配送中心为一体的电商扶贫体系。四是组织开展资产收益扶贫工作，丰富贫困群众增收途径。支持贫困地区合理整合财政专项资金和涉农基金，投资设施农业、特色养殖、光伏、乡村旅游等项目，通过资产折股、效益分红等方式让利给贫困村和贫困户，增加其财产性收入。发展农村股份合作制经济，推动农民通过土地经营权、农房所有权、劳务或资金等方式入股龙头企业、合作社、家庭农（林）场等经营主体，带动贫困户增收。积极推进农村集体资产、集体所有的土地等资产资源使用权作价入股,形成集体股权并按比例量化到农村集体经济组织。创新水电、矿产资源开发占用农村集体土地的补偿补助方式,让贫困人口共享资源开发收益。强化监督管理和风险防控,同时建立健全合理的利益联结机制和收益分配机制,确保持股贫困户和农村集体经济组织分享资产收益。五是充分发挥科技扶贫在促进贫困人口脱贫致富中的作用。引进先进技术和科技成果,解决贫困地区的产业发展和生态建设关键技术问题。深入推行科技特派员制度,为贫困人口提供科技服务,提高贫困人口的创新创业能力。搭载创新平台,通过“科技园区+贫困村+贫困户”的方式带动贫困人口脱贫。

在转移就业脱贫方面,进行转移就业脱贫供给侧结构性改革,注重农村地区贫困劳动力的职业技能培训、就业服务和权益保护,将转移就业作为贫困人口增收致富的重要途径。一是摸清底数,准确掌握贫困人口的就业意愿和能力,根据就业需求进行差异化职业技能培训。加大职业培训投入和提升职业技能培训的精准度,通过“雨露计划”项目和技能脱贫千校行动、重点群体免费职业培训行动等专项行动提升贫困人口的就业水平。二是加强信息化建设,搭建贫困地区就业创业平台,为贫困地区农村富余劳动力免费提供职业咨询、工作岗位推介等基本公共就业服务。三是抓好政策支持,拓宽贫困人口就业创业途径。通过减免税收、购买服务等方式鼓励各类用人单位积极吸纳农村贫困劳动力;开展企业订单定向培训,建立劳务输入输出对接机制;完善信贷机制,设立融资担保基金,支持农信社、村镇银行等金融机构为贫困户提供免抵押、免担保的扶贫小额信贷,实现创业增收脱贫。

在易地搬迁脱贫方面,合理确定搬迁范围和对象,因地制宜选择搬迁安置方式,保障易地搬迁居民的生活稳定和致富途径。对于生活在自然环境恶劣、资源匮乏、发展条件不足的贫困地区的建档立卡贫困人口,实施易地搬迁脱贫。根据当地自然资源条件、经济发展水平和城镇化进程,合理选择集中安置或者分散安置方式;按照“保障基本、安全适用”的原则建设安置住房;按照“规模适宜、功能合理、经济安全、环境整洁、宜居宜业”的原则,配套建设安置区(点)基础设施和基本公共服务设施。统筹整合财政专项扶贫资金和相关涉农资金,依据不同搬迁安置模式,多举措拓宽建档立卡搬迁户的增收渠道,例如,特色农林产业扶贫、就业扶贫、资产收益扶贫等,充分保障搬迁人口后续的稳定脱贫。

在教育扶贫方面,实现建档立卡贫困人口教育基本公共服务全覆盖,逐步提升贫困地区教育整体发展水平,阻断贫困的代际传递。一是提升基础教育水平。建立健全农村学前教育服务网络;全面改善义务教育薄弱学校的基本办学条件;实施高中阶段教育普及攻坚计划;完善乡村教师人才引进政策,提高乡村教师生活待遇,推进高素质乡村教师队伍建设。二是切实降低贫困家庭的就学负担。实施学前教育三年行动计划和学前教育资助政策;推动农村义务教育阶段学生营养改善计划,实行义务教育“两免一补”(免学杂费、免教科书费、寄宿生生活补助);针对普通高中教育、中等职业教育以及高等教育的学生实施资助政策,采取学费减免、困难补助、国家助学贷款等多种方式。三是加快发展职业教育。鼓励职业院校面向贫困家庭开展多种形式的职业教育,包括职教圆梦行动计划、中等职业教育协作计划等。完善教育对口帮扶机制,启动东中部地区对西部地区的职业教育团队式对口支援和高校团队式对口支援,让优质教育资源下沉到贫困地区。

在健康扶贫方面,为了有效提升贫困地区医疗保障水平和医疗卫生服务能力,全面提高农村贫困人口的健康水平,国家卫生与计划生育委员会会同国务院扶贫办等 14 部委联合发布了《关于实施健康扶贫工程的指导意见》(国卫财务发〔2016〕26 号)。一是提高医疗保障水平。建立基本医疗保险、大病保险、疾病应急救助、医疗救助等制度的衔接机制,降低贫困人口医疗费用负担。建立电子健康档案,核准农村贫困人口中因病致贫、因病返贫家庭数及患病人员情况,对患大病和慢性病的农村贫困人口进行分类救治。二是提升贫困地区医疗卫生服务能力。加强医疗卫生服务体系建设,推进实施贫困地区县、乡、村三级医疗卫生服务网络标准化建设工程。实施全国三级医院与贫困县县级医院“一对一”帮扶行动,三级医院医生对贫困县县级医院进行蹲点帮扶。深化贫困地区公立医院综合改革,加快健全药品供应保障机制以及推进建立分级诊疗制度。

以全科医生为重点，强化人才培养培训。三是加强疾病预防控制和公共卫生。加大贫困地区慢性病、传染病、地方病防控力度。加强贫困地区妇幼健康工作，促进疾病筛查和及时预防。深入开展贫困地区爱国卫生运动，提升农村贫困人口健康意识和健康素养。

在生态保护扶贫方面，国家发改委、国家林业局、国家扶贫办等部门推动扶贫与环境保护协调发展、脱贫致富与可持续发展齐头并进，创造脱贫攻坚与生态文明建设的“双赢”局面。一是通过参与生态工程建设、设立生态公益性岗位、发展生态产业和提供生态保护补偿等方式，多途径助力贫困人口创收。二是加强退耕还林还草、天然林保护、防护林建设、石漠化治理、防沙治沙、湿地保护与恢复、坡耕地综合整治、退牧还草、水生态治理等重大生态工程建设，在各类重大生态工程项目和资金安排上进一步向贫困地区倾斜。三是通过开展生态补偿试点，增加重点生态功能区转移支付、完善森林生态效益补偿补助机制和实施草原生态保护补助奖励等措施，加大生态保护补偿力度。四是大力发展生态产业，如生态旅游业、特色林产业、特色种植业等，将生态资源优势转化为产业优势、经济优势。五是创新对贫困地区的支持方式。例如，开展生态搬迁试点、探索碳交易补偿方式、推广新型林权抵押贷款改革和贫困地区农村集体产权制度改革。

在兜底保障方面，将完全或部分丧失劳动能力、无法自主脱贫的贫困人口纳入社会保障范围，做到应保尽保。完善农村最低生活保障制度，将符合条件的建档立卡贫困人口全部纳入农村低保范围。建立农村最低生活保障制度与扶贫开发政策的有效衔接机制，推动两者的信息互通和资源共享。完善特困人员供养政策，改善供养条件，提高农村特困人员供养水平。加大对因突发重特大疾病导致基本生活困难、重度残疾人等困难群体的临时救助力度，防止因突发性困难致贫返贫现象。健全留守儿童、留守妇女、留守老人和残疾人的关爱服务体系。加强留守儿童关爱服务设施和队伍建设，建立留守儿童救助保护机制和关爱服务网络。制定实施《关于在脱贫攻坚战中开展“巾帼脱贫行动”的意见》((妇字[2015]47号)，加强贫困地区妇女的技能培训，为有创业意愿的贫困妇女提供小额贷款,引导贫困妇女发展手工业增收等。提高贫困地区基本养老保障水平,支持农村社区养老服务设施建设和运营,开展留守老年人关爱行动。保障残障人士基本生活权益,提高困难残疾人生活补贴和重度残疾人护理补贴标准。

1.4 扶贫实践中的精准扶贫思想

新时代扶贫实践中的精准扶贫思想是新时代习近平中国特色社会主义思想的重要组成部分,是把马克思主义基本原理同中国具体实际相结合的伟大创造。坚决打赢精准脱贫攻坚战,对如期全面建成小康社会、实现第一个百年奋斗目标具有十分重要的意义。这既是重大的政治责任,也是重大的政治任务。要深刻领会习近平总书记关于精准扶贫重要论述的精神实质和深刻内涵,提高政治站位,增强政治自觉,进一步增强做好工作的责任感和紧迫感。

习近平总书记对贫困有真切体验,对治贫有丰富经验,对脱贫有使命担当。总书记从担任大队党支部书记起,在县、市、省、中央各级工作历程中,始终把脱贫放在重要位置,积极探索实践。党的十八大以来,以习近平同志为核心的党中央,把脱贫攻坚摆在党和国家事业发展的重要位置,动员全党全社会力量,打响了反贫困斗争的攻坚战。习近平总书记亲自挂帅、亲自出征、亲自督战,走访贫困地区,主持多个会议专题研究,在许多重要会议、重要场合反复强调脱贫攻坚,提出一系列新思想,做出一系列新部署,形成了思想深邃、内涵丰富、系统完整、逻辑严密的精准扶贫思想体系。习近平总书记关于精准扶贫的重要论述,具有很强的政治性、思想性、针对性和指导性,为打赢精准脱贫攻坚战提供了行动指南和根本遵循。新时代扶贫实践中的精准扶贫思想的精神实质和深刻内涵可以初步概括为四个方面。

第一,深刻指明了脱贫攻坚的重大意义,强调脱贫攻坚是场必须打赢打好的硬仗,充分体现了中国共产党人以人民为中心的为民情怀和使命担当。

习近平总书记指出,消除贫困、改善民生、实现共同富裕,是社会主义的本质要求,是我们党的重要使命。全面建成小康社会、实现第一个百年奋斗目标,最艰巨的任务是脱贫攻坚,这是一个最大的短板,也是一个标志性指标。全面建成小康社会,近14亿中国人,一个都不能少。农村贫困人口如期脱贫、贫困县全部摘帽、解决区域性整体贫困,是全面建成小康社会的底线任务,是我们做出的庄严承诺。习近平总书记强调,各级党政干部特别是一把手,必须增强政治担当和责任担当,以高度的历史使命感亲力亲为亲抓。这些重要论述,深刻阐明了脱贫攻坚在党和国家事业发展全局中的重要地位和作用,充分体现了中国特色社会主义制度的优越性和我们党的政治优势,是习近平新时代中国特色社会主义思想的重要组成部分,是对以人民为中心发展思想的生动诠释。我们必须坚守共产党人的初心和使命,坚定信心、勇于担当,站在讲政治的高度,以促进全体人民共同富裕为目标,把脱贫职责扛在肩上,把脱贫任务抓在手里,脚踏实地去完成。

第二,深刻指明了脱贫攻坚的制度和政策体系,充分体现了马克思主义的系统思维、战略思维、辩证思维和底线思维。

习近平总书记明确提出脱贫攻坚的目标和标准,强调要做到“六个精准”:扶持对象精准、项目安排精准、资金使用精准、措施到户精准、因村派人精准、脱贫成效精准。实施“五个一批”:发展生产和促进就业脱贫一批、易地扶贫搬迁脱贫一批、生态补偿脱贫一批、发展教育脱贫一批、社会保障兜底一批。解决“四个问题”:扶持谁、谁来扶、怎么扶、如何退。坚持“七个强化”:领导责任、资金投入、部门协同、东西协作、社会合力、基层活力、任务落实。以及要建立中央统筹、省负总责、市县抓落实的管理体制等。这些重要论述,既有目标任务和基本要求,又有根本途径和关键环节,还有工作机制和保障措施,突出系统性、逻辑性、针对性和操作性,是打赢脱贫攻坚战的顶层设计,是对人类反贫理论和实践的重大创新。我们必须结合自身职能职责，明确目标、增强责任、强化落实，全力做好相关各项工作。

第三，深刻指明了脱贫攻坚的重点任务，充分体现了辩证唯物主义两点论与重点论的有机统一。

习近平总书记指出，脱贫攻坚已经到了啃硬骨头、攻坚拔寨冲刺阶段，所面对的都是贫中之贫、困中之困。要把发展生产扶贫作为主攻方向，努力做到户户有增收项目、人人有脱贫门路。要注重激发内生动力，加强扶贫同扶智、扶志相结合，激发贫困群众积极性和主动性，激励和引导他们靠自己的努力改变命运。一人就业，全家脱贫，增加就业是最有效最直接的脱贫方式。做好扶贫开发工作，基层是基础。深度贫困地区是脱贫攻坚的坚中之坚。西部地区特别是民族地区、边疆地区、革命老区、集中连片特困地区贫困程度深、脱贫难度大，是脱贫攻坚的短板。这些重要论述，立足于我国基本国情和不同地区经济社会发展现状，目标标准与问题导向相统一，是对矛盾运动发展变化规律的深刻把握。我们必须主动找准位置，瞄准重点、聚焦问题，抓住主要矛盾和矛盾的主要方面，采取更加集中的支持、更加有效的举措、更加有力的工作，确保完成脱贫攻坚任务。

第四，深刻指明了脱贫攻坚的工作要求，充分体现了一切从实际出发、求真务实的优秀品格。

习近平总书记指出，要真扶贫、扶真贫、真脱贫，少搞一些盆景，多搞一些惠及广大贫困人口的实事。要找准路子、构建好的体制机制，在精准施策上出实招、在精准推进上下实功、在精准落地上见成效。脱贫攻坚，从严从实是要领。扶贫工作必须务实，脱贫过程必须扎实，脱贫结果必须真实，让脱贫成效真正获得群众认可、经得起实践和历史检验。要坚持因人因地施策，因贫困原因施策，因贫困类型施策，区别不同情况，做到对症下药、精准滴灌、靶向治疗，不搞大水漫灌、走马观花、大而化之。有的要下一番绣花功夫。要真抓实干，吹糠见米，按住葫芦抠籽，一件事接着一件事抓好落实。要防止层层加码，要量力而行、真实可靠、保证质量。要坚持问题导向，集中力量解决脱贫领域“四个意识”不强、责任落实不到位、工作措施不精准、资金管理使用不规范工作作风不扎实、考核评估不严格等突出问题。这些重要论述,充分体现了我们党实事求是思想路线的实质和核心。我们必须力戒形式主义、官僚主义,严防弄虚作假,把脱贫攻坚工作抓到实处。

1.5 党的十八大以来的财政扶贫资金投入

贫困作为人类社会发展的产物之一,其根源既来自于贫困群体内部,也来自于贫困群体所在的外部环境。随着社会进步,消除贫困成为人类社会发展的内在要求。由于贫困的消除具有公益性特征,决定了市场在这方面的空缺和政府干预的必要性,这也就体现了财政扶贫资金在脱贫工作中的重要性。为改善贫困地区生产和生活条件,提高贫困人口生活质量和综合素质,支持贫困地区发展经济和社会事业,我国政府专门设立了财政扶贫资金,逐渐形成了以政策为依托、以技术为保障、以资金为支撑的多位一体的精准扶贫体系。

党的十八大提出了到2020年实现全面建成小康社会宏伟目标,脱贫成为建设小康社会的重要内容,被确定为全面建成小康社会的底线任务和标志性指标,纳入"五位一体"总体布局和"四个全面"战略布局,以前所未有的力度推进。扶贫开发是一项系统工程,涉及贫困地区经济社会发展和贫困人口生产生活的方方面面。党的十八大以来,脱贫攻坚投入体系得以建立,中央财政多渠道增加扶贫开发投入,逐渐形成了一套较为健全的财政综合扶贫政策体系,财政扶贫资金大幅增加,2013—2017年,中央财政专项扶贫资金累计投入2787亿元,平均每年增长22.7%;省级财政扶贫资金累计投入1825亿元,平均每年增长26.9%①。

① 《坚决打赢脱贫攻坚战》,http://cpc.people.com.cn/n1/2017/1123/c415067-29664036.html,2017-11-23。

中央对各地的扶贫资金投入以专项扶贫资金为主,一般性转移支付和专项转移支付为辅。在具体的扶贫过程中,中央财政不断加大对贫困地区的一般性转移支付力度,尤其是不断加大对高海拔高寒地区、中西部革命老区、民族地区、边疆地区等的支持力度。从贫困地区县级财政收支情况看,近年来,全国 832 个国家扶贫开发工作重点县和连片特困地区县一般预算支出中,上级补助及返还占比达 80%。国家对贫困地区一般性转移支付力度的增加,有助于缩小贫困地区与其他地区之间的财力差距,增强贫困地区的基本公共服务供给能力,实现地区间基本公共服务能力的均等化,有助于缓减多维贫困程度,改善贫困地区的公共环境,为培养贫困人口的自我发展和创收能力提供有利环境。

中央财政专项转移支付逐渐向农村贫困地区、贫困人口倾斜,向贫困问题较为突出的中西部地区倾斜,在危房改造、医疗卫生、教育发展、社会保障等方面实施相应的专项转移扶持政策。专项扶贫资金是财政扶贫资金投入的重要组成部分,党的十八大以来,财政专项扶贫资金投入稳步增加。2011—2015 年,累计安排财政专项扶贫资金约 1898 亿元,年均增长 14.5%。财政专项扶贫资金投入的稳定增长,为脱贫目标的实现提供了有力的财力支持,但也面临着扶贫资金的投入使用问题。在精准扶贫思想指引下,通过采取有针对性的扶持措施,精准解决贫困地区、贫困群众面临的突出问题,专项扶贫资金在脱贫工作中发挥着重要作用。在具体的扶贫过程中,中央财政专项扶贫资金主要分为发展资金、少数民族发展资金、以工代赈资金、国有贫困农场扶贫资金、国有贫困林场扶贫资金、“三西”资金等六个使用方向,主要用于支持贫困人口发展特色优势产业、改善贫困人口基本生产生活条件、提高贫困人口就业和生产能力等方面。“十二五”期间,中央财政累计安排财政专项扶贫资金约 1898.22 亿元,年均增长 14.5%。五年间的财政专项扶贫资金投入超过了 2001—2010 年十年间的投入规模。2014 年,中央财政安排扶贫资金 433 亿元,其中补助地方财政扶贫资金 424 亿元,较上年增长 10%。2015 年,中央财政专项扶贫资金规模已达到 467.45 亿元。2016 年中央和省级财政专项扶贫资金首次突破 1000 亿元,其中,中央为

667亿元,同比增长43.3%;省级超过400亿元,同比增长50%以上。2017年中央和地方财政专项扶贫资金规模超过1400亿元,其中,中央财政安排补助地方专项扶贫资金860.95亿元,比上年增加200亿元,增长30.3%。

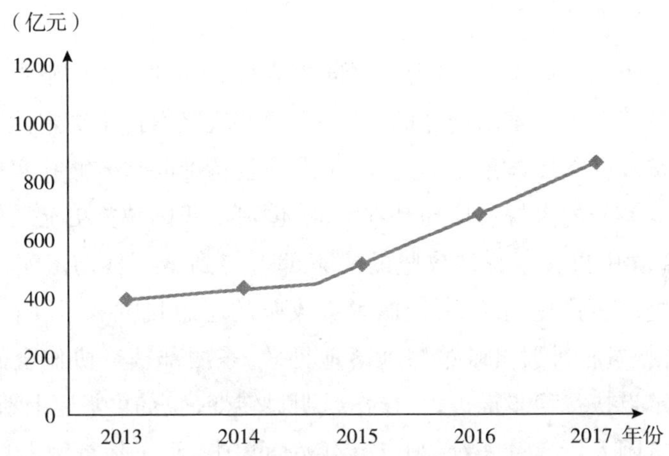

图1-1 2013—2017年中央财政专项扶贫资金投入变化情况

通过中央财政2013—2017年的专项扶贫资金投入情况(见图1-1)可以看出,党的十八大以来,中央政府的扶贫财政投入力度不断增加,尤其是在2015年之后,财政专项扶贫资金投入的增速明显加快,这也说明了中央政府在脱贫攻坚工作中的决心和信心。不断增加专项扶贫资金投入的同时对扶贫资金使用提出了更高的要求,即如何对财政专项扶贫资金进行合理、科学配置,优化扶贫资金的投入绩效,使专项扶贫资金在脱贫攻坚中发挥最大的作用。这就要求在扶贫资金使用过程中真正贯彻、落实精准扶贫思想,精准确定扶贫对象、精准确定扶贫措施、精准确定扶贫成果,使财政专项扶贫资金能够真正用于解决贫困地区和贫困人口所面临的各项难题,带动贫困地区的经济发展,激发贫困群体的自我创收能力,在实现消除绝对贫困的基础上,挖掘并形成弱势地区和弱势群体的特色优势。

1.6 党的十八大以来的精准扶贫成效

党的十八大以来,在以习近平同志为核心的党中央的坚强领导下,在财政扶贫资金投入不断增加的情况下,脱贫攻坚取得了决定性进展,中国特色脱贫攻坚制度体系全面建立,精准扶贫精准脱贫方略扎实推进,各方联动社会参与的大扶贫格局基本形成,创造了我国减贫史上最好的成绩。2017 年,党中央关于脱贫攻坚的决策部署得到全面贯彻落实,各地各部门责任进一步强化,五级书记抓脱贫攻坚的思想自觉和行动自觉基本形成,精准扶贫精准脱贫政策措施落地见效,东西部扶贫协作全面提速,中央单位定点扶贫稳步推进,工作作风明显转变,脱贫攻坚迈上新的台阶。

从贫困人口数量来看,2012 年年底,我国有近 1 亿贫困人口,2017 年年底为 3046 万人,5 年时间里,贫困人口共减少 6853 万人,以年均 1370 万人的速度减少,贫困发生率从 2012 年年底的 10. 2%下降到 2017 年年底的 3. 1%,累计降低 7. 1 个百分点①。从贫困县数量来看,2012 年年底,我国有 832 个贫困县,2016 年退出摘帽 28 个,2017 年摘帽 120 多个贫困县,贫困县在这几年减少了 150 个。在此期间,贫困地区农民纯收入增幅比全国农村农民收入增幅高 2. 5 个百分点,2017 年,贫困地区农村居民人均可支配收入达到 9377 元,与 2013 年相比,提高了 50%以上,与全国农村平均水平的差距进一步缩小②。与此同时,农村公共服务和基础设施建设得到改善。自然村通电接近全覆盖、通电话比率达到 98. 2%,道路硬化面积达到 77. 9%,使用管道供水的农户达 67. 4%,91. 4%的农户所

① 《中国五年累计减贫 6853 万人贫困发生率累计降低 7. 1 个百分点》,http://finance.people.com.cn/n1/2018/0523/c1004-30008023.html,2018-05-23。

② 《改革开放 40 年:我国农村贫困人口减少 7. 4 亿人》,http://politics.people.com.cn/n1/2018/0904/c1001-30271307.html,2018-09-23。

在自然村有了卫生室。易地扶贫搬迁建成规模接近 600 万人,危房改造稳步推进,贫困群众住房安全得到明显保障,农村“低保”标准均已高于国家扶贫标准,贫困人口最低生活水平有了明显提高。贫困地区饮水安全、道路交通、电力保障等基础设施建设目标全面完成,教育、卫生等基本公共服务目标基本完成。总体来看,贫困群众生活水平明显提高,贫困地区面貌明显改善。

党的十八大以来的扶贫成效不仅在于贫困群体和贫困地区的变化,还在于中国特色脱贫攻坚制度体系的形成。在精准扶贫实施过程中,逐渐形成了各负其责、各司其职的扶贫责任体系,精准识别、精准脱贫的扶贫工作体系,上下联动、统一协调的扶贫政策体系,保障资金、强化人力的投入体系,因地制宜、因村因户因人施策的帮扶体系,广泛参与、合力攻坚的社会动员体系,多渠道全方位的监督体系和最严格的考核评估体系,这些四梁八柱性质的顶层设计保障了脱贫攻坚顺利推进,也为深入实施精准扶贫精准脱贫奠定了基础。

2

精准扶贫战略实施的重点与建立稳定、持久、高质量脱贫致富机制研究

卢海元

习近平总书记关于精准扶贫的一系列论述作为当前我国打好精准脱贫攻坚战的重要理论武器，其内涵丰富，理论特征鲜明，推动我国扶贫开发取得了举世公认的新成就新突破，开创了中国特色社会主义扶贫开发的新道路和新局面。

在脱贫攻坚战进入最后攻坚阶段，既要咬定总攻目标，落细攻击点位，把握精准扶贫战略实施的重点；又要深入研究如何建立稳定、持久、高质量的脱贫致富机制，建设现代化经济体系，不断完善和发展中国特色社会主义制度，重塑中国发展格局和命运。

2.1 精准扶贫战略实施的成效与重点

党的十八大以来，我国的脱贫攻坚取得决定性进展，贫困人口减少6800多万，易地扶贫搬迁830万人，贫困发生率由10.2%下降到3.1%，年脱贫人口超过1000万人。我国扶贫工作取得的巨大成就，积累的宝贵经验，对促进我们坚定信心决心，保持战略定力，把政治优势和制度优势更加充分地发挥出来奠定了坚实的基础。

习近平总书记指出，这一轮脱贫攻坚力度之大、规模之广、影响之深，前所未有，取得了决定性进展，创造了我国减贫史上最好成绩，谱写了人类反贫困历史新篇章。

我国的脱贫攻坚之所以能够取得这样的成绩，充分证明我们采取的主要政策措施是正确有效的。这些政策措施主要有："中央统筹、省级负总责、市县抓落实"的工作体制，五级书记抓扶贫等经过实践检验的、行之有效的制度和做法。这些值得继续坚持并不断完善的脱贫攻坚的重点举措可以概括为以下这些方面：

(1)明确指导思想。全面贯彻党的十八大、十九大精神，以习近平新时代中国特色社会主义思想为指导，落实中央经济工作会议、中央农村工作会议、打好精准脱贫攻坚战座谈会和全国扶贫开发工作会议的决策部署，坚持稳中求进工作总基调，坚持精准扶贫精准脱贫基本方略，坚持中央统筹、省级负总责、市县抓落实的工作机制，坚持现行扶贫标准，坚持大扶贫工作格局，优化政策供给，以深度贫困地区脱贫攻坚为重点，以扶贫领域作风问题专项治理为抓手，从注重全面推进帮扶向更加注重深度贫困地区攻坚转变，从注重减贫进度向更加注重脱贫质量转变，从注重完成脱贫目标向更加注重增强贫困群众获得感转变，从注重找准帮扶对象向更加注重精准帮扶稳定脱贫转变，从开发式扶贫为主向开发式与保障性扶贫并重转变，加大工作力度，强化监督考核，巩固扶贫成果，提高脱贫质量。

（2）明确目标任务。一是全面完成年度减贫任务。2017 年再减少农村贫困人口 1000 万以上，实现 200 个左右贫困县脱贫摘帽，完成 280 万左右贫困人口易地扶贫搬迁建设任务。指导各地确定 2018 年度贫困人口脱贫和贫困县摘帽计划，调整完善脱贫滚动规划，逐级分解目标任务，层层签订年度减贫责任书。严格执行贫困退出标准和退出程序，科学规范组织 2018 年度贫困县、建档立卡贫困人口退出工作。二是出台实施《打好精准脱贫攻坚战三年行动指导意见》。在保持政策连续性、稳定性的基础上，深化脱贫攻坚政策举措。做好脱贫攻坚与实施乡村振兴战略的衔接。对已脱贫人口继续强化帮扶，脱贫不脱帮扶、脱贫不脱政策、脱贫不脱项目。

（3）开展产业扶贫。制定产业扶贫三年行动文件，指导各地落实产业扶贫规划，推进贫困地区因地制宜选择适合当地的特色产业，将特色产业与新型农业经营主体、建档立卡贫困村和贫困户对接，推动产业扶贫项目长期有效、实现贫困群众稳定增收。指导实施贫困村“一村一品”产业推进行动，推动因地制宜发展特色种养业。加强贫困地区扶贫特色农产品质量安全追溯体系建设，推动农产品上行。加强新型农业经营主体培育和脱贫致富带头人培养，强化规划引领、组织带动、市场服务和技能培训，健全贫困人口利益联结机制。推进乡村旅游扶贫、电商扶贫、家政扶贫、光伏扶贫、文化扶贫等新业态。开展科技扶贫，深入推进科技特派员制度。完善资产收益扶贫方式,推动资产收益扶贫规范有序开展。

(4)推进就业扶贫。提高转移就业组织化程度,促进贫困人口稳定就业,推动零就业贫困户中至少一人实现就业。再建设一批就业扶贫车间,在现有岗位中安排一批就业扶贫公益性岗位,创建一批精准扶贫爱心企业,进一步做实东西部劳务协作和省内劳务协作,促进贫困家庭劳动力就地就近就业和外出务工。加强就业服务培训,组织开展就业扶贫行动日活动,扩大贫困家庭劳动力培训规模,提高培训质量,推行终身职业技能培训制度,开展农民工职业技能提升计划,实施技能脱贫千校行动和深度贫困地区技能扶贫行动,强化贫困家庭劳动力劳动权益保障,努力提高贫困劳动力就业稳定性。

(5)实施易地扶贫搬迁。下达年度易地扶贫搬迁建设任务和相关资金。督促各地进一步理顺资金运作机制,严格执行住房建设面积政策。做好搬迁后产业发展、就业安置、公共服务等扶持工作。继续开展易地扶贫搬迁专项稽查,启动拉网式全覆盖大巡查,及时发现和解决工作中存在的突出问题。组织开展年度易地扶贫搬迁工作成效考核。

(6)推进教育脱贫。落实《教育脱贫攻坚“十三五”规划》,发展学前教育和高中阶段教育,巩固提高义务教育,促进建档立卡贫困人口教育基本公共服务全覆盖,防止失学辍学,提高教育质量。继续实施贫困地区定向招生计划、职业教育东西协作行动计划等,完善职业教育和培训体系,帮助更多贫困地区学生接受更好更高层次教育。完善资助政策体系,确保建档立卡贫困家庭学生资助全覆盖。在民族地区推广普通话,提升少数民族青壮年农牧民国家通用语言文字应用能力和职业技术技能水平。

(7)落实健康扶贫。坚持保基本、兜底线原则,加大健康扶贫投入力度,在严格分级诊疗和费用管控基础上,建立贫困人口医疗综合保障机制。发挥城乡居民基本医疗保险、大病保险、医疗救助制度保障合力,切实减轻贫困人口个人医疗费用负担。深入实施健康扶贫“三个一批”行动计划,到2018年年底,7种大病集中救治覆盖所有农村贫困人口,扩大大病集中救治病种范围。推进贫困地区妇女“两癌”免费检查和救助。支持贫困地区乡镇卫生院和村卫生室标准化建设,压实三级医院对口帮扶责任,落实帮扶任务。全面提高贫困群众健康素养,改善卫生条件,推动以治病为中心逐步向“以防为主,防治结合”转变。

(8)实施贫困人口危房改造。中央财政优先支持建档立卡贫困户等四类重点对象危房改造,完成年度计划改造任务。督促各地落实农村人居环境整治三年行动方案,改善贫困村人居环境,在优先保障基本生活条件基础上,实现干净整洁的基本要求。

(9)推动解决因残致贫。将符合条件的建档立卡残疾人贫困户全部纳入农村低保范围。加大对符合条件的农村贫困重度残疾人医疗救助力度。全面落实困难残疾人生活补贴制度和重度残疾人护理补贴制度,做好与长期护理保险试点的衔接,指导有条件的地方为 16 岁以上有照顾护理需求的贫困重度残疾人提供照护和托养服务。逐步解决贫困家庭未入学适龄残疾儿童义务教育问题。推进因残致贫家庭更好地享受资产收益扶贫政策。

(10)加强生态扶贫。扩大建档立卡贫困人口生态管护员选聘规模,在贫困县域内的国家公园、自然保护区、森林公园、湿地公园等,优先安排贫困人口就业。在造林任务重的贫困地区,推广组建脱贫攻坚造林专业合作社,优先安排造林绿化任务和建设资金,吸纳贫困人口参与造林、抚育、管护等生态工程建设。将退耕还林还草任务向深度贫困地区倾斜,优先安排有需求、符合条件的贫困户。发展木本油料、特色林果、林下经济、种苗花卉和森林旅游等,建立利益联结机制,增加贫困人口资产性、经营性收入。

(11)社会保险扶贫。进一步织密扎牢社会保障“安全网”,人力资源社会保障部财政部、国务院扶贫办《关于切实做好社会保险扶贫工作的意见》(人社部发〔2017〕59 号)就做好社会保险扶贫工作提出一系列意见,实现社会保险全覆盖。2017 年全国享受代缴城乡居民基本养老保险费的贫困人口超过 1515 万人,享受城乡居民养老保险待遇的贫困老人超过 1681 万人。推进两项制度衔接。将符合条件的建档立卡贫困户全部纳入农村低保范围,将符合条件的农村低保对象全部纳入建档立卡范围,推进农村低保制度和扶贫开发政策有效衔接。建立建档立卡数据和低保数据定期比对机制，及时更新数据台账。研究完善农村低保标准调整机制。

(12)推进交通扶贫。以深度贫困地区为重点，加大交通扶贫基础设施建设力度。推进"四好农村路"建设取得新突破，加快推进贫困地区剩余乡镇、建制村通硬化路建设。

(13)推进水利扶贫。加快贫困地区水利基础设施建设，提高贫困地区的供水保障能力、防汛抗旱能力、水保生态治理水平。加快农村饮水安全巩固提升工程建设，进一步提高贫困地区农村集中供水率、自来水普及率、水质达标率和供水保证率，解决农村建档立卡贫困人口饮水问题。

(14)实施网络扶贫。深入实施电信普遍服务，按时并保质保量完成建档立卡贫困村通光纤任务，实现"十三五"规划纲要确定的贫困村宽带网络覆盖目标。不断完善电信普遍服务补偿机制，深化补偿内容。优先支持国家级贫困县、欠发达革命老区县农村及偏远地区 4G 网络建设。引导鼓励基础电信企业针对贫困地区和贫困群众推出优惠资费套餐，促进宽带网络广泛使用。积极推动农村电商、远程医疗、远程教育等网络应用。

(15)推进金融扶贫。金融扶贫资源要更加聚焦深度贫困地区，加快落实"三区三州"差异化信贷支持政策，完善各项工作机制，督促金融机构审慎合规授信，严格按照项目情况而不是政府信用提供融资，更好满足深度贫困地区合理融资需求，在风险可控前提下，进一步加大扶贫资金投入。创新发展金融产品和服务，精准对接贫困地区基础设施建设、产业发展、贫困户创业就业等领域的金融服务需求。做好扶贫小额信贷督导考核和统计核校工作，推动扶贫小额信贷精准合规发放。优化贫困地区中小金融机构设立模式，因地制宜推进村镇银行组建工作，提高贫困地区金融服务覆盖面。支持贫困地区利用多层次资本市场，拓宽融资渠道，提高直接融资比重。加大力度支持和鼓励上市公司、证券期货基金经营机构积极开展产业扶贫和专业帮扶，履行社会责任。

(16)加强深度贫困地区脱贫攻坚，重点支持"三区三州"的深度贫困人口。全面贯彻深度贫困地区脱贫攻坚座谈会精神，落实中共中央办公厅、国务院办公厅《关于支持深度贫困地区脱贫攻坚的实施意见》。指导各地各部门落实深度贫困地区脱贫攻坚实施方案，制定针对性倾斜支持政策措施。优先在“三区三州”安排公益性基础设施项目、社会事业领域重大工程建设项目以及能源、交通等重大投资项目。以工代赈资金主要投向“三区三州”等深度贫困地区。各地区统筹整合资源，集中力量解决本区域内深度贫困问题。大力支持革命老区、民族地区、边疆地区和集中连片特困地区脱贫攻坚。

（17）实施贫困村提升工程。通过加大投入、加大整合、调整地方债务使用方向等方式筹集资金，加强贫困村内基础设施建设、发展特色优势产业、培育集体经济、加强基层党组织建设、创新农村社会治理方式，提高综合发展能力。推动贫困地区实施乡村振兴战略，健全农村社区服务体系。

（18）开展跟踪监测评估。建立深度贫困地区脱贫攻坚跟踪监测和预警评估机制，加强工作指导，督促工作落实，确保按期完成任务。对贫困发生率在 18%以上的县和 20%以上的村，指导各地进行跟踪监测和预警评估，对贫困发生率在 20%以上的县和 30%以上的村，开展“解剖麻雀”式分析研究。

（19）开展扶贫领域腐败和作风问题专项治理。落实《国务院扶贫开发领导小组关于开展扶贫领域作风问题专项治理的通知》要求，坚持问题导向，集中力量解决“四个意识”不强、责任落实不到位、工作措施不精准、资金管理使用不规范、工作作风不扎实、考核监督从严要求不够等突出问题，坚决克服形式主义、官僚主义、弄虚作假、急躁和厌战情绪以及消极腐败现象，促进工作落实。配合中央纪委开展扶贫领域腐败和作风问题专项治理。将作风建设贯穿脱贫攻坚全过程，持续推进。

（20）加强工作作风建设。改进脱贫攻坚调研方式，深入基层、联系群众、“解剖麻雀”，不提前踩点，不培训农户，不弄虚作假。减少村级填表报数，切实减轻基层负担。统筹整合检查考评，各部门不得开展扶贫专项考核，确需开展的要报批。严禁层层多头组织脱贫攻坚检查考评。省市两级对县及县以下的考核每年原则上不超过 2 次，市级及以下未经省里批准不得开展第三方评估。减少会议文件,精简会议活动,减少发文数量,严禁朝令夕改。

(21)完善追查追责制度。建立长效机制,组织开展明察暗访,对扶贫领域不正之风,有报必查,追究到底。对查实的扶贫领域案件,坚决予以曝光。对涉贫作风问题频发的地区、部门和单位,严肃追究有关单位和个人的责任。

(22)扶贫同扶志扶智相结合。加强政策引导,转变扶贫方式。大力实施以工代赈,提高劳务报酬发放比例,积极组织贫困群众投工投劳建设美好新家园。加强教育引导,办好各种类型的农民夜校、讲习所,帮助贫困群众转变思想观念,促进比学赶超,提振精气神,提升文化素质和知识水平,提高脱贫技能。加强典型引导,坚持正向激励,激发贫困群众积极性和主动性,总结宣传脱贫典型,树立勤劳致富、脱贫光荣的导向。发挥村规民约作用,引导贫困群众自我教育、自我管理、自我约束,增强遵纪守法意识,培育健康文明生活方式。

(23)完善保障性扶贫机制。完善养老、社会救助等社会保障制度,统筹社会保险、社会救助和扶贫开发资源,提高保障能力。落实好农业保险政策,防止贫困农户因灾返贫致贫。资产收益扶贫措施向贫困妇女、儿童、老人、残疾人和因病致贫返贫家庭倾斜。逐步提高贫困地区城乡居民基本养老保障待遇水平,探索适应农村老龄化形势的养老服务方式。加快推进农村特困人员供养服务设施改造,提升机构托底保障能力和服务质量。推动建立农村留守老年人关爱服务体系。

(24)严格考核监督。完善考核评估方式方法,开展省级党委和政府扶贫开发工作成效考核,启动东西部扶贫协作和中央单位定点扶贫考核。对年度拟脱贫摘帽的贫困县进行专项评估检查。建立年度集中考核和平时工作情况相结合的考核机制。对中西部 22 个省(自治区、直辖市)脱贫攻坚工作开展督查巡查,把暗访作为主要方式。深化工作监督,充分发挥人大、政协、民主党派、纪检监察、审计、检察、媒体、社会等全方位监督作用。对各成员单位贯彻落实中央脱贫攻坚决策部署情况开展第三方评估。

(25)深化东西部扶贫协作、定点扶贫和军队扶贫战略。加大东西部扶贫协作干部选派、人才支援、资金支持、产业合作、劳务协作等帮扶力度,带动和帮助贫困人口稳定脱贫。东西部扶贫协作资金项目向深度贫困地区倾斜。进一步做实做细"携手奔小康"行动,结对双方科学编制帮扶规划并认真组织实施,推动帮扶重心向乡村一线延伸,力争取得实质性进展。完善定点扶贫牵头机制,加大定点扶贫工作力度,进一步落实帮扶责任,提高帮扶工作精准度和有效性。以开展选派干部到西部地区、老工业基地和革命老区挂职锻炼工作为契机,结合中央单位定点扶贫,选派干部到贫困地区特别是深度贫困地区挂职。加强军地脱贫攻坚统筹协调。

(26)动员社会力量参与。广泛动员企业、社会组织、公民个人参与脱贫攻坚,加强规范管理。持续推进"万企帮万村"行动,认真做好"百县万村"活动总结收尾工作。鼓励有条件的民营企业设立扶贫开发投资基金。实施"互联网+精准扶贫",发挥中国社会扶贫网作用,加快平台推广,组织信息发布,推动需求对接。鼓励采购贫困地区特色农产品,开展消费扶贫。打造精准扶贫公益品牌,发挥示范引领作用。

(27)加大扶贫投入力度。加大各级财政扶贫投入,确保与脱贫攻坚需要相适应。严格按照规定的范围和用途进一步加大贫困县涉农资金整合力度,优先保障贫困人口直接受益的产业发展资金需求。加大金融对脱贫攻坚重点领域和薄弱环节的支持力度,促进扶贫小额信贷业务健康发展,用好扶贫再贷款政策,优化易地扶贫搬迁金融服务。

(28)加强土地支持政策。完善土地利用规划计划管理,优先开展易地扶贫搬迁村庄的村土地利用规划编制。专项安排脱贫攻坚新增建设用地计划。支持贫困地区开展城乡建设用地增减挂钩,将所得收益按规定通过支出预算用于脱贫攻坚。支持旅游扶贫、光伏扶贫项目用地。

(29)加强资金项目监管。建立扶贫资金常态化监管机制,指导地方落实财政专项扶贫资金管理办法。全面实施扶贫资金绩效管理,落实资金使用单位的主体责任,明确各领域扶贫项目资金绩效目标,开展绩效执行监控,实施事后绩效评价,强化扶贫资金绩效评价结果应用。指导各地加强项目论证和储备及前期工作,健全公告公示制度,国家、省级、市县扶贫资金分配结果一律公开，乡村两级扶贫项目安排和资金使用结果及绩效一律公告公示。开展扶贫资金管理使用情况专项抽查，聚焦深度贫困地区，重点查处虚报冒领、挤占挪用、贪污侵占、挥霍浪费等违法违规问题，做到阳光扶贫、廉洁扶贫。

(30)防范化解风险。防范产业扶贫失败风险，防止产业项目因盲目跟风、一刀切导致失败造成损失。防范扶贫小额信贷还贷风险，纠正户贷企用、冒名借款、违规用款等问题。防范加重地方政府隐性债务风险，防止地方政府打着脱贫攻坚旗号违法违规或变相举债增加隐性债务，防止金融机构借支持脱贫攻坚名义违法违规提供融资，坚决遏制隐性债务增量。防范道德风险，防止政策养懒汉，造成"福利陷阱"。防范社会风险，防止非贫困县、非贫困村、"边缘"贫困户与贫困县、贫困村、贫困户产生"悬崖效应"，引起攀比影响社会公平与稳定。

(31)落实脱贫攻坚责任。落实好中央统筹、省级负总责、市县抓落实的工作机制，强化党政一把手负总责的责任制，增强政治担当和责任担当。落实行业部门责任，按照《中共中央国务院关于打赢脱贫攻坚战的决定》重要政策措施任务分工和"十三五"脱贫攻坚规划，落实工作任务，保证工作进度。

(32)抓党建促脱贫攻坚。坚决保持贫困县党政正职稳定，进一步加大对贫困地区尤其是深度贫困地区干部人才倾斜支持力度，充分调动贫困地区干部积极性。配齐配强贫困村党组织书记，储备后备力量，落实贫困村党组织建设基础保障，把农村基层党组织建设成为脱贫攻坚的战斗堡垒。管好用好第一书记和驻村工作队，教育引导党员在脱贫攻坚主战场上发挥先锋模范作用，为打好精准脱贫攻坚战提供坚强组织保证。

(33)分级分类开展干部培训。研究提出关于扶贫干部培训的意见，制定打好精准脱贫攻坚战干部培训工作方案，突出抓好各级扶贫学习培训工作。中央层面重点对省级负责同志开展轮训，指导省、市、县加大干部培训力度，分级安排培训活动。2018 年对深度贫困地区市(地、州、盟)和贫困县党政主要负责同志开展培训，对边疆民族地区和革命老区村党组织书记进行轮训。着力培养一支与脱贫攻坚相适应、忠诚干净担当的高素质扶贫干部队伍,为打好精准脱贫攻坚战提供坚强保障。

(34)加强基层工作力量。落实中共中央办公厅、国务院办公厅《关于加强贫困村驻村工作队选派管理工作的指导意见》,规范选派管理,加强关心关爱。回引本土人才,鼓励大学生、进城务工农民、退伍军人等本土人才返乡担任村干部,参与脱贫攻坚。

(35)推进建档立卡动态调整。及时调整完善建档立卡数据信息,把符合标准的贫困人口和返贫人口及时全部纳入,对脱贫人口标注脱贫途径。进一步完善扶贫开发大数据管理平台,完善指标体系,不断提升数据质量,拓展服务功能。建立部门间数据和信息共享机制,加强贫困数据分析,为宏观决策和工作指导提供支持。

(36)加强调查研究。围绕脱贫攻坚战略性、全局性、苗头性和前瞻性问题,深入开展调查研究,掌握真实情况,分析研判形势,研究对策措施,推动脱贫攻坚政策落地落实。组织开展返贫问题研究、激发贫困群众内生动力方式研究、2020 年后扶贫标准和对象研究等。

(37)加大宣传工作力度。大力宣传习近平新时代中国特色社会主义思想和扶贫思想,大力宣传党中央、国务院脱贫攻坚的决策部署。开展脱贫攻坚政策宣讲解读,让贫困地区基层干部了解政策、用好用活用足政策。积极开展扶贫外宣,讲好中国减贫故事,分享中国减贫经验。

(38)总结推广经验做法。总结推广党的十八大以来在精准扶贫、精准脱贫方面的创新举措和成功经验,发挥典型案例引导指导作用。加强示范引导,组织“三区三州”基层干部到已脱贫摘帽地区参观学习培训。鼓励各地结合实际改革创新,探索脱贫攻坚新举措新方式新机制。

(39)表彰宣传先进典型。注重发现基层扶贫干部的先进事迹,挖掘扶贫领域的代表人物、典型事例,推广有效做法和生动实践。组织开展扶贫日系列活动,开展全国脱贫攻坚奖评选表彰,广泛宣传先进典型,营造良好氛围。

(40)做好重大涉贫舆情处置。健全涉贫舆情处置反馈机制,掌握涉贫舆情动态,对突发重大涉贫舆情,第一时间核实情况做出研判,采取措施果断处置。及时主动发声,向社会公开客观事实,解疑释惑,消解误会,凝聚各方共识,掌握舆论主导权,引导正确走向。

(41)开展国际交流合作。依托"一带一路"建设,巩固和发展减贫领域国际交流合作,推广机制性论坛会议、村级减贫学习中心、国别减贫示范合作项目、援外人力资源开发等合作模式。有序引导境外非政府组织在境内合法依规开展扶贫活动。

2.2 针对致贫深层原因,加快建立稳定、持久、高质量脱贫致富机制

贯彻落实精准扶贫思想,在胜利实现精准扶贫战略重点突破、完成打好脱贫攻坚战的阶段性任务后,必须针对致贫深层原因,与时俱进地加快建立持久、稳定、高质量脱贫致富机制,构建现代化经济体系,不断谱写新时代坚持和发展中国特色社会主义新篇章。其必要性和紧迫性主要体现在以下方面:

2.2.1 如期全面建成小康社会的政治责任要求建立稳定、持久、高质量脱贫致富机制

党的十九大部署了决胜全面建成小康社会的三大攻坚战,总书记对脱贫攻坚不仅亲自挂帅,成为脱贫攻坚战的总指挥员,而且亲自出征,也是脱贫攻坚战的战斗者、建设者,展示了人民领袖的强烈政治责任感和历史使命感。各级党政干部特别是一把手,必须从政治和大局上向核心看齐,提高政治站位和政治觉悟,不断增强打好脱贫攻坚战,如期全面建成小康社会的政治责任。打好脱贫攻坚战固然不易,建立稳定、持久、高质

量脱贫致富机制更难。建立稳定、持久、高质量脱贫致富机制，就是要不忘初心、牢记使命，始终把人民放在心中最高位置，更好地增进人民福祉，推动人的全面发展、社会全面进步。就是要着眼于满足人民日益增长的美好生活需要，贯彻新发展理念，着力解决发展不平衡不充分的问题，提高发展质量，不断提高人民生活品质、生活品位，让发展成果更多、更公平地惠及全体人民，既尽力而为又量力而行，促进社会公平正义，在幼有所育、学有所教、劳有所得、病有所医、老有所养、住有所居、弱有所扶上不断取得新进展，不断朝着全体人民共同富裕迈进。

2.2.2 坚持中国特色社会主义方向和制度的使命担当要求建立稳定、持久、高质量脱贫致富机制

贫穷不是社会主义，我们搞社会主义，就是要让各族人民都过上幸福美好的生活。全面建成小康社会最艰巨最繁重的任务在贫困地区，特别是在深度贫困地区，无论这块硬骨头有多硬都必须啃下，无论这场攻坚战有多难打都必须打赢，全面小康路上不能忘记每一个民族、每一个家庭。脱贫攻坚最能体现我们党的初心和使命，最能体现我们党的性质和宗旨，最能体现中国特色社会主义的目的和根本任务。我们必须以对党和人民事业负责的高度历史使命感，不忘初心、牢记使命，在脱贫攻坚中迎难而上、主动担当，坚决打好脱贫攻坚战，兑现“不让一个民族、一个贫困家庭掉队”的庄严承诺，让各族人民都过上幸福美好的生活。与此同时，更应该始终高举中国特色社会主义伟大旗帜，研究建立稳定、持久、高质量脱贫致富机制，为脱贫致富提供坚强的制度保障。

2.2.3 实现中国梦的行动自觉要求建立稳定、持久、高质量脱贫致富机制

习近平总书记在内政外交、国防、治党、治国、治军等国事十分繁忙的情况下，多次深入深度贫困地区调研，亲自主持会议部署脱贫攻坚，对于扶贫脱贫工作亲力亲为、率先垂范。各级党政干部特别是一把手，要以总书记为榜样，把打好脱贫攻坚战作为深入学习贯彻党的十九大精神的一

项重要政治任务，作为检验“四个意识”的重大行动，拿出必要的时间和精力，不折不扣地抓好脱贫攻坚各项政策举措落实，以脱贫攻坚的新作为、新气象、新成就，向全体人民和国际社会交出一份满意的答卷。要深刻领会习近平总书记的一系列重要讲话精神，进一步做好脱贫攻坚工作。建立稳定、持久、高质量脱贫致富机制是实现中华民族伟大复兴中国梦、彰显中国特色社会主义制度优越性的底线要求，更是符合经济发展规律、顺应世界经济发展潮流的举措，真正有利于中国和全球经济社会长期稳定发展。

2.2.4 扩大内需必然要求建立稳定、持久、高质量脱贫致富机制

扩大内需是现代市场经济的永恒主题。2014 年 12 月，中央政治局会议曾提出“释放内需潜力”，从 2015 年开始推进供给侧结构性改革至今，历次政治局会议文件均表述为“以推进供给侧结构性改革为主线，适度扩大总需求”。扩大内需是当下必然选择。2017 年 GDP 增速为 6.9%，其中，内需贡献了 6.3 个百分点的增速，内需对 GDP 增速的贡献较 2016 年大幅下滑了 1 个百分点。在此背景下，扩大内需也成为保持经济平稳较快发展的必然抓手。结构调整是长期任务，扩大内需既是短期应对，也是长远策略。围绕结构调整扩大内需是主动同高质量发展对接的有效措施，脱贫攻坚是更精准、边际效率更高的扩大内需举措。脱贫攻坚对扩大内需不仅具有结构性特征，而且有利于提振消费，增加贫困居民收入，稳定预期。建立稳定、持久、高质量脱贫致富机制则可以为脱贫攻坚提供有效的制度保障。

扩大内需重点应该放在内需升级，内需升级的方向应该选择推进城镇化和现代化经济体系建设。城镇化和现代化经济体系建设是开发巨大内需市场的重中之重。

2.2.5 深化改革要求建立稳定、持久、高质量脱贫致富机制

我国脱贫攻坚态势超预期，但制约脱贫攻坚持续向好的结构性、深

层次问题不仅突出，而且一些趋势性、规律性因素成为致贫的深层次原因。解决这些致贫的深层次问题，需要大思路、大手笔，更需要有改革、啃硬骨头的勇气。只有通过深化改革，才能逆转贫困可能加剧的趋势。

一是农业占 GDP 的比重持续下降，2017 年只占 7.85%，还将持续下降到 3%左右。农业占 GDP 的比重下降的速度，大幅度超过农民转移进入城镇和退出农业的速度，有限的产出难以维系收入的既有购买力，必然陷入相对贫困，甚至绝对贫困。贫困是贫困人口未能与有效率的生产要素相结合或者结合产出的边际效率持续下降的结果。在贫困区存在大量老年农民和劳动力，但缺少资本、技术、人力资本和企业家等要素的有效投入，主要是土地经营规模过低，技术进步缓慢，导致贫困区对劳动力的需求有限，形成一个过度供给的局部劳动市场，从而导致劳动力定价过低。为了帮助贫困人口脱贫，政府实施了诸多扶贫政策，投入巨大，这是政府导向型扶贫政策。2016 年，本课题组在全国 22 个省市区进行调查，获得有效问卷 5407 份。研究显示，很多扶贫政策对提高贫困人口的收入、降低其贫困率，并没有表现出显著效果。贫困率持续下降的基础原因是经济普遍增长和政府投入大幅度增加。政策效果不显著的关键在于，现代化经济体系没有真正建立起来，扶贫政策并不能实现贫困人口与有效率的生产要素相结合，城乡统一高效的要素市场，尤其是劳动市场难以发挥应有的作用。土地集体所有制、城乡分隔的户籍制度、城乡居民基本养老保险制度等都不同程度妨碍这一市场的形成。需要实施革命性的变革，充分发挥市场导向型扶贫政策的作用，强调通过建立现代化经济体系，提升资本效率、土地效率、劳动效率和科技含量，实现贫困人口与有效率的生产要素相结合。政府最需要做的是，按照党的十九大关于始终高举中国特色社会主义伟大旗帜和建立现代化经济体系的要求，从建立现代化农业经济体系的战略高度，制定离农政策，用现代社会保障制度替代传统的土地保障和家庭保障，让有条件进城务工经商的劳动力离开农村和农业，让老年人退出农业生产经营领域，扩大土地经营规模，培养职业农民，发展家庭农场，提高科技水平，使得贫困人口能与有效率的生产要素相结合,有效保障扶贫政策的可持续性。

二是中国基于土地集体所有制的农户自主经营形成小农经济,引发贫困等诸多问题。土地制度是农村的核心制度。只有深化土地制度的改革,才能实现深水区改革的突破。为此,政府一直在探索通过土地流转实现土地适度规模经营,但没有获得实质性突破。土地流转首先是农户的自主决策。为了解并解释农户的土地流转行为,本课题组在全国22个省市区进行了问卷调查。研究发现,中国农户间土地流转的交易成本高,强化了土地经营的短期行为,非自耕农家庭农场生产组织引发代理问题和管理成本、租佃体制复活等,其根本原因在于土地集体所有制。为体现这一所有制性质,土地只能平均分配且定期调整,很难实现大规模的土地经营。在城镇职工基本养老保险制度和城乡居民基本养老保险制度已经普遍建立、2017年城镇化水平已经达到58.7%的条件下,在现行土地集体所有制下,对长期脱离农业生产的农户,可以探索“土地换保障”的方式,按照土地产出农作物15—30年的价值,由政府一次性买断其土地承包权和宅基地使用权,使得放弃土地承包权的农户不再凭借土地承包权获得租金或其他形式的利益,尽可能在土地流转过程中保持土地的承包权和经营权合一,用现代的社会保障制度替代传统的土地保障和家庭保障,完善城镇化机制。相反,不顾时势,在三权分置的基础上,若不能发挥现代社会保障制度应有的作用,就难以通过土地流转实现土地的规模经营,就难以改变大量农民“半城镇化”的状况,这种改革不仅与城镇化、农业现代化是背道而驰的,可能成为贫困的制度根源,还会成为进一步改革和实现现代化的障碍。过去,中国特色城镇化道路的特色之一,是没有让进城务工人员走上不归路,给他们在农村留了一条后路,一旦在城里待不下去了,还能回到农村。这是中国没有出现贫民窟的重要原因。但是,在城镇化水平已经接近60%时,农村有限的土地已经难以承载多达2.87亿农民工的回归,更难以保障其基本生活和长远生计。新时代中国特色的城镇化即将跨过城镇化率60%这一重要的临界点,我们有能力、有条件为城镇化人口提供基本的社会保险,因此也应该赋予城镇化新的内涵,从战略高度及时启动以社会保障替代土地保障的改革，为农民和农民工提供必要的补偿，改变大量农民工“半城镇化”状况，提高城镇化质量，加快城镇化速度。

三是农村老龄化程度快速提升，保障水平严重偏低可能加剧贫困的风险。老龄化是致贫的主要原因。2017 年，城乡居民基本养老保险待遇水平为 125 元/月，只相当于基本生活水平的 40%。我国面临越来越严峻的老龄化挑战，农村老龄化程度目前比城镇高 2 个百分点，并将持续提高，农村面临的老龄化挑战也更严峻。与此同时，城镇职工基本养老保险基金的收支矛盾或将更加突出。2017 年，企业职工养老保险收入 3.27 万亿元，支出 2.86 万亿元，累计结余 4.12 万亿元，累计结余资金可以支付 17.3 个月，确保发放没有问题。实际上，随着老龄化社会的加剧，养老保险基金的收支压力近年来不断凸显，养老保险的可持续性问题也成为社会关注的焦点。从近年来关于中国养老金的各年度报告中可以窥见养老保险基金的压力。根据人力资源和社会保障部每年发布的社会保险发展年度报告，自 2012 年以来，虽然企业养老保险基金累计结余在不断扩大，但可支付月数在不断递减，收入增速明显低于支出增速。2012 年，企业养老保险基金累计结余 2.3 万亿元，到 2017 年增至 4.12 万亿元，但可支付月数由 2012 年的 19.7 个月下降至 17.3 个月。在收支矛盾或将更加突出的背景下，如何推进城镇化、如何提升老年农民的养老金，需要大智慧、大担当。

农村土地制度改革是关系未来发展的全局性、长期性、战略性问题，需要做出战略判断，需要把握大方向，树立新目标，开创新局面。我们要用科学的态度对待建立稳定、持久、高质量脱贫致富机制，建立现代化农业经济体系，用改革的精神追求完善以城乡居民基本养老保险制度为核心的农村制度体系，不断赋予农业经济体系以新的时代内涵。要坚持问题导向，聚焦我国改革开放和社会主义现代化建设面临的重大现实问题，聚焦事关全局的战略性问题、人民群众关心关注的土地制度改革和社会保障制度建设等热点难点问题，为解决农民基本生活和长远生计问题提供新理念、新思路、新办法。要吸收人类创造的一切优秀文化成果，不断深化农村社会保障制度建设,完善中国特色新型养老保险制度,发展中国特色社会主义大保障理论,完善城镇化机制,续写现代化农业经济体系中国化新篇章。

2.2.6 实现高质量发展需要建立稳定、持久、高质量脱贫致富机制

贫困是发展质量不高的突出表现,也是中国特色社会主义进入新时代我国社会主要矛盾的集中表现。在我国社会主要矛盾已经转化为人民日益增长的美好生活需要和不平衡不充分的发展之间的矛盾的大背景下,稳定地解决十几亿人的温饱问题、总体上实现小康、全面建成小康社会,都必须按照实现高质量发展的要求,坚定不移地推进农业经济向工业经济的转型与升级,加快城镇化进程,这是建立稳定、持久、高质量的脱贫致富机制的根本办法。贫困不仅影响决胜全面建成小康社会政治任务的完成和坚持以人民为中心的发展思想,制约人的全面发展和全体人民共同富裕,而且影响人民的获得感、幸福感、安全感。

加快改造落后的小农经济,优化中国的经济结构,是我国社会生产力水平和发展质量总体上显著提高的主要途径,是扶贫攻坚的真正使命。我国社会生产力在很多方面已进入世界前列,更加突出的问题是城乡发展不平衡不充分,是城镇化的质量不高,这已经成为满足人民日益增长的美好生活需要的主要制约因素。

必须认识到,我国社会主要矛盾的变化是关系全局的历史性变化,对党和国家工作提出了许多新要求。我们要在继续推动现代化经济体系发展的基础上,着力解决好城乡发展不平衡不充分问题,大力提升城镇化发展质量和效益,更好地满足人民在经济、政治、文化、社会、生态等方面日益增长的需要,更好地推动人的全面发展、社会全面进步。

必须认识到,我国社会主要矛盾的变化,没有改变我们对我国城镇化所处历史阶段的判断,我国即将跨入高度城镇化阶段。我们要牢牢把握高度城镇化阶段的特点与规律,牢牢坚持走中国特色社会主义城镇化道路,完善城镇化机制,推进现代化经济体系的建设。

2.2.7 确保粮食安全需要建立稳定、持久、高质量脱贫致富机制

当前威胁我国粮食安全主要有三大因素：

一是18亿亩的耕地红线可能被突破，而且耕地还在继续减少，广大的农村已经有大量的土地因种种原因荒芜。其中，没有发挥社会保障制度的应有作用，导致土地难以流转、难以扩大经营规模是重要原因之一。截至2012年年底，中国耕地总数已经接近18亿亩红线；人均耕地不足1.5亩，不到世界平均水平的二分之一，不足发达国家的四分之一。联合国对耕地有一个警戒线：人均耕地少于0.8亩的时候，会发生生存危机。而目前中国2000个左右的县中，有600多个县人均耕地面积低于0.8亩。然而，当“地王”不断涌现，当中国的房价从一线城市到二线、三线甚至四线城市都在不断暴涨，我们真的还能守住我们的耕地吗？尤其是当越来越多的人离开农田甚至离开农村后，我们仅存的耕地还能得到有效利用吗？

二是农村劳动力的数量、素质和相对收入在持续下降。现在的农村，已经是老人农业和妇女农业。再过十年，还有谁能够在一亩三分地上坚持？农业面临后继无人的局面。现在留在农村的劳动力往往是难以适应工业化、城镇化、现代化的劳动力，建档立卡贫困户是其中的重要组成部分。事关国家粮食安全的职业，采取什么样的战略性举措才能避免其陷入贫困，成为受尊敬的职业？建立稳定持久、高质量脱贫致富机制，扶贫攻坚立竿见影地把购买力送到了贫困群体中，是提高贫困户的收入水平、刺激需求、驱动经济发展有效政策，但是走出一条适合中国现代化农业经济发展的康庄大道依然需要进行大胆探索。

三是粮食生产国际竞争力持续下降。毫无疑问，依靠传统的小农生产无法解决中国人的吃饭问题，而一家一户的承包，又制约了机械化、集约化生产。虽然土地流转、大户转包能在短期内解决部分粮食生产问题，可中国人口多，粮食需要量大，各地气候、地形地貌不同，不是都适合大户承包的，也不能从根本上解决粮食问题。

曾经自给自足的中国，早已经从当年的世界主要粮食出口国，变为世

界最大的粮食进口国。2015 年,我国进口粮食 12477 万吨,同比增加了 24.2%,而我国全年的粮食产量仅为 12428.7 亿斤(约 62143.5 万吨),进口量相当于我国粮食产量的 20.1%! 中国不仅已变成一个粮食纯进口大国,而且目前我国大部分城市的粮食储备,最多只能供应半年左右,中国人的饭碗并不是完全掌握在自己手里!

粮食安全不仅可能摧毁一个国家的经济,而且可能直接断送一个国家的未来! 事实上,中国的许多有识之士一直在不断向国家建言,要保护我们的农业,要尽一切可能消除潜伏在我们农业中的巨大危机。确保国家粮食安全首先要保护农民、农业,要有全面、系统的政策制度安排。否则,就可能犯方向性、颠覆性的错误。我们需要对农民这一职业、农业这一行业的个人价值与社会价值进行再认识,反思我们是否需要完善相关政策措施。

建立稳定、持久、高质量脱贫致富机制,是推动农业现代化发展的基础性举措,也是确保国家粮食安全,确保民生安全的要求。

2.3 加快推进城镇化和现代化农业经济体系建设,完善稳定、持久、高质量脱贫致富机制的顶层设计

研究建立稳定、持久、高质量脱贫致富机制,其战略意义不仅在于脱贫攻坚补短板,拓展我国长期稳定发展、应对危机的战略空间,而且在于发掘发展潜能,找准新一轮大改革、大开放、大发展的新路径。

2.3.1 加快推进城镇化和现代化农业经济体系建设是建立稳定、持久、高质量脱贫致富机制的标本兼治之策

纵观国际国内形势,与改革开放的前十年有点类似,今天中国又到了

一个需要开启新的一轮深刻改革甚至是革命性变革的关键时刻。中国经济已进入换挡转型、社会主要矛盾重大转变的关键时期，经济下行使得很多深层次矛盾集中暴露，重大风险和挑战非常突出，不能强力推出新的一轮更加深刻的改革开放，就完全可能步入中等收入陷阱不能自拔。不进行革命性变革，就难以啃下改革必然面临的硬骨头。这就是为什么党的十八大以来我国采取的一系列决策举措至关重要，中国国内形势、国际形势发生了巨大变化，如果再不提高改革的自觉性，没有大的改革、找准新的路径，是走不出一条改革创新之路的。所以十九大做出的很多新决策，切中要害，是非常了不起的，这也是我们必须要走的一条中国特色社会主义现代化强国建设的道路。

我们的决策和举措既关系世界经济走向，也关乎中国能否成功迈入发达国家行列。从大国博弈的视角和实现中国崛起之战略需要看，加快城镇化和现代化农业经济体系建设是多项发展目标的交会点。加快城镇化和现代化农业经济体系建设，实现农村治理体系和治理能力现代化，既是中国政府可以完全主导的决策，也可补齐短板，起到立竿见影的扩大内需的效果，其脱贫攻坚、拉动经济的效果最好，并可能超出政府预期。

尽管扩大内需、脱贫攻坚的方式多种多样，但对扩大内需、脱贫攻坚边际影响更大的是与城镇化和现代化农业经济体系建设相关的需求。农民脱贫了、农民富了，我们国家才会真的强大。因此，加快推进城镇化、建设现代化农业经济体系，实现中国“三农”政策制度的重大突破，既可体现持续扩大内需政策的前瞻性，又可以为高端制造业和消费升级、加大基础设施建设投资等提供巨大的市场空间，将防范粮食安全风险与脱贫攻坚、扩内需有机结合起来，是中国实现跨越式发展的一次难得的战略机遇。

为此，要正确把握政策转型的方向，提升建立稳定、持久、高质量脱贫致富机制的政治站位，以新时代习近平中国特色社会主义思想为指引，按照完善中国特色社会主义城镇化战略和现代化农业经济体系建设的要求，进行顶层设计，抓住战略机遇，推动脱贫攻坚取得更大的成效。

2.3.2 以人民为中心完善中国特色社会主义城镇化战略

我国城镇化率即将跨越60%这一迈向高度城镇化的临界点，标志着中国已经进入城镇化加速发展新时代。

完善中国特色社会主义城镇化战略是建立稳定、持久、高质量脱贫致富机制的最稳妥可靠保障，也是当前改革发展和应对国际挑战的首要政治任务。

脱贫攻坚需要着力提高政策的针对性和有效性，积极稳妥地加快推进中国特色社会主义城镇化，达到调结构促消费、实现经济高质量可持续发展等目标。

完善中国特色社会主义城镇化战略，加快改造小农经济，提升城镇发展质量和水平，是加大城乡经济结构和国民收入分配调整力度，扩内需促消费，提高经济发展质量和效益，实现我国经济可持续发展的最佳结合点。

完善中国特色社会主义城镇化战略，不仅需要进一步巩固支撑经济高质量发展的基础，更需要健全支撑经济高质量发展的一系列政策制度和保障其发挥有效作用的运行机制。

在城乡居民基本养老保险制度已经基本实现全覆盖的大背景下，大量农民依然处于“半城镇化”状态，说明农民城镇化的后顾之忧依然没有消除，农民的城镇化能力还非常有限，还受到一些政策制度的约束，城镇化机制依然不完善。造成上述现象的深层原因是忽视了农民城镇化的利益，支持农民城镇化政策制度的保障力度不够，甚至存在一定的缺失。

目前，我国发展不平衡不充分主要体现在农村，农业还处于相对落后的小农经济状态，改革发展的力度还不够，偏离了以人民为中心的中国特色社会主义城镇化的正确方向。

众所周知，城镇化是拉动内需的最大潜力，是未来拉动经济增长的发动机。但是，在“GDP主义”主导下的城镇化，地方政府、银行、开发商、企业关注的主要是土地，少有人去关心“人”，甚至千方百计将农民应得的补偿和保障水平降到尽可能低的程度，导致部分被征地农民陷入贫困的风险上升。城镇化过分注重城市投资,城市建设往往难以达到预期目标。

城镇化是农民的城镇化,土地城镇化只是为农民的城镇化服务的工具。只有不断提高城镇化的质量和农民的保障水平,才能启动内需,促进经济的良性循环,建立起消费社会。相对于发达国家,中国农民的城镇化滞后于土地的城镇化,农民为城镇化做出的牺牲和奉献更大。

在现行政策制度条件下,由于农民在城市得不到应有的保障,会影响城镇化质量,加剧农民工问题。第一代农民工,一般有农村工作生活经验,如果难以完成城镇化的跨越,很可能再回到农村。第二代农民工,由于很大部分是生在城市或者长在城市的,对农业和农村生活基本没有认同。现在第三代农民工都出现了,已经成为完全回不去的农村人。这不仅是经济发展问题,如果不能提供必要的社会保障等公共服务,还可能引发社会稳定的问题。

城镇化面临的形势已经发生了重大而深刻的变化,随着土地的保障功能越来越弱,对社会保障制度等公共服务的需求必然越来越强,顺应城镇化的大趋势,高举以人民为中心的中国特色社会主义伟大旗帜,将完善中国特色社会主义城镇化机制作为现阶段理论政策研究和创新的重点,是必然的选择。

2.3.3 实施社会保障先行的积极城镇化战略,完善中国特色社会主义城镇化机制

当前,完善中国特色社会主义城镇化机制的关键在于,按照新型城镇化和建设现代化农业经济体系的要求,改造小农经济,扩大土地经营规模,提高社会保障制度的保障水平,用现代社会保障替代传统的土地和家庭保障,消除农民城镇化的后顾之忧,提高农民的城镇化能力。因此,在改革发展的现阶段,实施社会保障先行的积极城镇化战略,是加快建设现代化农业经济体系,形成可持续增长机制的关键和核心环节,也是实施新型城镇化战略的关键和核心环节。

适当提高社会保障水平,是充分发挥社会保障制度在加快推进城镇化进程中的作用的关键。只有当社会保障水平足以激励农民放弃土地、

离开农村、进入城镇,中国特色社会主义城镇化战略才能成功!

土地和宅基地是农民最大的财富,提高农民的城镇化能力,最有针对性的是制定积极的城镇化政策,将农民潜在的土地和宅基地财富变为现实的社会保障资源,提高农民的社会保障水平。

我国过去也实行过一些促进农民城镇化的政策措施,但是从来没有实施将人的城镇化与土地的流转相结合的政策措施,没有充分发挥社会保障制度替代土地保障功能的应有作用,这是城镇化速度和质量都不尽如人意的重要原因,也是现代化农业经济体系建设进展缓慢的重要原因。因此,按照党的十九大建设现代化经济体系的要求,提升对现代社会保障的认识,顺应时代发展趋势,制定实施社会保障先行的积极城镇化战略,完善中国特色社会主义城镇化机制,是打破思维定势的必然结果。

加快社会保障制度建设是我国扩大内需、实现经济良性循环的逻辑起点,也是加快城镇化进程的逻辑起点。

一旦城乡居民养老保险制度实现全覆盖,而且保障水平达到一定程度后,我国内需扩大的程度可能令人惊喜,我国未来的城镇化速度也可能超乎想象。

根据国际经验,社会保障支出水平对内需拉动的贡献度大小问题不容小觑,国内外相关专家学者关于居民社会保障支出水平和居民消费水平二者之间的相互关系有各种各样的研究和论断。

在国外专家学者中,菲尔德斯坦首先分析了社会保障支出水平对居民消费的影响。他提出了社会保障支出水平带来的资产替代效应和诱导退休效应,认为社会保障收入对支出水平的影响取决于这两种效应的大小,通过建立时间序列模型发现社会保障的发展起到了增加居民消费需求的作用,社会保障支出水平对消费水平的影响是显著的,能使个人储蓄减少30%—50%。

考特利克夫则在菲尔德斯坦研究的基础之上,利用一般均衡模型和局部均衡模型分析指出,社会保障水平的提高在总体上会减少个人储蓄量。佩格则指出社会保障水平的提高会减少个人储蓄量,但并不能有效解释社会保障水平和消费水平之间的关系。这主要是因为各国的社会保障制度存在差异性。随着消费理论的进一步发展,许多文章从流动性约束、预防性储蓄的角度研究社会保障对消费水平的影响。哈伯德在跨期消费决策模型中引入消费信贷市场流动性约束与社会保障变量。认为当不存在流动性约束时,社会保障水平的提高能够促进消费水平的提高,但是当信贷市场存在流动性约束时,由于社会保障缴费降低了居民的当前收入,因此,社会保障水平的提高反而会减少消费需求并减少居民福利。

改革开放以来,中国城镇化快速推进,城镇化率由 1978 年的 17.92% 提高到 2017 年的 58.52%,提高了 40.6 个百分点,年均增加 1.015 个百分点,有 4 亿多人口从农村迁往城市。中国城镇化的平均速度虽然超过了历史上欧美发达国家的平均速度,但并没有出现一些发达国家历史上曾经出现的城镇化高速发展现象。例如,曾经也是小农经济的法国,在 20 世纪 60 年代曾有 3 年城镇化率提升超过 2 个百分点,高的年份达到 2.63 个百分点。中国的城镇化速度显然还可以更快,城镇化质量显然还可以更高。

农民,尤其是农民工不能融入城市的根本原因在于其极低的收入不能承受城市生活的成本。农民工的城镇化是一个系统工程。仅仅有收入的提高是不够的。要使农民工的市民化变得可行,要避免出现农村留守家庭悲剧的重现,需要采取一系列政策措施提高农民的城镇化能力,推进农民的主动城镇化。

从经济社会变迁的视角来看,主动城镇化有两个直接结果:一是区域之间的城镇化水平趋于平衡,城乡收入水平趋于收敛;二是城镇化速度加快,全社会中产阶层的比重持续扩大,终将成为社会消费的中坚力量,形成橄榄型的社会收入结构和消费结构。

因此,通过制度创新为城镇化构筑快速推进的制度平台,加快城镇化速度就可能变为现实。改革开放启动了长期徘徊不前的城镇化进程,城市的改革开放已经为城镇化的快速推进提供了强大的拉力,农村的改革开放也为城镇化的快速推进提供了强大的推力。城乡社会保障体系、保障房制度、城乡公平教育制度的加快建立,将进一步为城镇化的快速推进提供可能。现在需要的是加快提高城乡社会保障制度的保障水平,加大保障房建设力度,完善城乡公平教育制度,构筑起支撑城乡资源市场化、城镇化配置的制度平台。

2.3.4 将深化农村土地和宅基地制度改革上升为国家战略,构建以社会保障制度为核心的制度体系

就中国经济而言,经济增速的下行与经济质量的上行是大趋势;就宏观经济政策而言,城镇化率的不断提高是大趋势。

我国实施改革开放已经近 40 年,各方面均发生了巨大而深刻的变化。2017 年,我国农业占 GDP 的比重已经下降到 7. 85%,城镇化率上升到了 58. 52%,城乡居民基本养老保险制度参保人数已经超过 5. 1 亿。经济基础已经发生重大而深刻的变化,上层建筑也需要进行相应的改革。我国以土地制度为核心的农村制度体系若不与时俱进,实施革命性变革和重构,可能将严重制约我国经济社会的发展与稳定。

承包制、三权分置等改革是我国农村已实施的最重要的制度创新,但在城镇化率快速提升、土地保障功能快速下降的背景下,其存在的土地利益多样化、可能固化小农经济、制约土地规模化经营和城镇化进程、影响科学技术的应用、弱化土地的集体所有制、贫困风险上升等局限性开始显现。计划生育政策实施近 40 年,农村家庭结构小型化、农村老龄化持续深化,也对农村土地制度改革提出了紧迫的需求。大城市和城市群已经开始出现逆城市化现象。总之,实施农村土地制度和宅基地制度改革的时机已经基本成熟。

以土地制度为核心的农村制度体系难以适应城镇化和现代化农业经济体系发展的需要,充分发挥城乡居民基本养老保险制度作用的基础逻辑,完全符合推进农村治理体系和治理能力现代化的改革总要求,也是改革阻力最小、成功可能性最大的方向。

改革开放以来,在土地确权、户籍制度等改革中,我国反复强调的政策观点是,有序推进农业转移人口市民化,但农业转移人口市民化不能与土地挂钩。原因在于许多人对农业转移人口市民化存在深层担忧,特别是对如何妥善处理农民工与农村土地和宅基地的关系无计可施。

建立农民工农村承包地和宅基地的流转或退出机制，将深化农村土地和宅基地制度改革上升为国家战略，构建以社会保障制度为核心的制度体系，为农民的市民化提供适度制度保障的必要性主要体现在：

一、健全公共服务制度，稳步推进农民工市民化重中之重是提高农民工的城镇化能力

我国大量农民工融入城镇难主要难在如何为农民工提供均等的公共服务。2017年我国农民工总量达到2.8652亿人。目前，不到4个城镇常住人口中，就有1个是非户籍的常住人口。大量进城就业、居住半年以上的农民工被统计为“城镇常住人口”，但他们享受的公共服务水平却比较低。主要表现在：落户难，一些地方的户籍改革对流动人口基本没有放开，或者设置的门槛较高。住房难，大部分地区未将农民工作为住房保障对象，缺乏针对农民工特点的租金补贴和实物配租政策。看病难，由于新型农村合作医疗报销限制，农民工参加城镇职工基本医疗保险比例不高，以及经济状况不佳等原因，大量农民工难以获得城市正规医院的医疗服务。子女入学难，目前约20%的农民工随迁子女无法入读全日制公办中小学，最近很多省份陆续公布了异地中考、高考方案，但人口流入省份的方案“门槛”整体还是比较高。

推进农业转移人口的市民化，为其提供均等化的公共服务，应当采取一系列措施：要以健全公共服务制度为核心，稳步推进农民工市民化；强化输入地政府属地管理责任，保障农民工子女的教育权利；全面实行输入地平等接受义务教育的政策，逐步降低门槛，对长期在本地就读的，允许就地参加中考、高考。根据常住人口配置公共服务资源，保障农民工平等享有安全、公益、便利的基本医疗服务，将农民工职业病防治纳入基本公共卫生服务体系。完善和整合“碎片化”的社保体系，扩大农民工社保覆盖面。实现农民工养老、医疗和失业保险关系全接续，制定促进农民工参保的政策措施，逐步将符合条件的农民工纳入城市低保范围。推动农民工纳入住房保障范围，改善其居住条件。制定适合农民工特点的住房公积金缴存和使用办法，扩大农民工住房公积金制度覆盖面。全面实施居住证制度，实行省级行政区域内“一证通”。居住证办理者，在子女就学、

社会保障、公共卫生、住房租购等方面享有与当地人口同等的权利。分类调整户口迁移政策，逐步让符合条件的农民工在就业居住地有序落户。逐步全面放开在县级市市区、县人民政府驻地镇和其他建制镇的落户限制，进一步放宽中等城市户口迁移政策，完善落实大城市现行户口迁移政策，逐步赋予农民工与当地人口同等的权利。

上述政策措施均有一定的可行性，但多是单向性的改革。中国已经进入到一个必须推进城乡联动的改革攻坚阶段。中国特色社会主义城镇化必须改变农业社会传统的人地关系。

加快农民工的城镇化进程，提高城镇化质量，不能只依靠政府和政府的有限公共资源，必须按照农民工城镇化取向合理配置包括农民工承包的土地和宅基地在内的财产性收入，以提高其城镇化能力。

公共资源和均等化的公共服务实质是社会资源或收入的二次分配，是增量资源的配置。而财产性收入则是存量资源的配置。增量资产相对是有限的，若能实现存量资产的合理配置，改革的成效和速度必然更显著。

土地和宅基地是大部分农民工最重要的存量资产和财产性收入来源。若能通过政策制度创新将农民工最宝贵的土地和宅基地纳入城镇化大潮，实现农民工土地和宅基地的市场化、资本化，全方位助推农民工的城镇化，农民工城镇化的能力一定会获得意想不到的提高，中国的市场化进程也一定会得到意想不到的推进。

二、“市民权”与土地挂钩可以更有效地保障农民工的土地财产权利

土地是农民最基本的生产资料和生计保障，也是农民工城镇化的基础和垫脚石。土地承包经营权、宅基地使用权和集体收益分配权既是法律赋予农民的财产权利，更是农民工加快城镇化的资本和希望。

目前，绝大多数农民工并不是不愿意以放弃承包地和宅基地换取城镇户籍和享受均等的城镇公共服务，而是不愿意无偿放弃农村土地权利，是不愿意被强制或变相强制收回土地和宅基地。

在坚持“现有农村土地承包关系保持稳定并长久不变”政策的背景

下，农民土地承包经营权和宅基地的确权登记已经取得了实质性的进展。在农民已经具有对承包土地、宅基地处置权的基础上，关键是要在健全法制和发育土地市场的基础上，按照依法、自愿、有偿的原则，以合理的方式和合理的价格，建立农民工承包地和宅基地的流转或退出机制。实施土地换保障、宅基地换保障房应该是最符合中国国情的有效方式。

在城镇化的大背景下，保护农民工的土地和宅基地等财产权利，不是将土地和宅基地固化在农村，而是与时俱进地将其资本化、城镇化。

三、农民工市民化与土地挂钩的时机条件已经成熟

在社会保障制度已经全覆盖，保障水平不断提高和保障房加速建设的背景下，没有后顾之忧的农民工放弃土地和宅基地的意愿必然增强。

以土地换保障、宅基地换保障房这样高度市场化的方式，将农民工的市民化与土地挂钩，在经济上是完全可行的。

将构建以社会保障制度为核心的制度体系，加快中国特色社会主义城镇化战略上升为国家战略，标志着将农民工的市民化与土地、宅基地挂钩的政治条件已经成熟。只要做好新型城镇化的顶层设计，政策、制度、法律到位，改革攻坚完全有可能大获成功！

2.3.5 双向推进：中国特色社会主义城镇化机制理论

城镇化趋势的力量之所以强大，因为它合乎逻辑。相信城镇化趋势的力量，就应该制定与其相适应的城镇化政策，构建与其相适应的理论。

中国城镇化需要一个惊人的突破，这个突破必须从理论突破开始。需要在思想上、观念上、政策上、制度上、策略上、方法上、态度上都发生一系列革命性变化，以迅速形成以城镇化为中心，与中华民族伟大复兴新时代完全配套的城镇化的新时代。

中国经济的持续发展，是使城镇化进入了一个新的时代，也为城镇化理论的突破奠定了坚实的基础。

20 多年前，笔者在《实物换保障：完善城镇化机制的政策选择》一书中初步构建了城镇化机制理论。按照该中国特色社会主义城镇化机制理论，只要充分发挥社会保障制度的作用，实施积极的城镇化政策，改造小农经济,建设现代化农业经济体系的一系列政策设想也一定会实现。

改革开放以来,我国走出了一条城镇化速度逐步加快、却没有出现贫民窟的中国特色社会主义城镇化道路。构建中国特色社会主义城镇化理论,已经有了非常坚实的实践基础。我国城镇化的历史起点与其他国家最大的不同是坚持了土地的集体所有制。在城镇化进程中,我国建立了全覆盖的以城乡居民基本养老保险制度为核心的社会保障制度。实行土地和现代社会保障制度这种"双保障",是中国的最大特色。

然而,由于农村社会保障水平普遍偏低,土地的保障作用也在持续下降,"双保障"的功能实际上没有得到充分发挥。这使得中国城镇化率虽然在持续提高,但是大量农民工仍处于"半城镇化"状态,说明城镇化质量亟待提高,说明中国特色社会主义城镇化机制也有待完善。

古人云:"不谋全局者,不足谋一域。""远谋自有深韬略。"在城镇化发展的关键时期,需要有贴合实际理论来引领。构建具有战略引领作用的中国特色社会主义城镇化机制理论,就是当前的迫切任务。

完善中国特色社会主义城镇化机制,关键是要从中国国情出发,制定用城乡居民基本养老保险制度逐步替代土地保障和家庭保障的可操作的政策和实施方案,增强其对城镇化的拉力和农村的推力,最大限度地减小城镇化的阻力,加快城镇化进程。

实践中,城镇对农民的拉力和农村对农民的推力都是客观存在的,完善中国特色社会主义城镇化机制的目的,不仅要尽可能实现城镇化速度加快,推进经济的发展和稳定,而且要避免出现与中国特色社会主义不相称的贫困群体和贫民窟。

显然,城镇化速度的加快并不仅仅取决于城镇对农民的拉力和农村对农民的推力的单方面加大,而是取决于各方面形成的推进城镇化合力的加大。合力的加大除了取决于上述两种力量外,还取决于城镇化的阻力。

在城镇化进程中,城镇化的阻力与其他两种力量一样,是由多种因素共同构成的,但其中最主要的阻力是面对城镇化可能的风险和城镇化能力不足而产生的后顾之忧,是人多地少难以提供生存和发展的保障。即因社会保障制度的保障水平偏低，各种制度和非制度因素使城镇化的制度平台变得不稳固，甚至出现严重扭曲。这必然增大城镇化的阻力，也是城镇化速度不尽理想的重要原因。社会保障制度创新的目的就是要提高社会保障的待遇水平，完善城镇化的制度平台，化解城镇化进程中的风险，提高农民城镇化的能力，解除城镇化的后顾之忧，城镇化速度就可能因此而加快。

不可否认，没有社会保障，城镇化一样可以推进，但有了社会保障，城镇化就可能在一个平滑的制度平台上平稳、高质量而快速地推进。

2.3.6 建立农民退休制度，完善“双向退出”的离农政策

与“双向推进”城镇化战略相适应的是要以建立农民退休制度为突破口，制定可操作的“双向退出”的离农政策，建立现代化农业经济体系和现代社会保障制度并行的“双中心”制度体系。

2017 年 12 月，中央农村工作会议首次提出走中国特色社会主义乡村振兴道路，让农业成为有奔头的产业，让农民成为有吸引力的职业，让农村成为安居乐业的美丽家园。在“国家土地承包关系第二轮到期后再延长 30 年，确保国家粮食安全，把中国人的饭碗牢牢端在自己手中”这一大背景下，须进行一系列政策制度的改革创新，通过先行先试，探索一条符合农村实际的农业现代化经济体系建设道路。

建立完善的社会保障制度是中国特色社会主义城镇化健康发展的制度保证。城乡居民基本养老保险制度和城镇职工基本养老保险制度这两个城镇化和市场经济的核心制度平台的建成，意味着其可以为中国特色社会主义城镇化提供坚强的制度保障，研究制定“离农政策”的时机条件正在成熟。

在企业改革中，若没有社会保障制度的建立和完善，企业减员增效、转换经营机制、改制重组都难彻底进行。实践证明，建立完善社会保障制度是保证改革成功最重要的制度保证。如果说改革是一个不间断的制度创新过程，那么，从企业改革、价格改革开始的一系列重要改革由于没能构筑起完整的适应市场经济的制度体系，改革的攻坚战始终是功而不克。

而当城镇社会保障制度体系基本建立后,改革、发展和稳定都取得了长足进展。

问题的症结在于,在建立社会主义市场经济体制初期,人们还没有认识到社会保障制度是市场经济体制的核心制度;在改革和制度创新过程中,人们忽视了社会保障制度的创新,没有认识到社会保障制度创新不仅仅是配套改革,还是企业改革、价格改革取得实质性成效后最重要的制度创新,是市场经济体制中最重要的核心制度之一。改革只有形成"双中心"(建立现代企业制度和社会保障制度),同步协调推进,才能建立与现代化经济体系相适应的制度平台,才能为改革提供坚强的制度保障。

在中国特殊的国情条件下,现代化农业经济体系也主要由两大核心制度构成:承包制、农村社会保障制度。

农村改革同样是一个不间断的制度创新过程。但从承包制到建设现代化农业经济体系的一系列重要制度创新,并没能构筑起完整的适应现代化农业经济体系的制度安排,小农经济始终在以承包制为依托实现自我循环,难以在城镇化和现代化进程中得到同步改造。

问题的症结在于,由于社会保障水平偏低,小农经济只能通过城镇化和自然死亡两种方式渐进地改造,即使城镇化后,农民仍保留着与土地的经营关系,即使年老体弱的农村劳动力,也不能退出小农经济的经营。这样,不仅规模经营不能随着农民城镇化或年老体弱而通过土地所有权的转让及时地得到扩大,劳动力素质也不可能像实行退休制度的城镇一样得到及时的更新和提高。显然,完全通过自然演进来实现规模经营对中国国情而言是不现实的。

在实行土地集体所有制和承包制的条件下,我国目前农村规模经营扩大的速度之所以比较缓慢、质量不高,最大的缺陷是农民的退出机制或规模经营的扩大机制难以发挥应有的作用。换言之,就是农民退出农业生产领域后的制度保障力度不够。农民城镇化后不能被纳入城镇社会保障体系,农民年老也只能以土地和家庭保障为依托,而不能享受退休后的养老保险。国内外的经验表明,健全的社会保障制度正是满足上述需要的理想制度安排。

从制度建设的角度看,承包制与土地保障的结合是不利于规模经营和现代化农业经济体系建设的,却有利于稳定的制度安排。但上述制度缺陷不是承包制本身的缺陷,而是制度体系的缺陷,是土地保障不可能社会化的缺陷。作为适合我国国情的制度创新,承包制与现代化农业经济体系的矛盾,化解的方法不需要否定承包制,只需要根据城镇化、现代化和建立中国特色社会主义现代化经济体系的基本要求,充分发挥中国特色社会保障制度的作用,为农民的“双向退出”提供适度的制度安排。即以现代社会保障制度逐步替代传统的土地和家庭保障,研究制定以土地流转制度为核心的“离农政策”。

作为制度创新的延续,农村社会保障制度的创新具有双重功能,即在完善农村市场经济制度体系的同时,成功地建立农民的退出机制和规模经营的扩大机制,为解放和发展农村生产力,建设现代化农业经济体系创造必要的制度条件。

如果说农村社会保障制度创新是对农村市场经济制度体系的完善,比较容易理解,那么,其能弥合城镇化机制缺失的机理则在于,农村社会保障制度的创新刚好为在实施承包制的情况下扩大规模经营提供了可能,两种制度的互补作用使其构成了一个已经消除了制度缺陷,可以加快规模经营和城镇化的制度体系,开辟了一条新的通向城镇化和现代化的现实通道。在土地公有制条件下,以城乡居民基本养老保险制度为核心的社会保障制度创新的实施,可以使年老体弱的农村劳动力在达到一定年龄时,通过“土地换保障”等社会保障制度的创新方式,直接退出小农经济的经营。这样,不仅规模经营可以在农民城镇化后通过土地流转制度的建立而扩大,而且可以随着农民年老体弱而通过“土地换保障”的方式得到扩大,劳动力素质也可以在实行农民退休制度后得到及时的更新和提高,实现农民的职业化。

这样,农村社会保障制度的成功创新,意味着农民“双向退出”机制的成功建立,意味着实施规模经营、推进城镇化制度缺陷的弥合,意味着农村竞争机制的引入成为可能,这恰恰是完善城镇化制度平台和城镇化机制、建设现代化农业经济体系所要达到的基本目的。

在小农经济体系中，土地是农民最大的社会保障，维护农民的基本权益最重要的就是维护土地权益。耕地不仅是农民的利益，也是国家利益，因为中国人太多，地太少。土地流转要尊重农民意愿，不能搞强迫命令。修路、建房都不能乱占农民耕地。尊重农民意愿也是实施土地流转必须坚持的基本原则。但按照党的十九大建设现代化农业经济体系的要求，在农村社会保障体系基本建立后，尽快研究制定鼓励农民退休和退出农业生产的相关政策制度的条件已基本具备，符合中国实际的"离农政策"同样是加快我国工业化、城镇化和现代化进程的战略需要。

当前和今后一个时期，要按照党的十九大要求构建集约化、专业化、组织化、社会化相结合的现代化农业经济体系。要"守住一条底线"，即充分保障农民土地承包经营权，不能限制或者强制农民流转承包土地。同时也要"抓住两个关键"，即着力培养新型经营主体，既注重引导一般农户提高集约化、专业化水平，又扶持联户经营、专业大户、家庭农场；着力发展多种形式的新型农民合作组织和多元服务主体，通过提高组织化程度实现与市场的有效对接。

建设现代化农业经济体系的目标已明确，条件已成熟，需要的只是研究制定农村土地流转政策体系的决心和智慧！

2.3.7　设立土地银行，建立适合农民市民化的中国特色土地流转服务机构

一、建立适合农民市民化的中国特色土地流转服务中心的必要性

中国特色社会主义城镇化与我国以小农经济为主要特征的传统农业在本质上是矛盾的。中国特色社会主义城镇化的快速推进对传统农业是最严重的挑战。特别是城镇化率超过60%后，改造传统小农经济，加快现代化农业经济体系建设的必要性、紧迫性进一步上升。

为此，党的十九大明确提出实施乡村振兴战略。指出农业农村农民问题是关系国计民生的根本性问题，必须始终把解决好"三农"问题作为全党工作重中之重。要坚持农业农村优先发展，按照产业兴旺、生态宜

居、乡风文明、治理有效、生活富裕的总要求,建立健全城乡融合发展体制机制和政策体系,加快推进农业农村现代化。巩固和完善农村基本经营制度,深化农村土地制度改革,完善承包地“三权”分置制度。保持土地承包关系稳定并长久不变,第二轮土地承包到期后再延长三十年。深化农村集体产权制度改革,保障农民财产权益,壮大集体经济。确保国家粮食安全,把中国人的饭碗牢牢端在自己手中。构建现代农业产业体系、生产体系、经营体系,完善农业支持保护制度,发展多种形式适度规模经营,培育新型农业经营主体,健全农业社会化服务体系,实现小农户和现代农业发展有机衔接。促进农村一二三产业融合发展,支持和鼓励农民就业创业,拓宽增收渠道。加强农村基层基础工作,健全自治、法治、德治相结合的乡村治理体系。培养造就一支懂农业、爱农村、爱农民的“三农”工作队伍。

为实现上述改革目标,建立中国特色的土地流转服务中心,既可以为市民化的农民退出农业提供土地流转服务,又可以为愿意在农村留下来搞农业的年轻人创造适度扩大农业经营规模的必要条件,切实解决中国农村“空心化”和“谁来种地”等问题,同时还能为城镇化失败退回农村的农民提供土地流转服务。

事实上,无论今后中国是采用公司企业大规模经营,以资本为主导的雇工农场,还是采用农民家庭经营基础上发展农民合作的家庭农场,都必须进行必要的土地流转,都必须建立土地流转服务中心,健全土地流转服务机构和服务机制。

二、现有主要土地流转形式的利弊分析

(一)资本下乡租地形式的利弊

“公司+农户”是其主要模式。一般涉农公司大规模流转农户耕地经营权,将耕地平整后,通过“反租倒包”返聘部分农民耕种。

这种做法曾经引起多方争议:一方面,工商资本可为改造传统农业注入资本要素,减少农业劳动力需求,提高农业经营水平及市场竞争力;另一方面,亦出现了农民沦为雇佣工人、不能合理分享土地经营收益的现象。更有甚者,一些公司将耕地流转后进行“非粮化”“非农化”生产,甚

至变相用于房地产开发。据了解,国家发改委于 2012 年进行的一项调研显示:在西部某些省份,工商企业流转耕地后,非粮化程度已经达到 90%左右。而地方政府为了招商引资,往往对此不加干涉。

公司下乡租地一般以农民外出打工、耕地撂荒为名义,大多希望整村甚至数个村整体推进耕地流转,在此过程中,仍在耕种的农户往往会与之发生矛盾。

目前中国尚有 2 亿农户、5 亿多人生活在农村,一旦将耕地流转后无法就业,失地农民的生计将出现问题。

对此,中国三农问题专家陈锡文曾多次表达了他的担忧:“中国农业如何现代化,不仅仅是技术问题。我们在技术上完全能够学习美国的农场,问题在于,这样我们 18 亿亩耕地需要多少农户就够了?让他们上哪儿去?做什么?”

针对“资本下乡”乱象,决策层将细化具体措施予以调整。农业部部长韩长赋表示:国家鼓励工商企业投资农业,推动农业产业化和规模化经营,但不提倡工商企业大面积、长时间直接租种农户耕地。“企业应带动农户发展而不是代替农民生产,应该把种养环节留给农民。”

以工业理念发展农业,以公司经营方式替代农户的做法,在中国将会受到一定程度的限制。而农业部也将加快推进农村土地承包经营权流转管理和服务体系建设,探索建立严格的工商企业租赁农户承包耕地准入制度。

中央曾就耕地流转提出了“三个不得”——不得改变土地所有制关系、不得改变土地农用、不得损害农民利益。而对到底是谁来承包土地并没有进行限制,政策体现了一定的公平性,没有只针对某一类企业某一类人。

有人提议参考日本经验。日本也曾限制工商资本进入农业,实行“农地农用”,但后来开始允许工商资本经营农业,实行“农地农用全民用”。相关弊病则通过完善制度、加强监管进行解决。

农业部张红宇则提出了几项具体原则:坚持家庭承包制,充分尊重农民土地承包经营权;坚持土地流转自愿原则,不允许任何组织强行流转;

坚持建立健全企业和农民的利益联结机制，与农民形成利益共同体，将土地经营收益合理返还给农民；坚持依法依规经营，不改变土地的农业用途。

因无法解决与人民公社时期农民“出工不出力”类似的问题，过高的生产成本和过低的生产效率，已使得一些大型农业公司萌生了逐步撤出承租耕地的意愿。

（二）家庭农场模式的利弊

从 2007 年起，为应对农业劳动力大量非农化及老龄化趋势加剧，地处上海市西南、黄浦江上游的上海市松江区，开始实践 100—150 亩规模的家庭农场模式。

到 2017 年 12 月底，总面积为 604 平方公里的松江区的家庭农场，已经发展到 1173 户，经营面积占全区粮田面积的 77.3%，户均经营面积 114.1 亩，户均年收入 10.1 万元。

“松江模式”是由当地区政府推动，采取以农户委托村委会流转的方式，将农民手中的耕地流转到村集体。到 2017 年年底，全区耕地流转面积，已占全区耕地面积的 99.4%，几乎全部为农户委托村委会进行流转。

土地流转到村委会后，由区政府出面将耕地整治成高标准基本农田。然后由村集体出面将耕地发包给承租者。其中近一半的耕地流向家庭农场。

家庭农场生产有一系列严格规定：农场主必须是本村组织中的成员；农场耕地必须用于粮食生产，不能以任何形式转包；综合考虑吸纳当地劳动力、收入等相关因素后，当地政府将每个农场的基本规模定为80—150 亩。

为保证家庭农场高效经营，松江区政府专门组建了农机专业合作社，为其提供全程机械化订单作业服务。

除此之外，松江区还成立了一系列涵盖产前、产中、产后的社会化服务体系，包括农资供应、农机、种子繁育基地、烘干设施四大类。

因社会化服务体系完全外包，家庭农场仅依靠夫妇俩的劳动力，至多在农忙时雇佣一个劳动力，加之一些小型农业机械，就能够获得较高的收成。

笔者对该地进行实地调查的结果显示:以目前的经营水平来看,一个家庭农场可由夫妇二人经营,他们的年收入水平可达10万元以上。

随着家庭农场制度的不断完善,该地又开始建立"种养结合型"家庭农场:每对夫妻一年再养1000多头猪。猪崽、技术、饲料、销售等都由龙头企业统一提供,农民每养一头猪可得50元代养费。这样,每户年收入可再增加5万元左右。

按照松江区提供的数据,由于家庭农场制度的建立,整个松江区的农业生产率大幅度提升:之前全区20多万亩耕地要靠数万人耕种;现在,家庭农场2000人左右的劳动力,一年可耕种17万亩水稻、饲养出栏近30万头生猪。

松江家庭农场模式的启示在于,新型经营主体已经完全不同于家庭联产承包责任制实施初期极度分散的小农户。通过逐步流转土地扩大规模,采用集约化手段进行生产,在技术应用、资本集中等方面提升,慢慢成长起来的家庭农场,有希望成为实现中国农业现代化的主体、商品化农产品生产的主要单位和一系列农业扶持政策的受体。

据农业部2011年统计,中国经营面积达30亩以上的种植业大户已达887.4万户。而以种粮为例,北方一个家庭经营100亩,南方一个家庭经营50亩,比较符合规模经济,也能够适应农村劳动力就业的需求。

目前,由农业部推动的家庭农场实验,涉及吉林、湖南等多个省市。而由地方自行推动的家庭农场实践则更早,上海市松江区从2007年时即开始实践家庭农场这一概念,并明确提出了建立农民退休制度。

能否大规模推广家庭农场制度,目前仍面临一系列的制度缺陷。比如,家庭农场目前无法在工商局注册,试点地区均为地方政府"特事特办"。此外,这个新组织是否可以享受免税、补贴、贷款抵押物种类放宽等一系列扶持。

三、土地银行:中国特色的土地流转服务机构

许多人认同,家庭农场是否能够快速成长,和其是否能够获得足够社会化服务支持有关,而其前提是必须通过土地流转逐步扩大经营规模。

家庭农场作为中国农业最有希望的基本经营制度,要确立其主体地位,首要的社会化服务就是土地流转服务机构。如果土地经营达不到一定的规模,社会化服务就缺乏必要的土壤。

从世界农业发展规律来看,社会化的服务是解决务农劳动力老龄化的根本手段,也是促进农业科技推广应用的重要途径。

“家庭经营+社会化服务”可能是我国农业生产的重要形式。

中国以往农业体制的改革,由于对农村就业问题的顾虑,一直没有在土地经营规模方面取得突破性进展。中国目前的政策调整方向,也主要是倡导在政府主导的公益性服务为主的情况下,调动广大合作社及农业企业的积极性,鼓励其成立多种所有制形式的新型农业社会化服务机构,并将其纳入国家政策扶持的范围。农业龙头企业等涉农企业则是着重在优良品种研发、先进技术创新、储运设施建设、营销加工、农业就业等领域发挥作用。

换言之,目前应该强化合作社提供农业生产社会化服务的功能,而不是一味追求由合作社或者其他机构出面去流转土地。

自《农民专业合作社法》2007 年公布实施以来,各类生产合作社出面流转耕地进行经营已经成为一种潮流。截至 2012 年,由合作社流转的耕地面积已达 4488 万亩,占到全国耕地流转总面积的 16. 4%。

针对合作社目前这种重流转、轻服务的局面,学界有观点认为,合作社成立的主要目的应是提供服务而不是由其来流转土地,特别是不应让农民以土地入股合作社。原因之一为,中国现有农业生产经营体制是统分结合的双层经营体制,即由农户承包集体土地直接从事农产品生产经营,村集体向农户提供统一经营服务。党的十七届三中全会后,将合作社亦纳入和村集体一样的“统”的领域。假如以合作社名义流转土地进行生产,意味着“分”的层次被吞噬掉了。假如农民将土地入股后合作社发生破产,此时的土地已经变为了资产,要去抵偿债务,农民就会出现失地危险。

针对上述局面,必须创新土地流转方式。借鉴国际经验,建立土地银行,应该是中国特色土地流转服务机构的重要取向。

四、设立土地银行,加快农民市民化进程的政策选择

土地是农民的主要生产资料和最重要的潜在社会保障资源,是农民赖以生存发展最重要的存量资产。完善基本养老保险制度,就是要用现代社会保障替代传统的土地和家庭保障,将土地的保障功能逐步从土地上剥离出来,将潜在的土地资源转化为现实的社会保障资源,提高农民市民化的能力,并通过土地银行实现土地的资本化,促进土地资源的优化配置,完成土地换保障的进程,从深层次上破解"三农问题"、推进中国的工业化、城镇化和现代化。

所谓"土地银行",是指专门从事土地承包经营权流转、出租和入股等经营管理活动的非营利性机构,是推进土地经营权资本化的政策工具。土地银行的运行机制:一是农民将在农村的土地承包经营权像银行存款一样存入土地银行,定期按约定的土地经营收入获得存地收入;二是土地银行将储蓄集中起来的土地经营权经过土地整理、公开招标竞争,出租给种田能手或农场进行规模经营,并按土地经营权的级差和期限收取一定的租金,支付一定的存地收入;三是农民可以根据自己的发展取向,对土地的需求按约定存取土地经营权,但需将一定比例的存地收入用于缴纳相应的保险费,为农民的城镇化、市民化提供制度保障。

设立土地银行,要将基本养老保险制度建设放在一个更大的背景下考虑问题,即要将"城镇化""农地制度改革"和"社会保障制度建设"三者有机联系起来考虑。在推进中国工业化、城镇化和现代化的大背景下,在全面建成小康社会和社会主义新农村的过程中,根据城镇化内在规律,要实现经济的可持续发展和二元经济结构的转型,必须从建立完善中国特色社会主义大保障理论和制度入手,解除农民的后顾之忧,深化农地制度改革,逐步建立农民通过城镇化和退休的"双向农业退出机制"与土地流转机制,健全城镇化和扩大农地规模的长效机制。一方面,适应城镇化的要求,建立有利于农民城镇化的农业退出机制和城镇进入机制,通过促进农民的城镇化减少农民。与此同时,一旦农民难以完成市民化,还可以无风险退回农村,从事农业。另一方面,适应解决"三农"问题和建设现代化农业经济体系的需要,逐步建立有利于农民退休的农业退出机制,通

过建立农民退休制度减少农民,促进农地规模的扩大,建立提高农民收入的长效机制。

小农经济是难以支撑实现中华民族伟大复兴中国梦的,必须寻求稳妥有效的改造办法。综合各方面的情况,我国农村土地制度的改革必须适应现代化农业经济体系建设的要求,探索通过建立土地银行进行突破性改革的办法:一是要在土地的集体所有制不变的情况下,进一步推进土地使用制度的改革,实现土地所有权与土地经营权的永久分离;二是要实行政经分离,推进农村基层组织的改革与重构,重点对集体经营管理农村土地的传统管理体制进行改革,建立相对独立的主要从事土地经营权经营管理的土地银行,实现管理体制的现代化。

我国农村土地承包制从建立到现在,已有三十多年时间。在这期间,由于农村人口、经济结构的重大变化,耕地数量的不断减少,使原来的土地关系面临种种矛盾,并以各种各样的形式表现出来。但众多矛盾基本上可归纳为两点:一是人地矛盾;二是土地分散经营和进一步发展农村经济、转变农业增长方式、建设现代化农业经济体系的矛盾。为了解决这两个矛盾,国家和地方在强调稳定承包制的基础上采取了种种完善办法:如延长土地承包期,实行“两田制”或“三田制”,土地入股,鼓励土地流转,发展规模经营。但在人口和就业压力的冲击下,土地的持有事实上是朝着更加细分的方向发展的。特别是由于社会保障制度的待遇偏低、作用发挥不充分,农民农业退出机制不完善,加上就业压力大、城镇化速度不高等客观条件约束,土地流转往往难以大规模展开。其深层原因还在于我国农村土地制度存在明显缺陷,特别是缺乏与市场经济相适应的现代土地经营管理制度。

土地、劳动力和资本是农村最重要的生产三要素,土地不能进入市场,现代化农业经济体系就难以得到真正的发展,整个市场取向的改革就难以深化和突破,经济的发展就难以良性循环。而土地要进入市场,就必须重塑市场主体,重构土地经营管理制度。在市场取向的改革大背景下,尽管我国农村还没有建立起土地经营管理制度,但土地的经营管理却以土地调整和土地流转的形式在进行。在这种意义上,土地的经营管理就一直在进行,而其主要形式是土地的调整。不过,土地调整是一项成本高昂的运作,非到万不得已,一个村一般不会调整土地。即使进行土地调整,村民也会有意识地将土地调整的负面作用降到最低点。这表明,土地调整并不是土地经营管理的最佳形式。

在中国这样一个农业大国,土地制度关系到千百万人的切身利益,是农村市场经济的核心制度,对经济社会发展稳定的影响尤其深远。因此,土地制度的改革和创新必须慎重和切合实际。但作为人类社会最基本的制度,土地制度在几千年的发展进程中,也在不断变革和完善。特别是在我国城镇化进入一个快速推进的新阶段后,土地的价值和功能已经发生了根本性的变化,土地制度也必须在市场化的进程中进行与时俱进的重大改革。

如果说历史上农民的收入主要来源于土地,收益性和生存保障是土地的基本功能,土地制度的主要作用就是要保障农民土地所有权的稳定,否则就会成为不稳定的起因。那么,现代化、城镇化进程中的农民,其收入来源已开始多样化,农民对土地的依赖程度正逐步降低,土地的主要功能已从土地收益和保障,转向一种资产的权利和保险。农民利益的最大化并非只有从事农业,相反,农业是一个弱质产业,农民是最大的弱势群体,农民利益的最大化是城镇化、现代化,是扩大土地经营规模,是按照市场经济原则实现土地、劳动力和资本的优化配置。这样,对进城农民来说,土地制度应能保障其在退出农业后得到合理的经济补偿;对继续务农的农民而言,土地制度应能在其扩大经营规模后足以保障其投入有稳定的收益和预期。

农民对土地制度需求的多样化也要求土地制度做出相应变革,即必须形成一种长期、稳定、规范且有自我调节的机制和适应城镇化、现代化等环境变迁能力的土地制度,土地政策则应从限制土地流转转向鼓励土地流转,而土地流转的根本目的是实行规模经营,根本原则是效率优先。这样,中国农民问题就不再是土地问题,而是保障问题。因此,土地制度改革的取向应根据现代化经济体系建设的要求做战略性调整,即应根据市场经济和城镇化的要求进行现代化的改革,用现代社会保障制度替代传统的土地保障。坚持土地集体所有制、稳定农民土地承包权、建立土地经营管理制度、设立土地银行就是土地制度改革应坚持的正确方向。

设立土地银行的关键是要通过制度创新,建立健全现代化土地经营管理制度,达到加强对土地资源的经营管理,提高对土地资源的利用效率等目的。

一是要割断土地使用权向土地私有制转型的经济联系。长期承包不等于永久垄断,不等于土地私有制。承包土地只是农民创造财富的自然条件和生产要素,而不是借此坐收地租的经济手段。只有实际耕种土地的农户,才能占有土地,不耕者不得占有土地,贯彻土地占有权与使用权不可分离的原则。承包者在不耕作时必须转让土地使用权,放弃土地承包权。当然,放弃土地承包权是自愿的、有偿的,但又不能变为无限地收取地租。也就是要割断土地使用权向土地私有制转型的经济联系,真正坚持土地的集体所有制。

二是要建立起转让土地使用权与社会保障制度之间的经济联系。转让土地使用权意味着放弃了土地保障,意味着土地的保障功能已经从传统的土地制度中分离出来,意味着必须为其提供新的可替代的社会保障。这样,传统的土地制度的基本功能将一分为二,形成新的两大核心制度:以承包制为核心的土地制度和相应的社会保障制度。因此,农民城镇化后,城镇的社会保障制度体系应向农民开放,让农民根据自身市民化的可能性在土地保障和社会保障之间进行理性选择。原则上加入城镇社会保障体系就必须放弃其在农村的土地承包权。但在制度设计上可以给农民5—15年,最长不超过15年的过渡期。在过渡期内农民可以不放弃土地承包权,但必须将土地使用权存入土地银行,并领取土地储蓄金。相应的条件是放弃在城镇领取失业保险和最低生活保障金的资格。改革可以按照先易后难、渐进精准的土地换保障方式进行。土地换保障的标准统一按照15年的土地承包经营权折算5年城镇职工基本养老保险的缴费年限。已经成为国家机关事业单位工作人员的,应该强制无条件退出农村土地承包经营权。已缴纳10年以上养老保险费的农民工,可按照5年视同缴费的方式支持其有偿强制退出农村土地承包经营权。缴费不足10

年的农民工，可按照5年视同缴费的方式支持其有偿自愿退出农村土地承包经营权。实施这样的缴费激励措施的成效：一是城镇职工基本养老保险的缴费人数将大幅增加1亿人以上，可能达到应保尽保；二是缴费金额大幅度增加，按照缴费金额的激励效果不低于1∶2，每人每年新增加缴费金额8500元，土地银行存地收入增加缴费金额500元，新增1亿人计算，一年可增加社保缴费9000亿元；三是土地经营规模将扩大60%左右。按照1亿农民工退出农业、1亿65岁以上老年人退出农业、人均增加耕地1亩计算，土地经营规模扩大源于农业的收入每个劳动力可能增加800—1000元。如果经营规模扩大到100—150亩，年收入可以超过10万元。

三是要建立土地资产化经营的新机制。土地使用权的转让原则上应通过土地银行进行，土地银行在接受转让的土地使用权后，经双方对土地估价后，一次或者分次付清土地使用权的转让费。土地银行将通过储蓄集中起来的土地使用权经过土地整理、公开招标竞争，出租给种田能手或农场进行规模经营，按期限收取一定的租金，租金根据土地使用权的级差确定。这样，完全可能通过土地银行培育出市场化、企业化的经营主体。与此同时，应加强对土地抛荒、随意建房、农地非农化等行为的监督和管理，保证土地使用符合宏观经济发展的要求。

总之，经过上述农村土地制度与社会保障制度的改革与衔接，土地制度特别是土地管理体制将因此而市场化，社会保障制度也将因此而完善，效率与公平将因此而得到制度保证。这样的改革，其意义将不亚于承包制的推行，可能形成农村的第三次革命。

五、划转一定的国有资产和土地出让金充实土地银行资本金

2017年11月9日，国务院印发了《划转部分国有资本充实社保基金实施方案》，进一步制度化明确规定划转的程序、步骤、配套措施等。根据方案，划转比例设定为企业国有股权的10%，股权分红及运作收益专项用于弥补企业职工基本养老保险基金缺口。除另有规定外，中央和地方国有及国有控股大中型企业、金融机构均在划转范围之内。通过划拨国有资产收益来增加社保基金的总量，不仅使它安全，而且拓展盈利空

间，这些都是保证老有所养的“定盘星”。随着我国社会经济发展和人口老龄化加剧，基本养老保险基金支付压力加大，划拨国有资产充实社保基金也是社保基金长期可持续发展的关键一步。

国有股权划转部分充实社保基金，是最具中国特色的大保障举措之一，具有多重重要意义。但如果将国有股权和国有土地出让金划转部分充实土地银行资本金，或者另外划转 10%的国有股权和 10%的土地出让金充实土地银行资本金，其作用和意义更为重大。

一是有效应对人口老龄化的一项重大决策，有助于拓宽社保基金补充渠道，增强基本养老保险制度的可持续性，建立补充社保基金长效机制。数据显示，目前我国养老保险基金累计结余 4 万多亿元，但地区之间不平衡，有的地区存在不小的养老金收支缺口，公共财政无法做到有效覆盖。基于此，《划转部分国有资本充实社保基金实施方案》指出划转部分国有资本，一个基本目标就是要弥补企业职工基本养老保险基金缺口。目前，基本养老金构成了我国养老保险的绝对主体，但职工基本养老保险的替代率大约只有 40%，距离欧美发达国家 70%以上的平均水平尚有差距。同时，虽然部分企业实施了职工年金制度，但缴费数量占全部企业的比例不足 0.5%，由此产生的替代率还不到 5%。至于商业养老保险，还处于起步状态。城乡居民基本养老保险的保障水平更低。显然，在企业年金与商业养老保险供给不足、土地保障作用下降的情况下，必须做强做牢基本养老保险。划转国有资本和土地出让金充实土地银行资本金，在加快城镇化速度、提高城镇化质量、增加养老保险缴费人数、形成养老金增量的同时，也将明显增强养老金的支出发放能力，进而有效满足民众提取养老金的需求，提高百姓生活福祉。长远来看，划转 10%的国有资本和土地出让金充实土地银行资本金，有利于增强养老保险金的自我造血增值能力，从而帮助化解我国人口老龄化所带来的养老金支付压力。资料显示，我国 60 岁以上的老年人口已突破 2.41 亿人，占总人口比重达 17.3%，而且每年还有 800 万—1000 万人迈入老年行列，到 2040 年，我国 60 岁及以上人口占比将达到 28%左右。随着老龄化加深，我国目前的人口抚养比已经降到了 2.8∶1，而人口抚养比又恰恰是决定一个国家养老金支付力量的关键因素。防止“现收现付”养老金模式出现难以为继的局面，一个更有效可行的办法不是直接划转国有资本和土地出让金充实社保基金，而是划转10%的国有资本和土地出让金充实土地银行资本金，增加缴费人数，保障养老金持续稳定的增长与供给能力。目前，我国农民工达到2.87亿人，如果能逐步进入城镇职工基本养老保险制度，制度的造血功能将大幅度增强，每年缴费金额可能增加2.58万亿元，将有助于渡过老龄化高峰的挑战。

二是划转国有资本和土地出让金充实土地银行资本金和社会保险基金更有利于实现基本养老保险制度的代际公平。在我国实施社保制度之前，农民和企业职工创造的大部分财富并未以基金形式积累，而是以资本的形式进入到国有企业和集体企业的投资与生产过程，用于基础设施的投资建设。从这个意义上讲，划转国有资本和土地出让金充实土地银行资本金和社保基金实质上是“将劳动者所得归还给了劳动者”。另外，由于有一段时间农民和职工并没有缴纳养老金，他们退休后所领取的养老金就只能由后来参保的新人所缴资金来补充，这就形成了中国特有的养老金“现收现付”模式，现有企业员工养老金账户于是出现“空转”现象。这实际上不利于在职职工形成稳定的创业与工作预期，不利于城镇化，容易制造代际矛盾和城乡矛盾。通过划转国有资本和土地出让金充实土地银行和社保基金，上述由历史原因造成的扭曲能在很大程度上得到矫正。

三是有利于促进不同群体不同制度之间的公平。更具广泛公平意义的结果还在于，虽然目前我国养老保险覆盖超过9.1亿人，覆盖率超过83%，但同时还有包括灵活就业人员和以农民工为主体的从业人员等近2亿人没有覆盖，通过划转国有资本和土地出让金充实土地银行和社保基金，可以为实现养老保险全覆盖助一臂之力。另外，目前城乡居民基本养老保险与城镇职工基本养老保险的待遇还存在不小差距，在土地银行和社保基金得到国有资本和土地出让金的划转后，中央的统筹调控能力将相应增强，有利于强化针对城乡居民基本养老保险的转移支付，适当提高基础养老金的保障水平，最大程度地熨平城乡基本养老保险的鸿沟。

四是有助于加快建立更可持续的基本养老保险制度。根据方案，划转部分国有资本和土地出让金，基本目标是弥补因实施视同缴费年限政策形成的企业职工基本养老保险基金缺口，促进建立更加公平、更可持续的养老保险制度。据机构测算，在不考虑非金融国企利润上缴的情况下，划转社保基金的国有资本 2017 年可贡献约 749 亿元股利分红。一次性划转 10%的国资充实社保基金，则 2017—2050 年间的分红收益折现约可以抵消 40%的转轨成本，减少 1/8 的养老金缺口。2001—2017 年，全国土地出让金累计超过 30 万亿元，近年来土地出让金收入超过 5 万亿元。按照 5 万亿元测算，划转 10%的土地出让金可筹集 5000 亿元。

在不同的历史时期，我国农民以农产品低价格、劳动力低工资、土地低补偿的不同方式，始终是工业化、城镇化、现代化的第一大贡献者。在我国跨越现代化最后一道门槛时，为历史上做出最大贡献的农民同步跨越现代化提供一定的补偿，无论从什么角度看都是天经地义的。

划转国有资本和土地出让金充实土地银行，既可以提高为市民化的农民退出农业提供土地流转服务的能力，又可以为愿意在农村留下来搞农业的年轻人创造适度扩大农业经营规模的必要条件，切实解决中国农村"空心化"和"谁来种地"等问题，同时还能够为城镇化失败退回农村的农民提供土地流转服务。

2.3.8 制定农民市民化视同缴费的积极城镇化政策，加快建立全国统一、城乡统一的基础养老金制度

毫无疑问，我国城镇化就业创造能力决定了城镇化的速度，但社会保障制度也会影响和制约城镇化的速度和城镇化的能力。

研究揭示城镇化能力与城镇化速度之间的内在联系，是实行科学决策、实现中国特色社会主义城镇化科学发展的重要前提。

城镇化能力与城镇化速度主要取决于就业创造能力，特别是取决于新增就业能力和农村转移就业能力，更根本的是取决于中国特色社会主义城镇化就业创造机制的形成。

改革开放以来，中国城镇化快速推进，城镇化率由 1978 年的 17.92%提高到 2017 年的 58.52%，提高了 40.6 个百分点，年均增加 1.015 个百

分点,有4亿多人口从农村迁往城市。可以说,过去40年,中国经历了世界历史上规模最大、速度最快、最有序的城镇化进程,也创造了非农转移就业人数最多的新纪录。

城镇化的迅速发展,成为推动非农转移就业的强大动力。目前,中国已经初步形成以大城市为中心、中小城市为骨干、小城镇为基础的多层次的城镇体系。随着我国进入城市社会,我国经济社会发展也进入了一个由经济发展推动城镇化的阶段,转向由城镇化推动经济发展的新阶段。在主要由城镇化推动经济发展的新阶段,社会结构和就业结构将发生新的历史性变化,并将进一步形成越来越强大的就业创造能力和越来越成熟的就业创造机制。

事实上,当大量农村人口进城并稳定在城市就业时,一种新的非农就业创造机制必然起到作用,那就是新的产业和行业会不断产生。就业不是靠限制人口来解决,而是靠适度有序扩大城镇人口的规模,由此产生连锁良性反应,不断创造新的城镇就业机会。实践证明,随着我国城镇化水平提高,我国创造的非农就业机会也逐年提高,城镇吸纳和创造就业的能力不断增强。2017年,新增就业机会已超过1300万。

城镇就业岗位的快速增加,带动了乡村劳动力不断向城镇转移,形成城镇化加速的趋势。当前我国58.52%的城镇化率,已经高于世界平均水平。实际上,城镇化最难、最关键的是创造就业。如果按我国城镇就业人口和就业创造能力看,根据国际城镇化经验和我国农村家庭人口结构,每年应该可以转移1200万农村劳动力和超过600万家属。但是转移人口的家属大部分没有转移,甚至转移者本人也没有实现完全的转移。我国城镇化水平还处于有巨大潜力的阶段。我国城镇化滞后于工业化是公认的事实。我国城镇化水平应该远远高于58.52%的实际水平才是正常的、符合城镇化规律的。按农民工2.87亿测算,家属有1.43亿左右应该完成城镇化。换言之,我国的城镇化率可能低于正常城镇化率近10个百分点。形成这种状况的原因虽然复杂,但与我国现行的城镇化政策和相关制度不尽合理有关。其中,城镇职工基本养老保险制度的门槛偏高、制度设计不合理是重要原因之一。

2017 年年底,我国应参保人数 10.87 亿人。实际参加职工基本养老保险人数 35274 万人(在职 25821 万人,离退休 9454 万人),参加城乡居民基本养老保险的 5.1 亿人,除了机关事业单位人员外,还有近 2 亿人没有纳入社会保障制度体系,这从社会保障的角度证明了我国的城镇化率低于正常水平 10 个百分点左右,是完全合理的推断。

城镇化进程中大量的家属和具有相当城镇特性、但仍未被纳入常规市镇人口统计的"半城镇化人口"的存在,恰恰证明了我们可能低估了实际城镇化进程的广度和深度,"被农村化"的问题恰恰说明了我国城镇化的巨大潜力所在,也指明了改革的方向所在。

影响城镇化质量的社会保障制度建设滞后,特别是城镇职工基本养老保险制度面临覆盖面低、不公平、不可持续等问题,这些问题越来越严重是多方面原因造成的:

一是社会保障理论准备不足,理论建设起步晚、相对滞后,亟待在理论上跟上时代,不断认识城镇化和社会保障规律,不断推进中国特色社会保障理论创新、实践创新、制度创新,加快社会保障理论和制度的中国化。二是缺乏中国特色社会大保障的道路自信、制度自信、理论自信、文化自信。三是制度偏离了习近平新时代中国特色社会主义思想的正确方向。四是改革的顶层设计存在因思维定势、局限于参数层面的改革,而没有从坚持中国特色社会主义道路、避免发生系统性风险、巩固共产党执政地位的高度进行前瞻性研究,需要进一步提高政治站位、增强大局意识、扩大视野、提升能力水平,对该制度进行革命性的变革。

社会统筹与个人账户结合的制度模式不可持续,除了转制成本、老龄化的因素,制度设计不科学、不合理、不适应国情是重要原因。只进行参数式、修补性的改革和堵塞漏洞的举措,将可能加剧颠覆性的错误和风险,必须按照党的十九大的要求,明确改革方向、调整改革思路,实施以社会保障制度为核心的积极城镇化政策。

一是以土地换保障的方式,实行视同缴费的积极城镇化政策。实施按照 15 年的土地承包经营权折算 5 年城镇职工基本养老保险缴费年限的视同缴费政策,是一项超常规、富有远见的战略性举措。近 3 亿的农民工正处于缴费的黄金年龄段，现行按社会平均工资20%缴费的制度安排必然将他们排斥在养老保险制度之外。这一巨大的社会群体如果不能通过缴费参加城镇职工基本养老保险制度，必然成为社会稳定发展的重大隐患。相反，制定实施5年的视同缴费政策，不仅每年可能筹集到1万亿—2.5万亿元的养老保险基金，而且能大幅度加快城镇化进程，提高城镇化质量，扩大农业生产经营规模，增加职业农民的收入，促进现代化农业经济体系的建设，形成经济社会的良性循环。

如果能尽快实施上述积极的城镇化政策，不仅我国的城镇化速度可能达到或者超过每年2%的水平，农村劳动力下降到6000万人左右，甚至可能更低，而且社会保险费大幅度增加后，还可以大幅度降低财政补贴和企业及个人的缴费，使个人的发展、企业和国家竞争力的提高成为可能。

实行视同缴费迅速建立城镇职工基本养老保险制度的成功经验，完全可以推广到农民市民化过程中。

二是加快建立全国统一、城乡统一的基础养老金制度。建立中国特色新型养老保险制度的客观条件基本成熟。随着城镇职工基本养老保险基金在越来越多的地区出现收不抵支的现象，政府承担的社会保险责任将越来越大。这样，该制度的基本性质、模式和运行机制都将继续发生根本性的变化。

从筹资看，社会统筹已经演变为筹资方式，而不是制度模式，也从来不是制度模式。这种筹资方式更接近税收，尽管部分地区还表现为缴费的形式，实行费改税将是大势所趋。

从发放看，职工的养老金大部分已经来源于财政投入（超过58%），而不是单位或者个人的缴费，养老金已经具有明显的普惠性质，全国统一的基础养老金制度模式事实上已经基本形成。

从待遇调整机制看，不可能也从来没有简单地按照政策制度最初设计的方式进行，而是根据财政收入状况确定的，是典型的收入约束型，而不是需求约束型的制度模式。养老金13连调意味着全国统一的基础养老金制度已经基本建立。

2014年2月7日，国务院常务会议决定，在已基本实现新型农村社会养老保险、城镇居民社会养老保险全覆盖的基础上，依法将这两项制度合并实施，在全国范围内建立统一的城乡居民基本养老保险制度。由此，逐渐拉开了我国养老保险制度从社会统筹与个人账户相结合的制度模式向基础养老金与个人账户相结合模式的转型征程。

我国养老保险制度改革的实践已经、也必然超越简单权利与义务对等的“小保障”理论，事实上已经走出了一条农村先行、筹资方式多元化的中国特色社会主义“大保障”之路。相应的，我国也夯实了与之相适应的中国特色社会主义“大保障”理论的实践基础。

中国特色的基础养老金与个人账户相结合的新型养老保险制度，是世界上全新的制度模式。该制度模式诞生时，人们是无法用外来的和旧模式中的概念理解和解释它的。为此，中国特色新型养老保险制度需要尽快地进行理论创新和总结，把自己成功的经验理论化、中国化、现代化。这种理论创新不仅要跳出西方的话语体系，也要有别于中国传统的政治话语定义和描述。达到在国内外具有凝聚力、吸引力和说服力的效果。更重要的是，应该能够上升到意识形态和核心价值观层面，塑造国人的精神和信念，使得社会主流对中国特色新型养老保险制度模式发自内心的认同和参与。只有这样，才能一方面回击西方在意识形态方面的挑战和国内的质疑，另一方面增强中国特色新型养老保险制度模式的合法性、权威性。

加快政府在社保等方面的职责回归，建立全国统一的基础养老金制度当然是必要的。如果政府只承担养老保险的有限责任，最重要的途径只能是政府以基础养老金的方式承担“保基本”的责任，而要把保障水平选择的自由和权利还给老百姓，发挥市场在个人账户建立过程中的决定性作用，而不是过度强调政府的福利保障，或者秉持计划经济思维，将个人账户的建立也由政府主导。显然，政府只承担保基本的责任，建立全国统一、城乡统一的基础养老金制度就成为可能。随着农村劳动力的大幅度减少，我国也有能力建立全国统一、城乡统一的基础养老金制度。如果协调两大制度基础养老金的调整幅度，统一城乡基础养老金制度的步伐会进一步加快。完善个人账户的改革，核心是建立最低缴费标准。这样，实现制度的全覆盖就成为可能。

城乡居民基本养老保险制度通过建立全国统一的基础养老金制度迅速实现制度全覆盖的成功经验，完全可以推广到建立城乡统一的基础养老金的改革过程中。

2.3.9 制定实施宅基地换保障房的政策，切实提高城镇化质量

在经济发展的黄金时代，不仅要抓住机遇推进城镇化，而且要将提高城镇化质量的举措落到实处。市民化关键看住房，宅基地换保障房是积极城镇化政策的应有之义。

一、“宅基地换保障房”问题的提出

实施社会保障优先战略，完善中国特色社会主义城镇化制度平台的核心内容之一是实施“宅基地换保障房”。

对农民工走进城市而言，解决户籍并不难，难在解决住房和社会保障，建立健全农民的“城镇进入机制”和“农村退出机制”，让农民幸福地、没有后顾之忧地退出农村、进入城市。这可以说是两道世界级的难题。

目前我国已经成功建立起世界上最大的社会保障网，按照上述新的思路实现社会保障制度全覆盖并有效提高保障水平，意味着中国已经初步成功地破解了一道世界级难题。这也意味着，全面建立健全农民“城镇进入机制”和“农村退出机制”、全速推进中国特色社会主义城镇化的时机和条件也已成熟。

在全速推进中国特色社会主义城镇化过程中，我们面临的首要问题和困难就是如何创造性地解决农民工的住房问题，让农民工更快地融入城市社会，实现由农业社会向城市社会的转型与跨越。

实施“宅基地换保障房”是破解当前城镇化重点和难点问题的创造性思路。从可能的作用和影响看，创造性地实施“宅基地换保障房”的意义绝不亚于“土地换保障”。

实行“土地换保障”“宅基地换保障房”，是提高农民城镇化能力，提高城镇化质量，加快中国特色社会主义城镇化进程最现实、最可行的

途径。

农民工是城市建设发展的生力军,要逐步解决外来务工人员融入城市的问题,建保障房不仅有利于抑制房价过快上涨,防止抬高城镇化门槛,而且是农民变市民最有希望的举措。

实际上,如果把城镇的保障房与农民的宅基地联系起来,其意义将不只是局限于农民变市民,其意义绝不亚于土地改革和承包制的实行。

中国目前改革的重点和难点一直在农村,实行“土地换保障”“宅基地换保障房”均是城乡联动的重大改革创新。实行“土地换保障”“宅基地换保障房”是一个城乡联动的庞大的系统工程,需要大智慧、大勇气!也是新型城镇化进程中又一次里程碑式的重大抉择和改革,需要做好顶层设计!

农民工住房问题是新型城镇化进程中面临的最严峻的问题。解决好了,可以再开启中国黄金十年!

解决农民工住房问题,有多条路可以走,包括商品房、租赁房、廉租房、经适房等多种方式。目前,由于城里的居住成本太高,绝大多数农民工不要说买房买不起,连租房也租不起。因此,在现行的住房保障体系内想办法解决,最现实可行的是着眼于保障房,实施“宅基地换保障房”。

二、实施“宅基地换保障房”的必要性和重要性

实施“宅基地换保障房”,似乎单为农民工群体设计特定的住房供应制度,存在不可行也不公平的一面。但若从加快推进新型城镇化的国家战略层面看,实施“宅基地换保障房”,解决农民工的住房之忧,对推进和加快新型城镇化进程具有重要的理论和现实意义。

一是进一步丰富中国特色城镇化理论和实践。中国新型城镇化的历史起点、制度背景、市场环境、改革取向均有别于发达国家,不能简单地模仿、借鉴国外经验,需要有新的中国特色的理论指导,更需要有中国特色的实践。中央已明确“走中国特色的工业化、信息化、城镇化、农业现代化同步发展的城镇化道路”,“要把生态文明理念和原则全面融入城镇化全过程,走集约、智能、绿色、低碳的新型城镇化道路”。这些新的更高的要求,关乎发展、关乎民生、关乎民心。新世纪新阶段,必须把城镇化规律

与中国实际和时代特征结合起来，与时俱进发展中国特色社会主义城镇化道路。中国经过40年的城镇化发展，不仅近8亿人的城镇化内涵越来越丰富，而且在新起点上进一步推进城镇化的路径必然有很大的不同。其中，重点和难点是如何创新农业转移人口的市民化机制，如何把符合条件的进城务工的农民、农业转移人口或者农民工及其家属变成真正的城镇居民，提高城镇化的质量，使城乡居民公平地共享城镇化发展成果。从中国实际出发，求真务实，实施"宅基地换保障房"，必然大幅度加快中国特色社会主义城镇化进程，必然走出一条独特的城镇化道路。

二是创造性地解决中国特色社会主义城镇化面临的最大民生问题。农民工进入城市面临的最大困难是住房问题。农民工一般已经基本完成了职业的城镇化，但生活的基础还在农村。推进中国特色社会主义城镇化，政府要全力投入并加大城市的保障房建设的规模，为进城农民工提供廉租房。如果真的解决了农民工的生活住房问题，就能将其生活的基础由农村转向城镇，彻底完成农民工的城镇化，提高其生活质量。从城镇看，有助于尽快改变当下农民工外出打工抛妻弃子、居无定所，父母得不到赡养，子女得不到呵护，夫妻两地分居，给社会造成的隐患。从农村看，也有助于解决农村小孩上学难、看病不方便、生活交通难等民生问题。这是新时代的最大实事，也是必须解决的最重大的社会问题。

三是成为加快推进中国特色社会主义城镇化最重大、最深刻、最广泛的改革和创新。中国农村的土地和宅基地政策、城镇的保障房政策，都是具有中国特色的政策制度创新，是依然非市场化的领域，更是改革创新空间最大的领域。实施宅基地换保障房，可以大幅度降低城镇化成本，加快城镇化进程，释放最大的改革红利。中国在未来5—10年内，可能进入一个绝大多数人意想不到的城镇化高速发展时期。非常时期要有非常政策。实施宅基地换保障房就是在这样的背景下提出的创新性思路和政策。我国城镇化面临的最大的障碍就是房价高。实施宅基地换保障房可能是逾越这一障碍最现实可行的政策。这不但有助于解决贫富差距，解决房价太高，而且对社会和谐、实现国家的长治久安有很大的好处。然而，现在很多容易改的东西都已经改了，改革进入了深水区，农村层面改革面临着制度方面最大的制约就是土地和宅基地。中国特色社会主义城镇化必须考虑社会主义初级阶段的国情和国家的财力,还有资源环境的承载能力。制定和实施宅基地换保障房这样的政策,其创新成功的难度与挑战也可想而知。但只要成功突破,必然是中国最重大、最深刻、最广泛的改革与创新。农民最宝贵的土地和宅基地一旦有序加入中国特色社会主义城镇化进程,农业转移人口“半城镇化”可能成为历史,我们期望的提高城镇化质量可能成为现实。农民幸福地、没有后顾之忧地退出农村、进入城市,将与“羊吃人”的历史形成鲜明的对比。

四是促进我国历史上土地、资本和劳动力资源最大规模的优化配置。实行社会主义土地公有制,不仅使我国历史上土地、资本和劳动力资源最大规模的优化配置成为可能,而且使中国特色社会主义城镇化的高速发展成为可能。以公有制为基础,实施宅基地换保障房,制定合理可行的政策,尽快让农民市民化,有助于鼓励和引导农民合理科学地利用农村土地资源和宅基地资源,使其发挥最大的地力优势。土地和宅基地是农民在农村最后的牵挂,若能变现为一定的货币和获得保障房的资格,就会增加农民的财产性收入,就会有更多的农民有条件在城里买房、租房,从而变成真正的城里人。这无疑是启动和加快中国特色社会主义城镇化进程的关键环节,也是完善农民“城镇进入机制”和“农村退出机制”的关键,更是成本最低、最有效的方式。实施宅基地换保障房,也是社会主义条件下促进社会公平的需要。

五是推进农业规模化、农业现代化和国家粮食安全迈上一个新台阶。我国应尽快发展大农业,实现农业的规模化、专业化、组织化、集约化。从城镇化发展趋势看,我国现有的农民中相当一部分都要在未来的十年内转变为城里人。只有大部分农民彻底退出农业,退出农村,进入城镇,农业的规模化和现代化、农民收入增长机制才能建立健全起来,才能引导吸引有知识、有能力、有意愿的劳动者从事现代农业建设,实现农民的职业化。在现有的体制和农业经营规模条件下,农业必然陷入缺乏劳动力、后继乏人,年轻人都不愿当农民、不愿意从事农业、不愿意居住农村的境地。如果农民地位低、农业效益差、农村条件差、农活又脏又累的状况得不到有效的改变,农业就真的危险了,粮食安全就真的得不到保障了。在农业机械化、信息化快速推进,用不了那么多人投入农业的背景下,实施土地换保障、宅基地换保障房的时机条件已经比较成熟了。

三、“宅基地换保障房”的政策内涵

为抛砖引玉,笔者在此将宅基地换保障房的政策内涵描述如下:

一是制定农民工以农村承包土地经营权、自留地和宅基地抵付城镇保障房首付的特殊购房政策。保障房政策应该、也可能为中国特色社会主义城镇化服务。有的农民工打工多年,农村的家破烂不堪,城里又没有立锥之地,如果没有特殊的政策,农民工要融入城市将极其缓慢。这显然与全面建成小康社会和建设现代化强国的目标背道而驰。农民工的特殊购房政策应主要包括:首先要改变保障性住房对户口的限制,农村户口也可以享受到这一惠民政策;其次是从土地出让金中拿出一定比例资金,对农民工购买保障房实行贴息贷款政策。

二是制定一定的准入标准。对就业技能、就业时间、就业的稳定程度、收入水平、家庭结构、社会保险缴费期限要求(如3—5年)等做出规定。同时,也要对城镇的承载能力、产业发展前景等有基本的要求。

三是制定一系列过渡期扶持政策。包括创业扶持政策、职业培训教育、将农民工纳入城镇失业保险制度、解决农民工的医疗和子女教育等问题。

四是制定空置房转换为保障房的政策。目前,一方面,部分中小城市里都有数量巨大的空置房;另一方面,许多农民工租不起房、更买不起房。这是资源的巨大浪费。与其空置,不如通过各种政策措施鼓励将其转化为保障房,出售或出租给农民工。农民工购买或者租用保障房的前提是转让其在农村承包的土地经营权和宅基地。通过新建、改建、购买、长期租赁等方式筹集保障性住房,发放租赁补贴。同时启动公共租赁住房申请、审核、配租工作,加快实现配租入住。

五是完善土地银行对实施宅基地换保障房实行贷款贴息的运作细则。

2.3.10 建立农民退休制度，完善城乡居民基本养老保险制度筹资渠道，大幅度提高保障水平

农民退休制度在发达国家已经有非常成熟的经验，在中国建立农民退休制度是大势所趋，但需要走一条中国特色的道路。

一、开展农民退休制度试点

2006 年，上海市松江区就已经开展了建立农民退休制度的试点工作，目前农民的退休费已经达到 1800/月，可以达到保障农民基本生活的目的。与此同时，达到了推进农民职业化、推进现代化农业经济体系建设、推进农村治理体系和治理能力现代化等目标。10 多年来改革试点的实践证明，建立农民退休制度在上海是现实可行的，也是非常成功的。全国其他地区也有开展不同形式试点成功的经验值得总结。基层的创造性实践证明，我国建立农民退休制度的时机和条件正在成熟，可以在试点的基础上逐步向全国推广。

建立农民退休制度是农村现代化进程中的重大改革举措之一，其理论和实践意义主要体现在以下几方面：一是可以助力乡村振兴战略实施，符合党的十九大和中央农村工作会议精神，符合改革发展的大趋势；二是实行农民退休制度是重塑工农关系、城乡关系，走城乡融合发展之路、走共同富裕之路和走乡村善治之路，实现农村和农业现代化的必由之路；三是可以提高农民晚年生活质量，增加农民的获得感、幸福感、安全感；四是可以规范家庭养老，提升农村治理体系的现代化水平，降低贫困风险。

二、推进农民职业化

农民作为第一产业从事者，和其他行业类比，同样有必要加大培训力度，加快推进农民的专业化、职业化，也应加快建立退休制度。伴随我国经济高速发展，我国已经有能力建立农民退休制度，造福老年农民，加快兑现“让农民成为有吸引力的职业”的庄严承诺。

农民职业化是新时代建设现代化农业经济体系的必然选择。1998 年金融危机特别是我国加入 WTO 后，我国工业化、城镇化进入了一个加速发展的阶段。经济对外依存度的不断提高、企业规模的不断扩大、沿海

地区经济的跨越式发展,推动了异地城镇化的快速发展。比较效益的作用使“农民不愿种粮”,农村劳动力大量外出,务农的劳动力开始短缺。中国目前农村劳动力已经基本转移到非农产业,仅跨地区流动的农民工就超过1.87亿人。农民工已经成为城市产业大军的重要组成部分和城市不可或缺的就业主体。与此同时,农村剩余劳动力“弃田务工”“弃田经商”的人数急剧增多,种粮农民人数大大减少。在20世纪80年代,我国尚有超过2亿的农村富余劳动力。进入21世纪后,据估计,目前我国的农村富余劳动力不足2000万。近年来,中国各个城市出现“民工荒”,即劳动力市场出现“刘易斯拐点”的例证。走的都是青壮年,留下的都是老弱病残。在未来,很可能已经无农村人口向城市流动了。当大量劳动力滞留农村的时候,人均耕地非常紧张,而在劳动力大量进城之后,人均耕地徒然扩大,而留守的老人劳动能力不足,他们中很多人逐步靠外出打工的青年供养,自己也不种地了,农村逐步出现大片荒地。2015年,中国粮食对外依赖度已达到了15.6%,其中蛋白质对外依赖度约43%,食用油对外依赖度高达68%。党的十九大明确指出,要深化供给侧结构性改革,实施乡村振兴战略。这给现代化农业经济体系建设提出了新的更高、更紧迫的要求。加快农民职业化,是适应国内外形势发展变化的必然要求。

三、创新离农政策

推进农民职业化,建立农民退休制度,有利于用足WTO“绿箱政策”。加入WTO对中国农业是把双刃剑,《WTO农业协议》以实现全球农产品贸易自由化为目标,这将不可避免地影响已经越来越国际化的中国农业和农业政策。其中,对国内农产品生产补贴政策产生的冲击可能更大,也会增加中国进口粮油的外汇负担。在“绿箱政策”“黄箱政策”和“蓝箱政策”之外,我国对一些农业生产的补贴政策的保护空间有限,补贴过度会引发国际贸易摩擦,甚至遭受国际贸易处罚。在“绿箱政策”中,“农民退休或转业补贴”是WTO允许的农业生产结构调整性补贴,在我国一直尚未启用,现在时机条件正在成熟。实施这项典型的“绿箱政策”后,小型家庭农场主的退休或转业,有利于农业集约化生产和提高生产效率,有助于乡村振兴战略。在建立农民退休制度的同时,对进城务工经商农民实施一定的补贴,鼓励其退出农业生产经营领域,可以迅速扩大土地经营规模,推进现代化农业经济体系的建设。

四、建立农业生态补偿机制

研究表明,农业在保护国家粮食安全的同时,贡献着巨大的生态环境服务价值,而农民却只能直接获得不到6%的农业经济价值和生态服务价值。理论与实践都期待着国家农业生态补偿机制的建立与实施,对全面推行农业生态补偿机制进行探索,可以农业生态补偿为切入点,名正言顺地支付农民退休转业补贴。

五、整合支农惠农资金

2017 年全国领取城乡居民基本养老保险金的人口有 1. 51 亿人。如果将农民退休的年龄定为 65 岁,全国 65 岁及以上农民约 1. 2 亿人。农民退休费初定为 500 元/月,每年全国农民退休费用需支出 6000 亿元。该支出可以通过整合各种支农惠农资金等途径解决。根据初步调查和测算,我国北方地区各种支农惠农资金人均 5000 元左右。南方地区各种支农惠农资金人均 3000 元左右。全国平均 4000 元左右。2018 年城乡居民基本养老保险人均养老金 150 元,中央财政和地方财政不需要大幅度增加新的支出,就可能建立人均领取 500 元/月左右养老金的农民退休制度,具有一定科学性和可行性。

总之,建立农民退休制度,推进现代化农业经济体系是体现中国未来发展战略的重要决策,是中国改变发展模式,实现城乡均衡高质量发展的必然选择。

2.3.11 发展居家消费养老,拓展新的收入来源渠道

开展"居家消费养老",让老龄人口享受便捷的居家消费养老服务,既是经济发展新的增长点,也是增加收入、降低贫困风险的重要选择。

居家消费养老是基于大数据和云服务,线上线下完整闭环的智慧养老,以线上的 APP 和线下实体店为具体的产品形态。通过手机登录终端设备,子女可以远程发布需求,为父母定制相关上门服务,还可以实时了

解父母的状况。同时,子女和老年人在消费过程中,将获得保险公司的养老保险和平台加盟商的电子消费券,通过资源整合的形式,打造周围养老服务生态圈,为每一个社区、每一位居民,提供生活起居服务和创业就业机会。

党的十九大报告中提出,构建养老、孝老、敬老政策体系和社会环境,推进医养结合,加快老龄事业和产业发展。按照养老事业和产业发展的构想,构建社区为依托,机构为补充,医养相结合的养老服务体系,其中,居家养老是整个养老体系的基础。截至2017年年底,全国60岁以上的老年人口占总人口的17.3%,人口老龄化成为被广泛关注的问题。随着我国老龄人口进一步上升,老龄人口最大的问题是看病难、就医难,护理难。

近几年,居家养老基础在不断巩固、发展、壮大,消费养老也成为近几年得到推崇的创新性养老模式。把居家和消费两种养老模式结合起来,对推动老龄事业和产业发展意义重大,不仅有利于创新养老模式,大大提高老年人的生活保障,而且有助于增强社会养老保障体系的均衡性,实现养老保障体系多样化,提高老年人的保障水平。

3

经济新常态下扶贫开发战略的适应性研究

林毓铭

1990—2010 年期间,中国 GDP 年均增长率达到了 10.5%,创造了世界之最。中国的扶贫事业同期也取得了巨大成就,中国农村贫困人口由 1994 年的 8000 多万人减少到 2000 年年末的 2300 万人左右,进入新世纪,2001—2010 年、2011—2020 年连续两个 10 年扶贫开发纲要的实施,进一步将中国扶贫事业引入了一个快速的发展轨道。2014 年经济新常态的提出,对中国扶贫开发战略有什么影响,扶贫开发战略如何适应经济新常态,是本篇研究的主题。

3.1 经济新常态与扶贫开发战略的研究背景

新常态之"新",意味着不同以往;新常态之"常",意味着相对稳定。以新常态来判断当前中国经济的特征,并将之上升到战略高度,表明中央对当前中国经济增长阶段变化规律的认识更加深刻,正在对宏观政策的选择、行业企业的转型升级产生方向性、决定性的重大影响。[①]

3.1.1 经济新常态的有关论述

新常态是 2014 年 5 月习近平总书记考察河南时提出的:"我国发展仍处于重要战略机遇期,我们要增强信心,从当前我国经济发展的阶段性特征出发,适应新常态,保持战略上的平常心态。"新常态相对旧常态而言,国务院发展研究中心发展战略和区域经济研究部副部长刘培林指出:"'新常态'可能会有几方面的特点:增长速度可能会比过去 10 多年有所降低,但与全球范围其他经济体特别是发达经济体相比,仍然有望保持较高水平;推动增长的主要力量,将转向主要依靠转型升级、生产率提升和

① 经济日报评论员:《何谓新常态》,《经济日报》2014 年 8 月 10 日。

多元的创新;经济结构也将发生新的变化,比如,服务业的比重超过第二产业,投资的比重会达到峰值并缓慢降低。”经济新常态可以概括为三句话:从高速增长转为中高速增长,经济结构不断优化升级,从要素驱动和投资驱动转向创新驱动。国家发改委秘书长王一鸣提出:“新常态”下的挑战主要集中在四点:第一,产能过剩矛盾趋于突出;第二,生产要素成本加快上升;第三,企业创新能力不足的问题日益显现;第四,财政金融风险有可能增大。①

在国际金融危机爆发之后,世界经济步入了一个艰难的复苏转道,国际贸易保护主义抬头,且越演越烈,中国出口受阻,去产能的任务特别繁重,经济新常态要求的战略调整往往也伴随着新矛盾、新问题、新挑战复杂局面的出现,一些潜在经济与社会风险正渐渐浮出水面,新常态不仅是经济转型与产业转型的过程,同时也是各种社会风险不断释放的过程。

3.1.2 扶贫开发战略的研究背景

进入新常态,一般性经济增长带动贫困人口增收更加困难;地方财政收入增速放缓,财政扶贫投入资金大幅度增加更有难度,市场竞争更趋激烈,打好新时期的扶贫攻坚战需要更加精准扶贫,构建扶贫大格局。扶贫是我国长期战略的一项重要任务,早在 20 世纪的《国家八七扶贫攻坚计划》中就提出:从 1994 年到 2000 年,集中人力、物力、财力,动员社会各界力量,力争用 7 年左右的时间,基本解决目前全国农村 8000 万贫困人口的温饱问题。20 世纪末,我国由 1994 年的 8000 万贫困人口减少到 2000 年年末 3000 万人,实际上 2000 年年末农村未解决温饱人口只有 2300 万人左右,农村基础设施大为改观,农村最低生活保障制度基本建立。按照当时的社会经济条件而言,一些主要经济社会指标基本完成,《国家八七扶贫攻坚计划》基本上画上了一个较为圆满的句号,中国为世界扶贫事业做出了重大贡献。

---

① 郑文:《关于“新常态”的一些判断》,《北京日报》2015 年 1 月 12 日。

随着《国家八七扶贫攻坚计划》的实施，中国的贫困问题并没有得到彻底的解决，联合国也提高了贫困标准，由每日消费一美元提升到每日消费两美元，制约贫困地区发展的深层次矛盾依旧存在，新的贫困问题继续发酵，如因病致贫、因病返贫、婚姻贫困。此后，《中国农村扶贫开发纲要（2001—2010年）》实施，集中连片贫困地区的持续性贫困问题得以解决。随着经济社会的发展与社会保障体系的逐步完善，我国扶贫开发已经从20世纪以解决温饱为主要任务的阶段转入到21世纪巩固温饱成果、加快脱贫致富、改善生态环境、提高发展能力、缩小发展差距的新阶段。2011年12月，中共中央、国务院印发了《中国农村扶贫开发纲要（2011—2020年）》，提出了新一阶段扶贫开发的总体目标，即"到2020年，稳定实现扶贫对象不愁吃、不愁穿，保障其义务教育、基本医疗和住房。贫困地区农民人均纯收入增长幅度高于全国平均水平，基本公共服务主要领域指标接近全国平均水平，扭转发展差距扩大趋势"。

中国进入经济新常态，经济增速放缓并持续下行，财政收入有所下降，对扶贫开发战略的实施。习近平总书记出席2014年11月亚太经合组织工商领导人峰会开幕式指出："中国全面深化改革，就要激发市场蕴藏的活力，就要为创新拓宽道路，就要推进高水平对外开放，就要增进人民福祉、促进社会公平正义。""新常态"下虽然中国经济要面临新的困难转折期，但中国扶贫开发战略并不会因此而出现退缩，增进人民福祉与社会公平仍是经济新常态下的重要任务之一。

3.2 扶贫开发战略的实践

在20世纪80年代，世界银行提出了发展中国家缓解贫困的两大战略：发展劳动密集的外向型经济以创造更多的就业机会和对贫穷人口的人力资本投资,即对教育和卫生事业投资。这两大战略在中国和东南亚国家被认为实施得非常成功。世界银行估计在中国有 4 亿人口由于经济发展脱离了绝对贫困状态。

全国各地的扶贫工作均有一定的特色,在贫困问题比较突出的地区,如在贵州,实施结对帮助、产业帮扶、教育培训、农村危房改造、扶贫生态移民和基础设施“六个到村到户”的发展战略,正紧锣密鼓实施。在甘肃,实施行业扶贫、专业扶贫、社会扶贫“三位一体”的战略扶贫,使得贫困地区自我发展能力大幅提升。在江西,采取兜底扶贫和开发扶贫“两轮驱动”措施:对没有劳动能力的贫困户政府兜底,做到“应保尽保”;对其他贫困户,根据贫困原因和个人意愿,制定“一户一策”,集中各方资源,采取个性化精准帮扶措施,实现“应扶尽扶”。在宁夏,金融机构成为精准扶贫的有力推手,小额信贷、小额保险、互助资金走进贫困地区的千家万户,贫困户的“造血”功能日益增强。①

5 年来,中央和省级财政专项扶贫资金逐年增加,2016 年首次突破 1000 亿元。320 个中央和国家机关等单位、21992 家民营企业和贫困村一一结对,定点帮扶。在过去的 5 年里,我国脱贫攻坚成为读秒战役,平均每三秒就有一人跨过贫困线,在 1400 多个日夜里,总共有 5564 万人摆脱贫困,这相当于一个中等国家的人口总数。5 年来,我国贫困程度最深的西部地区脱贫步伐最快,贫困人口减少了一半还多。”②本世纪连续两个 10 年的扶贫工作中,持续加大了财政投入,扶贫工程更加全面,切入点更加多元,但还属于粗放式扶贫。2014 年,中国各级政府向贫困村派出了 12.5 万个工作队,驻村干部达 43 万人。近几年的扶贫工作,与 20 世纪大规模的扶贫工作和 21 世纪前 15 年的扶贫工作相比,瞄准了“精准扶贫”这一突破口,国家审计署也加强了扶贫基金的审查力度,截至 2017 年底,整改金额 4872.5 亿元,剔除和清退不符合建

① 胡星等:《精准扶贫如何适应新常态》,http://politics.people.com.cn/n/2015/0203/c70731-26501266.html。

② 《数字五年读秒攻坚精准扶贫书写中国样本》,http://tv.cctv.com/2017/10/13/VIDEOA0tBvU6b1dOHjWaOZVA171013.shtml。

档卡贫困人口10.18万人,重新识别补录人口9.51万人,完善建档立卡数据信息21.68万人,按规定向符合条件的贫困家庭发放补助或退还资金4.01亿元,收回违规使用的贷款及贴息补助等2.52亿元。① 大大提高了扶贫效率。

3.3 正确认知经济新常态下扶贫开发战略中贫困人口的调整问题

20世纪,我国农村贫困线标准是在1985年、1990年、1994年和1997年分别由国家统计局农村社会经济调查总队,根据全国农村住户调查分户资料测算制定的,其他年份则按照农村居民消费价格指数进行更新。该贫困线包括两部分:

一是"食物贫困线":国家统计局将最低营养需求确定为每人每天2100大卡(卡路里)。根据一定比例最低收入人群的消费结构,测定出满足这一营养标准所需的各种食物量,再换算出相应的货币价值。世界银行曾确定的绝对贫困线标准是:每人每天的食品提供为2150千卡热量,食品支出占总支出的比例,农村为63%,城市为61%。中国政府曾确定农村绝对贫困线的标准是:每人每天的食品提供为2100千卡热量。

二是"非食物贫困线":采用的是世界银行经济学家Martin Ravallion的"马丁法"来测量,即假定贫困人口生活消费中的60%是食物支出(恩格尔系数),以此计算"非食物贫困线"。中国政府也接受了食品支出占总支出的60%的标准。经济合作与发展组织(OECD)曾提出②:以一个国家或地区社会中位收入或平均收入的50%—60%作为这个国家或地区

① 国家审计署:《各地清退虚假贫困户10.18万人,970人被问责》,《人民日报》2017年12月23日。

② 邓子基等:《财政学》,高等教育出版社2014年版,第270页。

的贫困线,即最低生活保障线。

联合国与世界银行为全世界制定的贫困标准分为极度贫困人口和贫困人口两级:前者按购买力平价(PPP)每人每天消费 1 美元;后者按购买力平价(PPP)每人每天消费 2 美元。每个国家也会制定自己国家的贫困标准,并相应确定本国贫困人口的比例。20 世纪,我国的绝对贫困标准 1 美元以下。

我国大规模扶贫政策始于 1986 年,根据世界银行的统计数据,中国极度贫穷人口的数量从 1987 年的 8.36 亿减至 2010 年的 1.56 亿[①]。本着向人民负责的精神,中国政府提高了贫困标准,2011 年重新确定了贫困标准,当年农村贫困标准(人均年纯收入)为 2300 元,比 2010 的 1274 元贫困标准提高了 80%。随着贫困标准的提高,贫困人口有显著增加,如表 3-1 所示。

表 3-1　1978—2011 年我国贫困人数增减变化

年　份	贫困标准(元/年/人)	贫困人数(万人)	贫困人数增减(万人)
1978	100	25000	—
1985	206	12500	-12500
1990	300	8500	-4000
2000	625	3209	-5291
2008	1196	4007	+798
2011	2300	12400	+8393

注:1985—2000 年为八七扶贫攻坚计划执行期。

按 2011 年提高后的贫困标准(农村居民年人均纯收入 2300 元),中国还有 8393 万的贫困人口,贫困人口占农村总人口的 13%,占全国总人口的近十分之一。根据《2015 年国民经济和社会发展统计公报》显示,2015 年全国共有 1708.0 万人享受城市居民最低生活保障,4903.2 万人

① 《中国扶贫工作成就巨大》,中国日报网,http://cn.chinadaily.com.cn/2016-03/15/content_23881401.htm,2016-11-8。

享受农村居民最低生活保障,农村五保供养 517.5 万人。全年资助 5910.3 万城乡困难群众参加基本医疗保险。按照每人每年 2300 元(2010 年不变价)的农村扶贫标准计算,2015 年农村贫困人口 5575 万人,比上年减少 1442 万人。①

联合国《2015 年千年发展目标报告》显示,中国极端贫困人口比例从 1990 年的 61%,下降到 2002 年的 30%以下,率先实现比例减半。2014 年又下降到 4.2%,中国对全球减贫的贡献率超过 70%。②

世界银行 2015 年 10 月初宣布,按照购买力平价计算,将国际贫困线标准从此前的每人每天生活支出 1.25 美元上调至 1.9 美元。③ 如果按照世界银行上调后的最新标准衡量,中国的贫困人口将大幅度增加,扶贫的任务将更加艰巨。“确保农村贫困人口到 2020 年如期脱贫”,每年脱贫 1000 万以上人口的任务也要加码,需要更大幅度增加脱贫人口的数量和提高脱贫人口脱贫的质量。

新常态下财政实力有限的情况下,当前要瞄准最贫困的乡村、看准最困难的群体、解决最迫切需要解决的问题。实现精准识别、精准帮扶、精准管理,不留死角,建立切实解决最困难群众的生产与生活问题的导向机制。

3.4 经济新常态下扶贫开发战略的适应性

中国经济目前已经步入经济新常态:GDP 增速放缓、对外依赖性降

① 国家统计局:《2015 年国民经济和社会发展统计公报》,2016 年 2 月 29 日。

② 《中国对全球减贫贡献最大》,新华网 http://news.xinhuanet.com/world/2017-01/16/c_129447792.htm

③ 刘欢、王建华:《世行上调贫困线标准将促中国更精准扶贫》,新华网,http://www.xinhuanet.com/fortune/2015-10/12/c_1116800068。

低、劳动力总量减少、成本上升、资源环境压力加大等。经济发展的条件和环境已经或即将发生诸多重大转变,经济增长将与过去 30 多年 10%左右的高速度基本告别,与传统的不平衡、不协调、不可持续的粗放增长模式基本告别。从字面上看,经济新常态好像与农村经济没有太大的关系,与扶贫事业关联不大,其实不然,中国社会"工业反哺农业、城市支持农村"的大政方针没变,在经济新常态下,"创新、协调、绿色、开放、共享"五大发展理念更要坚持不懈地推进实施。

经济增长是消除贫困的必要条件,当国民经济处于快速增长、运行良好的时期,贫困人口下降的可能性就大;反之,当国民经济处于缓慢增长甚至停滞的时期,贫困人口很可能会增多。当然,经济增长与贫困的消除并不呈绝对的反比例关系,贫困的消除还取决于其他许多因素,如收入分配方式、政府的扶贫政策、公共服务等。经济新常态下,在经济增速有所收缩的情况下,扶贫任务比之前更艰巨、形势更复杂,需要更多的财政投入,精准扶贫有了更大的意义。

世界银行曾提出①:要大幅度减贫必须采取机会、赋权和安全三个领域综合的观念。一是机会,即通过刺激经济增长增加穷人的经济机会,使市场更好地服务于穷人,致力于穷人的参与,特别是增加他们的资产,比如土地和教育;二是赋权,即强化穷人对与其生活有关的决策的影响能力,消除基于性别、种族、民族和社会地位方面的歧视;三是安全,即增强穷人对于疾病、经济冲击、粮食歉收、失业、自然灾害和暴力等的抵御能力,在不幸事件发生时对他们提供帮助。

2015 年 10 月 16 日,习近平在 2015 减贫与发展高层论坛上强调:中国扶贫攻坚工作实施精准扶贫方略,增加扶贫投入,出台优惠政策措施,坚持中国制度优势,注重六个精准,坚持分类施策,因人因地施策,因贫困原因施策,因贫困类型施策,通过扶持生产和就业发展一批,通过易地搬迁安置一批,通过生态保护脱贫一批,通过教育扶贫脱贫一批,通过低保政策兜底一批,广泛动员全社会力量参与扶贫。

---

① 易查:《全球贫困人口有所增加》,《瞭望》2001 年第 2 期,第 28 页。

经济新常态下的中国城市经济面临着从高速增长转为中高速增长、经济结构不断优化升级、从要素驱动和投资驱动转向创新驱动的挑战。同时面临国际贸易保护主义的压力，去产能、去库存的任务特别繁重，大批因严重污染环境的企业都将面临关闭停产的命运。结合习近平总书记对精准扶贫的要求，城市经济如何扶持农村经济的发展、如何支持贫困地区的扶贫事业？笔者认为经济新常态下提高扶贫开发战略的适应性要找准以下突破点：

3.4.1 大量关闭污染企业是对农村扶贫事业最直接的贡献

古印度有一名格言：空气、水和土地不是父辈给我们的礼物，而不是我们向子孙的借款。在我国 GDP 高增长的背后，恰恰是以过多向子孙借款透支消耗资源为代价，我国在全球 10 大环境污染最严重的城市中占有 8 席；畜禽养殖业废水、废气和废渣的任意排放，使各种污染物在农村地区积聚，造成大面积农村面源污染，水体污染现象十分严重。各种工业废弃物和农用化肥、农药、农用薄膜等化学物质不断地涌入农村，化肥农药不合理的大量使用，农业环境遭受工业生产的各种污染，制约了农业由数量型向质量效益型转变，对农业可持续发展和人体健康构成了威胁，使得农业环境的污染负荷大幅度增加，农业本身产生的污染问题也日益严重，农业环境正面临一系列严重的环境污染和生态破坏的问题。环境污染制约了农作物的生产、水源重金属污染影响农业收成与农作物质量；各种工业造成的危害物质大大增加了农民的医疗费用负担；大搞开发区的跑马圈地造成失地农民与少地农民的大量增加与土地养老保障功能的日渐衰减。

因此，我们应当采取措施，积极预防农业环境被污染和破坏，对于已经污染的农田，应当尽快建立以防为主，防治结合，严格控制和消除污染源的强制性措施。恢复农村良好的生态环境，促进农业可持续发展，经济新常态下的环保风暴就是对农村扶贫事业最直接的贡献。

为了维护农村贫困地区良好的生态，可以实施旅游扶贫、养老扶贫等适合当地的发展战略，按照美丽乡村建设蓝图，守住发展和生态两条基本底线，整治生态环境、驱除环境污染因素，让贫困乡村与生态产业和市场联系起来，搭建信息发布与互动发展平台，完善社会扶贫参与机制。

3.4.2 做好贫困地区农民有组织的流动与就业扶贫

贫困地区多远离中心城市或者发达地区，交通闭塞、资源短缺，对外界信息不灵通，参与市场生产和贸易的成本较高，竞争不充分，长期以来形成一种自给性或半自给性的封闭经济。鉴于贫困地区这种特殊性，需要政府强行干预，对市场失灵进行有效补充和替代，为贫困地区经济发展创造环境。一些特别贫困地区，特别是处于深山区、石山区的农民，由于交通不便、信息封闭，出外务工并不活跃，而一些走出贫困地区的农民，外出务工后就不再返回贫困农村，返乡创业率太低。大量的纯农民困守在大山里，从事着传统低收入的农业，非农业收入增长空间狭小。农村剩余劳动力转移，或有组织的帮助贫困地区农民外出阶段性就业和季节性就业，是帮助他们获取一定收入的有效途径。

一、构建贫困地区农民就业的公共服务体系

劳动力市场的运行需要有相应的市场服务机构，建立城乡统一、覆盖面广、信息灵敏、服务完善的就业服务体系，才能使劳动力市场更好地发挥作用。针对贫困地区农民就业的公共服务体系包括就业指导、职业培训、失业保险等方面，其中职业中介机构是连接企业和农民工的桥梁，在农民工就业中的作用越发重要。因此，应建立健全职业中介机构，通过职业中介机构的服务使劳动力供需双方能够以平等的地位，获得就业和招聘相关服务，充分发挥职业中介机构的公共就业服务职能，为城乡劳动力提供一视同仁的职业介绍服务。可将农民进城就业的服务和管理费用纳入政府的财政预算，充分保障农民工自主就业、企业自主用工的权利。

二、保证贫困地区农民就业的稳定性与相应待遇的落实

由于缺少系统的就业扶持体系与稳定的就业规划，尤其是不发达地区农民工就业呈现不稳定的特点，流动性高，大部分农民工不是在农业与非农产业之间流动，而是在不同的非农生产部门、不同的地区之间流动。流动过于频繁和被动流动，大大增加了就业成本，也无法获得较稳定的收

益。可以考虑通过相关企业与贫困地区签订年度协议的方式提供固定就业机会,尤其是季节性用工和阶段性用工,促进贫困地区农民的稳定性就业。

从政治影响论的观点来看,社会的制度歧视和政治经济力量是造成大量贫困人口存在的根本原因。我国农民工的社会融入问题讨论已久,在农民工市民化待遇问题上,全国各地进展不一致,一些地区农民工仍旧遭遇不平等的制度歧视和社会不公问题。要使贫困地区农民进城后能够稳定就业,一个重要因素是农民工的市民化待遇问题的落实,市民化是一个社会学的学术术语,农民工融入城市,它既指地域空间的转移、从事职业的转变,也强调转移转变过程中行为方式、心理状态、思想观念等方面的转变,要求转移者接受城市社会文明,向市民转化,融入城市文化接受城市生活。农民工问题不仅涉及其自身,而且关系到整个国家现代化建设的进程。农民工市民化问题的有效解决对解决三农问题、缩小城乡差距问题有着重要意义。

将贫困地区农民有效组织到城市就业,实行就业扶贫,要强调在社会公平公正的社会理念下,建立城市劳动者共享社会福利的价值观,主要包括以下几层涵义:一是转移者结束这种城乡间、农业和非农业间的游离状态,摆脱土地的束缚;二是逐步享有城市居民的各种福利;三是在城市有相对固定的职业和住所,主要收入来源于所从事的非农产业;四是在精神层面如生活方式、行为方式、心理状态、思想观念等逐步融入城市文明。因此,要构建促进农业转移人口市民化的财政体制,加大财政投入,构建促进转移人口市民化的责任政府与责任财政,把促进有能力在城镇稳定就业和生活的常住人口有序实现市民化作为首要任务,促进社会保障公共产品与公共服务的均等化。

三、在城市融入和参与社会保险等项目上要采取更灵活的政策

很多外来务工人员很难融入城市,在企业工作难以安定,这不一定与企业有关,而是来自于务工人员自身在城市的生存状况,如子女入学问题、住房问题、福利缺失问题、或多或少的社会歧视问题,或是对远在家乡的留守妻子、老人、孩子的无尽挂念,艰难的生存处境很难让他们从“社

会人”进入“企业人”的角色，在企业工作过程中一旦有轻微的不顺心，都可能造成过急情绪的爆发，甚至演变为劳资矛盾。将贫困地区的农民有组织地引入到发达地区就业，应该制定相关的政策，服从于扶贫这一大业，企业要担当扶贫的社会责任，对如何减少劳资矛盾需要进行专门的研究和政策安排。如广东佛山市顺德区作为国家级和谐劳动关系综合试验区，构建了异地务工人员融入工程：一是创立“顺德一家人”工作品牌，促进公平就业，确保异地务工人员获得公平的就业服务；二是完善异地务工人员积分入户政策；三是优化教育资源配置，完善积分入学政策；四是改善异地务工人员居住条件，畅通企业集聚区和异地务工人员生活区的交通条件，将符合条件的异地务工人员纳入保障性住房范围；五是将符合条件的异地务工人员随迁子女医保补贴纳入财政补助范围，引导企业以企业年金、补充医疗保险、商业保险等方式提高异地务工人员保障水平。

从社会保险参保情况看，据笔者 2017 年下半年针对珠三角地区的调研，新员工到企业就业，除了要签订劳动合同之外，还要五险参保和个人缴纳一半公积金，因参保缴费占工资收入比重过高，很多新员工因此辞职，也影响了企业用工。贫困地区农民到城市就业，他们家庭负担重，需要个人缴费的养老、医疗、失业三个险种，可考虑按其所需自愿缴纳或非足额缴纳，若在他们已参保城乡居民养老保险和医疗保险时，可允许他们不在城镇参保，与其他地区农民工区别对待，以保证其可支配收入的更高比例用于家庭解贫。如果这样，企业劳动成本降低了，企业也更愿意使用贫困地区的农民工。

四、为贫困地区培养技术精英和创业人才

区域经济不平衡，有两个效应：一是回流效应，表现为各生产要素从不发达区域向发达区域流动，使区域经济差距不断扩大；二是扩散效应，表现为各生产要素从发达区域向不发达区域流动，使区域发展差距得到缩小。产业扶贫计划的实施有时要依赖这两个效应，农村贫困劳动力从农村走向城市、走向发达地区的回流效应，确实给发达地区带来了丰富的劳动力资源，扩大了发达地区的 GDP，也导致了区域经济差异的扩大，但从另一方面看，农村一些精英劳动力可以通过在发达地区的就业，学会很

多在农村学不到的生产技术与市场经验,再通过扩散效应,将发达地区的先进文化、生产技术、管理经验与市场意识带回农村,将这些生产要素在贫困农村地区发扬光大,通过创业转化为生产力。

政府产业扶贫计划中,应该有计划地为贫困地区培养技术人才,让这些技术人才返乡开展技术服务,扶持贫困地区乡镇企业的发展或是开办企业,走内涵式发展道路。为支持返乡农民工创业,需在财政和税收等方面给予一定的支持:通过中央和地方财政拨款设立扶持农民工回乡创业的专项基金,用于返乡农民创业的贷款贴息、创业培训和担保资金等;金融机构可施行固定资产抵押贷款、动产质押贷款以及信用贷款与抵押贷款组合等信贷方式,对有市场发展前景、有经济效益、有技术内涵的农村产业、农产品加工企业、生态旅游产业、美丽乡村建设等采用信用贷款与抵押贷款组合、整贷整还等方式,放宽贷款额度和还贷时间;对贫困地区新办企业的创业者可以采取前几年免除征税或税收全额返还的做法,待到企业形成规模或是企业产生盈利以后再征收所得税,减轻创业者起始的纳税负担。

3.4.3 创建农户协同平台,培育贫困地区农民的市场观念

1998 年诺贝尔经济学奖得主阿马蒂亚·森在《作为能力剥夺的贫困》中指出:“贫困必须被视为是一种对基本能力的剥夺,而不仅仅是收入低下。”产业扶贫作为一种内生发展机制,目的在于促进贫困家庭在县域经济发展平台上的协同发展,培养发展基因,激活发展动力,培养其立足市场的基本能力。英国学者汤森德也认为,那些缺乏获得各种食物、参加社会活动和最起码的生活和社交条件的资源的个人、家庭和群体就是贫困的。应该承认,中国贫困人口先天禀赋不足,加上素质差异,导致其社交活动能力低下,缺乏起码的市场交流平台,是他们长期处于贫困端的基本原因。

在我国,农村集体经济尤其是贫困地区集体经济已基本消亡,集体意识淡薄、以农村个体承包为主的发展模式下,创建农户协同平台,大力培育农民的市场观念,是内生式发展脱贫的可行之路。

农村家庭联产承包制推行了数十年,解放了思想,财产权的落实,焕发了发展活力,也大大提高了农村的劳动生产率。一些贫困地区的农民,以农户为单位,在自己承包的土地上,从事单打独斗的一些种植业、养殖业,生产规模逐年扩大,也有一些农户从事了小规模的市场经营。但这么多年来,贫困农村的信息滞后、偏离市场与"跟风意识",不知道市场需要什么、如何满足市场需要,使不少农户在个体经营上陷入了困难。笔者认为可在县域经济发展的基础上构建农户协同平台,其发展思路如下:

一、贫困地区要正本清源,建设健康的乡村文化

消除农村经济贫困的措施是否成功,可通过衡量由于该扶贫项目实施后个人可掌握的消费品和服务的数量是否增加;消除文化贫困的措施,可通过观测其在特定文化背景下个人的态度和行为方式的变化来衡量其扶贫成效。

根除贫困地区的一些陈规陋习,解决这些地区村务不民主、法律意识薄弱、宗派势力严重、环境脏乱差的问题,将农户从简单的土地经营与传统的农业定势中解放出来,通过到城市务工、人力资源流动等方式,培养农户的市场意识,或是在县域经济发展的平台上,组织一些有文化的农二代或是贫困户到发达地区的农村学习先进的经营技术与市场理念,尤其是农、林、牧、渔等方面的先进技术与经验。技术扶贫、精神扶贫一起抓,树立贫困户脱贫的信心与勇气。扶贫干部要做好细致合理的扶贫规划,帮助其分析贫困原因,宣导精准扶贫的政策和脱贫的方案步骤。因贫困地区整体性发展平台处于贫弱状态,贫困地区的外出劳动力返回家乡创业率极低,要动员已有一定实力、技术和经营管理思想的青壮年劳动力返乡创业或志愿者到贫困地区创业,财政应予以一定的支持。

二、在县域经济发展基础上搭建协同平台

大幅度减少贫困人口是贫困地区的根本出路,20 世纪"大水漫灌式"的扶贫方式效果不甚理想。利用现代先进的互联网技术、大数据平台、信息充分的市场实现精准扶贫,建设县域经济的技术与信息平台非常关键。以县域经济为基础,瞄准致富产业方向,动员农户齐心协力将本地的特色产业、特色经济做大做强,县域经济的技术与信息平台负责农业技术的推

广、农村发展规划的设计与制订、农产品的订单式推销与农产品加工企业的发展，使松散的农村经济与单打独斗的农户式经营模式在一个有组织、有规划、有市场、有信息的发展平台上共同发展进步，推动商业模式创新，不至于盲目生产、盲目发展、盲目经营。

三、在贫困地区鼓励农户与厂商的结合和财政资金用于实业经济

我们鼓励以县域经济为平台协同发展，也鼓励农户以组织的方式与厂商建立合作发展平台。为了培育和占领市场，企业在宣传自身产品的同时，也给农民送去了产品需求的新思想和新观念，订单式农业开发模式不仅立足于供给侧改革，重要的是使贫困地区的农户知道自己该做什么、不应该做什么，贫困地区也有敢于创新尝新的农户，可通过他们的示范引领作用，带动大家共同致富。

财政资金在推动产业扶贫中，经常执行效果不佳，关键是政策执行中影响因素过多，应当寻求最有成效和最具发展潜力的实业进行财政帮扶。如广西北海市有着天然的养老条件，养老基地初具规模，但以当地农户家庭作坊式的养老盈利能力太低，相关的基础设施配套较差，交通不太便利。政府积极参与，广泛动员与组织，加大社会资本投入，这是候鸟式养老模式发展的关键所在。实业性投资是财政资金发挥作用的重要途径，在贫困地区不乏发展特色产业的天然资源，可以通过财政资金支持，实现相关产业的规模扩张和迅速发展，进而取得更好的扶贫成效。

3.4.4 财政产业扶贫政策

产业扶贫是指以市场为导向，以经济效益为中心，以产业发展为杠杆的扶贫开发过程，是促进贫困地区发展、增加贫困农户收入的有效途径，其发展的主要内容为：大力发展县域经济，培育主导产业；大力增加村镇的公共投资，改善农村基础设施建设，培育生态与绿色产业等；促进与组织贫困农户外出就业，组织农产品的生产与销售。产业扶贫作为对落后区域经济发展的一种政策倾斜，全国各地的产业扶贫财政投入政策都在加大实施力度，财政投入呈增长势态。

财政在引领扶贫工作中担负了重要的角色，尤其是产业扶贫工作中，还需要在扶贫原则、扶贫措施上做好工作，以切实提高扶贫质量。

一、财政部门在制定扶持产业的相关政策时应遵循的基本原则

目前，农村发展过程中存在农产品销售难、环境污染型乡镇企业未来的关停并转问题，发展农业经济成本高、资源环境约束等问题，但生态农业、绿色农业、旅游农业等新型产业模式也为农村发展带来了生机。城市新技术、新业态发展迅速，各类创新商业模式，如电子商务等也可以有效地驱动订单式农业的快速发展，产业扶贫工作要顺应社会发展的潮流，同时做好财政支持工作。

第一，哪些是贫困地区最重要和最具前景的产业方向，它涉及的产业链是什么，具有什么发展优势和劣势，均需要进行可行性论证。当某产业投资方向进入政策制定者的视线时，要按照政策议程进行动议、论证、调研，切忌盲目投资。

第二，考虑财政资金投资的可行性，要有备选方案。产业扶贫有没有稳定的财政资金和社会资金持续支持，人财物、信息等政策资源是否充分，宏微观经济与社会条件是否成熟等，这是产业扶贫投资最基础的政策变量。在县域经济中，各地的比较优势何在，具体个案的最低生产与发展成本和最可能的盈利条件和盈利水平如何，要通过比较分析，选择最优方案。

第三，财政投资的系统性。产业投资目标应当是系统的而不是单一的，这一产业的兴起，可能会对另一个产业产生挤出效应，县域经济的发展要有一个较好的产业布局，产业扶贫强调的是大量减少贫困人口数量，作为政府产业扶贫的区域规划来说，在产业布局时要考虑多个政策目标。要考虑县域经济产业发展的辐射功能与传导功能，抓住其中主要的产业目标，重视近期的、先行的和重要的产业政策目标，做好产业投资规划工作。

第四，财政投资要符合产业规划要求。财政资金进行产业投资要符合国家产业规划的总体要求，符合提升社会就业质量和创新发展的思路。产业化方向要依据党的十八大以来关于“美丽乡村”和社会主义新农村建设的发展要求，着眼于生态农业、绿色农业、旅游农业、订单式农业等发

展领域,在改造传统农业的基础上,打造农业系列产业发展链。

第五,产业扶贫财政投入要有明确的效果评价。财政产业扶贫投入的效果评价来自于产业投资的事实评价和逻辑判断,效果评价能提供关于财政产业投资绩效是否稳定可靠的信息,有助于投资价值取向的阐明和评判,也有助于对财政资源的重新配置。应建立起严格的产业扶贫财政投入评价和衡量标准。

财政产业化扶贫投资效益指标评价中,指标的确定要考虑统计指标的可计算性、可得性、可比较性,指标计算口径清晰,概念清楚。其中的途径可通过质询法、调查法、预期与实际比较法等来实现。财政投资评价指标的侧重点是财政投资的投入产出分析,侧重于经济效益指标和社会效益指标的测量和计算。财政产业扶贫的社会效益包括对教育、文化、卫生、水利等基础设施建设等各方面的考察,如适龄儿童入学率、社会保险覆盖率、修建的文化场所、卫生所数量等,还包括对行政资金的贡献率评价、扶贫队伍建设、贫困户的满意度等进行考察。

二、财政产业扶贫要采取的措施

美国政策学家G.埃里森指出:在实现政策目标的过程中,方案确定的功能只占10%,而其余90%取决于有效的执行[①]。财政部门应如何完善产业扶贫措施,推动农村产业转型升级,促进扶贫产业持续健康发展,矫正扶贫工作边际效用递减的问题,要采取以下措施:

第一,切实做好市场调研工作和风控工作。财政扶贫资金有限,财政产业扶贫资金应选择有前景的农村产业投资,要注意把控投资风险,尤其是自然灾害风险,特别要注意世界农业发展动向,注意国外农产品进口对中国农产品的冲击。掌握投资风险技术、投资风险指标、投资信息动向,是财政投资重要的工作手段与方法。

第二,聚焦有效的产业扶贫投资方向。创新型投资依然是拉动农业与县域经济增长最直接、最有效的手段。生态旅游等产业发展优势明显,要紧紧抓住不放松。养老产业有待培育。贫困地区旅游资源丰富,打造

① 刘丽霞:《公共政策学分析》,东北财经大学出版社2006年版,第236页。

医养结合、美丽乡村、养老金融、智慧养老等现代平台，有许多的发展空间。同时，农业靠天吃饭，有的产业如养殖业、种植业风险较大，财政产业扶贫投资应该谨慎而为，要有一个预判机制和退出机制。

第三，对于发展优势明显的产业扶贫投资，做好财政预算工作，全力争取更多的国家和省级财政资金支持；做好产业鼓动和政策宣传，想方设法吸引和扩大民间投资，完善 PPP 管理体制，着力打造、培育一批新的农村产业增长极，淘汰落后的农业传统形态产能，对外继续抓好对农业的招商引资工作，发挥财政投资领头羊的作用，开创有效投资与持续投资的新局面。

第四，实体农业是社会财富的直接创造者之一，振兴农村实体经济的主战场仍然是农产品生产与加工，关键是巩固现有县域经济存量、增加发展流量、提升有绩效的增量，核心是创新。推动减贫增富的主要力量，将转向主要依靠传统农业转型升级、农业生产率提升和链接海内外市场的多元创新，农业经济结构也将要发生新的变化，农业转型经济聚集发展的空间仍比较广阔，资金、技术集聚仍在加强。通过财政投入扶持农村新型产业成为拉动实体经济的强大推力，形成促进产业转型升级的巨大动力。

第五，滚动实施农村乡镇企业重点技改工程，实施财政重点支持的技改示范工程，整体提升乡镇企业职工就业质量和培育一批产品质量标杆的品牌乡镇企业。通过财政投入提升制造业核心竞争力，坚持创新驱动引领乡镇企业的产业投资方向，加快培育壮大新兴产业尤其是战略性新兴产业对乡镇企业的融入，在农业信息技术、农村智能制造、医养结合、健康中国等重要领域形成一批领军企业和产业集群，重塑农村经济增长的新动能。

第六，做好财政资金引领和风向标的作用，要带动企业资本和社会资本的投资。扶贫是全社会共同的事业，需要一个强有力的社会支持系统来共同完成。贫困地区发展资金有限，更需要一个政府+企业+社会+农户多元化的资金来源渠道。

4

社会救助政策与再就业激活体系联动机制的构建研究

王增文

4.1 中国扶贫战略、社会救助及再就业激活体系发展脉络

4.1.1 最低生活保障制度产生的背景

一、中国贫困群体的生计特点及贫困形式

（一）贫困群体的生计特点

中国的贫困群体具有如下特点：

一是自然资本受风险因素影响较多，当风险发生时，由于其自身没有可及的物质资本予以补救，面对风险时他们大都束手无策，不能发挥主观能动性，从而体现出中国贫困户及城市贫困群体应对风险的脆弱性。

二是由于贫困群体的物质资本一般勉强能够或完全不能维持自身生活和生产的需要，所以在风险来临时，不能及时地转换可交换的物质资本来降低其生存的脆弱性；在金融工具及服务等方面的可及性也很低，由于其没有积累或者仅有积累甚微的可流动的金融资本，在面对风险时，他们更倾向于农村的非正规的金融机制。

三是中国贫困户的人力资本质量低下。由于贫困户缺乏财力对人力资本进行投资，而且人力资本投资回报的滞后性特点，导致绝大部分的贫困户对其子女的人力资本的投资是极低的。①

四是贫困户占有的政治资源以及社会资本极其有限，由于其相对狭窄和封闭的社会网，很难拥有和分享社会资本与政治资源，这样导致其抵御风险的能力更加脆弱。

所以，生计的脆弱性、资产转换上的有限性、社会资本和政治资源可

① 一方面，贫困户没有多余的收入使其子女接受良好的教育；另一方面，部分稍微有些积蓄的低收入家庭如果把这部分费用投入到子女身上，那么当大病、大灾等风险出现时，会使其彻底失去生存的能力。有些低收入户勉强让其子女接受教育，而导致了“选择性”贫困现象的发生。

及性等方面的缺乏性是目前中国贫困户的主要特征。

(二)中国贫困的主要形式

从贫困群体对社会资本的占有状况来看,中国贫困主要有以下几种形式:

第一,教育贫困。中国贫困率的高低与贫困群体受教育程度的高低有直接的相关关系,文化程度较低者更易陷入贫困。贫困与受教育程度两者是相互影响和加深的。由于文化程度低,不能获得更高的收入而导致贫困;而贫困使其更无能力加强自身的技术培训及对其子女进行人力资本投资,从而会进一步强化其弱势地位,这样就逐步进入了“贫困—没文化—贫困—没文化—……”的恶性循环圈。所以,在无法保证受教育权利的状况下,贫困会以这种恶性循环圈的形式代代相传。

第二,疾病贫困。贫困人口承受疾病风险的能力极低,患病率却异常高。而由于经济上的贫困与高额的医疗费用,以及医疗费用分担比例极不合理性,贫困群体往往有病不医,“小病拖,大病扛”,这样,在贫困家庭中逐渐形成了一个难以逾越的医疗困境。所以,疾病和残疾便成了当前中国居民致贫因素中最显著的两个因素。[①] 改革开放初期的中国贫困是整体经济发展水平落后的结果,而当前中国社会贫困则更表现出明显的家庭和个人贫困特征。

二、中国扶贫战略与社会救助的发展脉络

从 1982 年中央制定第一个关于“三农”的一号文件到党的十七大以来,国家对解决中国贫困问题的总体规划历程如下:

1982 年第一个有关“三农”的中央一号文件中指出:“要国家、集体、个人三方面兼顾,不能只顾一头。集体提留、国家任务都必须保证完成。应当向农民讲清,国家在照顾农民利益方面已尽了最大努力,农民也要照顾国家经济困难,努力发展生产,增加商品,多做贡献。切实帮助贫困地区逐步改变面貌。”此一号文件重在强调农民的自立、自主性,通过自身

① 本文的第四部分中“硬制度”与“软环境”下农村最低生活保障对象的识别中对此给予了计量经济学模型的证明。

努力来摆脱贫困。1986年的第五个关于“三农”的中央一号文件——《关于1986年农村工作的部署》中进一步指出：“当前应把重点放在帮助那些至今尚未解决温饱的最困难地区，经过调查，做出规划，拨出资金，采取有效措施，使之尽快得到温饱，逐步走上能够利用本地资源优势，自力更生发展生产、改善生活的道路。在一般的贫困地区，主要是落实政策，端正生产方针，在开发林、牧、矿业及其他土特产方面给予必要的支持，把经济搞活。作为解决农村困难群众生活问题的制度安排，中央对建立农村最低生活保障制度的提法逐步强化。”

第一个直到第五个有关“三农”的中央一号文件，以及后来的几个有关“三农”的中央一号文件基本上都在重在强调农民的独立自主性——利用本地的资源，通过自身努力来脱贫。国家主要目标是帮助最贫困的农村地区解决温饱问题。到后来的农村“开发式”扶贫政策，其宗旨也是在为中国农村的经济建设服务，都是把经济的发展作为第一要务。城市地区则在1997年建立了城市最低生活保障制度。

建立农村最低生活保障制度的主要依据是民政部在1996年印发的《关于加快农村社会保障体系建设的意见》和《农村社会保障体系建设指导方案》两个文件。文件中都要求“有条件的地方要积极探索建立农村最低生活保障制度”。《中国农村扶贫开发纲要（2001—2010年）》提出了农村最低生活保障制度的基本立足点是要尽快解决少数贫困人口温饱问题。根据国家有关部门和一些国际组织多年的调查分析，中国农村绝对贫困群体的成因主要有五种：因病、因残、年老体弱、缺乏劳动力或劳动能力低下、生存条件恶劣。这部分群体占中国农村人口的3.5%左右[①]。帮助这部分人解决温饱问题是民政部门关注的重点。

2004年中央一号文件又一次提出“有条件的地方，要探索建立农民最低生活保障制度”。2004年中央一号文件还做出了在全国范围内取消农业税并给予100亿元粮食直补的决定。其后的几年，中央一号文件一直以“三农”主题，中央财政对“三农”的投入大幅增加。2004年，中央财

① 宋扬：《让城乡人民共同享有改革成果》，《中华工商时报》2007年3月8日。

政用于“三农”的支出为 2626 亿元,2005 年为 2975 亿元,2006 年为 3397 亿元,2016 年达到 12287 亿元。[①] 2005 年中央一号文件和《中共中央关于制定国民经济和社会发展第十一个五年规划的建议》都明确要求“有条件的地方,要积极探索建立农村最低生活保障制度”。2006 年的中央一号文件指出“要进一步完善农村五保户供养、特困户生活救助、灾民补助等社会救助体系”“有条件的地方要积极探索建立农村最低生活保障制度”。

2007 年中央一号文件提出:“继续搞好开发式扶贫,实行整村推进扶贫方式,分户制定更有针对性的扶贫措施,提高扶贫开发成效。在全国范围建立农村最低生活保障制度,各地应根据当地经济发展水平和财力状况,确定最低生活保障对象范围、标准,鼓励已建立制度的地区完善制度,支持未建立制度的地区建立制度,中央财政对财政困难地区给予适当补助。”党的十七大报告中也中指出:“完善城乡居民最低生活保障制度,逐步提高保障水平。”

2008 年中央一号文件指出:“加快发展农村公共事业,提高农村公共产品供给水平,推进城乡基本公共服务均等化。要对全部农村义务教育阶段学生免费提供教科书,提高农村义务教育阶段家庭经济困难寄宿生生活费补助标准,扩大覆盖面。”“要进一步完善农村最低生活保障制度,落实农村五保供养政策,探索建立农村养老保险制度,鼓励各地开展农村社会养老保险试点。要逐步提高扶贫标准,加大对农村贫困人口和贫困地区的扶持力度。”

2015 年中央一号文件指出:“加强农村最低生活保障制度规范管理,全面建立临时救助制度,改进农村社会救助工作。”

可见,从农村社会救助的发展脉络来看,中国自 1949 年以来,农村最低生活保障制度是零星、分散和应急性的,没有形成一个系统、统一且完善的体系。尽管如此,从中国政府制定的几个中央一号文件以及党的报告中仍能够看到,国家对于农村贫困问题一直是非常重视的,不仅制定了

① 国家统计局:《2017 中国统计年鉴》,中国统计出版社 2017 年版。

大量政策、制度规范贫困救助事业，还为扶贫工作投入了大量财力和物力，保障了那些处于生活困境的人的基本生活，在很大程度上维护了贫困群体的利益和社会稳定。

4.1.2 中国扶贫战略、社会救助制度的变迁

归纳起来，中国的社会救助制度大体经历了三个大的转折点：由"救急型"向"扶贫型"救助转变、由"道义型"救助向"制度型"救助转变、城市最低生活保障向全民最低生活保障（农村最低生活保障和城市最低生活保障）转变。

一、"救急型"向"扶贫型"救助转变

1949—1978年，农村贫困人口生活救助以临时性灾民生活救济为主，资金来源以农民集体互助共济为主。1950—1954年，国家发放大量的救灾救济款和救济物资，救济灾民和孤老病残人员。1956年，中国进入全面建设社会主义时期，在城市形成了就业与保障一体化的保障制度。社会救助主要面向城乡没有劳动能力、没有收入来源、没有法定赡养人或抚养人的"三无"社会成员，社会救助费用主要由国家承担，但农村主要由生产队给予补助。1961—1963年三年困难时期，国家拨付农村社会救济款和灾民生活救济款23亿元，拨款是1949年以来最多的一次。1956年一届人大三次会议通过《高级农业生产合作社示范章程》，规定对无依无靠的孤老病残社员实行"五保"（即保吃、保穿、保烧、保教、保葬）供养，1958年，全国农村享受"五保"待遇的有519万人①。"文革"期间，国家仍为农村灾民拨付了30多亿元的生活救济费。

1978年后，社会救助改革最有成效的是在农村开展扶贫工作。1982年，民政部等9部委联合下发《关于认真做好扶助农村贫困户的通知》后，扶贫工作在农村全面展开；1994年，国务院又部署实施《国家八七扶贫攻坚计划》。传统社会救助制度的适用对象主要包括：一是城镇和农

① 宋士云：《新中国农村五保供养制度的变迁》，《当代中国史研究》2007年第1期，第95页。

村居民因遭受自然灾害造成财产和收成受到巨大损失的居民。二是“三无”人员以及孤老残幼等，他们是长期的救济对象。三是社会上的生活困难者。他们因各种原因（如家庭成员生病、家庭人口多劳动力少、失去工作机会等）而陷入贫困，他们中的一部分是暂时困难者，对他们实行的是临时救济，而另一部分则是长年困难者，对其实行的是定期定量救济。

在这一阶段，在农村实行了家庭联产承包责任制，国家也加大了对农村社会救助金的投入。1978 年国家用于“五保”户的救济金为 2309 万元，占国家拨付的农村社会救助费用的 10%，1994 年为“五保户”拨付救助金 7554 万元，占国家拨付农村社会救助费用的 27%[①]；1978—1994 年的 15 年间，农村贫困人口生活救助逐步探索定期定量救助，资金开始由乡镇统筹。

总结起来，1949—1978 年这一阶段，社会救助的主要形式是救灾、救危和救急，主要特点是救灾、救危和救急但不救贫；它只是从人道主义和同情心理的角度出发的救助，没有上升到社会责任和民生权利的制度安排层面。1978—1999 年阶段，在农村实施的扶贫方式主要是“开发式”扶贫，在城市主要是补贴式扶贫。第一次实现了“救急型”向“扶贫型”救助转变，在理念和实践上迈出了关键性的一步。

二、“道义型”向“制度型”救助转变

20 世纪 90 年代后期，席卷整个中国城镇的、大规模的结构性失业是中国城镇当时面临的最大的社会困难。据《2000 年社会蓝皮书》的统计数字[②]，1998 年年底，中国国有企业失业人员为 1190 万人。在此背景下，城镇最低生活保障制度应运而生。1993 年 6 月，上海市率先建立城镇居民最低生活保障制度，并且取得了较好的社会效益。到 1995 年，中国有 12 个城市建立并实施了这一制度。

1997 年，中国有 206 个城市建立和实施了最低生活保障制度。1997

① 《中国统计年鉴 2005》，“收养性社会福利事业单位基本情况”，国家统计局网站，www.stats.gov.cn。

② 汝信、陆学艺、单天伦编：《2000 年社会蓝皮书》，社会科学文献出版社 2000 年版，第 68 页。

年8月,国务院颁发了《国务院关于在各地建立城市居民最低生活保障制度的通知》,要求到1999年年底,中国所有城市和县政府所在的镇都要建立起这项制度。1999年9月,国务院颁布了《城市居民最低生活保障条例》,中国有668个城市和1638个县政府所在镇建立了城镇居民最低生活保障制度。此条例的颁布,也标志着中国的社会救助制度真正从"道义型"救助转向"制度型"救助,使城镇居民最低生活保障工作的法制化管理向前迈出了最为关键的一步,填补了中国在社会救助制度方面的空白。2000年年底,中国享受城镇最低生活保障待遇的人数达到382万,[①]城镇居民最低生活保障制度为城镇贫困人口提供了最基本的生计保障。

2001年,国务院决定扩大保障面,要求将符合条件的城镇贫困人口全部纳入最低生活保障范围,由中央财政列支最低生活保障资金,做到应保尽保。2001年开始,中央财政的投入逐渐增加,最低生活保障制度的资金"瓶颈"被突破,保障对象也从1998年的184万,2000年的403万,猛增到2002年的2065万人,2003年的2184万人(见图4-1),到2012年开始下降,到2017年稳定在1400万人左右。

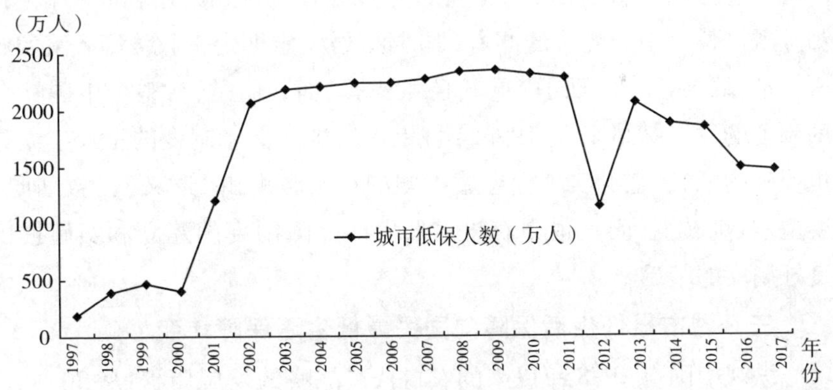

图4-1 1998—2017年城市最低生活保障对象数量统计

资料来源:作者根据2009—2017年《中国民政统计年鉴》整理而成。

① 刘前:《城市居民最低生活保障制度与促进就业》,《昆明大学学报》2006年第1期,第6页。

这一阶段的城镇社会救助工作取得了很大的进展,为中国经济结构和社会结构的顺利转型提供了良好的制度基础。城镇最低生活保障制度的实施将城镇居民中由于经济结构和产业结构调整升级而导致下岗失业的这部分群体以"安全网"的形式保护起来,使得中国经济和社会的转型能够顺利进行。而且在当时中国社会保障制度还很不健全的状况下,城镇最低生活保障制度的建立和实施在促进经济发展、维护社会稳定方面发挥了积极的作用。

但是,这段时间,在顾及城镇贫困群体的生存问题的同时没有充分考虑广大农村地区贫困群体生计状况。而且由于工业化初期的"剪刀差"、公共支出对城市畸形偏重、物价持续上涨、农民收入停滞不前等,以及作为化解和预防风险的保障机制——社会保障制度和作为最后一道安全网的"兜底工程"——最低生活保障制度在农村仍是一片空白,城市与乡村不但在分配领域存在不公平,而且在再分配领域也同样存在极大的不公平性。

总的看来,这一阶段由于经济体制改革明确了以市场经济为导向,经济和社会体制的急剧转轨和企业改革的逐步深化,以及经济全球化和亚洲金融风暴对中国经济的冲击,临时性救济、定期定量救济等政策实施有所松动,社会救济出现了"重城轻乡"的局面。但是,从整个中国社会救助制度的发展脉络来看,1999 年城市最低生活保障制度的正式建立具有里程碑的意义,它的实施标志着中国的社会救助由"道义型"救助向"制度型"救助转变,而且也为农村最低生活保障制度的建立和实施提供了良好制度的基础。

三、城市最低生活保障向国民最低生活保障转变

纵观中国自 1978 年以来的农村扶贫战略的发展历程:从 20 世纪 80 年代初解决普遍贫困到后来的"开发式"扶贫,都在致力于减少农村贫困人口的数目。在农村现存的 3000 多万贫困人口中,约 20%为"五保"户,30%为残疾人口,超过 20%的居住在不适宜生存的条件恶劣地区。[①] 这

① 李小云编:《2005 年中国农村情况报告》,社会科学文献出版社 2006 年版,第 154 页。

说明现有的农村贫困群体的分布由连续的“面”变成现在离散的“点”，并且很大一部分农村贫困群体已被严重“边缘化”，如果再用传统的“开发式”扶贫方式对中国现有的农村贫困人口进行扶贫，其效果不会像过去那样显著。这就迫切需要建立一种比开发式扶贫战略更加精确的瞄准机制和救助方式来帮助农村的这部分“边缘”群体摆脱贫困。

另一方面，截至2002年年底，城市最低生活保障制度已经实现“应保尽保”，到2007年，享受最低生活保障人数稳定在2200万人左右。然而，几亿农民并不在此范围之列。作为最后一道“安全网”的最低生活保障制度，应当将所有不能或不能足够从其他保障中获得待遇的人保护起来，所以这道安全网对于经济发展、社会稳定，尤其是中国目前的经济体制改革意义重大。据2007年资料统计[①]，在贫困县里，由于残疾、长期患病、自然灾害等原因最后丧失劳动能力的占了贫困县人口总数的6.7%。在2005年，当年因病致贫、因病返贫的农户，大概占了返贫总人口的26%。虽然中国现阶段的首要任务是发展经济，但是经济的发展应该是以更多的人受益为首要条件。然而，作为农村发展的最后一道“安全网”的最低生活保障制度在广大的农村地区基本上还是一片空白。无论是从发展经济还是维护社会稳定方面来说，在农村地区建立最低生活保障制度都是必须要贯彻和执行的首要任务。

结合以上两个方面及中国农村的实际状况来看，在广大的农村地区建立最低生活保障制度是最适宜的制度选择。对于中国农村近3000万的贫困人口来说，建立农村最低生活保障制度可以解决他们最基本的生计问题，而且通过农村最低生活保障的配套改革措施可以保障他们的基本发展权益。在1996年年初，民政部就明确提出了在全国范围内积极探索建立农村居民最低生活保障制度问题。1996年以来，农村最低生活保障制度的实施一直都是热点话题，各个省市农村地区纷纷建立了适合本地区实际状况的最低生活保障制度。2004年1月，福建省成为中国第一

① 王志宝：《农村最低生活保障首先解决残疾、患病人员的返贫问题》，http://news.sohu.com，2007年3月6日。

个全面实施农村居民最低生活保障制度的省份,也成为率先建立起一个广泛覆盖城乡所有贫困群体的最后一道安全网的省份。

2004 年年底,中国有 8 个省份的 1206 个县(市)建立了农村最低生活保障制度,有 488 万村民、235.9 万户家庭得到了农村最低生活保障救助。[①] 2006 年年底,中国建立农村最低生活保障制度的省、自治区、直辖市已达到 23 个,其余地区也在进一步完善农村特困户定期定量救助制度的基础上,积极起草有关农村最低生活保障制度的文件。从 23 个省、自治区、直辖市的情况看[②],2133 个县(市)开展了农村最低生活保障工作,有 1593.1 万人、777.2 万户得到了农村最低生活保障,共有 325.8 万户、775.8 万人得到了特困救助,部分特困户逐步纳入了农村最低生活保障。2016 年,按照民政部公布的数据[③],中国农村最低生活保障制度覆盖人数达到 7000 多万。

在 2007 年召开的全国"两会"上,温家宝总理的政府工作报告又对这个"老热点"问题给出了明确答案——在全国农村范围建立最低生活保障制度。在全国范围建立农村最低生活保障制度,将符合救助条件的农村贫困群体纳入保障范围,稳定持久地解决农村贫困人口的温饱问题,是实施农村最低生活保障制度的主要目标。设定这一目标主要有两点考虑。第一,《中国农村扶贫开发纲要(2001—2010 年)》提出,2010 年前要"尽快解决少数贫困人口温饱问题"。实现这一任务,一方面需要加大扶贫开发力度,帮助有劳动能力的贫困人口通过发展生产逐步摆脱贫困状况;另一方面需要通过实施该制度对常年贫困人口给予救助,解决其基本温饱问题。第二,党的十六届六中全会提出了到 2020 年基本建立覆盖城乡居民的社会保障体系的目标。这就要求加快农村社会救助体系建设的步伐,特别是要尽快建立农村最低生活保障制度,使困难群众能够通过最低生活保障救助维持起码的生活水平。

① 来源于《2005 年中国民政统计年鉴》。

② 卫敏丽:《全国有 23 个省份建立农村最低生活保障制度》,中国农业信息网,www.agri.gov.cn,2007 年 5 月 24 日。

③ 《2017 年一季度全国民政事业统计数据》,www.mca.gov.cn,2017 年 6 月 24 日。

因此,2007 年农村最低生活保障制度在全国范围的建立标志着城市最低生活保障向国民最低生活保障(农村最低生活保障和城市最低生活保障)转变,也意味着中国在再分配领域的划时代意义的变革。2016 年开始,农村最低生活保障开始与农村精准扶贫战略实施无缝衔接。

4.1.3 社会救助与再就业激活体系

一、社会救助与再就业激活体系

再就业激活体系是指一个社会就业系统的组织或部分间互动性的过程与范式。社会救助与再就业激活体系涉及政治、经济、社会、文化等各方面。因此,社会救助与再就业激活体系的构建,不仅需要政府系统内的主导与协调,亦需要社会、家庭的认同及支持,更需要政府在构建中国国情的再就业激活体系进程中扮演协同主体的角色。

21 世纪以来,从发达国家社会救助制度的实施及改革来看,其主要趋势及改革理念均以积极的再就业政策(Active Labor-market Policies)为核心理念,这种再就业激活体系构建得到了越来越多的政府及社会各界的认可和倡导,在不少国家特别是发达的市场经济国家均取得了较大的成效。这种再就业激活体系的构建的理念源于美国的"从福利到工作"(From Welfare to Work)的政策。在 20 世纪 60 年代,美国联邦政府通过的《社会保障修正案》标志着再就业激活体系正式建立,"工作激励项目"(WIN)采用"奖惩并用的政策"(The Carrot and The Stick),核心的目的是让贫困或低收入家庭通过再就业获得的收入比依赖社会救助制度获得的收入更加丰盈、更具激励性。在制度的发展及改革中,这种理念不断地得到完善,并得到进一步的细化和分层。1996 年,美国联邦政府通过了《个人责任与工作机会法案》(PRWOA),该法案最显著的影响是废除了有依赖儿童家庭救助项目(AFDC),而建立了新的"贫困家庭临时救助"(TANF)项目。自此,从社会救助到再就业成为美国社会救助政策的核心,而完成了美国社会救助制度的"定型"。制度模式包括两类:一类是社会服务;另一类是经济救助。经济救助一方面是针对 65 岁以上的老人、孤儿、盲人和永久性重残人的保障收入,由联邦政府提供资金和进行管理，这被称之为公共救助（Public Assistance）；另一方面是针对有依赖儿童家庭救助项目政策，它是针对有未成年子女、父母有劳动能力的贫困家庭。TANF项目的资金由联邦政府拨款，提供有时间限制的现金救助，对社会救助群体提出了较为严格的工作要求，规定有劳动能力的18岁以上人员在领取社会救助金后24个月内必须再就业。在美国社会救助与再就业互动机制改革成功实验的影响下，21世纪初，OECD国家由于失业率的持续攀升，社会救助政策的改革也逐步展开。这种再就业激活政策在不同国家的提法不同，如"从福利到工作"（From Welfare to Work）、"工作手段激励政策"（Work Means Incentive Policy）、"工作导向型改革"（Work-oriented Reform）、"工作换福利"（Job Benefits）等。改革的主要主张集中于以积极社会救助与再就业的互动政策取代消极社会救助政策，从而促进有劳动能力或部分劳动能力的社会救助群体的再就业。

相关配套的促进性政策或措施还包括职业指导咨询、求职援助以及个性化服务和管理等。OECD关于澳大利亚等10个国家社会救助政策促进再就业的相关研究报告显示，这些国家的社会救助制度或多或少的会产生三种"陷阱"。一是"失业陷阱"。由于社会救助标准较高，而那些几乎没有工作技能的受助群体再就业的工资过低，从而宁愿失业。二是"贫困陷阱"。由于社会救助制度存在的"补差式"救助，受助者获得的社会救助收入会随着再就业收入的提升而相对削减，因此，受助者会面临70%—100%的有效边际税率。三是"依赖陷阱"。社会救助制度会存在配套政策，如学校免费餐、能源和水的补贴、教育补贴、房租补贴、医疗补助等，因此，社会救助制度的"附加值"形成了保留社会救助者"身份"的强烈驱力。

积极就业的政策及社会救助与再就业激活体系的构建和实践，大多是从社会保障制度建立较早的发达国家最早开始的，这些经济发达国家的社会保障制度比较完善，其社会救助水平较高，社会救助收入对就业收入的替代率较高，有些福利国家能够达到80%以上。随着发达国家社会救助制度改革的深入推进及成效的显现，其对后来社会救助制度处于较低水平的国家产生了较大影响。如韩国在2000年以前社会救助水平较低,2000 年以来韩国对社会救助制度进行了改革,制定了《国家基本生活保障法》,较大幅度地提升了社会救助金水平。同时,借鉴美国及 OECD 国家的社会救助经验教训及改革经验,强化了再就业方面的审查,强化社会救助的再就业激励。

对于我国而言,一方面,坚持社会救助,向那些由于缺乏劳动能力而无法自食其力的贫困群体提供帮助的核心目标具有稳定性;另一方面,根据再就业激活理论,社会救助受助者中有劳动能力或有部分劳动能力者,在接受社会救助的同时应履行相应的工作职责,积极地工作搜寻是其领取社会救助金的前提。对有劳动能力或有部分劳动能力的受助者来说,社会救助应当被看作是在其处于暂时性贫困时,政府为其提供的临时性援助;促进社会救助者积极再就业能够使社会救助制度具有活力和持续发展的能力。受助者通过再就业可以降低其对社会救助的依赖性,从而脱离贫困,而达到反贫困的目的。

在政策实施层面上,社会救助与扶贫战略的再就业激活发展的目标,一方面包括有劳动能力或有部分劳动能力的受助者积极寻找工作并参与与再就业有关的项目;另一方面包括提供再就业服务。目标一的内容主要包括:提升对受助者人力资本的投入力度,使其更具再就业能力,激励企业特别是社会企业更多地雇用社会救助群体等。目标二的内容主要包括:鼓励受助群体积极参与再就业、激励受助者寻找再就业机会或提升劳动投入等。

为了实现有劳动能力或有部分劳动能力的受助者积极寻找工作并参与与再就业有关的项目和提供再就业服务两方面的目标,政府会运用一整套的政策“工具箱”。“工具箱”体现的是“强制+激励”功能:激励措施主要涵盖了与工作相关补贴、私营部门工资补贴、在岗津贴等;强制措施包括限制福利的领取时间、强制性的寻找工作的行为、削减或取消受救助的资格、强制性接受合适的再就业岗位等。

二、再就业激活体系的现状

中国的就业形势日趋严峻,再就业总量与岗位需求总量的矛盾、结构不平衡的矛盾并存。一方面,中国整体的劳动力供求失衡,“十三五”期间,中国的青年劳动力数量猛增,但是,随着中国经济发展要从粗放型转变为集约型,就业岗位增长有限。2015 年,全国劳动力总量达到 9.8 亿人,城镇新增劳动力供给 7000 万人,劳动力就业需求岗位只能新增 4000 万个,劳动力供求缺口在 3000 万个左右。劳动力自身素质与就业岗位需求不匹配而产生的结构性矛盾日益突出。一些国有和集体企业破产倒闭,导致一批缺乏先进工作经验的老员工下岗;而新兴产业的技术要求高,进入门槛更高,人才还出现了短缺。这两方面直接影响了再就业与经济发展。

2008 年金融危机以来,其对中国企业造成很大的影响,同时,随着经济发展进入新常态,就业形势变得更加严峻。鉴于此,中国政府及时制定了一系列应对金融危机的政策和条例,如发展经济拉动就业,帮扶企业稳定就业,政策扶持鼓励创业,重点人群统筹就业,特别培训提高技能,加强服务促进就业"六个方面的组合性政策措施。2008—2016 年,人力资源和社会保障部、财政部、国家税务总局联合下发并加强落实《关于采取积极措施减轻企业负担稳定就业局势有关问题的通知》,规定"允许困难企业在一定期限内缓缴社会保险费""阶段性降低四项社会保险费率""使用失业保险基金及社会救助基金帮助困难企业稳定就业岗位"和"鼓励困难企业通过开展职工在岗培训等方式稳定职工队伍"等;2016 年,人力资源和社会保障部、财政部发布了《关于阶段性降低社会保险费率的通知》,为企业降低成本,增强企业活力,并根据《中华人民共和国社会保险法》等有关规定,就阶段性降低社会保险费率,切实减轻企业负担,稳定就业与再就业提出了指导性的建议。而且,在此期间,国家税务总局联合财政部门发布了《关于支持和促进就业有关税收政策的通知》,这项举措在继续实施减免税收的同时,大大扩大了再就业人员自主创业的对象范畴。这是近十年来第二次对再就业人员进行税务方面的调整和改革。这个政策有三个突出的特点。一是支持自主创业,新的就业税收扶持政策主要针对个体经营,积极扶持个人自主创业。二是创业政策惠及面更广。人员范围以在公共就业服务机构登记失业半年以上作为基本条件,政策对象扩大到纳入就业失业登记管理体系的全部人员,下岗失业人员、高校毕业生、农民工、就业困难人员以及零就业家庭等就业重点群体都被涵盖在内。三是税收优惠政策管理更规范。以《就业失业登记证》作为享受优惠政策的主要依据，在享受对象上体现了普惠性，在管理方式上突出了规范性，并将公共就业服务职能与税收征管紧密结合。

然而，低收入群体的再就业仍然存在加大的“瓶颈”，这主要是由于再就业体系不健全，难以充分发挥促进再就业的作用。例如，再就业政策中的小额担保贷款财政贴息政策有待改进，目前的政策中还存在着范围不够科学、资金下发程序不合理等一系列问题。税收优惠政策仍然不够完善，主要体现在优惠的范围比较窄，致使很多再就业人员难以获得政策红利，而且享受政策的门槛过高，让一些再就业人员无法享受优惠政策。还有，再就业优惠政策主要是按项目优惠，政策多，内容相似，认定复杂；再就业税收政策不能完全实现政策目标，使得一些条款不能付诸于现实。最后，就业培训政策有待完善，由于大部分失业人员自身素质偏低，大都是“50后”“60后”，因为“文革”而出现文化断层，缺乏必要的科学知识和劳动技能，难以适应新的岗位要求，影响自身的竞争力。

4.2 中国反贫困政策与就业政策的联动性

4.2.1 正规就业与非正规就业对受助群体收入差距的影响效应

一、受助群体再就业现状

2008年以来的全球金融危机导致大批企业倒闭，使得就业市场一度沦为“雇主市场”，三大就业主体——高校毕业生、城镇就业人员和农民工的就业面临极大的挑战。而作为社会弱势群体的社会救助对象的再就业更是首当其冲。这时非正规就业部门开始逐渐容纳这部分群体。“非正规就业"这一概念真正提出是在20世纪70年代。国际劳工组织于1973年在一篇报告《就业、收入和平等》中首次提出"非正规部门"这一概念。而与这一概念相捆绑的就是非正规部门的工资问题。我们分析的切入点是正规部门和非正规部门工资的内在决定机制。从纯粹的劳动经济学视角来看,雇主追求的是投入产出最大化,而雇员追求的是自身利益最大化。所以,非正规部门的工资是由市场供求关系完全决定的,因此从这个意义上来说,其具敏感性。而正规部门的工资在很大程度上由政府和市场共同决定,受经济波动影响的概率远远小于非正规就业部门。由于中国劳动力市场的二元分割性。正规部门就业的劳动力无论是工资的稳定性还是工作的保障性都远强于非正规部门。社会救助受助群体很多是在非正规部门这一第二劳动力市场就业的,其工作的稳定性和工资的保障性都面临极大的挑战,而且很难从第二劳动力市场流向正规部门这一第一劳动力市场。关于此方面的研究较多,导致这种劳动力市场分割的主要因素是制度因素和社会因素。综合各文献来看;其一,无论是理论研究还是经验分析,都仅仅是考虑了正规部门与非正规部门就业个体的选择问题,对于就业人员是否参与就业的样本选择问题没有涉及,从而可能会使得在做回归分析的过程中产生由于样本选择问题而带来瞄偏的误差问题;其二,从选择的群体来看,仅是一般的劳动力群体,而笔者研究了特殊群体——社会救助群体的再就业及工资问题。笔者采用John Boffoe Bonnie(2009)的扩展赫克曼选择模型①,结合社会救助受助群体中的再就业人员的再就业行为选择和正规与非正规部门内生性选择,来探讨中国社会救助群体的再就业的正规与非正规部门的工资差异动因,并分解出样本选择误差调整项对正规与非正规部门工资差异的影响因子。

笔者认为,受助群体中的再就业人员的就业行为选择与部门选择的策略是有内在关联性的;其再就业选择行为与部门选择在其再就业工资方程中通过了检验。然后,笔者把此误差调整选择项加入到了方程中。

① John Baffoe Bonnie(2009),"Black White Wage Differentials in a Multiple Sample Selection Bias Model",*Atlantic Economic Journal*,XXXVII(1),pp.1-16.

结果显示，正规部门与非正规部门工资水平差距被进一步拉大。所以我们从经验分析的视角剖析了正规部门与非正规部门工作对社会救助群体再就业行为的影响。正规部门与非正规部门的巨大工资差异不仅仅会影响社会救助群体再就业人员的收入，更会导致他们在就业市场中选择“用脚投票”的方式离开劳动力市场，转而完全依赖社会救助金生活。所以说，正规部门与非正规部门的工作稳定性和工资悬殊性会影响社会救助群体会在“福利依赖”行为和进入劳动力市场的决策中徘徊。

二、再就业工资收入模型的构造和分解

（一）扩展的赫克曼选择模型

影响正规部门和非正规部门的工资差异的因素较多，为寻找关键性的因素，我们从两个部门的工资函数入手，然后逐步展开。

$$I_{fs,i} = Z_{fs,i}^{T}\gamma_{fs} + \varepsilon_{fs,i} \tag{4.7}$$

$$I_{Ifs,i} = Z_{Ifs,i}^{T}\gamma_{fs} + \varepsilon_{Ifs,i} \tag{4.8}$$

其中，I 表示再就业工资收入，fs 表示正规就业部门，Ifs 表示非正规就业部门，Z^T表示影响再就业人员工资收入的因素，ε 代表误差项，i 代表样本个体。在这里会存在一个选择性问题。上述两个方程式在受助群体中有再就业行为，并且是从事有工资收入的再就业人员时才能成立。因此，我们称这一部分是 Truncted 样本。而且两个式子分别代表了正规部门和非正规部门的再就业人员样本。所以他们必须进入这两类部门才能成立，由此，我们称之为另一层次的截断。那么，上述两个式子均暗含了两种选择：社会救助群体的再就业选择和正规部门与非正规部门的内生性问题，古典假设在这里失效。也就是说，$Exp(\varepsilon_{fs,i} \mid Y_i = 1, D_i = 1)$ 与 $Exp(\varepsilon_{Ifs,i} \mid Y_i = 1, D_i = 1)$ 均是非零的。D 表示再就业人员在正规部门和非正规部门中所做的选择；Y 表示受助群体再就业行为的选择，两者均是虚拟变量①。在这种情况下，采用 OLS 估计回归方程已经失去意义，并且会产生极大的选择性偏误，使得估计结果会产生非一致性。因此，笔者采

① $Y_i = 1$ 表示从事再就业，$Y_i = 0$ 表示完全依赖社会救助金生活；$D_i = 1$ 表示从事正规再就业，$D_i = 0$ 表示从事非正规再就业。

用赫克曼二阶段回归来估计这两种选择行为①。首先对双重样本做一个检验。由于社会救助群体的再就业行为是非强制性的,可以自由选择,因此可写成如下形式:

$$\overline{Y_i} = X_{i,1}^T \beta_1 + \upsilon_{i,1} \tag{4.9}$$

其中,$\overline{Y_i}$ 为不可控制的变量(或称之为潜在的变量),$X_{i,1}^T$ 是影响因素的集合,β_1 是待估计的回归系数,$\upsilon_{i,1}$ 为不可观测的误差项。由于假定受助群体中的再就业人员为理性经济人,其会追求个人效用最大化,因此我们可以得到如下的条件②:

$$\begin{cases} Y_i = 1, & if \quad \overline{Y_i} > 0 \\ Y_i = 0, & if \quad \overline{Y_i} \leqslant 0 \end{cases}$$

同样可以得到社会救助群体的再就业人员对正规与非正规部门的选择回归方程为:

$$\overline{D_i} = X_{i,2}^T \beta_2 + \upsilon_{i,2} \tag{4.10}$$

其中,$\overline{D_i}$ 也是一个潜在的变量,可以由自变量 X_2 的组合加以解释,β_2 为影响因子,$\upsilon_{i,2}$ 为不可观测的误差项。仍然假设受助群体中的再就业人员为理性经济人,个体之所以会选择正规部门再就业是因为正规部门的再就业收入显著性的高于非正规部门的再就业收入,因此有:$D_i = 1$ 若 $\overline{D_i} > 0$;$D_i = 0$ 若 $\overline{D_i} \leqslant 0$。当然,从上述表达式可以看出这样一个逻辑顺序,$D$ 的取值取决于 Y 的取值。

然后,笔者使用扩展的赫克曼选择模型做一致估计。通过寻找一个样本选择调整项后,将其代入上式,再者利用最小二乘估计方法做进一步

① Heckman, J. J. (1979), "Sample Selection Bias as a Specification Error," *Econometrical*, LXVII(1), pp.153-162;寇恩惠、刘柏惠:《公司部门工资差距》,《数量经济技术经济研究》2011年第3期,第24—35页。

② $\overline{Y_i} > 0$,表示社会救助群体从事有工资收入的再就业;$\overline{Y_i} \leqslant 0$ 表示社会救助群体有劳动能力或者部分劳动能力人员完全依赖于社会救助金生活;$\overline{Y_i} = 1$ 表示受助群体再就业人员;$\overline{Y_i} = 0$ 表示完全依赖于社会救助金生活的人员。

估计。假定社会救助群体再就业选择行为与正规部门和非正规部门的选择策略彼此不存在内部的相关性，也就是误差项相关系数为零。通过(4.9)式和(4.10)式，我们可以建立以下几个样本选择调整项，可以用来消除正规部门和非正规部门的样本选择性偏误问题。所以，正规部门的工资方程和样本选择调整项为：

$$\xi_{i,fs,Y}=\frac{\psi(X_{i,1}^{T}\beta_{1})}{\Psi(X_{i,1}\beta_{1})} \tag{4.11}$$

$$\xi_{i,fs,Y}=\frac{\psi(X_{i,2}^{T}\beta_{2})}{\Psi(X_{i,2}\beta_{2})} \tag{4.12}$$

非正规部门工资方程的样本选择调整项为：

$$\xi_{i,Ifs,Y}=\frac{\psi(X_{i,1}^{T}\beta_{1})}{\Psi(X_{i,1}\beta_{1})} \tag{4.13}$$

$$\xi_{i,Ifs,Y}=-\frac{\psi(X_{i,2}^{T}\beta_{2})}{\Psi(X_{i,2}\beta_{2})} \tag{4.14}$$

其中 $\psi(\cdot)$ 和 $\Psi(\cdot)$ 分别表示标准正态分布的概率密度和累积分布。

$\xi(\cdot)=-\dfrac{\psi(\cdot)}{\Psi(\cdot)}$，则表示 Mills 比率。由于我们的预期目标是受助群体无论是从事正规部门的就业还是从事非正规部门的就业，其工资函数应是一致的。因此会有下列等式成立①：

$$Exp(I_{fs,i}\mid Z_{fs,i}^{T},Y_{i},D_{i}=1)=Z_{fs,i}^{T}\gamma_{fs}+\lambda_{fs,Y}\xi_{fs,Y,i}+\xi_{fs,D,i}\lambda_{fs,D} \tag{4.15}$$

$$Exp(I_{Ifs,i}\mid Z_{Ifs,i}^{T},Y_{i},D_{i}=1)=Z_{Ifs,i}^{T}\gamma_{fs}+\lambda_{Ifs,Y}\xi_{Ifs,Y,i}+\xi_{Ifs,D,i}\lambda_{Ifs,D} \tag{4.16}$$

通过(4.15)式和(4.16)式可以得到赫克曼回归模型，这时就可以通过最小二乘法进行估计了，并且(4.15)式和(4.16)式中的所有参数变量均符合一致性的要求。由于上述两个选择过程不可能完全满足独立性，即两种选择会存在内在的关联性，即 $\lambda_{v_1v_2}$ 不为零。在这里，笔者采用了另外一个二元模型，即 Probit 回归模型，并且其残差满足两者的协方差系

① 此处我们是结合(4.11)式、(4.12)式、(4.13)式和(4.14)式得到的，具体的操作过程由于篇幅限制，在这里全略。如果感兴趣，可以向笔者索要。

数等于零，也就是 $Cov(\varepsilon_{fs},\varepsilon_{Ifs})=0$，从而能够更加准确地估计回归系数。进一步假设残差项（$\varepsilon_{fs(Ifs)},\upsilon_1,\upsilon_2$）服从多变量 Gauss 分布，其均值为零，协方差矩阵为 Ω。

$$\Omega_{fs}=\begin{bmatrix}Cov(\varepsilon_{fs},\varepsilon_{fs}) & Cov(\varepsilon_{fs},\upsilon_1) & Cov(\varepsilon_{fs},\upsilon_2)\\ 0 & Cov(\upsilon_1,\upsilon_1) & Cov(\upsilon_1,\upsilon_2)\\ 0 & 0 & Cov(\upsilon_2,\upsilon_2)\end{bmatrix}$$

$$\Omega_{Ifs}=\begin{bmatrix}Cov(\varepsilon_{Ifs},\varepsilon_{fs}) & Cov(\varepsilon_{Ifs},\upsilon_1) & Cov(\varepsilon_{Ifs},\upsilon_2)\\ 0 & Cov(\upsilon_1,\upsilon_1) & Cov(\upsilon_1,\upsilon_2)\\ 0 & 0 & Cov(\upsilon_2,\upsilon_2)\end{bmatrix}$$

在协方差矩阵 Ω_{fs} 和 Ω_{Ifs} 中，可能会存在不为零的情况，假如采用最小二乘法对（4.11）式和（4.12）式进行估计，则会存在非一致性问题。所以，我们将协方差 $Cov(\upsilon_1,\upsilon_1)$ 和 $Cov(\upsilon_2,\upsilon_2)$ 标准化，对 Probit 模型进行 ML 估计，可以得到以下样本选择调整项，即正规部门和非正规部门的样本选择调整项分别为：

$$\xi_{i,r,fs}=\Psi(X_{i,1}^T,\beta_1)\Psi\left[\frac{X_{i,2}^T\beta_2-\lambda X_{i,1}^T\beta_1}{\sqrt{(1-\lambda^2)}}\right]\times\frac{1}{G(X_{i,1}^T\beta_1,X_{i,2}^T\beta_2,\lambda)} \tag{4.17}$$

$$\xi_{i,D,fs}=\Psi(X_{i,2}^T,\beta_2)\Psi\left[\frac{X_{i,1}^T\beta_1-\lambda X_{i,2}^T\beta_2}{\sqrt{(1-\lambda^2)}}\right]\times\frac{1}{G(X_{i,1}^T\beta_1,X_{i,2}^T\beta_2,\lambda)} \tag{4.18}$$

$$\xi_{i,r,Ifs}=\Psi(X_{i,1}^T,\beta_1)\Psi\left[-\frac{X_{i,2}^T\beta_2-\lambda X_{i,1}^T\beta_1}{\sqrt{(1-\lambda^2)}}\right]\times\frac{1}{G(X_{i,1}^T\beta_1-X_{i,2}^T\beta_2-\lambda)} \tag{4.19}$$

$$\xi_{i,D,Ifs}=\Psi(X_{i,2}^T,\beta_2)\Psi\left[-\frac{X_{i,1}^T\beta_1-\lambda X_{i,2}^T\beta_2}{\sqrt{(1-\lambda^2)}}\right]\times\frac{1}{G(X_{i,1}^T\beta_1-X_{i,2}^T\beta_2-\lambda)} \tag{4.20}$$

其中，$G(\cdot)$ 代表双变量正态分布函数，两部门的工资方程可以写成以下两种形式：

$$Exp(I_{fs,i} \mid Z_{fs,i}^T, Y_i = 1, D_i = 1) = Z_{fs,i}^T \gamma_{fs} + Cov(\varepsilon_{fs}, \upsilon_1)\xi_{i,fs,Y} + Cov(\varepsilon_{fs}, \upsilon_2)\xi_{i,fs,D} \tag{4.21}$$

$$Exp(I_{Ifs,i} \mid Z_{Ifs,i}^T, Y_i = 1, D_i = 1) = Z_{Ifs,i}^T \gamma_{fs} + Cov(\varepsilon_{Ifs}, \upsilon_1)\xi_{i,Ifs,Y} + Cov(\varepsilon_{Ifs}, \upsilon_2)\xi_{i,Ifs,D} \tag{4.22}$$

若 $Cov(\upsilon_1, \upsilon_2)$ 不为零，那么误差修正采用(4.17)式、(4.18)式、(4.19)式、(4.20)式，则社会救助群体的再就业方程为(4.21)式和(4.22)式；若协方差 $Cov(\upsilon_1, \upsilon_2)$ 为零，则误差修正采用(4.11)式、(4.12)式、(4.13)式、(4.14)式，那么其再就业收入方程为(4.15)式和(4.16)式。

(二)受助群体的再就业方程的 Oaxaca 分解过程

在这一部分，笔者采用了 Oaxaca(1973)分解方程的方法[①]对受助群体中的再就业人员的工资方程进行 Oaxaca 分解，可以得到如下的方程：

$$\overline{I_{fs}} - \overline{I_{Ifs}} = \gamma_{fs}(\overline{z_{fs}} - \overline{z_{Ifs}}) + \overline{z_{Ifs}}(\gamma_{fs} - \gamma_{Ifs}) \times \{[Cov(\varepsilon_{Ifs}, \upsilon_1) \cdot \xi_{fs,Y} - Cov(\varepsilon_{Ifs}, \upsilon_1) \times \xi_{Ifs,Y}] + [Cov(\varepsilon_{fs}, \upsilon_2)\xi_{fs,D} - Cov(\varepsilon_{Ifs}, \upsilon_2) \times \xi_{Ifs,D}]\} \tag{4.23}$$

我们对(4.23)式进行分析，$\gamma_{fs}(\overline{z_{fs}} - \overline{z_{Ifs}})$ 表示正规部门再就业人与非正规部门再就业人员的工资差异；$\overline{z_{Ifs}}(\gamma_{fs} - \gamma_{Ifs}) \times \{Cov(\varepsilon_{Ifs}, \upsilon_1) \cdot \xi_{fs,Y} - Cov(\varepsilon_{Ifs}, \upsilon_1) \times \xi_{Ifs,Y}]$ 表示由于回归模型导致的两部门工资的差异；剩下的一项表示双重样本选择偏误导致的两部门再就业工资差异。那么，剩余因素便是受助群体再就业人员个体能力差别和不可观测的因素，在传统的 OLS 估计模型中，此项不能被分解出来，通过赫克曼模型的 Oaxaca 分解可以得到这一部分。

三、数据来源及描述性统计

研究采用的数据主要来源于南京财经大学社会救助课题组于 2014

① Oaxaca, R. (1973), "Male-Female Wage Differentials in Urban Labor Markets", *International Economic Review*, 14(3), pp. 693-709.

年 7—9 月对城乡居民状况进行调查的问卷。数据来自江苏、浙江、山东、河南重庆等 18 个省市的 2566 份问卷，涵盖了各住户收入和消费等家庭特征变量，年龄、性别、受教育程度等个体特征变量，离乡镇的距离等地理特征变量以及社会关系变量等，调查对象均超过 16 周岁。

表 4-1　正规部门与非正规部门再就业人员相关变量的统计性描述结果

	相关指标	变量明细	非正规部门		正规部门	
			Mean	S.E	Mean	S.E
个体特征变量	年龄	按周岁计算	42.3571	10.9733	43.6656	9.9260
	性别	女性	0.4603	0.4810	0.4921	0.5016
	政治身份	是党员	0.3108	0.4511	0.4957	0.4672
人力资本特征变量	受教育年限	按年计算	9.7460	2.9084	14.8322	2.7532
	受培训状况	按次数计算	16.4724	8.8341	22.4479	9.6674
	从事当前工作年限	按年计算	9.3682		15.6320	
区域特征变量		东部省份	0.4362	0.4197	0.2923	0.4686
		中部省份	0.3058	0.4409	0.3159	0.4578
		西部省份	0.2568	0.4829	0.2470	0.4482
工作单位类型变量	中型企业	职工人数在 300—2000 人	0.3860	0.4627	0.2024	0.3625
	小型企业	职工人数在 10—300 人	0.2615	0.4236	0.3128	0.4687
	微型企业	职工人数在 10 人以下	0.3549	0.4632	0.5484	0.4627
职业特征变量		技术型职业	0.2517	0.3886	0.3711	0.4582
		创造型职业	0.1957	0.3748	0.3610	0.4710
		自由独立型职业	0.2744	0.4519	0.0688	0.2497
职业特征变量		安全型职业	0.1955	0.3579	0.0364	0.1846
		其他类型职业	0.1873	0.3809	0.0561	0.2455

续表

	相关指标	变量明细	非正规部门		正规部门	
			Mean	S.E	Mean	S.E
家庭特征变量		家庭学龄成员人数	0.3109	0.4590	0.0647	0.1904
		家庭需要赡养的人数	0.09816	0.6673	0.09065	0.2134
		家庭成员数	0.09544	0.2308	0.06819	0.6712
被解释变量		月工资额(元)	1204.320	455.667	1836.542	532.791

注:本表格中,我们的参照变量依次为,男性、非党员、东北省份、职工在2000人及以上的企业(大型企业)、管理性职业。

表4-2 各解释变量和被解释变量的描述

各指标变量		变量的解释
个体特征变量	年龄	截止到2014年7月,周岁数(不包括小数)
	婚姻状况	已婚=1,未婚或者离异等其他状况=0
	性别	男性=1,女性=0
	政治身份	共产党员=1,其他=0
人力资本特征变量	受教育年限	是指接受正规学校教育的年数(包括职业教育和电大教育)
	受培训状况	接受再就业培训的天数
	从事目前工作年限	从进入该部门工作到2014年7月的时间(可以是小数)
工作单位类型变量	大型企业	职工人数在2000人及以上
	中型企业	职工人数在300—2000人
	小型企业	职工人数在10—300人
	微型企业	职工人数在10人以下

续表

各指标变量		变量的解释
职业特征变量	技术型职业	按照目前职业类型的划分方法，可以划分为技术型职业、创造性职业、自由独立型职业、安全型职业、管理型职业、其他类型职业
	创造性职业	
	自由独立型职业	
	安全型职业	
	管理型职业	
	其他类型职业	
家庭特征变量	家庭学龄成员人数	家庭中有教育支出的人数，我们设定的年龄为7—22岁
	家庭需要赡养的人数	家庭成员中，年龄在16岁以下，60岁以上的人员数
	家庭成员数	家庭总人员数
地域特征变量	江苏、浙江和山东等18省市	江苏、浙江和山东等18省市中以山东省为参照组
被解释变量	月工资额（元）	每月工资收入

表4-1所示为正规部门和非正规部门的各变量的描述性统计。正规部门人员的受教育程度远高于非正规部门人员的受教育程度。从受教育年限来看，正规部门人员的受教育年限平均为9.7460年，而正规部门再就业人员的受教育年限平均为14.8322年。从两部门的工资水平来看，正规部门再就业人员的每月平均工资为1836.542元，而非正规部门再就业人员的每月平均工资仅为1204.320元。从受培训状况和从事当前工作年限的均值来看，正规部门再就业人员的受培训年限及从事当前工作的年限均值远长于非正规部门，若从标准误的大小来看，这种相对数值的大小又被颠倒，这说明了非正规部门人员的工作稳定性远弱于正规部门人员。从受助群体中再就业人员所从事的部门的就业来看，存在明显的区域差异特征。东部省份再就业人员从事非正规就业的比重大于中西部再就业人员。这与中国区域的市场化程度不无关系。从正规再就业和非正规再就业的男女比重来看，非正规部门中男性再就业人员比例大

于正规部门再就业人员中的男性比例，主要原因是男性是家庭主要劳动力，不得不再就业，其不会过于挑剔工作属性。

表 4-3　Bi-probit 模型与 Probit 模型的回归结果

指标变量	Probit 模型				Bi-Probit 模型			
	正规和非正规部门选择		再就业选择		正规和非正规部门选择		再就业选择	
	回归系数	S.E	回归系数	S.E	回归系数	S.E	回归系数	S.E
16≤年龄≤45(观察组)	-0.034	0.129	-0.061	0.202	-0.025	0.254	-0.084	0.217
45≤年龄≤60(对照组)	-0.019	0.084	0.087	0.094	-0.026	0.084	0.063	0.083
培训年限	0.007	0.006	0.151**	0.029	0.023**	0.007	0.261***	0.020
培训年限*培训年限	-0.00004	0.0003	-0.006***	-0.0007	0.0006**	0.0001	-0.003**	0.0001
受教育年限:0—9年	0.813**	0.224	1.397***	0.078	0.815***	0.213	1.886**	0.075
受教育年限:9年以上	0.306**	0.127	0.846***	0.075	0.412***	0.074	0.759**	0.066
已婚	0.213**	0.058	0.124***	0.088	0.136***	0.057	0.190**	0.083
男性	0.077**	0.054	-0.626**	0.045	0.029	0.042	-0.618***	0.042
家庭人口总数	—	—	-0.187**	0.026	—	—	-0.169**	0.031
家庭学龄成员人数	—	—	0.187***	0.079	—	—	0.223***	0.058
家庭需要赡养的人数	—	—	0.031***	0.050	—	—	0.043***	0.051
共产党员	0.207***	0.040	—	—	0.202**	0.055	—	—
微型企业	0.181**	0.041	—	—	-0.215***	0.053	—	—
小型企业	-0.244**	0.047	—	—	-0.311**	0.041	—	—
中型企业	-0.808**	0.045	—	—	-0.313**	0.045	—	—
技术性人员	1.806***	0.083	—	—	1.369***	0.075	—	—
创造性人员	1.709**	0.067	—	—	1.264***	0.059	—	—

续表

指标变量	Probit 模型				Bi-Probit 模型			
	正规和非正规部门选择		再就业选择		正规和非正规部门选择		再就业选择	
	回归系数	S.E	回归系数	S.E	回归系数	S.E	回归系数	S.E
自由职业人员	1.778**	0.063	—	—	1.169***	0.054	—	—
安全型人员	0.892***	0.049	—	—	0.394**	0.215	—	—
其他人员	0.846**	0.251	—	—	0.235**	0.085	—	—
截距项	-2.816***	0.257	0.264***	0.206	-2.194***	0.237	0.209***	0.283
Pseudo R^2	0.3677	—	0.4180	—	—	—	—	—
λ	0.0000	0.0000	—	—	0.7963	0.07406	—	—

注：***、**、* 分别表示在 0.1、0.05 和 0.01 水平下是显著的。

从政治身份来看，受助群体中的再就业人员，非正规部门再就业人员中的党员比重小于正规部门再就业人员中的党员比重。从家庭特征指标变量来看，非正规部门的再就业人员的家庭人口数要大于正规部门。

从模型设定的解释变量来看，与社会救助个体特征相关的变量（如个体特征变量和人力资本投资变量）几乎全部纳入模型，如何识别这些变量成为关键。由于每个方程均出现与社会救助个体相关的变量，所以估计的难度会加大。因此，我们需要这样的条件，即某一特定回归方程中有一个解释变量不出现在其余回归方程的解释变量中，为了研究工资水平被解释变量的影响因子，应选取合理的识别变量。估计两阶段样本选择模型，需要根据两个样本选择方程是否独立做进一步的识别假设①，如果协方差 $Cov(v_1, v_2)$ 为零，那么模型中的解释变量要比 Z_i 至少应多一个。假如协方差 $Cov(v_1, v_2)$ 不为零，那么 $Z_{i,1}$ 至少有一个解释变量不受 $Z_{i,2}$ 影

① 寇恩惠、刘柏惠：《公司部门工资差距》，《数量经济技术经济研究》2011 年第 3 期，第 24—35 页。

响。进一步，Z_i 中不能涵盖这些识别变量。

一般来说，受助群体再就业选择比正规和非正规部门的内生性选择识别相对容易，能满足只影响正规和非正规部门的选择而不影响工资变量的这种识别变量很难挑选。从前人对这类问题的研究成果来看，正规部门和非正规部门的选择识别变量与家庭特征变量相关联。所以，笔者将选择是否为共产党员作为选择方程的识别变量。识别变量选定以后，社会救助群体再就业选择和正规与非正规部门选择方程的解释变量 $X_{i,1}$ 与 $X_{i,2}$，涵盖了个体特征变量、人力资本投资变量以及区域特征变量。正规部门和非正规部门的二元选择 Probit 模型，包含了解释变量为所在单位类型和职业特征变量等。因此，在再就业工资方程的估计中，因变量为每月工资收入，自变量为受培训状况、受教育年限、婚姻状况和所在单位的类型等，还有双重样本选择调整项。

四、估计结果及分析

我们对模型估计是分两阶段进行的，首先，我们进行第一阶段的估计，在赫克曼选择方程中，笔者采用了 Probit 回归模型进行估计。受助群体再就业行为选择的被解释变量为 Y，其回归结果如表 4-4 所示。

表 4-4 社会救助群体再就业工资收入的回归结果

指标变量	正规部门		非正规部门	
	回归系数	S.E	回归系数	S.E
培训年限	0.0251**	0.0063	0.03157**	0.0058
培训年限*培训年限	-0.0006	0.0001	-0.0007***	0.0002
受教育年限	0.0513***	0.0029	0.04632**	0.0056
男性再就业人员	-0.0906***	0.0208	-0.0604***	0.0247
政治身份（党员=1）	0.05740**	0.0237	0.0507	0.0350
单身	0.0316	0.0271	0.0519	0.0283

续表

指标变量	正规部门		非正规部门	
	回归系数	S.E	回归系数	S.E
微型企业	0. 1854***	0. 0254	0. 1676***	0. 0365
小型企业	0. 2947***	0. 0265	0. 5125**	0. 0612
中型企业	0. 3561**	0. 0384	0. 6017***	0. 0715
技术性人员	0. 3165*	0. 0385	0. 1647***	0. 0345
创造性人员	0. 3346**	0. 0354	0. 1457**	0. 0249
自由职业人员	0. 2574*	0. 0364	0. 2647**	0. 0364
安全型人员	0. 1840**	0. 0192	0. 2510**	0. 0541
其他人员	−0. 409	0. 0261	0. 2734***	0. 0570
$\xi_{Y,S}$	0. 1547**	0. 0627	−0. 3740**	0. 0591
$\xi_{D,P}$	−0. 3142**	0. 0604	−0. 4527**	0. 3416
截距项	0. 4519	0. 0841	1. 1270	0. 1876
R^2	0. 4216		0. 4007	

注：***、**、* 分别表示在 0. 01、0. 05 和 0. 1 水平下是显著的。

从 Probit 模型和 Bi-Probit 模型的估计结果来看，基本上是一致的，不存在大的差别，然后对比分析一下两个模型的结果。

一般来说，观察组的富有创造力，思维活跃更加胜任工作，而参照组年龄相对较大。在创造力和思维方面相对较弱。所以，参照组比观察组进入正规部门工作的比率更大，公共管理学上称之为 Queuing 效应。有关个体禀赋的变量，如受培训状况和受教育年限都对受助群体的再就业行为选择产生正的较大程度的影响。相对已婚的受助群体中的再就业人员来说，单身再就业人员在非正规部门再就业的比重显著高于其他人员。从受助群体的再就业率来看，男性受助群体再就业率远高于女性受助群体。并且在正规部门，就业的概率更大。我们得出了一个与寇恩惠

(2011)很相似的结论①,即女性受助群体中的再就业人员在正规部门就业的选择系数,在 Bi-Probit 模型中不显著,在 Probit 模型中显著。

笔者认为最主要的原因是,在 Bi-Probit 模型中,再就业行为选择与正规部门和非正规部门的选择是非独立的。从概率系数来看,$\lambda=0.7963$,并且通过了检验;但在 Probit 模型中,再就业行为选择与正规部门和非正规部门的选择不存在相互影响的状况,$\lambda=0.0000$。受助群体中,女性再就业人员的选择行为决策,对其就业部门的选择决策产生了较大影响,使其正规就业部门选择与非正规部门就业选择的因子受到极大影响。

回归结果还显示,家庭成员中有学龄成员的人数越多,受助人员的再就业意愿就越强烈;家庭中需要赡养的人数越多,其再就业意愿就越强烈。家庭人口总数对受助群体的再就业行为的影响是负向的。其主要原因在于,家庭人口数越多,其收入来源的渠道会更容易呈现出多元化的趋势,这会在一定程度上在家庭内部产生"搭便车"的行为,再加上政府所提供的社会救助金收入,个体再就业意愿会呈现显著性的降低趋势。其余变量中,企业的类型和职业类型等均较为显著地影响到受助群体再就业人员对部门的选择,识别变量在部门的选择过程中表现出显著的非负性。

结果还显示,相关因子 $Cov(v_1,v_2)$ 是非零的,并且通过了显著性检验,这充分表明受助群体再就业行为选择和正规部门与非正规部门的选择是相关的。因此,对于相关系数 $Cov(v_1,v_2)$ 的非零假设便是第二步要解决的问题。我们综合上述表达式来估计误差调整项,求得此调整项以后,可以计算出受助群体再就业人员的再就业工资方程,如表 4-5 所示。在所有影响受助群体再就业人员工资的变量中,受教育年限和培训状况的效应与通常的假设相一致,而受培训次数的交叉项的边际效应是负的,这可以用人力资本理论来解释。

① 寇恩惠、刘柏惠:《公司部门工资差距》,《数量经济技术经济研究》2011 年第 3 期,第 24—35 页。

表 4-5 Blinder-Oaxaca 工资方程分解结果

相关指标项	最小二乘估计模型	Bi-Probit 模型
$I_{fs}-I_{Ifs}$	0.4356	0.4922
$Z_{fs}(\gamma_{fs}-\gamma_{Ifs})$	0.2731 (0.6270)	0.6124 (1.2472)
$\gamma_{fs}(Z_{fs}-Z_{Ifs})$	0.1625 (0.3730)	0.1740 (0.4206)
T 误差调整项	—	-0.3147 (-0.5269)
再就业选择误差调整项	—	0.0604 (0.1569)
正规部门和非正规部门误差调整项	—	-0.3158 (-0.6838)
工资差距的修正值	—	0.7003

注:括号里面的值为各项工资差异的比重。

接下来,我们通过比较可以观察到正规部门和非正规部门的再就业工资差距,通过工资数据的差距我们可以看到,非正规部门的受教育年限的回报率要远大于正规部门的受教育回报率。这与 Heitmueller(2006)的估计结果①是相同的。主要原因是很多部门的工资与资历挂钩,那么便存在论资排辈的问题;而非正规部门大多采用计件工资的方式。从性别状况对受助群体再就业人员的工资差异影响程度来看,无论是正规部门中还是非正规部门中,男性再就业人员的工资都显著高于女性再就业人员。但从男女的工资差异来看,非正规部门的男性与女性的工资差距更大。这说明女性再就业人员在非正规部门就业面临歧视问题。单位类型同样影响社会救助群体再就业工资,单位规模越小的企业,再就业人员获得的工资收入会低于规模相对较大的企业。而政治身份对其工资

① Heitmueller, A. (2006), "Public Private Pay Differentials in Devolved Scotland", *Journal of Applied Economics*, IX(2), pp.295-323.

无显著性的影响。从再就业人员所从事的职业来看，正规部门的技术型再就业人员与管理型再就业人员的工资有25%的差距，而非正规部门的这个数字达到了33%以上。这充分显示了非正规部门工资差距远大于正规部门。所以从上述指标分析来看，几乎所有正规部门和非正规部门的指标变量均显示出这样的趋势。非正规部门的工资的集中趋势远没有正规部门的集中趋势明显。从受助群体再就业行为选择的误差调整项 Y 与正规部门和非正规部门的误差调整项 D 的统计结果来看，均通过了检验，这进一步证实了在工资方程中引入误差调整项的必要性。

接下来，我们将测度样本选择性偏误是如何对正规部门和非正规部门工资产生影响的。根据Oaxaca(1973)的分解方法，笔者通过把OLS估计系数及变量的均值结合Blinder-Oaxaca分解方法，对其结果进行分解(见表4-5)。Blinder-Oaxaca分解结果不仅仅包括系数差异和禀赋差异，还包括误差选择调整项差异。在先前的研究中，一般采用的是OLS估计方法，通常把误差选择项作为不能被解释的部分来处理，而通过Bi-Probit模型分解后，这部分变为模型的内生变量部分，但最终没有予以量化。我们通过Blinder-Oaxaca分解，分解出误差选择项，可以更清楚地了解到系数的差异部分可以进一步分解为三个部分：个体禀赋部分、工资被歧视的部分以及可以被解释的部分。表4-5显示，如果采用最常用的OLS估计方法，正规部门与非正规部门的工资系数差异占到了62.70个百分点，可以被解释的部分占到了37.30个百分点。最右边一栏的Bi-Probit模型的分解结果显示，正规部门与非正规部门的工资差异系数占到了42.06个百分点，与OLS估计的可被解释部分差异不显著，但系数差异变化非常显著，其数值上升了124.72个百分点。然后进一步加入误差调整项，我们可以看到系数差异有了一个较大的变化，受助群体再就业行为的误差调整项禀赋差异为15.69个百分点。正规部门与非正规部门的误差调整项占-68.38个百分点，而这个差距使得总的误差调整项为-52.69个百分点。工资差异的修正值为0.7003，远大于OLS估计的工资差距。因此，如果仅仅采用OLS估计方法就会造成再就业工资被低估的状况。受助群体再就业选择行为与其部门选择行为的误差项是相反的,受助群体再就业行为误差调整项与正规和非正规部门的再就业工资差距具有正的效应,而部门选择误差项具有负向效应。这种效应会进一步降低正规部门的再就业收入差距。若去掉误差调整项,则不能被解释的部分的贡献因子将得到大幅度的提升,这会使得整个正规部门与非正规部门的工资差异拉大。

五、小结与讨论

本小节重点分析了受助群体再就业选择行为和部门选择行为的相关问题,并把这种相关性通过理论和实证加以分解。研究结果表明,受助群体再就业选择行为和部门选择行为误差调整项在正规与非正规部门的工资回归方程均通过了显著性检验。所以不能把受助群体中再就业人员的就业选择行为和其误差调整项予以忽略,否则对受助群体中再就业人员工资方程的估计会产生较大的偏差。然后笔者采用了扩展的赫克曼选择模型,把误差调整项加以分离,估计了工资方程中的系数差异部分。通过与 OLS 估计方法做对比,受助群体的再就业工资差异中,受到社会歧视的部分增大。因此,按照通常的 OLS 估计方法,会忽视误差调整项,而造成受助群体中的再就业成员在非正规部门工作的工资受到歧视的部分被降低,这样会影响受助群体的再就业积极性。如果这种歧视部分过大,则会降低受助群体再就业意愿,转而完全依赖于社会救助金生活,从而不利于积极的社会救助制度的实施,最终会滋生出发达国家所产生的“福利依赖”问题。而 Blinder-Oaxaca 分解结果显示,非正规部门存在更为严重的工资歧视问题。所以,政府鼓励受助群体再就业的政策,不能仅仅要从受助群体自身利益出发(如提供再就业指导和再就业培训等举措),还应该从其所从事的部门的工资标准制定入手(如制定最低工资标准、同工同酬等举措),阻止歧视现象的发生。从而提高受助群体中有劳动能力或者有部分劳动能力的家庭成员的再就业意愿,这也是社会救助制度的最终目标。

4.2.2 “开发式”扶贫基金流向与受助群体再就业的联动性

一、中国“开发式”扶贫基金流向现状

中国农村地区自20世纪80年代实施“开发式”扶贫政策以来,其主体资金主要是由地方政府来支配的。因此,地方政府日益成为影响贫困地区为摆脱贫困而发展的主体。在“效率优先,兼顾公平”的发展理念的指导下,政府把其主要维护公平和服务市场的秩序功能转向提高GDP产出为首要目标。那么随之对应的是地方政府官员为得到政治晋升,而努力提高GDP产出。因此,地方政府会直接干预企业的生产、投资和流通等环节。最典型的干预方式就是为企业融资。而在广大的县域经济中,“开发式”扶贫基金作为一种最直接的融资渠道而直接流向企业。从宏观上来看,在所调查的企业中,扶贫基金流向的企业占到了15.23百分点,到2010年这个比重达到了21.67个百分点。从整体上来看是趋于上升的。

这种趋势变化并不能反映扶贫基金的流向是否产生了“瞄偏性”,因为描述性统计不能完全体现有限的扶贫基金流向的企业的员工是否是贫困群体占了绝大多数的企业。我们将深入分析扶贫基金流向的企业的性质,来揭示中国地方政府与企业关系的定位问题。

扶贫基金并非流向所有的企业,并且得到补贴的企业所得到的补贴力度也并非完全一致。资金补贴必须符合两个条件:一是企业性质必须是产权明晰的;二是地方政府出于自身目的而追求利益最大化。地方政府补贴对象的决定行为更多地体现了扶持强者的特点,地方政府更倾向于选择市场竞争力较强的企业作为补贴对象。从已有的研究可以看出,中国地方政府对于“开发式”扶贫基金的使用,往往采取“效率优先、兼顾公平”的产业导向原则,使得扶贫基金并非用来提高以贫困人口为主的企业人员的就业福利,而是用在企业的技术创新、产业结构升级及市场的开拓等方面。究竟“开发式”扶贫基金流入的企业是以贫困群体为主的企业还是其他企业,笔者将结合实地调研数据加以分析。通过这种分析,

我们能够更清楚地了解中国地方政府对“开发式”扶贫基金的使用动机。

由此,我们将从开发式扶贫基金流向的企业及基金的流入额度来研究地方政府对“开发式”扶贫基金的支配状况及企业行为。在研究的过程中,由于样本会存在非一致性问题,我们不能简单地采用一般的回归方程估计方法,如利用最小二乘法做估计时,容易产生选择偏误问题。为克服存在这种偏误的可能性,笔者将利用赫克曼选择模型对选择性偏误进行规避。

研究分析显示,地方政府所提供的“开发式”扶贫基金绝大部分流向了以弱势群体为主的企业,但也有基金流向与扶贫基金本身的功能相悖的情况出现。赫克曼选择模型的扶贫基金流向企业的二元回归模型显示,从扶贫基金流向和流向的比重来看,地方政府更倾向于把扶贫基金用于企业新技术的应用和具有新产品开发功能的企业,而很少用于具有较强就业弹性的企业。这在很大程度上体现了“开发式”扶贫基金功能“瞄偏性”的利益转移问题。而且,从扶贫基金的流向和基金的补贴力度来看,地方政府均把基金流向渠道锁定于国有企业和集体企业,而个体企业和私营企业受补贴的数量及补贴力度均远远低于国有企业和集体企业,但是,个体企业和私营企业却恰恰是吸纳就业的主要力量。从四个经济区域来看,中西部省份的政府补贴状况和补贴力度具有更好的“瞄准性”,这使得扶贫基金能真正发挥其应具有的功能,能够更合理体现保护弱者的特性。但东部省份的政府补贴程度和补贴对象很大程度上出现了“瞄偏”现象,因此出现“利益转移”问题,未能充分体现扶贫基金保护弱者的特征。

二、模型构建

我们将从地方政府的扶贫基金对不同类型企业的补贴及补贴力度的视角来分析利益问题的存在性。为防止最小二乘法估计产生偏误性问题,我们借鉴赫克曼(1979)的做法,利用赫克曼选择模型进行分析。具体操作过程如下:首先,采用 Probit 二元回归模型来估计地方政府扶贫基金补贴企业的决定方程,也就是各种不同类型的企业能够获得扶贫基金资助的概率,从而获得逆 Milston 比率值;其次,将逆 Milston 比率值代入

决定方程,并将其作为控制变量,可以估计决定方程的系数值。于是可以得到如下两个方程:

$$Z_i = \alpha x_i^T + \mu_i \tag{4.24}$$

$$S_i = \beta y_i^T + \sigma_i \tag{4.25}$$

(4.24)式为"开发式"扶贫基金补贴力度决定方程;(4.25)式为"开发式"扶贫基金流向企业的决定方程,μ_i 与 σ_i 均为随机扰动项,(μ_i ,σ_i)~(0, $\eta\xi$),而且,由于随机扰动项中 σ_i 很难被识别,所以,我们假定方差为1,误差项 μ_i 与 σ_i 间相关系数为 η 。如果相关系数 η 不为零,则回归方程(4.24)式和(4.25)式具有相关性。所以,不得不同时估计(4.24)式和(4.25)式两个回归方程。Z_i 和 S_i 满足下列条件:$Z_i > 0$,当 $S_i = 1$ 时①;在其他的情况下,$Z_i = 0$。

Schmidheiny(2007)认为②,可以用两种方法来对(4.24)式进行估计,即ML估计和Two-Step估计。对于(4.25)式,我们可以采用标准的二元选择模型:$\pi(S_i = 1) = \Psi(\alpha y_i^T + \sigma_i)$ 。在这里,$\Psi(\cdot)$ 为累积标准状态分布函数,并由此可以得到逆Milston比率值。

$\overline{R_i} = \dfrac{\varphi(y_i\bar{\alpha})}{\Psi(y_i\bar{\alpha})}$,以 $\overline{R_i}$ 为控制变量带入(4.24)式,可以得到:$\overline{Z_i} = \alpha x_i^T + \alpha_R \overline{R_i} + \acute{\mu_i}$,进一步有:

$$Exp(Z_i^T \mid S_i) = \alpha x_i^T + \alpha_R \overline{R_i} \tag{4.26}$$

由(4.24)式和(4.25)式我们可以得到:

$$F_{it}^{poor} = \alpha x_{it-1}^T + \mu_{it} \tag{4.27}$$

$$F_{it}^{sl} = \beta x_{it-1}^T + \sigma_{it} \tag{4.28}$$

F_{it}^{poor} 为非负时,为 i 企业从 t 时期受扶贫基金的资助力度,笔者用"扶贫基金额"与"企业的固定资产"的比值来表示这种补贴力度,F_{it}^{sl} 为二元

① 当企业 i 获得补贴时,$s_i = 1$,企业 i 获得扶贫基金补贴;企业没有获得扶贫基金补贴时,$s_i = 0$,获得的补贴 $Zi = 0$。

② Kazuhiro Arai(1997),"Cooperation, Job Security, and Wages in A Dual Labor Market Equilibrium", *The Journal of Socio-Economics*, 26(1), pp.39-57.

虚拟变量,可供选择的值为 0 和 1;企业 i 在 t 时期收到扶贫基金补贴时,取值为 1,否则为 0; x_{it-1}^{T} 为地方政府对企业 i 的扶贫基金补贴力度;而 y_{it-1}^{T} 则表示地方政府扶贫基金补贴企业 i 的决定性变量。为防止方程两边各变量与误差项的共线性而产生估计结果的偏差问题,笔者采用了邵敏、包群(2011)的做法①,将方程各因子取一阶滞后项,因此,方程式(4.28)进一步变为:

$$F_{it}^{sl} = \beta y_{it-1}^{T} + \delta F_{it-1}^{sl} + \sigma_{it} \tag{4.29}$$

从(4.29)式我们可以看出,其比(4.28)式仅仅多出一个一阶滞后项 F_{it-1}^{sl} ,其余各变量均无变化。我们的研究假定,企业 i 从地方政府处获得的扶贫基金会直接构成企业利润的一部分。政府对企业的补贴形式主要有以下几种:一是财政拨款,即政府无偿拨给企业资金,在拨付时明确规定拨款的用途;二是财政贴息,即根据国家宏观经济形势和政策目标,对于企业的贷款利息给予补贴;三是税收返还;四是无偿划拨非货币性资产,如行政划拨土地使用权、天然林等。

"开发式"扶贫基金作为一种公益性发展基金,其投向企业的主要目标在于"保增长、保民生和保稳定"等,其具体体现在促进经济发展的力度,稳定贫困人口就业和扩大贫困人口就业,如社会保障补贴、岗位补贴和培训补贴等。同时为促进区域经济发展,提高地区 GDP 水平,地方政府往往会对处于破产边缘的企业进行补贴,这也是地方政府补贴企业的重要方式。鉴于此,变量矢量 x_{it-1}^{T} 所包含的子变量如下。其一,扶贫龙头企业虚拟变量,PCC = 0 或 1。当 PCC = 0 时,表示一般企业;当 PCC = 1 时,表示扶贫龙头企业。其二,企业产品流向虚拟变量,CPF = 0 或 1。CPF = 0 时,表示企业产品内销;CPF = 1 时,表示企业产品流向国外。其三,企业经营状况虚拟变量,CSC = 0 或 1。当 CSC = 0 时,表示该企业处于盈利状态;当 CSC = 1 时,表示该企业的经营状况处于亏损状态。前面我们假定地方政府的扶贫基金补贴收入被列入企业的利润部分。我们用

① 邵敏、包群:《地方政府补贴企业行为分析》,《世界经济文汇》2011 年第 1 期,第 56—72 页。

这时的利润来衡量企业的经营状况,当利润大于零时,表示该企业处于盈利状态,而当其小于或者等于零时,则表示该企业处于亏损状态。由于地方产出总值直接影响地方官员的晋升状况,那么地方政府会想尽一切办法来推动当地产业结构的优化和升级。因此,政府对企业进行补贴,成为其支持产业发展最直接的形式。但这些补贴的方向在不同城市有不同的分布。我们可以分别加以定义,将行业类型分为以下几种(属于某一行业设为1,否则设为0):劳动密集型行业哑变量,用LA表示,如服装、手工业类和电子制造业等;资本密集型行业哑变量,用CA表示,如银行业、证券业和重工业等;公用事业行业,用PU表示,如电力、煤气、供水等行业;高新技术行业,用HI表示,如电子信息工程、通信工程、生物技术、制药工程和高分子材料与工程等。

除此之外,笔者在经验回归分析中引入另外一些有关企业自身状况的相关变量。按照Levinsohn和Petrin(2003)、邵敏和包群(2011)的做法①,我们选择了两个相关变量:企业就业规模变量和企业全要素生产率变量。首先来看企业就业规模变量,将其取对数,地方政府把扶贫基金注入企业最根本和最主要的目的是提供公共服务和公共产品,其主要体现在扩大就业岗位,创造更多就业机会,并维持劳动力供求平稳等。因此,获得地方政府扶贫基金的多寡与企业规模的大小存在正相关关系。对于另一个变量——企业全要素生产率,我们仍采用对数的形式,在工具变量的选择方面,我们采用的企业要素投入中的"中间投入部分"。然后,运用生产函数进行估计,采用的是半参数的估计方法,企业的全要素生产率值可以通过企业的产出变量与要素投入变量加权和之差表示。生产函数中,各要素投入的回归系数可以作为权重。在经验分析模型中加入了两个虚拟变量,分别为区域虚拟变量和时间虚拟变量。引入区域虚拟变量的主要功能是控制地方政府的公共支出行为差异对于扶贫基金企业补贴行为的影响,从而更为确切地分析地方政府对扶贫基金支配行为的省际

① Levinsohn, J., Petrin, A.(2003), "Estimating Production Functions Using Inputs to Control for Unobservables", *Review of Economic Studies*, 70, pp.317-342;邵敏、包群:《地方政府补贴企业行为分析》,《世界经济文汇》2011年第1期,第56—72页。

差异;引入时间哑变量的目的是控制国家“开发式”扶贫政策的变动对地方政府补贴行为的影响。中国的“开发式”扶贫政策经历了四个大的阶段,四个阶段的扶贫政策有较大的变动性,如由最初的体制改革扶贫到大规模的“开发式”扶贫,再到扶贫攻坚阶段,最后是小康水平创造阶段等。

三、描述性统计分析

表 4-6　2008 年与 2011 年中国各省份受扶贫基金补贴状况

区域	样本企业	补贴状况哑变量值				补贴力度相关变量			
		2008 年	2011 年	差额	均值	2008 年	2011 年	差额	均值
全国	4851	0. 154	0. 169	0. 015	0. 162	0. 047	0. 038	-0. 009	0. 043
北京	217	0. 089	0. 162	0. 073	0. 126	0. 068	0. 037	-0. 031	0. 052
天津	201	0. 081	0. 110	0. 029	0. 096	0. 071	0. 041	-0. 03	0. 056
河北	165	0. 116	0. 131	0. 015	0. 124	0. 058	0. 037	-0. 021	0. 047
山西	96	0. 151	0. 239	0. 088	0. 195	0. 069	0. 059	-0. 01	0. 064
内蒙	87	0. 140	0. 208	0. 068	0. 174	0. 124	0. 053	-0. 071	0. 088
辽宁	118	0. 141	0. 162	0. 021	0. 152	0. 041	0. 029	-0. 012	0. 035
吉林	113	0. 125	0. 205	0. 080	0. 165	0. 054	0. 042	-0. 012	0. 048
黑龙江	264	0. 164	0. 234	0. 070	0. 199	0. 060	0. 078	0. 018	0. 069
上海	314	0. 322	0. 264	-0. 058	0. 293	0. 025	0. 021	-0. 004	0. 023
江苏	334	0. 201	0. 210	0. 009	0. 206	0. 024	0. 016	-0. 008	0. 020
浙江	275	0. 200	0. 251	0. 051	0. 226	0. 028	0. 010	-0. 018	0. 019
安徽	158	0. 139	0. 142	0. 003	0. 141	0. 024	0. 044	0. 02	0. 034
福建	251	0. 132	0. 146	0. 014	0. 139	0. 018	0. 013	-0. 005	0. 015
江西	108	0. 134	0. 142	0. 008	0. 138	0. 084	0. 031	-0. 053	0. 057
山东	274	0. 092	0. 108	0. 016	0. 100	0. 027	0. 028	0. 001	0. 027
河南	188	0. 124	0. 213	0. 089	0. 169	0. 088	0. 028	-0. 06	0. 058
湖北	193	0. 127	0. 206	0. 079	0. 167	0. 050	0. 030	-0. 02	0. 040
湖南	137	0. 139	0. 148	0. 009	0. 144	0. 055	0. 035	-0. 02	0. 045
广东	87	0. 071	0. 086	0. 015	0. 079	0. 028	0. 019	-0. 009	0. 023
广西	117	0. 229	0. 215	-0. 014	0. 172	0. 081	0. 060	-0. 021	0. 070

续表

区域	样本企业	补贴状况哑变量值				补贴力度相关变量			
		2008 年	2011 年	差额	均值	2008 年	2011 年	差额	均值
海南	75	0. 601	0. 705	0. 104	0. 653	0. 061	0. 029	-0. 032	0. 045
重庆	253	0. 242	0. 324	0. 082	0. 283	0. 040	0. 031	-0. 009	0. 035
四川	79	0. 123	0. 135	0. 012	0. 129	0. 039	0. 029	-0. 01	0. 034
贵州	105	0. 126	0. 134	0. 008	0. 130	0. 049	0. 060	0. 011	0. 054
云南	165	0. 201	0. 258	0. 057	0. 230	0. 039	0. 035	-0. 004	0. 037
西藏	79	0. 124	0. 149	0. 025	0. 137	0. 027	0. 024	-0. 003	0. 025
陕西	87	0. 110	0. 126	0. 016	0. 118	0. 110	0. 112	0. 002	0. 111
甘肃	64	0. 101	0. 387	0. 286	0. 244	0. 048	0. 401	0. 353	0. 224
青海	76	0. 219	0. 243	0. 024	0. 231	0. 058	0. 049	-0. 009	0. 053
宁夏	88	0. 162	0. 406	0. 244	0. 284	0. 039	0. 030	-0. 009	0. 034
新疆	83	0. 153	0. 411	0. 258	0. 282	0. 050	0. 045	-0. 005	0. 047

资料来源：笔者根据企业各相关指标数据整理而成。

本研究数据主要来源于武汉大学社会保障研究中心 2008 年对全国 31 个省份的实地调研数据和南京财经大学 2012 年的调研数据。我们选择的对象是，扶贫基金流向的企业占 50%，未流向的企业占 50%。中间剔除了有缺省值的企业，并且选择 2008 年到 2012 年 8 月一直在经营的企业为研究样本，由于一阶滞后项的存在，笔者所选择的样本确定 2007—2011 年为研究的时间区间。变量涉及企业的类型、所在的区域、年总产值、销售额、企业所雇用的人数、应付的工资总额、总资产、固定资产值的年均余额和产品销售总额等财务指标。样本共 4851 个，涵盖了除港澳台以外的中国 31 个省（直辖市、自治区）。2008 年和 2011 年中国各省（直辖市、自治区）企业受扶贫基金的补贴状况的相关数据如表 4-6 所示。

从整个中国扶贫基金的补贴均值来看，2008 年和 2011 年间受补助的企业比例在逐渐上升，这是从广度意义上来讲的；而从深度意义上来看，也就是扶贫基金补贴企业的力度却呈现出逐渐下降的趋势。我们再从横向的视角来看,2008—2011 年间,绝大多数省(直辖市、自治区)的扶贫基金补助比例呈现出上升的趋势,其中最为显著的 3 个省区分别为甘肃、宁夏回族自治区和新疆维吾尔自治区。基本分布状况如图 4-2、图 4-3、图 4-4 所示。

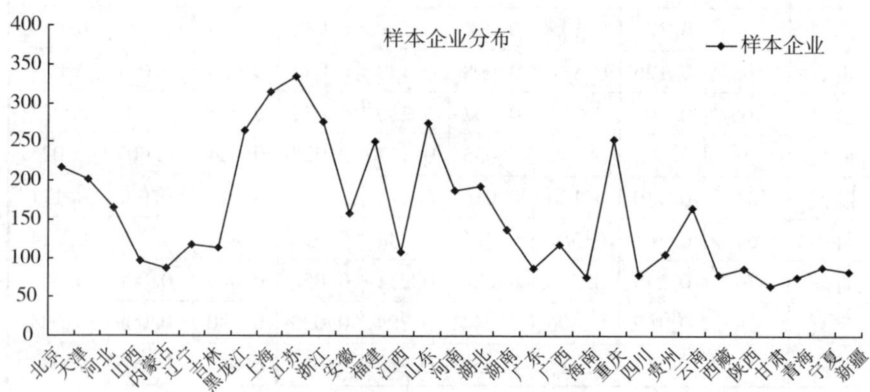

图 4-2　各区域样本的分布状况

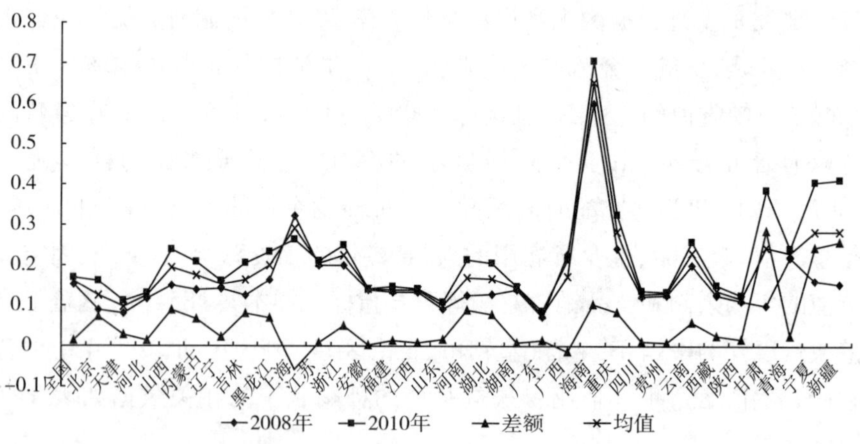

图 4-3　受到政府"开发式"扶贫基金补贴的企业分布

但也有呈现下降趋势的企业,其分布的省份分别为上海、江苏、广西、海南和西藏,下降幅度最大的是上海市。从基金的补贴力度的视角来看,

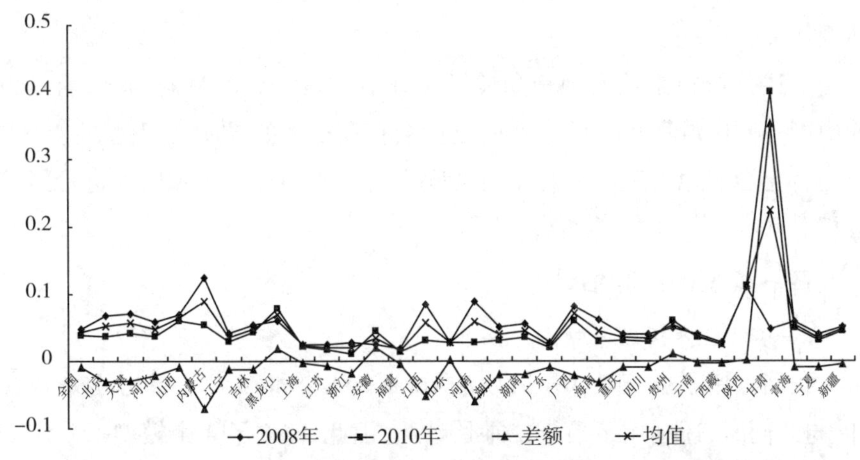

图 4-4　受到政府"开发式"扶贫基金补贴力度值分布

31 个省（直辖市、自治区）近 90%的企业受补贴力度处于下降趋势。这种变化趋势反映了地方政府分配扶贫基金时，更多地是采用"撒胡椒面"的方式来顾及多方的利益，也反映了利益博弈的过程。

从样本所反映的数据来看，中国受扶贫基金补贴的企业占总样本企业的比重为 16.2%，但各省（直辖市、自治区）在 2008—2011 年内政府扶贫基金的补贴存在较为显著的差异，我们通过均值的检验可以得到各省份的均值差异是显著的。

从四大经济区域来看，在中西部地区的省份中，有近一半的省份的企业受扶贫基金资助力度高于全国的平均水平，而剩余的各省份企业受政府扶贫基金补贴力度虽低于全国水平，但受资助力度也较大。而在较发达的东部沿海省份，只有北京、天津两市企业受政府扶贫基金补贴力度高于全国平均水平，而其余省份全部低于全国的平均值。所以，从整体扶贫基金资助企业的状况及资助力度来看，东部地区无论是受补贴的数量还是受补贴的力度，均低于中西部地区的平均水平，政府的扶贫基金补助力度呈现出明显的区域差异。而且企业受政府扶贫基金资助数量和资助力度均与区域经济发展水平呈现出明显的负相关性，也就是说，经济和社会化水平越高的区域，其范围内的企业受扶贫基金资助的可能性及资助力度越小。这显示了中国的扶贫理念,是政府资助方式的"开发性"的体现。

上述分析只是从宏观视角验证了政府扶贫基金的流向问题,但是目前中国不同区域所拥有的企业的性质会存在很大的异质性问题。这些差异是否会影响地方政府的补贴行为呢?下面我们将从微观层面进行经验分析。

四、模型的经验估计

(一)经验分析结果

我们采用了赫克曼 ML 估计法对(4.26)式和(4.27)式进行系数估计,与此同时,还利用了最小二乘估计法,因此,建立了 4 个模型。采用变量逐步进入的方法分别设定为模型(1)、模型(2)、模型(3)和模型(4),估计结果如表 4-7 所示。

从经验分析的结果来看,检验模型的似然比的相应的统计量所对应的 P 值可知,在 0.01 水平上认为(4.26)式和(4.27)式具有相关性。因此,我们接下来的处理手段为同时估计(4.26)式和(4.27)式。我们比较模型(1)—模型(4)的回归结果,可以看到模型(1)与模型(2)的估计结果、模型(2)与模型(3)的估计结果均存在较大的差异性。这充分表明,如果我们去掉区域虚拟变量和时间虚拟变量,则会使得模型的回归系数产生较大偏差。所以模型(1)和模型(2)均不适合。我们将以模型(3)作为经验分析的结果。

表 4-7 赫克曼选择模型的回归结果

指标变量	模型(1)		模型(2)		模型(3)		模型(4)
	资助力度(3)	基金流向(4)	资助力度(3)	基金流向(4)	资助力度(3)	基金流向(4)	最小二乘估计(3)
PCC	0.018*** (0.0015)	0.184** (0.023)	−0.020*** (0.0024)	0.178** (0.020)	0.014*** (0.0025)	0.126*** (0.016)	0.014** (0.003)
cpf	−0.022** (0.003)	0.204** (0.0084)	−0.0015 (0.005)	0.134*** (0.0084)	−0.014*** (0.013)	0.076** (0.014)	−0.017*** (0.004)

续表

指标变量	模型(1)		模型(2)		模型(3)		模型(4)
	资助力度(3)	基金流向(4)	资助力度(3)	基金流向(4)	资助力度(3)	基金流向(4)	最小二乘估计(3)
npt	-0.0081** (0.005)	0.427** (0.022)	0.017*** (0.003)	0.304*** (0.028)	-0.007** (0.004)	0.280*** (0.019)	0.0029** (0.005)
CSC	0.031*** (0.002)	0.009** (0.021)	-0.033** (0.003)	0.048*** (0.002)	0.024** (0.001)	0.114*** (0.002)	0.014*** (0.004)
lnTFP			0.004*** (0.002)	0.201** (0.004)	-0.031** (0.003)	0.137*** (0.005)	-0.034*** (0.003)
Pul	0.047*** (0.005)	-0.076** (0.024)	-0.021*** (0.003)	-0.121** (0.004)	0.061*** (0.002)	-0.084*** (0.014)	0.051** (0.024)
Lnees			-0.010*** (0.005)	0.072** (0.005)	0.003*** (0.001)	0.086** (0.006)	0.003*** (0.001)
Labthick	-0.007** (0.001)	0.021*** (0.014)	-0.013** (0.001)	0.038*** (0.019)	-0.009** (0.001)	0.033** (0.011)	-0.0087** (0.004)
Capthick	-0.034*** (0.003)	0.048** (0.013)	0.218** (0.074)	0.049*** (0.007)	-0.091*** (0.001)	0.048** (0.015)	-0.0074** (0.005)
截距项	0.047*** (0.004)	-1.284** (0.020)	0	-2.178** (0.054)	0.149** (0.008)	-2.591*** (0.057)	
一阶滞后项		1.587*** (0.0074)	0.0023** (0.0031)	1.294** (0.0074)		1.682*** (0.0086)	
Trade	0	0	0	0	1	1	1
Region	0	0		0	1	1	1
似然比卡方值		21.87 (0.000)	2873	46.98 (0.000)		46.38 (0.000)	

注:表中括号里面的值为待估指标变量的系数的标准误差值;*、**、*** 分别代表 0.1、0.05、0.01 的显著性水平。

从表 4-7 的赫克曼选择模型的回归系数的估计结果我们可以看出,通过引入一个一阶滞后项、全要素生产率、就业规模及行业和区域变量的回归结果显示,如果一个企业具有内资企业的属性,或者企业属于劳动密集型企业,或者处于不盈利状态的企业,其回归结果均显著并且回归系数为非负。因此,我们可以认为,在其他条件不变的情况下,具有这些属性的三类企业能够获得地方政府更大力度的扶贫基金的补贴。这在很大程度上体现了地方政府在提高就业水平方面所做的努力。但这些就业岗位是否以贫困群体为主要对象,仍不能说明。从另外两个指标所反映的状况来看,地方政府补贴非营利性企业或者内资企业的力度较大,这反映了地方政府为发展本地区经济而采取的保护措施,这并非是一种市场行为。

在与企业相关的解释变量中,lnTFP 与 PCC 两个指标变量的回归系数为负。这表明,在其他指标不变的情况下,受到扶贫基金资助的企业中,非扶贫龙头企业与全要素生产率较高的企业显著性地低于扶贫龙头企业及全要素生产率较低的企业。因此,结合表 4-7 的报告,我们可以看出,地方政府所补贴的企业的类型主要是非扶贫龙头企业、内资企业、非营利性企业和全要素生产率较低的企业,并且补贴力度也远高于其他类型的企业。从市场经济的视角来看,这些企业在市场经济中的竞争力低于其他类型的企业。所以,从补贴企业的类型可以看出,地方政府的扶贫基金在补贴对象和补贴力度方面均显示了其应有的功能效应,系数均为负。而只有公用事业虚拟变量指标系数为正,并通过了检验,我们才可以初步断定地方政府的扶贫基金补贴企业行为存在较为明显的样本选择性问题,即内资企业虚拟变量、非营利性企业及企业就业规模变量的系数是非负的,并通过了检验。这表明在其他情况不变的条件下,这三类企业获得地方政府扶贫基金的可能性更大,通过分析,其他指标变量也通过了检验,且系数也显著为正。

其他类型的企业也能获得较大概率的扶贫基金补贴,从整个回归模型的结果来看,“开发式”扶贫基金的流向很大程度上体现了相反的功能,即其所补贴的企业与当初的功能产生“相悖”的状况。接下来,我们采用另外的一种方法来对结果进行重新解读,即利用最小二乘法对模型(3)进行重新估计(见表 4-7 模型(4))。从估计结果可以看出,其与模型(3)并无显著性差异。

(二)“开发式”扶贫基金的流向的四大经济区域差异

本部分笔者将把企业性质、盈利状况等变量作为控制变量,来研究不同区域的企业受到扶贫基金的资助情况,研究东部省份是否要比中西部省份的扶贫基金受补贴企业更少及补贴的力度更低。根据方程(4.27)中的中国各省份哑变量的回归系数,将不同类型企业获得补贴的可能性进行估计和检验,在经验分析过程中,有一部分省份的哑变量没有通过检验。因此,笔者将其概率值设定为零。在其他影响因素不变的情况下,我们在第(一)小节得出的结论仍然成立。东部省份企业获得扶贫基金的补贴概率及补贴力度均低于中西部省份。

同样,如果把地方政府的扶贫基金补贴力度作为控制变量,并采用Probit 回归模型,模型中各指标变量的回归系数即政府扶贫基金对企业补贴力度的边际效应。这种边际效应也能很好地反映各区域的政府补贴力度,并得出同样的结论,即经济相对发达的东部省份企业受到补贴的力度和水平更低。

中国自 1978 年以来,在城乡“剪刀差”的经济发展模式的影响下,农业补贴工业、中西部地区经济发展落后于东部地区经济发展等现象构成了中国经济发展的主旋律。尽管 1999 年以来,中国政府推进区域均衡发展,使得中西部经济发展状态有所改变,但制度的“路径依赖”现象仍然非常明显。在这种背景和当前的环境下,为发展本地区经济,提高 GDP 水平,各地方政府纷纷采取适合本地状况的发展模式。因此,其愿意把更多的扶贫基金提供给投资水平较高的企业或者给予更多的优惠。

由于通常所说的内资企业包括三种类型,分别为国有企业、集体企业和私营企业。接下来,我们分别分析地方政府对于不同类型企业的扶贫基金补贴力度差异,然后进一步考察不同区域的企业受扶贫基金补贴力度是否存在所谓的“利益转移”问题。从结果来看,地方政府的扶贫基金的“瞄偏性”主要倾向于满足下列条件之一的企业,即内资企业、扶贫龙头企业、非营利性企业及全要素生产率较低的企业。接下来我们将对这四类企业进行分析。分析回归模型(4)的改变对回归模型(3)的估计结果的敏感性。我们将对回归模型(4)的解释变量做如下处理:引入一个解释变量、一个虚拟变量(行业)。其中,解释变量为劳动密集型企业变量(取其对数平方项)。用这两个变量来代替内资企业、扶贫龙头企业、非营利性企业及全要素生产率较低的企业的四个特征哑变量。

(三)不同类型内资企业受扶贫基金补贴的差异性分析

表 4-8 不同类型内资企业受扶贫基金补贴的估计结果

被解释变量	国有企业	集体企业	个体和私营企业
扶贫基金流向	0.164*** (0.002)	0.004 (0.017)	0.176** (0.201)
扶贫基金补贴力度	0.034*** (0.001)	0.008*** (0.001)	0.0072*** (0.005)

注:括号里面的值为待估指标变量的系数的标准误差值,而 *、**、*** 分别代表 0.1、0.05、0.01 的显著性水平。

表 4-8 报告了不同类型内资企业受扶贫基金补贴状况的估计结果。从表 4-8 中我们可以了解到,把其他变量作为控制变量后,“开发式”扶贫基金流向国有企业的概率及其补贴力度远大于其他类型企业。而从私营企业获扶贫基金的可能性及补贴力度可以看出,所有制性质在很大程度上影响着“开发式”扶贫基金的流向及补贴企业的力度。地方政府具有补贴国有和集体企业偏好的倾向。其背后的主要原因是地方政府仍然是以发展经济、提高 GDP 产出为目标的。由于市场化的冲击,中国目前的国有企业和集体企业的发展明显滞后于个体和私营企业。其投入—产出比(DEA)仅为 0.7473①,其产品竞争力远低于相同类型的个体和私营企业。虽然其在资本运营、技术创新、管理创新和制度创新方面远低于个体及私营企业,但是,从就业容纳能力和维持社会稳定方面来看,“开发式”扶贫基金流向这类企业的社会职能效应远大于经济职能效应。从这个意义上来说,地方政府会把更多的扶贫基金投向内资企业中的国有和集体企业,而非个体和私营企业。所以扶贫基金的这种投向未能按照经济效率的原则出发,使得基金的运用超过了当期的受益范围。

① 袁辉、戴大双:《基于 DEA 方法的国有企业效率评价与改进分析》,《大连理工大学学报》2008 年第 4 期,第 1—6 页。

(四)四大经济区域的扶贫基金补贴概率与补贴力度

为更深入地研究地方政府扶贫基金是否对内资企业的补贴更具倾向性,笔者引入了交叉项。这些虚拟变量分别为中西部区域与内资企业的交叉项和东部区域与内资企业的交叉项。然后,我们将在这两项交叉项引入模型(3),再次对模型(3)进行估计。类似地,对于扶贫龙头企业、非营利性企业及全要素生产率较低的企业的补贴概率及补贴力度的经验分析,结果如表4-9所示。

表4-9报告了扶贫基金补贴力度的决定方程的西部地区获得扶贫基金补贴力度、扶贫龙头企业、非营利性企业及全要素生产率较强企业的联合估计因子。从表4-9四大经济区域的政府扶贫基金补贴力度的差异分析可以看出,四大经济区域的政府扶贫基金的流向及对企业的补贴力度,体现了扶贫基金"扶持弱者"的功能,而从数据基变量的横向分布来看,四大经济区域的4个相关变量的联合估计系数的差异是显著的。经济和社会发展程度相对较高的东部地区联合估计值最小,而西部地区联合估计系数值最大,中部地区处于中间。这些结果表明,东部省份的扶贫基金对企业的补贴概率及补贴力度体现出"扶持强者"的特征。这偏离了扶贫基金初始的功能。而中西部省份体现了扶贫基金应有的扶贫功能。

表4-9　四大经济区域的政府扶贫基金的补贴力度差异性和基金流向的企业的决定方程估计结果

被解释变量	西部地区补贴力度	扶贫龙头企业	非营利性企业	全要素生产率
西部地区	0.030*** (0.004)	−0.032** (0.007)	0.029** (0.001)	−0.049*** (0.002)
中部地区	0.024*** (0.003)	−0.025*** (0.007)	0.023*** (0.001)	−0.026** (0.005)
东部地区	0.007** (0.005)	−0.007*** (0.001)	0.0053** (0.001)	−0.021** (0.002)
企业规模交互项	0.022*** (0.003)	−0.012** (0.002)	0.020** (0.001)	−0.031*** (0.004)

续表

被解释变量	西部地区补贴力度	扶贫龙头企业	非营利性企业	全要素生产率
39 个行业哑变量	0.022 *** (0.003)	−0.012 *** (0.002)	0.020 *** (0.001)	−0.01 ** (0.004)

注:括号里面的值为待估指标变量的系数的标准误差值,而 * 、** 、*** 分别代表 0.1、005、0.001 的显著性水平。

(五)赫克曼两阶段选择模型及结果分析

在第二部分分析中,我们了解到方程(4.26)与方程(4.27)之间最大的区别在于,方程(4.27)中含有 F_{it}^{sl} 的一阶滞后项 F_{it-1}^{sl} 。接下来我们再对(4.27)式进行变形,并采用新的估计方法对其系数进行估计。我们采用了赫克曼二阶段 ML 估计方法,改变方程(4.27)中的解释变量对模型(3)进行重新估计。笔者采用 Levinsohn(2003)的做法①,在方程(4.27)中加入企业就业规模变量的交互项,克服以往研究假定模型的线性问题,同时参照邵敏等(2001)的做法②,用 39 个行业的哑变量来代替方程(4.27)中的行业特征哑变量。估计的结果如表 4-9 下半部分所示(仅列出了 4 个关键性的变量)。

通过表 4-9 的下半部分数据可以看到,上述两个变量替代原先变量后,方程(4.26)中的四个变量的结果没有显著性的不同。因此,可以认为,前面第(二)、(三)小节的经验分析结果没有因为不同的解释变量而发生改变。第二行的相关数据,用企业规模交互项来代替起初变量后,方程(4.27)中变量补贴力度的回归系数为-0.075,在 0.01 的水平上通过了检验,解释变量企业规模的交互项回归系数为 0.023,在 0.01 的水平上通过了检验,认为加入非线性项来估计企业规模对其获得扶贫基金补贴的可能性是合理的。所以,企业规模对企业获得补贴的可能性具有显

① Levinsohn, J., Petrin, A.(2003),"Estimating Production Functions Using Inputs to Control for Unobservables", *Review of Economic Studies*, 70, pp.317-342.

② 邵敏、包群:《地方政府补贴企业行为分析》,《世界经济文汇》2011 年第 1 期,第 56—72 页。

著的正向效应。这与模型(3)的估计结果是一致的。

五、结论

利用2008—2010年4851个企业时间序列数据,并从“开发式”扶贫基金流入补贴企业的概率及补贴力度的视角做了经验分析。鉴于地方政府扶贫基金投入对象的差异性,导致其对企业补贴的选择性,引入了赫克曼选择模型进行经验分析,得出了采用不同解释变量状况下的差异化的结论。

首先,地方政府扶贫基金补贴概率及补贴力度显示了其应有的职能效应。在受补贴的企业中,地方政府重点扶持的企业类型是内资企业、扶贫龙头企业和全要素生产率较低的企业。赫克曼选择模型的一阶段二元回归模型的估计结果显示,地方政府对非扶贫龙头企业、资本密集型企业和全要素生产率较高的企业给予了更高的补贴概率和补贴力度,引发了“利益转移”问题。从政府的角度出发,其选择的企业补贴类型主要是内资企业、非营利性企业和劳动密集型企业。这充分体现了政府为提高本地经济水平、提升GDP产出而做出的干预经济的行为。

其次,地方政府在选择补贴企业的类型时,更倾向于补贴内资企业,从内资企业的性质来看,其内部亦有差别。地方政府的扶贫基金流向及补贴的力度均倾向于国有企业和集体企业,而流向个体企业和私营企业的可能性及补贴力度均较低。从各区域地方政府扶贫基金流向及补贴力度来看,东部地区与中西部地区的补贴状况体现出“苦乐不均”的显著性差异。中西部省份更多地体现了扶贫基金应有的职能效应,而东部省份的地方政府的扶贫基金,对企业的支持概率和支持力度出现了“利益转移”的现象。

扶贫基金的功能不仅仅是发展当地经济,提高GDP产出,另外一个重要的职能就是为中低收入群体提供更多的就业岗位,促进当地社会稳定。但地方政府往往把这两种功能“一元化”,特别是在东部省份,完全以提高GDP为首要目标。那么,扶贫基金便更多地流向了一些全要素生产率较高的企业、资本密集型企业,政府会对这些企业长期注入扶贫基金。

鉴于此,笔者认为,要使“开发式”扶贫基金不产生“瞄偏”及“利益转移”问题,地方政府干预的重心应倾向于劳动密集型企业、以中低收入群体为主的扶贫龙头企业。这样,才能提高中低收入者的平均收入,发挥“开发式”扶贫基金的原生性功能。

5

家庭禀赋、社会资本与农村老年贫困研究*

刘昌平　汪连杰

* 本部分系北京化工大学引进人才项目“社会养老保险关系转续机制研究——基于既得受益权理论”（buctrc201805）的研究成果。

5.1 绪 论

5.1.1 研究背景与文献述评

现阶段，中国正处于全面建成小康社会的关键时期，从中央到地方，推进精准扶贫、促进共同富裕成为各项工作的重中之重。早在2013年，习近平总书记在湖南考察时就提出了"精准扶贫"的重要思想；2014年，习近平总书记参加两会时进一步阐释了精准扶贫理念：瞄准扶贫对象，实施精准扶贫，进行重点施策。党的十八届五中全会后的第一个中央工作会议就以"反贫困"为主题，"十三五"规划把"精准扶贫""精准脱贫"作为"十三五"时期工作的重要目标。党的十九大更是提出"让贫困人口和贫困地区同全国一道进入全面小康社会，坚决打赢脱贫攻坚战"的新任务、新要求。当前，人口老龄化已成为我国人口的重要特征之一。据国家统计局数据显示，截至2016年，我国60岁以上老年人口已达到2.31亿，占总人口的16.7%。预测到2050年，我国60岁以上老年人口占总人口比重将达到34.9%，届时中国将步入深度老龄化阶段。[①] 在此背景下，易患病老年人群的医疗需求较大，老年人医疗支出占我国医疗支出的比例不断提高，老年人"因病致贫"和"因病返贫"现象频发。此外，长期的低生育率、死亡率的快速下降和人均预期寿命的不断延长，使老年群体成为"精准扶贫"工作的重要对象。有学者指出，年龄与贫困发生率呈现U形关系，到达中年以后，随着年龄的增长，贫困发生率在提高[②]。受身体机能逐渐下降的影响，老年人在心理状态、生理健康、经济条件和适应能力等方面均处于劣势。受城乡"二元"结构

① 田北海、王彩云：《城乡老年人社会养老服务需求特征及其影响因素——基于对家庭养老替代机制的分析》，《中国农村观察》2014年第4期，第2—17页。

② 王小林：《贫困测量理论与方法》，社会科学文献出版社2012年版，第72页。

的影响,在我国2亿多的老年人口中,有超过50%的老年人生活在经济发展较为落后的农村地区,加上农村地区经济发展相对落后、人均收入水平低以及社会保障制度不健全等一系列因素的影响,从而使农村老年群体成为贫困人口中一个不容忽视的群体。因此,系统地了解农村老年贫困的发生机制和影响机制,有针对性地进行"精准扶贫",是下一步需要解决的关键问题。

长期以来,老年人贫困治理都是一项世界性难题,受到了国内外社会各界的广泛关注。第二届世界老龄大会通过了《政治宣言》和《2002年老龄问题国际行动计划》,明确提出一个基本目标,就是要"反老年贫困",并以消除老年贫困作为最终目标,要求联合国各成员国到2015年将极度贫困的老年人口比例下降一半①。国外学者关于老年贫困的研究由来已久,早在20世纪初,英国学者朗特里(Rowntree)就提出了贫困生命周期理论:个人在生命周期内的贫困发生率呈W形曲线变动,孩童时期、初为父母时期和老年时期是贫困风险最高的三个时期②。老年时期是整个生命周期中贫困风险最高的阶段之一③。随着研究的深入,人们对于贫困的关注也开始由传统的基于收入的单一维度拓展到多个维度。多维贫困的核心观点是,人的贫困不仅仅是收入上的贫困,还包括健康、心理、生活状态等其他指标上的贫困及主观感受的贫困等④。

国内学者关于老年人贫困方面的研究相对滞后。目前来看,国内学者关于老年人贫困的研究主要集中在三个方面:我国贫困老年人的具体数量、生存现状及贫困治理机制。首先,部分学者基于恩格尔系数、贫困收入线法和主观感知法测算了我国老年贫困人口数,但由于测量标准的不一致和测量过程的复杂性,老年贫困人口的具体数量还没有定论。于学军(2003)通过主观感知法对老年贫困人口数量进行测算得出,中国老

① 穆治锟:《老年贫困:老龄化的人道主义危机》,《世界知识》2004年第17期,第25页。

② Rowntree, B.S., *Poverty: A Study of Town Life*, Bristol: Policy Press, 1901, p.328.

③ Merton, Robert K., *Social Theory and Social Structure*, New York: Free Press. 1968, p.223.

④ 王小林、S.Alkire:《中国多维贫困测量:估计和政策含义》,《研究报》2009年第1期,第67页。

年贫困人口约为4285万人,城市大约有20%的老年人生活在贫困之中[①]。乔晓春(2005)以绝对贫困的标准对我国老年贫困人口进行测算,得出全国老年贫困人口总数为2275万人,其中城市老年贫困人口总量为666万,农村为1609万[②]。杨立雄(2011)以城市和农村两条最低生活保障线为标准,测算出中国老年贫困人口约为1800万,其中农村老年贫困人口数量约为1400万,占老年贫困人口总数的78%[③]。朱晓等(2017)基于中国老年社会追踪调查数据指出,全国低于国内低保线的老年人口为5576万,相对贫困老年人口在7698万—8959万之间[④]。其次,有学者基于理论和实践层面探讨了贫困老年人的生活现状。李若建(2000)指出,城市低收入群体是贫困人群的重要组成部分,低收入老年人不仅经济比较困难,而且在获得医疗保障方面也存在一系列问题[⑤]。徐勤(2005)认为,随着经济社会的发展,老年人的生活水平不断提高,但是仍然有部分老年人生活在贫困线以下,这部分老年人需要政府提供基本的生活援助[⑥]。王小林等(2012)则从老年人主观福利的角度,实证研究了我国老年人贫困状态,他认为老年贫困不仅仅指收入上的贫困,主观福利贫困同样是老年人贫困的主要内容[⑦]。韩华为等(2017)认为,传统的收入贫困测量手段并不能准确识别出实际经历物质剥夺的农村贫困老年人,物质剥夺是农村老年人绝对贫困的形成机制,且农村老年人在住房和医疗两个维度的剥夺比例最高[⑧]。除此之外,针对现阶段存在的老年贫困问题,

① 于学军:《老年人口贫困问题研究》,中国标准出版社2003年版,第134—135页。

② 乔晓春等:《对中国老年贫困人口的估计》,《人口研究》2005年第2期,第8—15页。

③ 杨立雄:《中国老年贫困人口规模研究》,《人口学刊》2011年第4期,第37—45页。

④ 朱晓、范文婷:《中国老年人收入贫困状况及其影响因素研究——基于2014年中国老年社会追踪调查》,《北京社会科学》2017第1期,第90—99页。

⑤ 李若建:《大城市低收入老人群体状况分析》,《人口与经济》2000年第2期,第35—39页。

⑥ 徐勤、魏彦彦:《从社会性别视角看老年贫困》,《市场与人口分析》2005年第S1期,第99—109页。

⑦ 王小林、尚晓援、徐丽萍:《中国老年人主观福利及贫困状态研究》,《山东社会科学》2012年第4期,第22—28页。

⑧ 韩华为、高琴、徐月宾:《农村老年人口绝对贫困及其影响因素——物质剥夺视角下的实证研究》,《人口与经济》2017年第5期,第70—83页。

部分学者提出了相应的治理路径。王小龙和唐龙(2012)[①]、刘生龙和李军(2012)[②]都指出,农村家庭养老条件变化是发生老年贫困的主要诱因,应该在构建老年能力贫困治理制度体系的基础上,加强农村地区健康基础设施建设和医疗保障投入。仇凤仙、杨文健(2014)则认为,农村老年贫困被多种因素形塑成一个特殊的场域,因此,破解农村老年贫困场域是当前破解农村老年贫困问题的重要突破口[③]。王三秀(2016)基于积极老龄化理念指出,老年贫困治理应该坚持能力贫困治理的理念,构建老年能力贫困治理制度体系,并建立健全老年人能力贫困治理的具体制度机制[④]。乐章、刘二鹏(2016)利用中国老龄健康影响因素跟踪调查(CLHLS)数据指出,应该把提高家庭保障能力和社会福利项目作为防止农村老年人陷入贫困状态的政策选择[⑤]。柳如眉、柳清瑞(2016)基于德国的数据研究表明,中国应该通过完善多支柱模式,建立健全老年社会救助制度以有效规避老年贫困风险[⑥]。

通过上述文献梳理可以发现,国内外学者针对老年贫困问题进行了大量研究,国外学者研究主要集中于老年贫困的理论层面,国内学者的研究主要集中于中国老年贫困人口的规模及其生存现象。总体而言,学者们的研究还存在三个问题。第一,普遍侧重于老年群体经济维度贫困的研究,对于贫困的研究缺乏系统的、多维度的综合考量。鲜有学者对老年人的健康贫困和精神贫困问题进行研究。第二,现有学者关于老年贫困

① 王小龙、唐龙:《家庭养老、老年贫困与农村社会养老保险的角色定位》,《人文杂志》2012 年第 2 期,第 132—139 页。

② 刘生龙、李军:《健康、劳动参与及中国农村老年贫困》,《中国农村经济》2012 年第 1 期,第 56—68 页。

③ 仇凤仙、杨文健:《建构与消解:农村老年贫困场域形塑机制分析——以皖北 D 村为例》,《社会科学战线》2014 年第 4 期,第 173—178 页。

④ 王三秀:《积极老龄化与我国老年贫困治理路径新探索》,《江淮论坛》2016 年第 1 期,第 132—137 页。

⑤ 乐章、刘二鹏:《家庭禀赋、社会福利与农村老年贫困研究》,《农业经济问题》2016 年第 8 期,第 63—73 页。

⑥ 柳如眉、柳清瑞:《人口老龄化、老年贫困与养老保障——基于德国的数据与经验》,《人口与经济》2016 年第 2 期,第 104—114 页。

治理的研究，或进行理论探讨，或进行实证分析，缺乏基于理论基础的实证研究。第三，仅有少数学者对老年贫困的影响机制进行了研究，并没有形成系统的研究框架。因此，通过多维度考量农村老年群体贫困问题，并将理论和实证相结合，从而构建系统的治理框架是下一步研究中需要解决的重要问题。

5.1.2 理论依据与研究框架

步入迟暮之年的农村老年人，在生活照料、医疗护理和精神慰藉等方面面临诸多困难和风险。因此，老年人陷入贫困的"脆弱性"使得解决这一问题需要制度化和非制度化的规避措施介入。"脆弱性"（Vulnerability）原意是指个体系统因对外界变动的高度敏感或因缺乏相应的抵抗力和恢复力而遭受"潜在损失"或"敏感性损伤"，造成自身系统和功能结构发生改变的内在属性[①]。老年人老化的过程，同样是身体机能下降、社交逐渐缩小和娱乐活动减少的过程。对于农村老年人而言，随着年龄的增加，其生理特征、家庭角色和社会阶层等属性均决定了贫困问题的发生率具有较强的脆弱性特征。基于以上分析，笔者认为阿玛蒂亚·森的可行能力剥夺理论和福利多元主义理论能够为我们理解和分析农村老年人贫困问题提供理论指导。阿玛蒂亚·森的可行能力剥夺理论指出，可行能力是衡量个体福利或贫困程度的核心指标。从动态发展的角度看，个体的福利或贫困并不能仅仅从消费或收入一个维度进行测量，而需要从可行能力和自由的多个维度进行考察[②]。因此，对于老年贫困的测量同样不能仅仅从消费或收入等单一维度进行，需要从可行能力和自由等多个维度进行考察。老年贫困不仅指收入上的贫困，它同样包括身体、精神和心理上的完好程度，对于农村老年贫困的界定同样需要从收入贫困、精神贫困和健康贫困三个方面衡量。

早在公元前，古希腊哲学家柏拉图在其《理想国》中就对理想社会进

① 李鹤、张平宇、程叶青：《脆弱性的概念及其评价方法》，《地理科学进展》2008年第2期，第18—25页。

② Sen, A., *Development as Freedom*, New York: Alfred A.Knopf, Inc., 1999, p.43.

行了憧憬,而现代意义上的福利国家制度开端的标志是德国俾斯麦政府1883年推行的社会保险制度[①]。第一次世界大战以后,很多西方国家纷纷效仿德国建立了社会保障制度。1935年,美国通过《社会保险法案》,建立了社会保障制度。这使得国家对于社会公民的福利责任得到了世界范围内的承认,福利国家制度正式建立。20世纪中期,随着资本主义经济的发展,福利国家得到了一定程度的扩张,社会福利制度无论是保障水平还是保障范围都得到了普遍提高。1942年,英国工党坚持要对社会政策予以特别关注,《贝弗里奇报告》的发表,标志着英国建立了覆盖所有人的从摇篮到坟墓的福利国家制度。继英国之后,瑞典、芬兰、挪威、法国等西欧国家纷纷建成福利国家。20世纪70年代,资本主义世界爆发了石油危机,社会成员对于社会福利的要求提高,社会保障支出增加,福利国家体制难以维持,于是一些国家开始改革福利国家体制,降低社会保障的支出水平,强调福利供给的多元化,福利国家体制出现一定程度的衰落。

基于西方的福利危机,1986年,罗斯最先提出福利组合理论,将家庭、市场和国家作为社会总体福利的提供者,社会福利等于三个部分的福利加总。1987年,约翰逊在罗斯研究的基础之上,在福利组合理论中加入了志愿者部门,他认为社会福利提供的部门包括四个部分:国家部门、商业部门、志愿部门和非正规部门。在这个福利多元部门的结构下,分权和参与是实现社会福利多元化的途径。福利多元组合的理论研究中,不同的理论研究者强调提供福利的侧重点不同。约翰逊强调,在福利多元组合框架中,政府的支配作用应该降低,且不应该成为唯一的福利提供者。同时,社会福利的提供者将从一个由垄断性的组织主导的局面变成多样化和充满竞争的局面[②]。伊瓦思(Evers)发展了罗斯的多元组合理论,提出了福利三角的概念,将家庭、市场和国家一起作为提供福利的三角,并且提出,三角提供福利的价值内涵是不一样的(见表5-1)。市场

① 夏淑梅、罗遐:《社会保障概论》,安徽大学出版社2005年版,第25页。

② Johnson, N., *The Welfare State in Transition: The Theory and Practice of Welfare Pluralism*, Brighton (England): Wheat sheaf, 1987, p.35.

提供的是正式的社会福利，它体现的是作为福利需求的行动者的自由选择。国家提供的是一种公共的社会福利，这种社会福利具有一定的群体性，体现了平等和权利保障的价值；而家庭提供的是一种非正式的社会福利，这种福利体现了人际之间的团结关系。

表 5-1 伊瓦思的福利三角：组织、价值和关系

福利三角	组织	价值	关系
市场	正式的	选择自由	行动者和市场的关系
国家	公共的	平等保障	行动者和国家的关系
家庭	非正式	团结共有	行动者与社会的关系

资料来源：Evers, A., "Shifts in the Welfare Mix: Introducing a New Approach for the Study of Transformations in Welfare and Social Policy," Adalbert Evers, Helmut Wintersberger, *Shifts in the Welfare Mix*, Frankfurt: Campus Verlag, 1988.

社会福利的来源是多样的，虽然福利三角提供的福利的价值不同，但是这三种福利能够为行动者提供较为完善的福利供给，国家、市场和家庭之间提供的福利可以互相补充，相互支撑和相互作用。家庭福利是行动者最直接的福利来源，而国家提供的公共福利是基础保证，市场提供的福利能够满足多元化的福利需求，如图 5-1 所示。

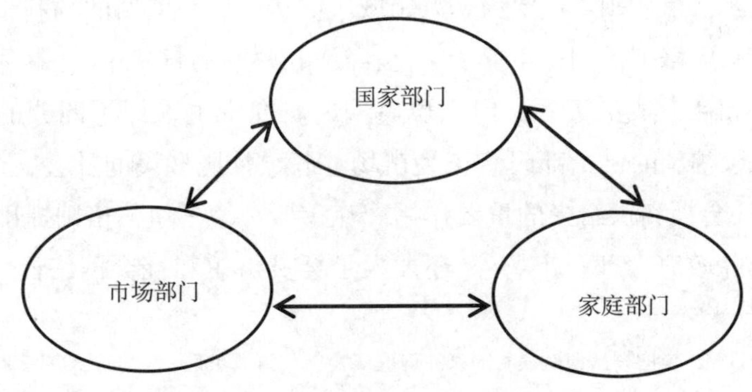

图 5-1 福利三角模型

阿布瑞汉森、伊瓦思和约翰逊将福利多元组合的分析归入福利多元主义理论。[①]。福利多元主义理论强调在福利国家危机的情况下，通过部门改革，将以国家为主的福利提供变为多元化的福利提供，使福利供给的来源多元化，并充分肯定国家在社会福利提供方面的重要作用，但是并不是唯一的来源，市场、家庭和国家都要提供福利，用公式表示为：TWS = H+M+S，其中，TWS 表示社会总福利，H 是家庭提供的福利，M 是市场提供的福利，S 是国家提供的福利[②]。基于三个部分的相互合作，在不同社会成员的参与下，重视家庭、社区等非正式组织的作用。在西方福利危机的年代，不少学者采用福利多元主义理论进行他们的研究，该公式是对福利三角范式的最好表述，福利三角范式的完善和发展为福利多元主义理论的提出及应用奠定了基础。

基于罗斯的福利多元组合理论和福利三角范式，一些学者进一步认识到，社会福利的提供并非只有家庭、市场和政府三个部门，社会福利的来源应该多元化，因此，福利多元主义的思想在社会政策领域得到了广泛关注，于是出现了福利多元主义的三分法、四分法等。1978 年，英国学者沃尔芬德在研究中首先提出了福利多元主义的概念，并且主张在福利三角范式中加入志愿者部门，从而构成四维福利提供主体。约翰逊也主张采用四分法的方法，强调福利多元主义的含义就是福利来源的非垄断性。吉尔伯特则丰富了社会市场和经济市场的福利供给，认为，社会市场领域主要为公共领域，而经济市场领域主要为私人领域。伊瓦思认为罗斯的福利组合理论过于简单，应该把福利三角置于文化、经济和政治的背景中，并具体化为组织、价值和社会成员关系。伊瓦思后期的研究中也采用了四分的分析方法，将社会福利的供给部门修正为市场、国家、社区和民间社会，强调民间社会在社会福利供给中的重要作用。克雷斯·德·纽伯格则提出了福利五边形，除政府、家庭、市场外，还加入了会员组织和社会网络[③]。福利多

① 王彩波、李艳霞：《西欧福利国家的理论演变与政策调整》，《教学与研究》2003 年第 11 期，第 27 页。

② 彭华民等：《西方社会福利理论前沿》，中国社会出版社 2009 年版，第 18 页。

③ 克雷斯·德·纽伯格：《福利五边形和风险的社会化管理》，《社会保险研究》2003 年第 12 期，第 27—39 页。

元主义突破了国家或者市场主导福利供给的范式，寻求福利国家未来发展的有效途径。基于学者们的研究，可以将福利三角范式中的表达公式 TWS=H+M+S 发展为 TWS=H+M+S+V。其中，TWS、H、M、S 的含义不变，而 V 代表志愿者部门，主要指由民间社会中的非营利组织和中介组织提供的社会福利。由此可以构建出社会福利的四维供给模式，社会总福利的提供主体主要分为家庭、市场、国家和社会四个部门。国家代表公共部门的福利供给，体现国家的社会责任，目标是为最广大的社会成员提供基础的制度保障；市场为经济领域，体现效率优先的原则，目标是为社会成员提供多样性的可供选择的社会福利；家庭为非正式部门，体现的是个人对于社会福利的责任，目标是为社会成员提供直接的家庭福利；而社会作为志愿者部门，体现的是社会的团结和互助，目标是为社会成员提供补充性的志愿服务。各部门主体之间相互合作，相互融合，从而为社会成员提供更加全面的社会福利。

事实上，在中国的语境下，“家庭养老”一直都是中国传统养老的基本特征，子女供养事实上成为农村老年人步入晚年之后最主要的收入来源。因此，家庭逐渐成为缓解老年群体陷入贫困的最主要的部门之一。而随着经济社会的发展，以政府部门为主的公共部门长期以来一直致力于农村社会保障制度的建立和完善，进入 21 世纪以来，在传统农村最低保障制度和五保供养制度的基础上，逐渐建立和完善了农村新型合作医疗制度和社会养老保险制度，并大力发展农村社会福利和社会救助事业，对于缩小城乡差距，提高农村弱势群体的收入水平发挥了重要作用。除此之外，随着市场经济的发展，以商业保险公司为主的市场主体在农村地区业务发展较快，逐渐成为农村养老最重要的补充方式之一。基于此，本文通过运用阿玛蒂亚·森的可行能力剥夺理论和福利多元主义理论，试图构建农村老年贫困问题的分析框架。

农村老年人的内部结构风险和外部结构风险共同组成了老年人贫困发生的脆弱性。外部结构风险主要包括人口结构的转变和经济社会的转型，而内部结构风险主要包括身体机能的逐渐下降和健康风险的威胁。农村老年贫困问题的影响因素主要包括家庭禀赋和社会资本两类变量。

家庭禀赋主要指的是子女数量、家庭收入、子女供养等家庭禀赋资源。而关于社会资本,目前还没有一个统一的、权威性界定。根据世界银行社会资本协会(the World Bank's Social Capital Initiative)的界定,社会资本指的是个体在社会结构中所拥有的资源总和,包括个体与个体的关系、个体与群体的关系、个体与国家和社会的关系等①。基于此,本文把政府部门、市场部门和社会部门为农村老年人所提供的福利作为衡量社会资本的主要维度。政府部门考察政府制定的社会保障制度,市场部门主要考察农村老年人购买的商业保险,社会部门主要从农村老年人的社交网络、经济地位和社会阶层等方面进行考察。而对于农村老年人贫困维度的考察,本文将老年人贫困操作化为经济贫困、健康贫困和精神贫困三个方面,实证分析家庭禀赋、社会资本对农村老年人贫困的影响效应,以避免单一维度考察带来的研究偏误。

5.2 数据来源、变量界定与模型构建

5.2.1 数据来源

本文所用数据来源于中国人民大学社会学系与香港科技大学社会科学部合作主持的中国综合社会调查项目(China General Social Survey, CGSS)2015 年的调研数据。该项目以中国社会结构的演变为核心,使用统一的、持续性的全国问卷调查,来揭示社会结构的变化和社会矛盾。本文使用 CGSS 的调研数据主要基于以下两点:第一,CGSS 中有涉及农村老年贫困的相关变量,并且包含个人特征、家庭特征和社会经济状况等具体信息,这与本文的研究内容相契合;第二,该项调查采用分层四阶段概

① 林南:《社会资本:关于社会结构与行动的理论》,张磊译,上海人民出版社 2005 年版,第 231 页。

率抽样方法，以全国（含22个省、4个自治区、4个直辖市，不含西藏自治区、港澳台）的2798个区县人口为调查总体，具有较好的代表性，是目前学术界公认的具有科学研究价值的权威数据。该项目实际完成样本量为11438个，本文研究对象为60岁以上的农村老年群体，经过筛选、剔除缺乏相关变量的样本，得到有效样本1583个。

5.2.2 变量界定

一、农村老年贫困

本文采取多维分析的方法，将农村老年贫困分为经济贫困、健康贫困和精神贫困三个维度。（1）经济贫困。采用问卷中"您个人全年总收入为?"作为衡量农村老年人经济贫困的主要变量，并以2015年国家农村贫困线年均纯收入2800元为标准，低于这一标准为经济贫困，高于这一标准为非经济贫困。（2）健康贫困。采用问卷中"您觉得目前的身体健康状况是?"作为衡量农村老年人健康贫困的主要变量。（3）精神贫困。采用问卷中"在过去的四周中，您感到心情抑郁或沮丧的频繁程度是?"作为衡量农村老年人精神贫困的主要变量。农村老年人关于这三个维度贫困的回答，陷入贫困取值为1，没有陷入贫困取值为0。样本数据显示，我国农村老年人陷入经济贫困的比例为49. 3%；陷入健康贫困的比例超过50%，高达59. 4%；陷入精神贫困的比例为42. 6%。总体而言，我国农村老年人贫困现状形势严峻，不容乐观。

二、家庭禀赋

家庭禀赋是指以家庭成员为主的整个家庭系统拥有的能力或资源总和，主要包括人力资本、社会资本和经济资本等。对于农村老年群体而言，家庭禀赋对缓解农村老年贫困具有重要影响。基于此，本文将从家庭规模、家庭收入、子女数量和子女供养共四个层面对农村老年人家庭禀赋进行衡量。在CGSS问卷中，分别采用"与您同住的家庭成员有几人?""您全家的全年总收入是?""您的子女数量?"和"子女是否负责您的养老问题?"作为衡量家庭禀赋的主要变量。表5-1数据显示，与农村老年人同住的家庭成员数约为3人，子女数量约为3人，子女对农村老年人进行供养的比例为54.1%。

表5-1　变量定义及描述性统计分析

变量名称	项目	变量描述	均值	标准差
贫困维度	经济贫困	是=1,否=0	0.493	0.500
	健康贫困	是=1,否=0	0.594	0.491
	精神贫困	是=1,否=0	0.426	0.495
家庭禀赋	家庭规模	与老年人同住的家庭成员数量	2.566	1.402
	家庭收入	家庭全年总收入(取对数)	9.494	1.312
	子女数量	老年人儿子和女儿的总数	2.922	1.514
	子女供养	经常=1,不经常=0	0.541	0.498
社会资本	基本养老保险	参加=1,没有参加=0	0.763	0.425
	基本医疗保险	参加=1,没有参加=0	0.925	0.264
	商业养老保险	参加=1,没有参加=0	0.013	0.112
	商业医疗保险	参加=1,没有参加=0	0.012	0.109
	社交网络	频繁=1.不频繁=0	0.511	0.500
	经济地位	高于平均水平=1,低于平均水平=0	0.527	0.499
	社会阶层	1等于最低层,10等于最高层	4.046	1.669
控制变量	年龄	老年人实际年龄	68.778	7.031
	性别	男=1,女=0	0.487	0.500
	婚姻状况	有配偶=1,无配偶=0	0.743	0.437
	受教育水平	老年人实际受教育年限	3.653	3.695

注:小数点后的数字采用四舍五入。

三、社会资本

目前来看,学者关于“社会资本”一词并未形成统一的、规范性的界定。赵延东、洪岩璧(2012)以“社会网络资本量”作为衡量社会资本的主要变量①。还有学者以“礼金数目”作为衡量社会资本的主要变量②③,或从“朋友问候次数”和“相互帮助投资数”两个方面进行衡量④。本文认为,现有学者关于“社会资本”的界定过于片面化,社会资本是一个较为宽泛的概念,它包括个体在社会结构(家庭、社会和政府等)中所拥有的资本综合。本文主要从政府、市场和社会三个层面所拥有的资本进行考察。政府层面所享有的资源主要从养老保险和医疗保险两个方面进行考察。采用问卷中“您是否参加了农村基本养老保险?”和“您是否参加了新型农村合作医疗保险?”作为主要变量。市场层面拥有的资本主要从商业医疗和养老保险两个方面进行考察。采用问卷中“您是否参加了商业养老保险?”和“您是否参加了商业医疗保险?”两个变量进行考察。社会层面所拥有的资本主要从农村老年人的社交网络、自评家庭经济地位和社会阶层几个方面进行考察。样本数据显示,农村老年人基本医疗保险和养老保险的参保率分别为92.5%和76.3%;商业医疗保险和养老保险的参保率较低;社交频繁和经济地位高于平均水平的农村老年人比例超过50%,自评社会阶层处于中等偏下水平。

四、控制变量

除家庭禀赋、社会资本变量外,本文还选取了农村老年人的年龄、性别、婚姻状况和受教育水平作为本文研究的控制变量。表5-1显示,我国农村老年人平均年龄为69岁;农村女性老年人比例略高于男性老年

① 赵延东、洪岩璧:《社会资本与教育获得——网络资源与社会闭合的视角》,《社会学研究》2012年第5期,第47—69页。

② 周广肃、樊纲、申广军:《收入差距、社会资本与健康水平——基于中国家庭追踪调查(CFPS)的实证分析》,《管理世界》2014年第7期,第12—21页。

③ 刘一伟、汪润泉:《收入差距、社会资本与居民贫困》,《数量经济技术经济研究》2017年第9期,第75—92页。

④ 武岩、胡必亮:《社会资本与中国农民工收入差距》,《中国人口科学》2014年第6期,第50—61页。

人;有配偶的农村老年人比例高达 74.3%;平均受教育年限仅为 3.6 年。

5.2.3 模型构建

由于本文的被解释变量——农村老年人的经济贫困、健康贫困和精神贫困均为取值分“1”或“0”的二元选择变量,故可以采用 Logistic 模型对此类定性变量展开回归分析。因此,通过构建二元 Logistic 模型分析农村老年人陷入贫困的影响因素,将陷入贫困定义为“ $Y = 1$”,将没有陷入贫困定义为“ $Y = 0$”。基于此, Y 的分布函数为:

$$f(y) = p^{x} \, (1 - P)^{y} \tag{5.1}$$

构建的二元 Logistic 模型,取值区间为[0,1],模型构建的具体形式为:

$$p_i = F\left(\alpha + \sum_{j=i}^{n} \beta_j x_j\right) = \frac{1}{1 + (\alpha + \sum_{j=i}^{n} \beta_j x_j)} \tag{5.2}$$

(5.2)式中, p_i 为陷入贫困的概率, α 为常数项, x_j 为影响农村老年人陷入贫困的自变量, β_j 为自变量的回归系数,农村老年人陷入贫困的概率与没有陷入贫困的概率比值 $\frac{p_i}{1 - p_i}$ 为事件发生比,用对数形式变换方程式,可以把 Logistic 函数线性化,线性化的 Logistic 模型为:

$$\ln\left(\frac{P_i}{1 - p_i}\right) = \alpha + \sum_{j=i}^{n} \beta_j x_j \tag{5.3}$$

5.3 家庭禀赋、社会资本对农村老年贫困影响的实证分析

5.3.1 基本结果分析

研究采用逐步回归的方法,通过三组回归模型,实证考察了家庭禀赋、社会资本对农村老年贫困的影响效应,具体结果如表 5-2 所示。

表 5-2 家庭禀赋、社会资本对农村老年贫困影响的模型回归结果

变量名称	模型 1 经济贫困	模型 1a 经济贫困	模型 1b 经济贫困	模型 2 健康贫困	模型 2a 健康贫困	模型 2b 健康贫困	模型 3 精神贫困	模型 3a 精神贫困	模型 3b 精神贫困
家庭规模	-0.357*** (8.08)	-0.348*** (7.40)	-0.330*** (8.39)	-0.019 (-0.49)	-0.013 (-0.31)	-0.014 (-0.31)	0.018 (0.46)	0.025 (0.58)	0.021 (0.48)
家庭收入	-0.214*** (-12.03)	-0.294*** (-10.45)	-0.216*** (-10.13)	-0.150*** (-3.47)	-0.042 (-0.87)	-0.032 (-0.64)	-0.165*** (-3.83)	-0.015 (-0.31)	-0.019 (-0.39)
子女数量	-0.128*** (3.49)	-0.146*** (3.61)	0.039 (0.83)	-0.038* (1.06)	-0.076* (1.93)	0.046 (1.07)	-0.007* (-0.47)	0.039 (0.34)	0.048 (1.10)
子女供养	-0.207* (1.85)	-0.208* (1.72)	-0.266** (2.08)	-0.150* (-1.41)	-0.149 (-1.30)	-0.142 (-1.23)	-0.050* (-0.47)	0.039 (0.34)	0.053 (0.45)
基本养老保险		-0.181** (-1.25)	-0.097** (-0.63)		-0.132 (-0.94)	-0.106 (-0.75)		-0.214 (-1.53)	-0.22 (-1.57)
基本医疗保险		-0.270** (-2.41)	-0.159** (-1.40)		-0.016** (-0.07)	-0.022** (0.10)		-0.230 (1.00)	-0.234 (1.01)
商业养老保险		-0.967 (-1.23)	-0.206 (-1.44)		-0.448 (-0.69)	-0.433 (-0.67)		-0.216 (-0.31)	-0.214 (-0.31)
商业医疗保险		0.513 (0.75)	0.527 (0.76)		-0.382 (-0.63)	-0.433 (-0.71)		0.584 (0.94)	0.546 (0.87)
社交网络		0.014 (0.11)	0.069 (0.54)		-0.069 (-0.60)	-0.058 (-0.51)		-0.269** (-2.32)	-0.253** (-2.17)
经济地位		-0.126 (-0.94)	-0.096 (-0.67)		-0.289*** (-5.34)	-0.292*** (-5.33)		-0.250*** (-5.79)	-0.264*** (-5.86)
社会阶层		-0.130*** (-3.21)	-0.143*** (-3.35)		-0.067* (-1,74)	-0.068* (-1.77)		-0.167*** (-4.22)	-0.171*** (-4.29)
年龄			0.062*** (5.66)			0.015 (1.56)			-0.007 (-4.29)
性别			-0.107*** (-8.45)			-0.310*** (-2.62)			-0.244** (-2.03)
婚姻状况			-0.394** (-2.54)			0.083 (0.58)			-0.042 (-0.29)
受教育水平			-0.019 (-1.05)			0.005 (0.34)			0.022 (1.34)
N	1516	1350	1350	1516	1350	1350	1516	1350	1350
Pseudo R2	0.0985	0.1133	0.1886	0.0099	0.0364	0.0413	0.0080	0.0583	0.0615

注：*、** 和 *** 分别表示在 10%、5%和 1%的水平上显著。

家庭禀赋方面,家庭规模在 1%的统计水平上显著对农村老年人经济贫困产生负向影响,且在三个回归模型中得到验证。一直以来,家庭养老都是中国传统养老最主要的养老方式,家庭成员越多,越有利于为农村老年人提供更多的经济供养。家庭收入在 1%的统计水平上对农村老年人的经济贫困、健康贫困和经济贫困均产生了显著性影响,在仅加入家庭禀赋变量模型中,家庭收入每提高一个层次,农村老年人陷入经济贫困、健康贫困和精神贫困的概率分别降低 21. 4%、15. 0%和 16. 5%。总体而言,家庭收入越高,越有利于为农村老年人提供经济支持,并扩大农村老年人在医疗保险护理方面的支出,进而影响健康状况。子女数量和子女供养同样有利于缓解农村老年人的贫困状况,子女数量每增加一人,农村老年人陷入经济贫困、健康贫困和精神贫困的概率分别降低 12. 8%、3. 8%和 0. 7%。另外,子女提供供养的农村老年人比子女不提供供养的农村老年人陷入经济贫困、健康贫困和精神贫困的概率分别低 20. 7%、15. 0%和 5. 0%。随着经济社会的发展,老年人的养老需求由单一的物质供养向物质照料、医疗护理和精神慰藉等多元化的方向发展,而子女数量越多,越有利于为农村老年人提供更多的经济补偿和精神慰藉,从而有利于降低农村老年人陷入贫困的概率。

社会资本方面,基本养老保险在 5%的统计水平上显著对农村老年人经济贫困产生影响,且回归系数的符号为负,这说明基本养老保险有利于缓解农村老年人经济贫困。模型 1b 结果显示,参加基本养老保险的农村老年人比不参加的陷入经济贫困的概率低 9. 7%。基本养老保险主要为农村老年人提供生活来源,间接增加了老年人的经济收入。基本医疗保险在 5%的统计水平上显著对农村老年人经济贫困和健康贫困产生负向影响,模型 1b 和模型 2b 的结果显示,参加基本医疗保险的农村老年人比不参加的陷入经济贫困和健康贫困的概率分别低 15. 9%和 2. 2%。在我国农村地区,“看病难”和“看病贵”现象依然存在,而拥有基本医疗保险无疑是农村老年人最重要的医疗健康保障制度,一定程度上减少了农村年人的医疗费用支出,间接增加了老年人的经济来源,影响了贫困状况。社交网络同样有利于缓解农村老年人的精神贫困,模型 3b 的结果显示,社交频繁的农村老年人比不频繁的农村老年人陷入精神贫困的概率低25.3%。总体而言,农村老年人社会活动较少,而社交能够提供精神慰藉,从而对老年人精神状况产生积极影响①。除此之外,经济地位在1%的统计水平上显著负向影响了农村老年人健康贫困和精神贫困状况。这说明,经济地位越高的农村老年人,陷入健康贫困和精神贫困的概率越低。社会阶层同样有利于缓解农村老年人的贫困状况。社会阶层每提高一个阶层,农村老年人陷入经济贫困、健康贫困和精神贫困的概率分别降低14.3%、6.8%和17.1%。

此外,不同的控制变量对农村老年群体贫困的影响效应存在显著不同。年龄在1%的统计水平上显著对农村老年人经济贫困产生显著影响,年龄越高,农村老年群体陷入经济贫困的概率越高。性别在1%的统计水平上显著,具体表现为农村女性老年群体陷入经济贫困、健康贫困和精神贫困的概率均不同程度地高于农村男性老年群体。婚姻状况有利于缓解农村老年群体的经济贫困,具体变现为有配偶的农村老年人比没有配偶的农村老年人陷入经济贫困的概率低39.4%。这是因为对于农村老年群体而言,拥有配偶不仅能够提供精神上的慰藉,而且有利于提供经济支持。除此之外,受教育水平对农村老年人贫困的影响并不显著。

5.3.2 家庭禀赋、社会资本对农村不同性别老年人贫困的影响

受到经济发展水平、传统观念和身体特质等一系列因素的影响,中国农村男性和女性老年人在社会经济地位方面差异较大,从而对老年人日常生活产生差异性影响。那么,家庭禀赋、社会资本对农村不同性别老年人贫困的影响是否具有差异性?产生差异性的原因是什么?基于此,本文分别以农村男性老年人和女性老年人为研究对象,分别考察家庭禀赋、社会资本对农村不同性别老年群体贫困的影响效应。

---

① 张冲、张丹:《城市老年人社会活动参与对其健康的影响——基于CHARLS 2011年数据》,《人口与经济》2016年第5期,第55—63页。

表5-3显示，家庭禀赋、社会资本对农村不同性别老年群体贫困的影响存在显著差异。家庭禀赋方面，子女数量对缓解农村女性老年群体健康贫困具有一定的积极作用，而对农村男性老年人的影响不显著。子女数量每增加一人，农村女性老年群体陷入健康贫困的概率降低15.6%。子女供养有利于缓解农村女性老年人的经济贫困，而对男性老年人的影响同样不显著，这可能与农村男性老年人和女性老年人的经济收入差异较大有关。除此之外，社会资本方面，基本医疗保险在5%的统计水平上显著，拥有基本医疗保险有利于缓解农村女性老年人的经济贫困和健康贫困，而对农村男性老年人的影响不显著。社交网络对农村女性老年人精神贫困具有显著负向影响，而对农村男性老年人的影响不显著。社交频繁的农村女性老年人比社交不频繁的农村女性老年人陷入精神贫困的概率低39.1%。一般而言，农村男性老年人的社会活动参与高于女性老年群体，因此社交网络对女性老年人的影响程度更高。

表5-3　家庭禀赋、社会资本对农村不同性别老年人贫困的影响

变量名称	男性老年人			女性老年人		
	模型4 经济贫困	模型4a 健康贫困	模型4b 精神贫困	模型5 经济贫困	模型5a 健康贫困	模型5b 精神贫困
家庭规模	-0.421*** (5.64)	-0.048 (-0.76)	-0.011 (-0.16)	-0.453*** (1.21)	-0.025 (0.41)	-0.051 (0.82)
家庭收入	-0.243*** (-7.66)	-0.024 (0.33)	-0.005 (0.07)	-0.230*** (-2.68)	-0.066 (-0.97)	-0.029 (-0.44)
子女数量	-0.097 (-1.48)	-0.051 (-0.88)	0.058 (0.07)	0.007 (0.09)	-0.156** (2.35)	0.059 (0.92)
子女供养	0.206 (1.04)	-0.020 (-0.12)	-0.001 (-0.01)	-0.338* (1.95)	-0.225 (-1.35)	0.165 (1.00)
基本养老保险	-0.162 (-0.71)	0.089 (0.44)	-0.078 (-0.38)	-0.015 (-0.07)	-0.266 (-1.30)	-0.323 (-1.65)
基本医疗保险	-0.333 (-0.79)	0.211 (1.41)	0.117 (1.32)	-0.272** (-1.42)	-0.234** (-0.74)	-0.053 (0.18)

续表

变量名称	男性老年人			女性老年人		
	模型 4 经济贫困	模型 4a 健康贫困	模型 4b 精神贫困	模型 5 经济贫困	模型 5a 健康贫困	模型 5b 精神贫困
商业养老保险	-0. 195 (-1. 09)	-0. 222 (-0. 25)	-0. 277 (-0. 28)	-0. 874 (-0. 86)	-0. 536 (-0. 56)	-0. 389 (-0. 39)
商业医疗保险	0. 149 (1. 63)	0. 146 (0. 15)	0. 009 (0. 01)	-0. 207 (-0. 24)	-0. 737 (-0. 89)	0. 972 (1. 18)
社交网络	-0. 422 (2. 14)	-0. 029 (-0. 17)	-0. 091 (-0. 53)	-0. 187 (-1. 10)	-0. 089 (-0. 55)	-0. 391** (-2. 41)
经济地位	-0. 172 (-0. 80)	-0. 779*** (-4. 23)	-0. 969*** (-2. 11)	-0. 074 (-0. 38)	-0. 678*** (-3. 61)	-0. 140*** (-3. 48)
社会阶层	-0. 182*** (-2. 92)	-0. 082 (-1. 55)	-0. 158*** (-2. 80)	-0. 100* (-1. 67)	-0. 059 (-1. 04)	-0. 189*** (-3. 30)
年龄	0. 060*** (3. 67)	0. 017 (1. 19)	-0. 012 (-0. 84)	0. 062*** (4. 08)	0. 014 (1. 01)	-0. 002 (-0. 18)
婚姻状况	-0. 245*** (-2. 99)	0. 044 (0. 20)	-0. 393* (-1. 74)	-0. 147 (-0. 72)	0. 126 (0. 66)	0. 226 (1. 18)
受教育水平	-0. 004 (-0. 19)	0. 007 (0. 36)	0. 014 (0. 67)	-0. 040 (-1. 30)	0. 007 (0. 24)	-0. 052* (1. 72)
N	663	663	663	687	687	687
Pseudo R2	0. 1943	0. 0407	0. 0727	0. 1268	0. 0501	0. 0615

注：*、** 和 *** 分别表示在 10%、5%和 1%的水平上显著。

需要指出的是，控制变量中，婚姻状况有利于缓解农村男性老年人的经济贫困和精神贫困，而对女性老年人的影响不显著。另外，受教育水平对农村女性老年人精神贫困具有显著性影响，而对农村男性老年人的影响不显著。受教育水平每提高一年，农村女性老年人陷入精神贫困的概率降低 5. 2%。这是因为农村男性老年人受教育水平普遍高于女性，进而使教育对农村女性老年人贫困的影响程度更高。

5.3.3 家庭禀赋、社会资本对农村不同婚姻状况老年人贫困的影响

受到身体机能逐渐下降因素的影响，农村老年群体在养老过程中对于日常照料、医疗护理和精神慰藉的需求越来越高。因此，有无配偶对农村老年群体生活的影响至关重要。基于此，本文分别以有配偶和无配偶为研究对象，通过回归模型，系统分析家庭禀赋、社会资本对农村不同婚姻状况老年群体贫困的影响效应。

表 5-4 显示，家庭禀赋、社会资本各变量对不同婚姻状况老年群体贫困的影响存在显著差异。家庭禀赋变量中，家庭禀赋在 1%的显著水平上显著正向影响了农村老年人的经济贫困，也就是说，家庭规模越大，农村老年人陷入经济贫困的概率越低，但家庭规模对无配偶的农村老年人的影响程度显著高于有配偶的农村老年人。这是因为无配偶的农村老年人经济来源有限，而家庭规模越大，对于无配偶的农村老年人的影响更高。家庭收入同样在 1%的显著水平上对农村老年人经济贫困产生负向影响。除此之外，子女数量对无配偶的农村老年人健康贫困和精神贫困产生显著性影响，而对有配偶的农村老年人健康的影响不显著。这是因为对于无配偶的农村老年人而言，子女数量越多，越能够为老年人提供更多的医疗护理和精神慰藉，越能够有效缓解老年人的贫困状况。子女供养同样对农村无配偶的老年人经济贫困和精神贫困产生显著性负向影响，而对农村有配偶的老年人贫困的影响不显著。农村地区受传统观念的影响程度较高，“家庭养老”和“子女养老”是农村养老的主要方式。对于无配偶的农村老年人而言，“子女供养”不仅是养老最主要的经济来源之一，同样是精神慰藉的主要来源。社会资本相关变量中，基本医疗保险对有配偶的农村老年人的精神贫困产生负向影响，而对无配偶的农村老年人的经济贫困产生负向影响。这说明，基本医疗保险能够有效缓解有配偶的农村老年人的精神贫困，并且能够通过增加农村无配偶老年群体的经济收入来缓解经济贫困。基本医疗保险对农村无配偶的老年人精神贫困产生影响，而对有配偶的农村老年人的影响不显著。除此之外，社交

网络在1%的水平上显著负向影响了农村无配偶老年人的精神贫困,而对有配偶农村老年人的影响不显著。这是因为农村老年群体最主要的精神慰藉来源是配偶,对于没有配偶的农村老年人而言,社交网络成为经济慰藉的主要来源。社会阶层对无配偶的农村老年人经济贫困、健康贫困和精神贫困均产生显著性影响,而仅对有配偶的农村老年人的精神贫困产生显著性影响。除此之外,商业养老保险和商业医疗保险的影响并不显著。

表 5-4 家庭禀赋、社会资本对农村不同婚姻状况老年人贫困的影响

变量名称	有配偶			无配偶		
	模型 4 经济贫困	模型 4a 健康贫困	模型 4b 精神贫困	模型 5 经济贫困	模型 5a 健康贫困	模型 5b 精神贫困
家庭规模	-0.368*** (6.31)	-0.0017 (-0.03)	-0.071 (1.38)	-0.697*** (-5.66)	-0.0460 (-0.51)	-0.109 (-1.14)
家庭收入	-0.679*** (-9.17)	-0.0474 (-0.81)	-0.0382 (-0.65)	-0.528*** (-4.66)	0.0511 (0.53)	0.140 (1.42)
子女数量	-0.0274 (-0.46)	-0.104 (-1.93)	-0.102 (-1.86)	0.0077 (0.09)	-0.079* (-1.03)	-0.029* (-0.36)
子女供养	-0.247 (-1.63)	-0.112 (-0.84)	-0.029 (-1.86)	-0.385** (-1.47)	-0.204 (-0.85)	-0.295** (-1.17)
基本养老保险	-0.0631 (0.35)	-0.0812 (-0.50)	-0.294* (-1.81)	-0.543* (-1.74)	-0.159 (-0.55)	0.097 (0.32)
基本医疗保险	-0.436 (-1.35)	0.039 (0.14)	-0.105 (-0.36)	-0.383 (-0.86)	0.067 (0.17)	-0.080* (-1.86)
商业养老保险	-0.436 (-1.35)	0.039 (0.14)	-0.105 (-0.36)	-0.143 (-0.02)	-0.183 (-0.17)	-0.138 (-0.12)
商业医疗保险	-0.866 (1.14)	-0.605 (-0.85)	0.511 (0.70)	-0.1470 (-0.01)	0.691 (0.48)	0.211 (1.50)
社交网络	-0.0165 (0.11)	-0.0284 (-0.21)	-0.107 (-0.79)	0.141 (0.54)	-0.202 (-0.84)	-0.791*** (-3.14)
经济地位	-0.164 (-0.99)	-0.701*** (-4.70)	-0.700*** (-4.67)	-0.0362 (-0.12)	-0.647** (-2.34)	-1.127*** (-3.91)
社会阶层	-0.127** (-2.47)	-0.0465 (-1.03)	-0.172*** (-3.65)	-0.166** (-2.04)	-0.136* (-1.85)	-0.191** (-2.40)

续表

变量名称	有配偶			无配偶		
	模型 4 经济贫困	模型 4a 健康贫困	模型 4b 精神贫困	模型 5 经济贫困	模型 5a 健康贫困	模型 5b 精神贫困
年龄	0.0699*** (5.19)	0.0095 (0.79)	0.0021 (0.02)	0.0470** (2.33)	0.0341* (1.90)	-0.0131 (-0.70)
性别	-0.261*** (-8.15)	-0.324** (-2.35)	-0.396*** (-2.82)	-0.722*** (-2.62)	-0.351 (-1.41)	0.240 (0.92)
受教育水平	-0.019 (-0.92)	-0.0015 (-0.09)	0.027 (1.46)	-0.0001 (-0.01)	0.0509 (1.24)	0.0216 (0.52)
N	1009	1009	1009	341	341	341
Pseudo R2	0.1976	0.0435	0.0619	0.2046	0.0568	0.1214

注：*、** 和 *** 分别表示在 10%、5%和 1%的水平上显著。

控制变量中，年龄对无配偶的农村老年人的健康贫困和精神贫困产生影响，而仅对有配偶的农村老年人的经济贫困产生影响，这是因为对于无配偶的老年群体而言，年龄越高，对于日常护理的需求越高，而缺乏配偶的照料加深了其陷入健康贫困和精神贫困的概率。性别对有配偶的农村老年人经济贫困、健康贫困和精神贫困产生显著性影响，而仅对无配偶的农村老年人的经济贫困产生影响。最后，受教育水平对农村老年人贫困的影响并不显著。

5.3.4 家庭禀赋、社会资本能够调节农村老年人贫困“恶性循环效应”吗？

事实上，农村老年人的贫困问题是一个复杂且多变的问题。与城市老年人相比，农村老年人陷入贫困风险受到多种因素的影响，并且老年人贫困维度之间也存在着相互影响的关系。一般而言，陷入经济贫困的农村老年人往往因难以支付医疗费用而遭受健康风险，而陷入健康贫困的农村老年人往往具有更为低落的心理情绪或更为悲观的生活态度。因此，当农村老年人单一贫困维度产生风险时，老年人其他维度陷入贫困的概率必然增加。基于此，本文在前期研究的基础上，通过回归模型实证分析农村老年群体贫困维度之间是否存在一定的贫困“恶性循环效应”，以及家庭禀赋、社会资本是否能够在一定程度上缓解农村老年人陷入贫困“恶性循环效应”，以期为农村老年扶贫工作提供政策参考。

表 5-5 报告了家庭禀赋、社会资本和农村老年人贫困维度之间的关系。模型结果显示，农村老年人经济贫困、健康贫困和精神贫困之间在一定程度上相互影响和相互转化，存在着贫困“恶性循环效应”。第一，全样本模型中，陷入经济贫困的农村老年人陷入健康贫困和精神贫困的比例是经济不贫困农村老年人的 1. 235 倍和 1. 298 倍。此外，从模型 6 到模型 6b，在依次控制了家庭禀赋、社会资本和控制变量之后，家庭禀赋、社会资本对陷入经济贫困的农村老年人陷入健康贫困和精神贫困分别产生了 11. 6%和 2. 9%的调节效应。第二，全样本模型中，陷入健康贫困的农村老年人陷入经济贫困和精神贫困的比例是健康不贫困农村老年人的 1. 225 倍和 1. 780 倍。此外，从模型 7 到模型 7b，在依次控制了家庭禀赋、社会资本和控制变量之后，家庭禀赋、社会资本对陷入健康贫困的农村老年人陷入经济贫困和精神贫困分别产生了 11. 9%和 8. 7%的调节效应。第三，全样本模型中，陷入精神贫困的农村老年人陷入经济贫困和健康贫困的比例是精神不贫困农村老年人的 1. 313 倍和 1. 781 倍。此外，从模型 8 到模型 8b，在依次控制了家庭禀赋、社会资本和控制变量之后，家庭禀赋、社会资本对陷入精神贫困的农村老年人陷入经济贫困和健康贫困分别产生了 2. 2%和 8. 6%的调节效应。

表 5-5　家庭禀赋、社会资本与农村老年“贫困恶性循环”效应

变量名称	模型 6 经济贫困	模型 6a 经济贫困	模型 6b 经济贫困	模型 7 健康贫困	模型 7a 健康贫困	模型 7b 健康贫困	模型 8 精神贫困	模型 8a 精神贫困	模型 8b 精神贫困
家庭禀赋	已控制	已控制	已控制	已控制	已控制	已控制	已控制	已控制	已控制
社会资本		已控制	已控制		已控制	已控制		已控制	已控制
控制变量			已控制			已控制			已控制
经济贫困				1. 344*** (2. 79)	1. 307** (2. 33)	1. 225*** (1. 61)	1. 335*** (2. 71)	1. 282** (2. 10)	1. 313** (2. 19)

续表

变量名称	模型 6 经济贫困	模型 6a 经济贫困	模型 6b 经济贫困	模型 7 健康贫困	模型 7a 健康贫困	模型 7b 健康贫困	模型 8 精神贫困	模型 8a 精神贫困	模型 8b 精神贫困
健康贫困	1. 351 *** (2. 83)	1. 320 ** (2. 41)	1. 235 * (1. 68)				1. 867 *** (4. 76)	1. 774 *** (2. 99)	1. 781 *** (1. 98)
精神贫困	1. 327 *** (2. 66)	1. 269 ** (1. 99)	1. 298 ** (2. 09)	1. 867 *** (4. 76)	1. 770 *** (2. 98)	1. 780 *** (2. 98)			
N	1516	1350	1350	1516	1350	1350	1516	1350	1350
Pseudo R2	0. 1106	0. 1217	0. 1947	0. 1429	0. 1471	0. 1499	0. 1401	0. 1694	0. 1722

注：* 、** 和 *** 分别表示在 10%、5%和 1%的水平上显著。

5.3.5　稳健性检验与研究不足

考虑到模型中可能由于“自选择偏差”存在的内生性问题，为了验证家庭禀赋、社会资本对农村老年贫困的影响效应是否具有一致、稳定的结果，本文采用替代变量的方法对模型进行稳健性检验。具体而言，采用问卷中“您生活是否能够自立？”“在过去的四周中，由于健康问题影响到您的工作或其他日常活动的频繁程度是？”和“您觉得您的生活是否幸福”作为衡量农村老年人经济贫困、健康贫困和精神贫困的新变量，仍然采用二项 Logistic 回归模型，重新估算家庭禀赋、社会资本对农村老年贫困的影响效应，并进行进一步分析，结果显示并没有发生显著性变化。由此可见，本文研究具有一定的稳健性。

除此之外，受到经济发展水平低、市场化程度不高和农村老年人商业保险购买率低等一系列因素的影响，商业养老保险和商业医疗保险对农村老年人贫困的影响并没有表现出显著性。随着农村社会经济的发展，农村老年人购买力水平不断提高，商业保险在保障农村老年人生产生活必然发挥着重要作用。因此，加强这一部分的研究是今后需要关注的重要问题。

5.3.6　研究创新点和主要结论

在政府全面推进精准扶贫的背景下，随着社会结构的变迁、社会保障制度亟待完善和身体机能逐渐下降等因素的影响，农村老年人贫困问题应该受到社会各界的广泛关注。本文基于中国综合社会调查（CGSS）2015年的调研数据，运用二项Logistic回归模型，构建了缓解农村老年贫困的分析框架，实证分析了家庭禀赋、社会资本对农村老年贫困的影响效应，并采用“替代变量”的方法进行了稳健性检验，在既有学者研究的基础上，从理论依据和研究方法上进行了创新和发展：（1）本文基于阿玛蒂亚·森的可行能力剥夺理论构建了农村老年贫困的多维视角，将农村老年人贫困操作化为经济贫困、健康贫困和精神贫困。并结合福利多元主义理论构建了本文研究的分析框架，将影响农村老年人贫困的影响因素界定为家庭禀赋和社会资本两个变量，丰富了关于农村老年贫困研究的理论依据。（2）现有学者关于农村老年贫困的研究较为片面化，或基于以收入为主的经济贫困视角，或基于以精神为主的贫困视角，部分学者以经济、健康和精神的多维贫困进行分析，但并没有注意到多维贫困之间的逻辑关系。本文在学者研究的基础上，首先分析了农村老年人经济贫困、健康贫困和精神贫困之间的相互关系，研究表明，农村老年人多维贫困之间存在着相互影响和相互转化的关系，即贫困“恶性循环效应”，且家庭禀赋、社会资本有利于缓解农村老年人多维贫困之间的转化效应，从而丰富了这一领域的研究范畴。

本文通过分析，得出以下研究结论：

（1）家庭禀赋各变量对缓解农村老年贫困具有积极作用。家庭禀赋方面，家庭规模在1%的统计水平上显著对农村老年人经济贫困产生负向影响，且在三个回归模型中得到验证。家庭收入在1%的统计水平上对农村老年人的经济贫困、健康贫困和经济贫困均产生了显著性影响，在仅加入家庭禀赋变量模型中，家庭收入每提高一个层次，农村老年人陷入经济贫困、健康贫困和精神贫困的概率分别降低21.4%、15.0%和16.5%。子女数量和子女供养同样有利于缓解农村老年人的贫困状况，子女数量每增加一人，农村老年人陷入经济贫困、健康贫困和精神贫困的概率分别降低12.8%、3.8%和0.7%。另外，子女提供供养的农村老年人比子女不提供供养的农村老年人陷入经济贫困、健康贫困和精神贫困的概率分别低 20.7%、15.0%和 5.0%。

（2）社会资本各变量同样有助于缓解农村老年人的多维贫困状况。社会资本方面，基本养老保险在 5%的统计水平上显著对农村老年人经济贫困产生影响，且回归系数的符号为负，这说明基本养老保险有利于缓解农村老年人经济贫困。模型 1b 结果显示，参加基本养老保险的农村老年人比不参加的陷入经济贫困的概率低 9.7%。基本医疗保险在 5%的统计水平上显著对农村老年人经济贫困和健康贫困产生负向影响，模型 1b 和模型 2b 的结果显示，参加基本医疗保险的农村老年人比不参加的陷入经济贫困和健康贫困的概率分别低 15.9%和 2.2%。社交网络同样有利于缓解农村老年人的精神贫困，模型 3b 的结果显示，社交频繁的农村老年人比社交不频繁的农村老年人，陷入精神贫困的概率低 25.3%。除此之外，经济地位在 1%的统计水平上显著负向影响了农村老年人健康贫困和精神贫困状况。社会阶层同样有利于缓解农村老年人的贫困状况。社会阶层每提高一个阶层，农村老年人陷入经济贫困、健康贫困和精神贫困的概率分别降低 14.3%、6.8%和 17.1%。

（3）通过考察家庭禀赋、社会资本对农村不同性别老年人贫困影响的结果显示，家庭禀赋、社会资本对农村不同性别老年群体贫困的影响存在显著差异。家庭禀赋方面，子女数量对缓解农村女性老年群体健康贫困具有一定的积极作用，而对农村男性老年人的影响不显著。子女数量每增加一人，农村女性老年群体陷入健康贫困的概率降低 15.6%。子女供养有利于缓解农村女性老年人的经济贫困，而对男性老年人的影响同样不显著。除此之外，社会资本方面，基本医疗保险在 5%的统计水平上显著，拥有基本医疗保险有利于缓解农村女性老年人的经济贫困和健康贫困，而对农村男性老年人的影响不显著。社交网络对农村女性老年人精神贫困具有显著负向影响，而对农村男性老年人的影响不显著。社交频繁的农村女性老年人比社交不频繁的农村女性老年人陷入精神贫困的概率低 39.1%。

（4）通过考察家庭禀赋、社会资本对农村不同婚姻状况老年人贫困的影响显示，家庭禀赋、社会资本各变量对不同婚姻状况老年群体贫困的影响存在显著差异。家庭禀赋变量中,家庭禀赋在1%的显著水平上显著正向影响了农村老年人的经济贫困,但家庭规模对无配偶的农村老年人的影响程度显著高于有配偶的农村老年人。家庭收入同样在1%的显著水平上对农村老年人经济贫困产生负向影响。除此之外,子女数量对无配偶的农村老年人的健康贫困和精神贫困产生显著性影响,而对有配偶的农村老年人健康贫困的影响不显著。子女供养同样对农村无配偶的老年人的经济贫困和精神贫困产生显著性负向影响,而对农村有配偶的老年人贫困的影响不显著。社会资本相关变量中,基本医疗保险对有配偶的农村老年人的精神贫困产生负向影响,而对无配偶的农村老年人的经济贫困产生负向影响。基本医疗保险对农村无配偶的老年人精神贫困产生影响,而对有配偶的农村老年人贫困的影响不显著。除此之外,社交网络在1%的水平上显著负向影响了农村无配偶老年人的精神贫困,而对有配偶农村老年人贫困的影响不显著。社会阶层对无配偶的农村老年人经济贫困、健康贫困和精神贫困均产生显著性影响,而仅对有配偶的农村老年人的精神贫困产生显著性影响。除此之外,商业养老保险和商业医疗保险的影响并不显著。

(5)通过考察农村老年人经济贫困、健康贫困和精神贫困之间的关系显示,模型结果显示,农村老年人经济贫困、健康贫困和精神贫困之间在一定程度上相互影响和相互转化,存在着贫困"恶性循环效应"。第一,全样本模型中,陷入经济贫困的农村老年人陷入健康贫困和精神贫困的比例是经济不贫困农村老年人的1.235倍和1.298倍。此外,从模型6到模型6b,在依次控制了家庭禀赋、社会资本和控制变量之后,家庭禀赋、社会资本对陷入经济贫困的农村老年人陷入健康贫困和精神贫困分别产生了11.6%和2.9%的调节效应。第二,全样本模型中,陷入健康贫困的农村老年人陷入经济贫困和精神贫困的比例是健康不贫困农村老年人的1.225倍和1.780倍。此外,从模型7到模型7b,在依次控制了家庭禀赋、社会资本和控制变量之后,家庭禀赋、社会资本对陷入健康贫困的农村老年人陷入经济贫困和精神贫困分别产生了11.9%和8.7%的调节效应。第三,全样本模型中,陷入精神贫困的农村老年人陷入经济贫困和健康贫困的比例是健康不贫困农村老年人的 1.313 倍和 1.781 倍。此外,从模型 8 到模型 8b,在依次控制了家庭禀赋、社会资本和控制变量之后,家庭禀赋、社会资本对陷入健康贫困的农村老年人陷入经济贫困和精神贫困分别产生了 2.2%和 8.6%的调节效应。

5.4　政策建议与启示

本文利用中国综合社会调查(CGSS)2015 年的调研数据,采用 Logistic 回归模型,利用可行能力剥夺理论界定农村老年贫困的多维标准,运用福利多元主义理论构建影响农村老年贫困的研究框架,实证分析了家庭禀赋、社会资本对农村老年人多维贫困的影响效应,对于国家有针对性开展精准扶贫工作,提高农村老年人的生活水平具有重要的指导意义。事实上,随着我国精准扶贫工作的有序开展,缓解老年人的多维贫困,满足老年人多元化的养老需求,有利于提高老年人晚年生活的满意度和幸福感。基于此,本文通过实证研究得出以下政策建议。

第一,适度提高基础养老金水平,充分发挥基础养老金的保障功能。现阶段,中国已经建立了覆盖城乡的社会养老保险制度,在保障老年群体晚年生活方面发挥着重要作用。然而,2009 年实施的新型农村社会养老保险的基础养老金为每月 55 元,而 2014 年合并之后的城乡居民基本养老保险的基础养老金也仅为每月 70 元。因此,养老金在保障老年群体的基本生活方面难以发挥有效作用。另外,本文研究表明,我国农村老年人陷入经济贫困的比例为 49.3%;陷入健康贫困的比例高达 59.4%;陷入精神贫困的比例为 42.6%。退休之后老年人的收入来源十分有限,养老金成为其收入的主要来源。基于此,应该在政府财政支出的基础上,建立基础养老金与居民消费指数的联动增长机制,从而发挥养老保险有效保障老年人基本生活的作用。针对农村老年贫困的“恶性循环效应”,应该注意到经济贫困、健康贫困和精神贫困之间的转化效应，通过采取措施防止农村老年群体由单维贫困向多维贫困的方法发展。在精准扶贫过程中，应该充分提高农村老年群体的收入水平，完善农村老年健康保障体系，并通过加强农村精神文化建设，提高农村老年人精神文化生活水平。

第二，加强宣传和教育，形成重视和关爱农村老年人的社会氛围，提高其信任和安全感。随着我国社会化养老体系的逐渐建立，通过宣传和教育，可以激发社会主体对老年人的支持和关爱，从而通过营造一种良好的"尊老"的社会氛围，提高老年群体的社会包容性，帮助老年人逐渐消除"孤独感""紧张感"和"无归属感"，并有利于老年人"自我价值"的实现，维护他们的身心健康。具体而言，首先，支持乡（镇）、村建立老年协会或其他老年人组织，鼓励留守老年人入会互助养老。鼓励和引导农村老年协会积极参与和组织留守老年人关爱服务，开展老年人喜闻乐见的文体娱乐、教育培训、知识讲座等活动，提供权益维护、互助养老等服务。鼓励各地将农村互助幸福院等养老服务设施委托交由老年协会等社会力量运营管理，面向留守老年人提供服务，把具备资质的老年协会纳入政府购买服务承接主体。其次，充分发挥"老年维权示范岗""老年优待服务窗口"和"敬老文明号"的作用，支持农村卫生服务中心提升服务能力，拓展服务范围，为农村留守老年人提供健康管理、基本医疗和长期护理服务。支持农村综合性文化服务中心、农村社区综合服务设施、老年学校、党员活动室等公共服务设施建设，鼓励各有关部门和组织下沉基层的公共服务项目面向留守老年人开展服务。最后，通过组织社会各界志愿者走进养老机构、老年社会组织和老年人家庭，提供家政、照料、护理、心理疏导等老年服务。落实税费减免等优惠政策，加快孵化培育专业化为老社会服务机构，提升其开展农村留守老年人安全防护、生活照料、紧急援助、康复护理等专业服务的能力。鼓励农村经济合作社、农村电商组织等其他社会力量参与关爱留守老年人。

第三，倡导精准扶贫政策向农村老年人群体倾斜，切实做好老年精准扶贫工作。作为一个特殊群体，老年贫困及其扶贫需求在客观上存在着一定的特殊性。现阶段我国老年精准扶贫工作存在一定的问题，例如，现有扶贫方式与老年精准扶贫方式需求存在脱节、扶贫主体性取向与老年精准扶贫中对老人地位的需求存在偏离、老年精准脱贫具体政策存在缺失等。因此，首先，针对老年贫困多样性特点，要有针对性进行贫困识别和精准应对，实现对农村老年贫困的精准扶贫，以解决老年贫困的深层次问题。通过成立扶贫开发领导小组，不断健全工作机制，并抽调精干人员组成调查工作队逐一入户走访，按照“组织培训、农户申请、入户调查、民主评议、公示公告和建档立卡”六步工作方法对贫困老年户、贫困村进行精准识别，从而为精准扶贫打下坚实基础。其次，最大限度地促进老人主体参与是提高老年人社会认可度的有效方法。对丧失劳动能力等弱势老年群体通过低保政策实施兜底扶贫，对症下药解决贫困问题。此外，应该不断加强农村小型农田水利等基础设施建设，大力实施以蔬菜、林果、畜禽等现代农牧业为主的财政扶贫产业项目，通过养殖等扶贫产业项目的全面实施实现农村老年人脱贫致富。最后，完善与老年人相关的法律制度是防止老年人陷入贫困状态的基本保障。应该进一步完善《老年人权益保障法》，并在此基础上，全面落实老年人高龄补贴、低保老人津贴、老年人护理补贴、特困老年人救助、老年人精神关爱工程、为老年人购买意外伤害保险等老年人优待政策。同时，开展老年人法律援助等老年人维权敬老活动，大力弘扬敬老、养老、助老的社会风尚，让老年人共享经济社会发展成果。

第四，加强农村文化建设，提高农村老年人的文化生活水平。近年来，农村物质生活水平不断提高，但精神文化生活却没有引起足够的重视。受到文化体制不健全、文化基础设施薄弱和文化活动影响不足等一系列因素的影响，长期以来，中国农村地区文化建设发展滞后。尤其是农村老年群体，一方面，农村地区文化娱乐项目较为缺乏；另一方面，农村年轻劳动力为寻求工作机会外出务工，从而造成了中国农村特殊的老年群体——空巢老人。现有研究发现，与非空巢老人相比，空巢老人不仅需要更高的家庭照料，而且具有更强烈的孤独感和更糟糕的生理、心理健康状况。因此，加强农村地区文化建设，提高农村老年群体的文化生活水平是防止农村老年人陷入精神贫困的有效渠道。首先，加大农村文化建设的扶持力度。通过建立市、县农村文化建设专项资金,并纳入财政支出预算。充分发挥政府公共财政的主导作用,确保市本级、县(市、区)及乡镇、村级(社区)文化阵地建设的资金需求。其次,加强农村文化队伍建设,并充分发挥农村、社区民间文艺团体、民间艺人及农村中小学教师学生在活跃基层文化生活中的作用。最后,繁荣老年题材的文艺作品创作。一方面,加强与老年群体的沟通交流,创作具有年代感的革命题材的作品。另一方面,让有条件的老年人参与进来,创作反映老年群体现实生活的文艺作品。

第五,完善农村社会保障管理体制,充分发挥制度的保障功能。现阶段,中国已经建立了覆盖全体农村地区的新型农村合作医疗和养老保险,在保障老年群体晚年生活方面发挥着重要作用。然而,本文研究发现,新型农村合作医疗的覆盖率为 92. 5%,新型农村社会养老保险的覆盖率仅为 76. 3%,仍然有部分农村老年群体由于各种原因游离在制度之外,相信这种情况随着新型城乡基本养老保险建立之后会有所改善。因此,完善农村社会保障管理机制,是提高农村老年群体生活水平的重要途径。首先,随着城乡居民基本养老保险制度的建立,应加强制度实施环节的监督管理,使制度真正覆盖城乡老年群体,防止游离制度之外的情况发生。其次,充分发挥新型农村合作医疗的保障功能。作为农村最主要的医疗保障制度,新型农村合作医疗在减轻农村居民经济风险和经济负担方面发挥着重要作用。因此,应该在不断完善新型农村合作医疗的基础上,加快城乡基本医疗保险制度整合步伐,从而为老年人提供基本的医疗保障。一是继续深化医药卫生体制改革,营造一个和谐的、公平的、竞争的医疗卫生服务环境。二是加强长期护理保险制度的顶层设计,从而为老年群体提供基础性的日常照料和医疗护理服务。

第六,加强农村环境综合治理,建设美丽新乡村。随着经济社会的发展,国家和政府不断创新社会治理体制,加强环境综合治理与保护,以提高全体社会成员的健康福祉。2012 年,党的十八大报告首次提出建设“美丽中国”;2015 年,“美丽中国”被纳入“十三五”规划。此外,习近平总书记强调:“中国要强,农业必须强;中国要美,农村必须美;中国要富,农民必须富。”受到基础设施落后、化肥农药滥用、城市污染转移等一系列因素的影响，当前中国农村生态环境形势不容乐观。因此，加强农村环境综合治理，建设美丽乡村不仅是发展社会主义新农村的题中之意，同时也是提高农村老年群体幸福感的必然要求。首先，应该树立城乡共同体的发展理念。城市和农村是相互统一、相互支持的，必须把城市和农村的环境治理作为一个有机整体进行规划和布局，防止城市污染向农村蔓延。其次，建立农村环境治理体制，加强农村环境污染防治。政府应该采取多种扶持措施，培育农村污染治理企业，强化农村环境保护职责，把农村环保指标纳入政府工作绩效考核中。最后，加强农村环境监督与执法力度。总体而言，农村环境监管力度较为薄弱。因此，应该加强环境保护违法处罚力度，严惩环境违法行为，并不断健全环境监督保障机制。

第七，加强农村居家养老服务建设，为老年人提供综合服务平台。受到传统观念的影响，机构养老在中国农村地区遭遇诸多障碍，居家养老服务成为农村养老模式发展的必然选择。现阶段，中国农村空巢老人数量较多。与一般老年人相比，空巢老人面临家庭养老的缺失与代际支持的不足，对于养老服务的需求更加强烈。因此，加强农村居家养老服务建设，为老年人提供包括日常照料、文化娱乐和精神慰藉一体化的居家养老服务，有利于满足农村老年群体的多样性的养老需求。首先，政府必须完善自身在农村居家养老服务中的职责，在政策制定、财政支持、监督管理和政策实施等方面加强对于农村居家养老服务的扶持力度。其次，完善农村地区的养老基础设施。通过利用集体限制场所建立居家养老服务站，为老年群体提供免费学习、交流和娱乐场所。最后，弘扬中国“尊老爱幼”的传统文化，倡导“慈善互助”的社会公德。中国几千年创造了很多优秀的传统文化，这些文化在农村地区保存良好。因此，在农村地区弘扬中国传统“孝悌”价值观，大力倡导互助养老，对于弥补农村社会化养老不足将起到至关重要的作用。

第八，创新社会治理机制，提高社会保障治理水平。政府提供的社会保障制度是农村老年人缓解贫困的最重要保障之一。党的十八届三中全会通过的《中共中央关于全面深化改革若干重大问题的决定》指出：“紧紧围绕更好地保障和改善民生，促进社会公平正义，深化社会体制改革，改革收入分配制度，促进共同富裕，推进社会领域制度创新，推进基本公共服务均等化，加快形成科学有效的社会治理体制，确保社会既充满活力又和谐有序。”因此，社会治理创新是党对社会建设提出的最新要求，是确保社会和谐稳定发展的基本保证。因此，首先，应该不断创新社会管理体制，提高基层社区治理水平，为老年人营造一个良好的生活环境。社区是农村老年人居住的载体，通过建设社会主义新农村，大力推动农村社区建设，为农村老年人提供良好的生活场所，对于提高农村老年人的生活质量至关重要。其次，不断提高社会保障治理水平，扩大公众参与度，完善养老保障体系，从而有效保障老年群体的生活水平。社会保障自古以来就是国家治理体系的重要构成部分，现代社会保障制度更是国家治理体系与治理能力现代化的支柱性制度安排。应该不断提高政府的社会保障治理水平，通过扩大社会公众参与度，提高养老保障制度的公平性和预见性，以更好地保障老年群体的切身利益。

6

典型国家和地区扶贫模式比较研究

胡宏伟　高冉　周欢　韩明希　张伯千

6.1 典型国家扶贫模式分析

6.1.1 世界范围内扶贫模式与经验概述

贫困问题是人类社会发展亟待解决的问题。纵观全世界,发达国家、发展中国家以及最不发达国家,贫困是世界各国面临的共同难题。但值得肯定的是,极端贫困在过去 20 年里有所下降。20 世纪 80 年代和 90 年代初,近 20 亿人每天生活在极端贫困之中,占了全球人口的 30%—40%。2000 年,世界上大约四分之一的人口仍然处于极度贫困中。2017 年,世界上大约还有 10%的人口生活在极端贫困线(世界银行每天 1.90 美元标准)以下。[①] 我们从中可以看出,世界各国的扶贫治理取得了巨大的进展。鉴于各国的政治、历史、文化、经济发展等方面存在巨大差异,加之各国自然环境、地理位置等方面存在特殊性,发达国家、发展中国家以及最不发达国家,其扶贫模式各有特点。总结下来,欧美发达国家采用的扶贫模式主要是以收入分配为主导的"社会福利体系模式";发展中国家采用的扶贫模式主要是通过政府实施特别计划,有巴西为代表的以经济增长为主导的"发展极"模式和以印度、斯里兰卡为代表的"满足基本需求"模式;[②]而最不发达国家采用的扶贫模式有以孟加拉国为代表的多元主体参与的以能力建设为主导的"小额信贷"模式。

一、发达国家扶贫模式与经验概述

贫困救济一直以来都是济贫法案和公共救助法案的重要内容。西方

---

① UN, *World Economic Situation and Prospects* 2018, https://www.un.org/development/desa/dpad/wp-content/uploads/sites/45/publication/WESP2018_Full_Web-1.pdf.

② 王俊文:《国外反贫困经验对我国反贫困的当代启示——以发展中国家巴西为例》,《农业考古》2009 年第 3 期,第 209—213 页。

发达国家的社会保障制度最早起源于英国颁布的《济贫法》(1601)(史称"旧济贫法")。在漫长的人类历史上,物质资源贫乏所占据的时间相对更长,特别是在工业化社会开启之前,饥饿等绝对贫困现象在很多地域长期影响人类社会。1601 年,英国政府为解决圈地运动后的贫困问题和社会矛盾突出问题而颁布了《济贫法》。该法案规定政府有义务对贫民进行救助,保障其基本生存权利,被认为是社会政策解决贫困的开端。随后,英国政府于 1834 年对"旧济贫法"进行修订,推出"新济贫法",消除贫困变成国家的一项基本任务,开始受到重视。此后,西方各国为了保障国民的生存与福利,在扶贫济困的基础上陆续建立起各项社会保障制度。

19 世纪后期,面对经济衰退、社会主义思想传播、工人运动兴起,德国通过国家立法推出了社会保障的三部法律——《劳工疾病保险法》(1883)、《工人赔偿法》(1884)和《伤残、死亡和养老保险法》(1889)。上述三部法律对现代社会保障制度体系的建立和发展影响重大,常常被誉为是现代社会保障制度体系建设的开端。在德国推行社会保障法之后,西欧各个国家先后推出了有关社会保障制度的各种法律。例如,法国《工伤保险法》(1898)、《养老保险法》(1901),意大利《工伤保险及老年和残废保险的法案》(1898),瑞典《养老和残疾保险法》(1913)等。到了 20 世纪初,包括荷兰、丹麦、比利时在内的 24 个国家进行了社会保障立法。1929—1933 年,西方资本主义国家在两次世界大战的间隔期间遭受了罕见的"经济大萧条",美国为应对经济危机颁布了《社会保障法案》(1935),这部法案对于现代社会保障制度发展意义重大。在这部法案中,社会保障作为一个专业概念被明确和固定了下来,同时,还确定了社会保障的基本内容框架,如社会保险、社会救济和社会福利等基本内容。此外,这部法案还确定了社会保障的一些基本原则,如普遍性原则、社会性原则等。第二次世界大战之后,由于国力损失严重,英国政府为制定战后社会保障计划,着手设立了"社会保险和相关服务部际协调委员会"。1942 年,英国政府出台《贝弗里奇报告》,此报告设计了一系列"惠及所有国民的全面而普遍的社会保障体系"。第二次世界大战后,为保障全体国民的基本生存与享有福利的权利,欧洲国家逐步建立起"福利国家"的制度和政策体系。各国的社会保障进入了全面发展和完善时期,贫困问题逐渐被缓解、抑制,贫困人口数量特别是绝对人口数量开始大量减少。①

虽然"基本生活条件难以保障的"绝对贫困现象未从根本上消除,但贫困内涵开始由绝对贫困转变为"物质缺乏和文化精神贫乏两个方面的"相对贫困。相对贫困的治理工作逐步成为扶贫治理的关键。20世纪60年代和70年代初期,福利国家的福利支出出现了史无前例的增长。社会保险逐渐扩展到新的范围与领域,开始积极改善贫困者、少数族群、单亲母亲以及其他谋生能力薄弱群体所处环境。从20世纪80年代开始,发达国家经济增长速度开始放慢,出现贫富分化及社会风险化等趋势。高福利的社会保障使各国政府压力增大并出现福利依赖等问题,也迫使各国不得不调整制度安排和政策设计,一些旨在增收、节流的具体制度措施被考虑和实施,包括延迟退休年龄、提高缴费或缴税水平、削减待遇范围、降低具体项目待遇,以及私营化等社会保障改革。②

二、发展中国家扶贫模式与经验概述

在过去20年里,发展中国家的贫困治理取得明显成效。减贫取得的进展主要是大型亚洲经济体特别是中国取得的巨大进展。亚洲极端贫困人口的数量从20世纪80年代初的大约15亿人下降到目前的约3亿人。高速增长的经济特别是劳动密集型经济增长可以提供大规模就业岗位,是落后国家扶贫的主要措施。对于农村扶贫方面,其经验主要是由政府提供部分补贴,制定相关优惠政策措施以保证农业能够在市场中获益。③

在20世纪50、60年代,推动发展的主要方式是对物质和基础设施的大量投资。1955年,法国经济学家弗朗索瓦·佩鲁基于不发达地区资源贫乏状况和非均衡经济发展规律提出发展极(Development Pole)理论,其

① 杨敏、郑杭生:《西方社会福利制度的演变与启示》,《华中师范大学学报(人文社会科学版)》2013年第6期,第25—35页。

② 张晓、叶普万:《世界反贫困战略的变迁及其启示》,《生产力研究》2006年第6期,第163—166页。

③ 李迎生、乜琪:《社会政策与反贫困:国际经验与中国实践》,《教学与研究》2009年第6期,第16—21页。

核心就是在经济不发达地区建设经济中心,带动周边地区发展,巴西、墨西哥、智利等国均采取的是这种模式。1962 年,印度政府首先提出"满足基本需求"模式,其基本方法是建立最低生活水平,满足贫困群体的最低生活需要。印度政府大力推行"绿色革命",推广高产农作物,提高粮食产量,以此来保证贫困群体的最低生活保障。[①] 1961 年,泰国开始实施一系列五年"社会发展计划",主要措施是通过改善农村地区条件和促进经济增长等方式加速农村地区的发展,同时为大量失业及无业群体提供就业岗位,一系列的政策措施促使大量农村人口脱离贫困,在一定程度上有效地遏制了贫困。[②]

三、最不发达国家扶贫模式与经验概述

最不发达国家最初由联合国于 1971 年进行定义,主要是"指在发展过程中在其结构、历史以及地理等方面存在发展障碍的低收入国家"。最不发达国家比其他国家面临更严重的贫困和处于欠发达状态的风险。这些国家容易受到外部经济冲击、自然灾害和人为灾害以及传染性疾病的影响。目前,47 个最不发达国家拥有 8.8 亿人口,占世界人口的 12%,超过 75%的最不发达国家人口仍然生活在贫困之中,这些国家面临着严重的增长障碍。[③]

毫无疑问的是,在过去的几十年里,最不发达国家的贫困问题随着一系列的政策措施的施行已取得显著成效。特别是孟加拉国,预计孟加拉国 2018 年将成为增长最迅速的最不发展国家之一。自 20 世纪 70 年代开始,"新公共管理运动"在世界范围内兴起,公共管理的治理理念和方式发生了很大的调整,贫困治理也是如此,各类主体如贫困人口、市场组织、社会组织等纷纷加入贫困治理体系。这些社会组织也将扶贫济困作

---

① 王俊文:《国外反贫困经验对我国反贫困的当代启示——以发展中国家巴西为例》,《农业考古》2009 年第 3 期,第 209—213 页。

② Jonathan Rigg,"Grass-Roots Development in Rural Thailand:A Lost Cause?",*World Development*,Volume 19,Issues 2-3,991,pp.199-211.

③ Least Development Countries, http://unctad.org/en/Pages/ALDC/Least%20 Developed%20Countries/LDCs.aspx.

为其工作内容,主要是通过各种慈善捐助、实施特别扶贫项目等形式开展贫困治理工作,并取得了显著的成就。1976 年,穆罕默德·尤努斯在孟加拉国创立小额贷款,随后成立孟加拉乡村银行——格莱珉银行。孟加拉乡村银行模式是一种利用社会压力和连带责任而建立起来的小额贷款金融机构,此系统是基于贫穷的人都有未开发的技术的观点建立起来的扶贫金融模式,在国际上被许多发展中国家以及其他最不发达国家模仿或借鉴。各国政府在贫困治理中贡献了重要的力量,但政府并非唯一的行动主体,各国扶贫经验表明,以政府为主导,社会多元主体参与的扶贫主体组合,基于政府社会政策通过不同方式各自发挥作用,多方协同作用,使贫困问题得到了显著改善。①

另外,受益于基础设施投资、出口增长以及国家实施各项优惠政策措施,发展最快的最不发达国家还包括不丹、柬埔寨、老挝以及缅甸。伴随着经济的发展,人民基本生活水平得到提高,我们对于贫困问题的认知理念也在发生改变,这其中就包括对贫困治理理念的调整。1980 年《世界发展报告》指出,在贫困治理过程中,单一的物质投入已经无法满足反贫困和贫困治理的需要,贫困的治理问题需要更为广泛的干预路径,其中,包括医疗和教育方面的关键性投入。20 世纪 80 年代,由于全球范围内发生的债务危机和经济不景气,以及与之相伴生的公共管理理念的调整,贫困治理开始对市场持有更大的包容性,包括允许市场主体更多参与,以及鼓励贫困治理的系统性管理改革。20 世纪 90 年代,各国对贫困治理的方向调整呈现了一些规律性特征,包括推进更为开放的经济政策和投资策略,通过直接投资基础设施建设进而拉动劳动力就业,与此同时,在教育、医疗等关键领域给予贫困人口以更大的投资性支持。21 世纪开始,各国依据过去积累的扶贫经验,许多国家转向实施目标瞄准型扶贫战略,贫困治理的重点主要转移到创造机遇、促进赋权和增强安全保障等方面。②

---

① 格莱珉银行网站,http://www.grameen.com/。

② 刘俊文:《超越贫困陷阱——国际反贫困问题研究的回顾与展望》,《农业经济问题》2004 年第 10 期,第 23—28 页。

世界各国贫困治理的实践表明,国家主导是治理贫困的关键条件。不仅需要政府进行直接救济,还需要国家通过中央和地方政府实施各种发展计划,利用多种渠道与方式增加对落后地区的基础设施投资、生产性投资以及对社会组织的支持与合作。同时,国家也需要对贫困地区在财政、金融等方面实行各项优惠政策来治理贫困。

6.1.2 典型国家和地区扶贫模式分析

一、美国扶贫模式分析

有组织的公共福利是西方社会的重要核心,它改善了人们的日常生活,维持了经济秩序的稳定,促进了社会的人性化发展。福利国家的贫困治理目标是确保人们拥有满足基本物质生活的权利。尽管福利国家具有共通性,但本质上却存在差异,比如规模、重要发展的系统和领域、结构和财务以及理论导向都不尽相同。欧洲福利国家背后的精神是平等和社会团结,多采取"制度型"或"普救型"社会福利政策。而美国的核心精神是自立与奋斗,强调自由主义和个人主义,主要针对少数弱势群体(如老人、儿童、残疾人)进行特殊补助。对于其他的贫困者,美国主要采取的措施是扩大就业,鼓励低收入者积极参加工作,从而通过自身努力摆脱贫困的扶贫政策,因而形成"美国例外主义"的"补救型"的社会福利政策。①

(一)美国贫困现状及其特征

美国虽然是发达国家的典型代表,被称为"超级大国",但其仍然存在贫困问题。在美国,一般基于贫困线标准即个人或一个家庭的年收入的水平来确定其是否贫困。美国的贫困线是以家庭规模为标准的,据美国人口普查局 2017 年 9 月发布的报告显示,2016 年美国贫困线设定的标准是:"个人、两人家庭、三人家庭、四人家庭、五人家庭、六人家庭的年收入分别为 12228、15569、19105、24563、29111 和 32928 美元。"2016 年美

① Neil Gilbert:《社会福利政策引论》,沈黎译,华东理工大学出版社 2013 年版,第 20—23 页。

国约有3.19亿人,其中贫困人口数量约为4060万,2016年美国的贫困人口约占全国人口的12.7%。其中,不同类别人口的贫困率如下所示:"依据年龄分类,18周岁以下、18—64周岁、65周岁及其以上年龄群的贫困率分别为18%、11.6%、9.3%;依据种族分类,非西班牙裔白人、黑人、亚裔和西班牙裔的贫困率分别为8.8%、22%、10.1%、19.4%;依据婚姻状况分类,已婚夫妇、单亲母亲和单亲父亲的贫困率分别为5.1%、26.6%、13.1%;依据工作状况分类,全职工作人员、兼职工作人员和失业人员的贫困率分别为2.2%、14.7%、30.5%。"①

从贫困标准、贫困数量及分类等方面来看,目前美国的贫困具有以下特征:第一,美国的贫困在发生范围、贫困程度、人口规模等方面都相对较低,所以,美国的贫困问题并不算严重;第二,贫困的测量和识别更多偏重相对性而非绝对性,美国的贫困问题往往与收入的不平等和不公平相连接,与维持基本生存的生理意义上的贫困关联性较小;第三,贫困的干预和治理往往侧重于整个社会体系的改革,而不是仅仅经济资源方面的调整;第四,贫困方面的脆弱群体在整个反贫困战略中地位重要,老年人、残疾人、失业者等群体在整个反贫困体系中都有相对精准的制度安排。②

(二)美国扶贫政策措施

美国的扶贫模式是以收入分配为主导的社会福利体系为主,其演变大致分为以下四个阶段:第一阶段,20世纪30、40年代初步确立阶段;第二阶段,20世纪40年代中期到60年代发展阶段;第三阶段,20世纪60年代到90年代中期完善阶段;第四阶段,20世纪90年代中期至今改革阶段。

第一阶段,20世纪30、40年代初步确立阶段。20世纪20、30年代,受世界经济危机的影响,加之自身经济结构方面存在固有矛盾,美国出现

① Federal Safety Net, U. S. Poverty Threshold, http:// federalsafetynet. com/safety - net - programs.html.

② 王俊文:《国外反贫困经验对我国反贫困的当代启示——以西方发达国家美国为例》,《社会科学家》2008年第3期,第104—107页。

了大范围的经济衰退，被称为大萧条时期，经济不景气、失业问题凸显，贫困问题日益加剧。为了应对这一经济危机，美国启动了多年的应对改革，其中，最为重要的是罗斯福新政。罗斯福总统推行了一系列大刀阔斧的改革，包括以反贫困和应对社会危机为目标的救济和改革政策，这其中值得一提的是，1933 年国会通过的《联邦紧急救济法》，在联邦层面成立了紧急救济署，以及从上至下的一整套相应机构设置，从而建立了较为稳定的反贫困机构，确立了稳定的反贫困职能，一系列旨在救济贫困和反贫困的政策措施陆续出台。并且，在此后，随着公共财政投入力度增大，"以工代赈"等救济方式一定程度上替代了单纯救济，促进了失业者再就业。同时，大力兴建公共工程项目，对缓解社会危机和阶级矛盾、增加就业以及刺激消费和生产起到了一定的作用。[①] 1935 年，罗斯福政府为贫困者提供了更多的援助和更广泛地改革，先后通过《社会保障法案》《全国劳动关系法案》《公共事业法案》等法规。其中《社会保障法案》为美国现代福利制度奠定了基础，其基本内容包括对各州老年援助拨款计划、联邦养老保险、失业保险制度、儿童救助计划、妇女与儿童福利、公共卫生计划、建立社会保障委员会、雇员社会保障税、盲人救助计划十个方面，主要目的是为老人、失业者和儿童提供公共援助。这部《社会保障法案》一个重要的理论价值在于，第一次提出并正式应用了"社会保障"概念。1937 年，罗斯福政府成立了社会保障顾问委员会，并于 1939 年对《社会保障法案》进行了修订完善。这一系列修正为美国的社会保障确立了发展的方向。美国政府在实行"新政"时，扩大了政府的权力和责任，为个人和国家的福利承担了一定的责任。贫困不再仅仅是个人的问题，同时也成为政策性的问题。总的来说，罗斯福任期内的一系列立法行动和措施的推行，标志着美国现代社会保障制度的最终确立。[②]

第二阶段，20 世纪 40 年代中期到 60 年代发展阶段。受罗斯福新政的影响，美国历届政府的社会福利政策基本都是在罗斯福 1935 年的《社

① The-Great-Depression, https://www.britannica.com/place/United-States/The-Great-Depression#ref613069.

② Jill S., "Quadagno", *American Sociological Review*, Vol.49, No.5(Oct., 1984), pp.632-647.

会保障法案》的基础上不断调整发展的。在第二次世界大战前不久,美国社会保障体系中的社会保险体制将受保障的劳工、配偶、未成年子女列入福利范畴。1956年,残疾人保险被纳入范围。第二次世界大战后的10年中,社会安全保障也扩展到农民、家务工作者以及自由职业者,到1960年,将近90%的劳工都已经被纳入保险范畴。1946—1963年期间,美国联邦政府多次对《社会保障法案》进行修订,扩大社会保障的范围和领域。例如,扩大儿童福利政策、完善医疗保障政策、加强教育投入、改善住房保障等,社会保障体系开始持续地扩大福利范围和保障项目,以保障越来越多的人口,因而预算的比例也越来越大。①

第三阶段,20世纪60年代到90年代中期完善阶段。进入20世纪60年代,美国的反贫困进入新阶段,在这一阶段,美国的社会保障制度快速完善,体现在社会保险制度的快速健全和发展上,以及一系列旨在反贫困、增进社会福利的项目计划的不断推出。其中,代表性的事件是1964年约翰逊总统提出"伟大社会方案"和"向贫困宣战"的计划。这一计划推出了抚育未成年儿童家庭援助、补充保障收入、公共医疗补助、食品券和儿童营养项目、一般援助、社会服务和儿童福利服务、住房补助、教育补助等项目,这些项目大幅地降低了美国贫困人口的规模,极大地解决了美国的贫困问题。② 1964—1973年,美国收入低于"贫困线"的人口从3610万人下降至2300万人,贫困人口占比从19%降至11.1%。与此同时,一系列救助和福利项目还保障了贫困人口维持基本的生活质量,一定程度上缓和了社会矛盾。③ 同时,美国历史上第一个贫困线标准在这一时期提出,约翰逊政府根据当时的经济和社会生活状况,认为一个标准的家庭(4口人)的贫困线判定标准为税后3223美元。但是,庞大的救助和福利项目,特别是养老、医疗等方面的支出不断攀升,给美国的财政支出带来

① Neil Gilbert:《社会福利政策引论》,沈黎译,华东理工大学出版社2013年版,第39—45页。

② 孙志平:《美国的贫困问题与反贫困政策述评》,《国家行政学院学报》2007年第3期,第94—97页。

③ 孙志平:《美国的贫困问题与反贫困政策述评》,《国家行政学院学报》2007年第3期,第94—97页。

了巨大压力，这在 20 世纪七八十年代经济低迷阶段体现得最为明显，美国社会开始反思并呼吁开展福利政策改革。①

第四阶段，20 世纪 90 年代中期至今改革阶段。自 20 世纪 90 年代中期至今，美国历届政府都致力于福利制度改革。1996 年，克林顿政府颁布了《个人责任和工作机会协调法案》，又称《福利改革法案》。此法案主要是通过“整体授权”的方法，将对贫困家庭的福利管理责任从联邦政府转移到各州，这项改革的目的是“结束我们所已知的社会福利”。这一阶段美国福利制度改革的主要内容是：第一，重新调整联邦政府和州政府在福利供给方面的权责，增大各州在福利计划设计和供给方面的自主权，与此同时，鼓励与市场合作，允许州政府向市场购买服务来提升服务供给效率；第二，一定程度改革直接福利或现金补助方式，重视就业促进在福利计划目标中的定位，鼓励再就业、自主就业；第三，出台多种措施减少福利依赖，增强被救助者的再就业意愿和能力；第四，通过社会倡导、特别奖励等方式，引导州政府和民众主动减少非婚生育，降低因非婚生育、破碎家庭而产生后续社会负担和社会问题。② 2002 年，布什政府对原有福利计划进行了一次较大改革，出台《为自立而工作法案》，核心目标是进一步限制救助的领取条件、领取时间和领取水平，并出台条件迫使受助者更为积极地参加就业，要求救济金领取 2 年内应当主动就业，同时，救济金领取时间长度限定为 5 年。福利救济开始侧重于促进和帮助失业人群再就业，同时开展各种就业支持与培训项目，福利救济由无限制终身福利转变为一种有限制的临时福利。③ 由于美国是发达国家中唯一没有实行全民健康保险或国家卫生服务制度的国家，且依然有约 15%的人口面临缺乏医疗保障的风险，奥巴马政府执政后，主要针对医保方面进行了改革。2010 年 3 月，美国国会通过了奥巴马提出的《患者保护和平价医疗法

① David T.Ellwood and Lawrence H.Summers, *Poverty in America: Is Welfare the Answer or the Problem?*, Cambridge: Harvard University Press, 1986, pp.78-105.

② Rebecca M.Blank, “Evaluating Welfare Reform in the United States”, *Journal of Economic Literature*, Vol.XL, December 2002, pp.1105-1166.

③ 孙志平：《美国的贫困问题与反贫困政策述评》，《国家行政学院学报》2007 年第 3 期，第 94—97 页。

案》,2014 年 1 月该法案正式生效。法案的主要目标是让更多的美国人获得负担得起的医疗保险,让更多人纳入医疗保险范畴,提高医疗保健的质量,规范医疗保险行业,减少美国的医疗保健支出。① 奥巴马医保法案具有强制性,对于不参加保险的个人和企业征收惩罚性的税收。然而由于执行环节出现弊端,政府支出压力过大等多方面原因,且牵涉各方的利益,此法案引发较大的争议。为了将医保的经济负担降至最低,2017 年,特朗普总统执政后即冻结奥巴马医改计划,并提出新医保法案。2017 年 5 月,美国国会众议院投票通过《美国医保法》草案,该草案计划废除“奥巴马医保”的部分内容并进行了补充。今天,美国的福利制度仍然在不断改革中,而且,在特朗普执政时期,这种改革的不确定性正在加大,改革后的效果评价仍然是我们今后需要研究的内容。

经过 80 多年的发展及一系列改革,美国的福利体系已比较完善,美国的福利体系主要分为缴费型和非缴费型福利计划两种。其中,缴费型福利计划体现一定程度的权利义务统一原则,主要包括医疗保险、社会保障、失业救济等项目,这些项目体现权利和义务的统一;非缴费型福利计划,不强调个人权利与义务的对等,主张受助者应当得到对应的独立,这是维持生存和基本福祉的权利。从项目数量来看,非缴费型福利计划占据了美国福利计划的大多数。总结美国的福利制度构成,大体可以概括为 13 个相对独立的福利计划或救助计划,以及医疗救助计划:负所得税计划,食品券计划,住房援助计划,补充保障收入计划,佩尔助学金计划,贫困家庭临时救助计划,儿童营养计划,启蒙计划,工作培训计划,妇女、婴儿和儿童计划,儿童保育计划,低收入家庭能源援助计划,通信计划,医疗补助计划。② 根据美国政府支出的统计显示,在 2017 财年,美国政府的福利支出预估为 11450 亿美元,其中包括医疗补助 7020 亿美元,以及其他福利支出 4430 亿美元,福利支出占联邦总支出的 19%。③

① *Patient Protection and Affordable Care Act*, https://en.wikipedia.org/wiki/Patient_Protection_and_-Affordable_Care_Act.

② *Entitlement Programs*, http://federalsafetynet.com/entitlementprograms.html.

③ US Government Spending, http://usgovernmentspending.com/.

（三）美国贫困治理问题分析

在过去 50 年里，美国不断建立发展福利项目，扩大各项福利范围来进行扶贫治理，虽然各级政府不断加大对各福利项目的投入力度，但贫困水平保持相对稳定，贫困发生率在 12%—15%区间上下浮动，贫困人口的数量并未有明显减少。很多学者认为，美国的福利制度对减少贫困是无效的，存在以下比较普遍的问题。

第一，忽视特殊群体及其贫困差异。在美国，个人和家庭的收入不足贫困线标准的一半被定义为极端贫困。很多极端贫困的美国人往往无法在复杂的福利体系中获得资助。由于各种各样的条件限制，导致了不同状况家庭在福利项目获得中出现差异甚至不公平，这一点主要表现为，一些收入相对较高的低收入家庭，其获得各类补贴和福利的概率、水平远远高于最为困难的家庭，这也衍生了很多新的不公平问题。另一方面，美国有许多无家可归的人，这其中有许多人患有精神疾病，他们无法独立生活在自己的公寓或房子里，缺乏处理应对复杂的福利系统的能力，他们无法从联邦安全网的福利体系中获得保护。①

目前，美国的福利系统是“一种适合所有人的福利”。然而，不同的贫困群体拥有不同的贫困特质。贫困群体中有无家可归睡在大街上的人、饥饿的孩子、生活在贫困循环中的未成年母亲、依赖救济的懒人以及有能力的穷人等。他们的贫困原因及需求都各不相同，然而，福利系统并未将其分类或辨别，忽视了福利援助应该针对不同贫困群体之间的差异来提供。

第二，非现金的实物福利与实际需求不相符。对于穷人来说，现金的价值往往比像住房、食品券这样的实物福利更有作用。例如，一个低收入的单亲母亲家庭有资格获得住房援助、学校午餐、儿童保育计划、通信计划以及启蒙计划等援助。但是这些项目大多是按“实物”分配，而不是通过现金支付。享受这些援助的家庭不能制定自己孩子的学前计划，也不

---

① 邓大松、仙蜜花：《美国反贫困政策对中国扶贫工作的借鉴和启示——基于美国福利政策的分析》，《江淮论坛》2017 年第 4 期，第 124—128 页。

能自己打包午餐到学校。通常情况下,领取福利金的人会享受免费福利,但如果他们得到的是现金或者是现金较少的福利,他们会更愿意得到政府这样的援助。另外,对于奥巴马政府要求将学前教育扩大到所有美国家庭的计划,对拥有很多孩子的极端贫困家庭来说显然不如直接提供现金有效。正如克林顿总统说的那样,“穷人是斗志旺盛的生存者”,相对于政府而言,他们能够更好地使用这些现金。

第三,导致福利依赖问题。许多人认为美国福利制度的设计是导致穷人福利依赖的重要原因。福利制度不鼓励那些收入水平较低的家庭和个人工作或者结婚,这是因为工作增加的工资或者婚姻会导致更大的福利损失,因此穷人会选择不去工作或者不去结婚来维持较高的收入水平,从而造成福利依赖问题。

第四,福利项目独立,项目之间缺少协调性。美国福利制度包含 1 项医疗补助与 13 个大型项目,每个项目又分为多个独立项目,这在增强福利项目针对性的同时,也一定程度上削弱了各个福利项目(特别是子条款)之间的协同性,使得救助和反贫困缺乏合力,甚至造成资源浪费,因为,贫困的发生往往是多维度的、多方面的,而单一的、相互独立的、缺乏协同性的福利项目,往往在反贫困、增福祉方面是低效率、高浪费的,这也是美国反贫困制度成本高昂的重要原因之一。①

(四)美国扶贫经验启示

在美国,复杂的福利体系给很多低收入者及弱势人群提供了基本的生活保障,其贫困治理政策在具体政策制定、执行过程中对我国新时期的精准扶贫工作有一定的启示作用,归纳起来主要有以下几个方面。

第一,健全的法律制度的保障。美国是一个具有立法传统的国家,在反贫困和社会保障建设方面,美国多年来出台了一系列法案和政策,形成了较为完整的福利政策体系,而法律、政策体系的完善,也为美国整个反贫困和福利事业发展提供了坚实的基础。

---

① 邓大松、仙蜜花:《美国反贫困政策对中国扶贫工作的借鉴和启示——基于美国福利政策的分析》,《江淮论坛》2017 年第 4 期,第 124—128 页。

第二,明确政策目标,加强政策针对性。美国福利政策的一个重要特征是,政策目标针对性很强,单一的政策具有较强的目标指向性,政策实施和评估较易于操作。例如,对于有能力工作的低收入群体,政府需要根据各类人群的能力特点提供就业机会,开展技术能力培训。另外,想要落后地区具备可持续发展能力,还需采取综合性措施,如综合考虑青年人才培养、住房保障、环境保护以及公共安全问题等。①

第三,重视各项政策之间的协同性,重视顶层制度设计。如前文所述,单一的、独立的、缺乏协同性的福利项目,在提升了项目的专业性和针对性的同时,也在一定程度上造成了制度间缺乏合力,难以应对贫困产生原因的全面性,这在一定程度上抬高了制度运行的成本。由于我国部门分割的权力设置格局,很多政策从部门出台时,往往内嵌部门内部的视角、领域和资源,缺乏部门之间的协同、整合,这样导致了政策和资源配置方面的分散性,甚至导致了资源配置和管理的低效率。在我国扶贫政策的制定中,一定要避免上述问题,要协同各项政策,做好顶层设计,重视政策和资源配置的协同性,重视资源使用过程中的协同性与问题解决。

第四,重视儿童的教育问题,防止贫困代际传递。为预防"代际传递",须重视儿童的教育问题,对于低收入家庭孩子的教育问题,应系统地、有针对性地为不同年龄段儿童提供相应的教育方案。对于低收入者的教育问题,须针对其自身特点,系统地、有计划地为其提供技术能力培训与就业培训方案,积极就业能够增加收入,从而有助于摆脱贫困。

第五,防止福利依赖。针对存在观念问题及有福利依赖倾向的贫困户,须制定可行的政策并引进专业方法引导他们树立正确的人生观、价值观,挖掘其潜能,增强他们自立自强的决心和信心,"扶贫同扶志、扶智相结合",从根本上破解制约自我发展的各种困境,从而杜绝福利依赖现象的发生。②

---

① 王俊文:《国外反贫困经验对我国反贫困的当代启示——以西方发达国家美国为例》,《社会科学家》2008 年第 3 期,第 104—107 页。

② 李迎生、乜琪:《社会政策与反贫困:国际经验与中国实践》,《教学与研究》2009 年第 6 期,第 16—21 页。

二、巴西扶贫模式分析

巴西是南美洲的发展中国家，人均国内生产总值和社会财富处于中等水平，是世界第七大经济体。无论是国内生产总值、人口数量还是国土面积，巴西均位居南美洲第一。1968—1973 年期间，巴西经济年均增长率高达 11.4%，被誉为“巴西奇迹”。由于巴西国内各地区间经济发展失衡，各地区发展水平差异较大，在很多不发达地区，仍然有许多人口处于极端贫困状态。

（一）巴西贫困现状及其特征

根据世界银行 2017 年 10 月公布的统计数据，按照国际贫困线每人生活支出不足 1.9 美元的标准，2015 年，巴西仍然有 890 万人生活在极端贫困线以下，约占巴西总人口的 4.3%。在过去的 30 多年的时间，巴西的扶贫治理取得了明显成效。根据世界银行公布的数据，1981 年巴西处于极端贫困线以下的人口比例约为 24.4%，到了 2015 年，极端贫困人口数量减少了 2100 万。①

目前巴西的贫困具有以下特征。第一，贫富差距大，绝对贫困与相对贫困同时存在，但以绝对贫困为主。一方面，尽管巴西有一些世界上最富有的人，但还有更多的人遭受极端贫困的折磨；且由于巴西国内地区间经济发展水平不均衡以及社会分配不公、失业等诸多因素存在，很多贫困落后的地方仍然有相当一部分人因缺乏基本物质保障、基本生活需要无法满足而处于绝对贫困的情况。另一方面，随着经济的发展和国家的贫困治理等相关措施的落实，因不能满足基本物质生活需要而陷入绝对贫困的现象正逐步减少，相对贫困现象正逐渐增多。第二，农村贫困与城市贫困并存，但以农村贫困为主。巴西的贫困状况最直观地体现在各个城市的贫民窟和偏远的农村地区。巴西偏远的农村地区经济不发达，且生活水平低下；而巴西的城市，如里约热内卢，约有五分之一的人口居住在数百个贫民窟。②

---

① World Bank，https://data.worldbank.org/topic/poverty? locations =BR.

② 王俊文：《国外反贫困经验对我国反贫困的当代启示——以发展中国家巴西为例》，《农业考古》2009 年第 3 期，第 209—213 页。

近年来受到经济危机的影响，对巴西大多以工资为主的中低收入阶层来说，由于经济低迷造成劳动者失业，许多中收入人群滑落成低收入，低收入人群则变得进一步贫困。巴西贫困人口数量于 2015 年前后开始止跌回涨。①

（二）巴西扶贫政策措施

20 世纪 60 年代，巴西发生军事政变，改名为巴西联邦共和国。针对日益严重的贫困问题，政府按贫困人群与贫困地区分类，专门推出了一系列的政策与措施来治理贫困。巴西的贫困治理大体分为以下三个阶段：第一阶段，20 世纪 60 年代到 80 年代，“发展极”模式阶段；第二阶段，20 世纪 80 年代末到 90 年代，社会战略发展阶段；第三阶段，2003 年至今，“零饥饿”计划阶段。

第一阶段，20 世纪 60 年代到 80 年代，“发展极”模式阶段。“发展极”理论是法国经济学家弗朗索瓦·佩鲁于 1955 年提出的，该理论的基本思想认为，通过分散发展的战略，可以实现经济增长、区域间均衡和落后地区的一体化，旨在通过经济全面增长的手段来缓解贫困。“发展极”理论对拉丁美洲国家特别是巴西有着深远的影响。1966 年，巴西政府建立亚马孙地区开发管理局，随后首先选择亚马孙首府马瑙斯作为“发展极”，建立马瑙斯自由贸易区，对其给予重点投资，并制定特殊优惠政策。1975 年，巴西联邦政府通过第二项国家发展计划，把“发展极”战略作为巴西政府最为重要的政策工具大力推行，先后建立了 15 个区位不同、规模不等、禀赋不同、特征各异的发展极，并强调发展极对周边经济发展的带动作用。巴西政府制定了一系列政策措施以保障“发展极”的更好运行及其作用的发挥，这些措施主要包括以下几个方面。其一，设立专业开发部门，以国家干预为重要手段，促进区域的整体发展和脱贫，其中，国家强调各地因地制宜，从而提升区域专业化水平，最大限度发展每个地区的生产潜力。其二，在全国范围内施行国家一体化计划，强化对贫困落后地

① Country Poverty Brief, Brazil, World Bank, http://www.worldbank.org/poverty, 2017-10-15.

区的开发力度,改变原有农业生产布局。同时,强调区域发展计划的制定,如制定“中西部开发计划”等区域性综合建设计划,希望通过对该地区基础设施的投资建设以及区域环境治理等措施加快地区经济发展。其三,推行特别优惠政策等激励措施,例如,促进私人企业对不发达地区进行投资、对农产品推行最低价格保护政策并加强落后地区基础设施建设,包括基本的电力、交通、出口走廊、通信等公共设施。另外,对国内企业推行各种税收减免政策,例如,减免农牧业建设物资及再出口物资的进口税,免除工业生产中进口机器设备、零部件以及生产材料等多项税收的收缴。其四,重视外来资金在发展极中扮演重要角色和作用,提倡积极利用外资。其五,大力推动对外贸易发展,提升出口规模和出口结构优化,大大支撑了经济高速增长。1968—1973 年,巴西经济年均增长率高达 11.4%,被誉为“巴西奇迹”,同时,经济增长促使极端贫困人口大量减少。然而,20 世纪 70 年代中期的两次石油危机使巴西快速增长戛然而止,巴西经济增长率降至 5.2%。1985 年,巴西结束军政府统治恢复民主体制,民主体制发展也一定程度上与经济的发展相互呼应。①

第二阶段,20 世纪 80 年代末到 90 年代,社会发展战略阶段。1988 年,巴西颁布新宪法,新宪法明确了巴西人民应享有的各种社会权利。自 1988 年制定新宪法后,巴西联邦政府通过各种政府项目提供了一系列福利保障,目的是减少贫困和不平等。1995 年,卡多佐政府在进行全面经济体制改革的同时提出“社会发展战略”,主要是针对贫困人口,根据他们各自的贫困特征,以增加联邦政府收入转移支付为主要方式,施行各项具体项目计划。社会发展战略主要包括下面几项基本目标:改革基本公共服务领域;增加就业岗位和提高就业质量;在农村地区制订特别计划;加大土地获取、贷款和知识等生产性资产的机会;分类别施行各项短期项目计划以改善极端贫困状况;完善收入直接转移支付计划。在改革方面,巴西政府重视教育、医疗卫生及社会保障等方面的改革。在基础教育领

① Mauricio Aguiar Serra, “Development Pole Theory and the Brazilian Amazon”, *Aceito para publicacao em*, 2003, 33, pp.2-43.

域实施例如“助学金计划”“全国学生午餐计划”“全国教材计划”“远距离教学计划”“所有孩子进学校计划”。在医疗卫生领域实施例如“抗艾滋病计划”“扶持普通药物计划”“建立基础药房计划”“家庭医生计划”等。在社会保障领域实施例如老年和贫困残疾人月最低收入保障计划、农村劳动者养老金计划、失业保险和工资补贴计划等。① 统计数据表明,在施行“社会发展战略”时期,巴西贫困率由 43.9%降至 31.9%,极端贫困率由 19.5%降至 14.5%。②

第三阶段,2003 年至今,“零饥饿”计划阶段。2003 年,巴西劳工党领袖卢拉在总统就职当天启动“零饥饿”计划,并在就职演说中提到:“我们将创造条件,使全国人民可以体面享用一日三餐,天天如此,而不需要他人馈赠。巴西不能再继续如此不平等地生活。我们必须战胜饥饿、贫困、社会排斥。”③“零饥饿”计划的主要目标是消除饥饿与贫困并促进社会融合。为实现这一目标,巴西积极推行各项政策措施,并协调社会各阶层广泛参与。这些政策措施主要包含以下几个方面:实行粮食和营养安全政策,保障粮食充足;重视家庭农业发展;促进贫困地区就业以及加大教育投入。“家庭救助金”计划是“零饥饿”计划中一项重要措施,该计划包括助学金计划、煤气计划、食品券项目以及营养餐项目,为巴西贫困家庭基本生活提供了保障。该计划的推行成为保障公民基本收入权利立法的一部分内容。例如,2006 年,巴西政府颁布国家粮食和营养安全法。2010 年,食物权被写进巴西宪法。巴西“零饥饿”计划及其相关政策的实施促使经济增长的同时改善了收入分配结构,在一定程度上有效地缓解了贫困,缩减了贫富差距。④

国家的各项措施使低收入的巴西家庭可以获得医疗、教育、住房、就

① Christina Windsor Andrews,“Anti - Poverty Policies in Brazil: Reviewing the Past Ten Years”,*International Review of Administrative Sciences*,2004,pp. 477-488.

② Country Poverty Brief,Brazil,World Bank,http://www.worldbank.org/poverty,2017-10-15.

③ Hall,Anthony,“From Fome Zero to Bolsa Família:Social Policies and Poverty Alleviation under Lula”,*Journal of Latin American Studies*,2006,38(4),pp.689-709.

④ Hall,Anthony,“From Fome Zero to Bolsa Família:Social Policies and Poverty Alleviation under Lula”,*Journal of Latin American Studies*,2006,38(4),pp.689-709.

业等权利。

在医疗领域:巴西统一的医疗体系允许所有巴西人从婴儿时期开始,在紧急情况、器官移植以及其他手术中,获得免费的医疗照顾。国家卫生保健系统保证公民免费获得世界卫生组织推荐的疫苗,以及通过药物计划在全国各地药店获得分发的免费药物。为了确保包括人口稠密或偏远地区的人口能够被统一医疗体系覆盖,如"更多医生计划"和"家庭健康计划"加强了医疗卫生服务。"更多医生计划"为大约6500万巴西人带来医疗保健。"家庭健康计划"侧重于疾病预防和康复。由全科医生、家庭健康专家、护理技术人员和牙科保健专业人员组成,为大约1.03亿巴西人提供服务。

在家庭补助金方面:对极度贫困家庭的直接收入转移。巴西联邦政府每年投资GDP的0.5%,约74亿美元,用于帮助1400万个家庭——将近5000万人。对于一个拥有0—17岁孩子的家庭,每个家庭每周的收入可达26.25—52.49美元。2016年7月,有1300多万家庭获得了这一福利资助,平均收益为56.24美元。同时,该计划要求其受益人承担一定的义务,这些受益人必须根据入学要求为6—17岁的孩子登记入学。除此之外,受益人还必须承诺让他们的孩子接种疫苗,孕妇也必须参加产前咨询。同时要求公共部门必须保证项目的质量及其可用性。政府部门在贫困治理的过程中注重培养下一代以预防贫困现象的"代际传递"。

在教育领域:"所有人的大学计划"针对能够证明家庭收入并通过国家中等教育考试的学生,他们可以在私立大学获得部分(50%)或全额(100%)奖学金。另外,"学生资助基金"为学生提供每年6.5%的低利率贷款来支付私立大学的学费。大学毕业后,学生有18个月的宽限期来偿还贷款。

在住房领域:"我的房子我的生活"计划主要针对低收入人群,他们无法通过常规融资获得合适的住房,该项目降低了贫困人口分期付款的金额,从而使他们能够通过较低的价格获得合适的住房。

在基础设施领域:"圣弗朗西斯科河整合项目"和"瓜帕托多"项目,为干旱地区、贫困家庭和农村社区缺乏水源的所有居民供水并为水资源的使用提供技术建议。另外,“为所有人照明”计划保证了电力网络的接入,为家庭,农村学校以及极度贫困地区提供电力。[①]

巴西推出的一系列扶贫政策及措施对贫困减少人口起了积极作用。根据世界银行的数据显示[②],2002 年,巴西约有 2200 万人生活在世界银行每人每天 1. 90 美元的极端贫困线以下,约占巴西人口的 12. 3%。到 2015 年,仅 890 万巴西人生活在 1. 90 美元极端贫困线以下,约占所有人口的 4. 3%,极端贫困人口数量减少了 1310 万人。[③]

(三)巴西贫困治理问题分析

虽然巴西一系列的扶贫政策成果显著,但依然存在以下几个方面的问题:

第一,推进工业化发展中忽视农业的发展。自 20 世纪 60 年代以后,巴西推行“进口替代”“高增长”的工业化战略,实现了“巴西奇迹”的高速经济增长,由一个传统农业国家转变为一个现代工业化国家。工业化进程造成了工农业发展失衡,农业缺乏投资,生产效率低,对粮食安全和农民收入产生影响。同时,巴西的农业生产技术发展与巴西劳动就业机构调整失衡,多种因素导致巴西农业的技术密集程度、资本密集程度快速提升,从而大幅减少了农业对劳动力的吸纳,导致大量劳动力失业,从而衍生出了较大规模的贫困群体。

第二,过度城市化,城市贫民窟问题严重。巴西是世界上城市化程度较高的国家,2016 年,巴西城市化率为 86%,相比较而言,中国的城市化率为 57%,而印度城市化率为 31%。[④] 巴西城市化的突出特征是农民大量涌入城市,但是,城市并没有足够的就业支撑,从而形成大量城市贫民,而且城市并没有足够的房屋和公共设施容纳这些迅速增长的人群,进而导致巴西城市出现大量贫民窟。另一方面,由于政府部门在城市整体规

---

① Brazil Gov News, http://www.brazilgovnews.gov.br/federal-government/soci-alprograms/the-brazilian-government2019s-principal-social-programs.

② World Bank, https://data.worldbank.org/topic/poverty? locations=BR.

③ World Bank, https://data.worldbank.org/topic/poverty? locations=BR.

④ 国家统计局网站, http://data.stats.gov.cn/easyquery.htm? cn = C01&zb = A0306&sj = 2016。

划、土地建设用地、基础设施建设以及社区发展等方面没有考虑到这些底层贫困群体的需求,从而导致城市贫民窟问题日益严重。[①]

第三,社会保障体系薄弱。巴西的社会保障体系在城市和农村的覆盖率差别很大。2010 年,巴西的城市社保覆盖率平均为 51%,农村仅为 19%左右。而更为严重的是,非正规部门就业的人口基本上没有像样的养老、医疗保障,并且,他们的收入普遍偏低。巴西近一半的工人仍享受不到任何劳动保障,包括失业保险、工伤保险、家庭津贴、病假、孕假、退休养老金等。[②] 另外,巴西的儿童和年轻人是贫困和极端贫困最严重的群体。对于儿童和年轻人,社会保障有一个显著的低覆盖率。综合来看,由于社会保障体系的缺失,国家在供给社会保护、社会安全方面的能力有限,已经一定程度上影响了巴西的发展和社会稳定。

(四)巴西扶贫经验启示

巴西的扶贫政策对我国精准扶贫有一定的启示和经验借鉴,也有一些教训值得我们认真分析,具体有如下几个方面。[③] 第一,应当重视健康均衡的经济结构。我们在发展经济的过程中不能一味地追求经济量的增长,只重视发展某一产业,我国在转换经济增长方式的同时,一定要重视经济结构的均衡协调。第二,大力推进城市化的同时要注重城乡统筹发展。城乡发展不均衡依然是我国面临的重要问题,在快速推进城市化的过程中,要兼顾城市地区与农村地区共同发展。巴西在城市化发展进程中过度重视城市规模扩大,但对农村的建设重视不足,这也成为巴西贫民窟现象的成因之一。我国应当重视农村建设,重视农村地区农业、非农业发展,改善居住、收入、社保等方面的状况,形成城乡协同发展的状态。第三,大力完善社会保障体系。完善的社会保障体系将会为贫困者提供基本的生活保障,要建立健全最低生活保障、养老保障、医疗保障、失业保障

---

① 李瑞林、李正升:《巴西城市化模式的分析及启示》,《城市问题》2006 年第 4 期,第 93—98 页。

② 李青:《巴西的贫困问题与减贫政策》,http://d.drcnet.com.cn/eDRCNet.Common.Web/docview.aspx? DocID=2401827&leafid= 3079&chnid=1002。

③ 王俊文:《国外反贫困经验对我国反贫困的当代启示——以发展中国家巴西为例》,《农业考古》2009 年第 3 期,第 209—213 页。

和教育保障,发挥社会保障对低收入人群的收入调节和再分配功能。社会保障应当作为我国贫困治理的重要工具。

三、孟加拉国扶贫模式分析

根据联合国《2017 年最不发达国家报告》,孟加拉国依然位居世界 47 个最不发达国家之列。最不发达国家是指那些最贫困、最落后的发展中国家,贫困是最不发达国家面临的首要问题。受历史、政治、经济、文化、地理等多方面因素的影响,孟加拉国自 1971 年建国开始就是世界上最贫困的国家之一。

(一)孟加拉国贫困现状及其特征

根据世界银行的统计数据显示①,在孟加拉国建国之初的 1973—1974 年,有 74%的孟加拉人生活在贫困线以下。2016 年,有 24.3%的孟加拉人生活在贫困线以下,其中有 12.9%的人口生活在极端贫困中(世界银行每人每天 1.9 美元的标准)。2010—2016 年期间,孟加拉国的贫困率下降比较显著,农村地区的贫困率较城市下降得更快。农村贫困率从 35.2%降至 26.4%,城市贫困率从 21.3%降至 18.9%。同时,所有人类发展指标如出生时的预期寿命、婴儿死亡率和成年人的识字率等都有所改善。按照年贫困率下降 1 个百分点的速度,孟加拉有望实现到 2030 年消除极端贫困的第一个可持续发展目标。虽然贫困率仍然很高,但孟加拉国在减贫方面取得了令人瞩目的进步。

从贫困标准、贫困数量及分类等方面来看,目前孟加拉国的贫困具有以下特征。第一,贫困人口数量大,主要以绝对贫困为主。孟加拉国是全世界人口密度最高的人口大国,截至 2016 年,其人口数量已达到 1.6 亿,然而其国土面积仅有约 14.75 万平方公里,是典型的人多地少国家。且受历史、政治、经济、文化、地理等多方面因素的影响,国家经济发展一直受到限制,造成孟加拉贫困人口数量较多,且以无法满足基本生活需求的绝对贫困为主。第二,贫困人口集中在农村地区。孟加拉国的城市化滞后,超过 7 成以上的人口依然生活在农村地区,农业在孟加拉国国民经济

① World Bank, https://data.worldbank.org/topic/poverty? locations=BR.

体系中占有重要地位,国家的经济发展主要依靠农业。因而,在孟加拉农村地区,一个家庭的贫困程度与其土地所有面积具有很大的关联性。一般一个家庭所拥有的土地面积越少,其贫困程度越高。如果一个家庭没有土地,那么这个家庭基本是处于极端贫困状态。由于农业增长缓慢,农产品产量及价格波动很大,加之恶劣自然环境的影响,从而造成孟加拉农村地区一直处于持续贫困状态。

(二)孟加拉国扶贫政策措施

孟加拉国自1971年独立以来,贫困治理一直是国家的一项重要议程。1972年,孟加拉建国初期即制定宪法,指导国家各项政策、发展目标以及战略方针的制定与执行。1972年宪法强调,政府应"有计划地促进经济增长、持续地提高生产力并且稳步地改善人们的物质文化生活水平,从而保障人民基本生活需求",目的是通过合理的、可持续性的经济增长来保障人民享有基本的生活需求,促使各种生产资源、高质量的医疗健康与教育资源能够实现全民共享。在政府及全体社会成员的共同努力和推动下,孟加拉国在减贫和发展领域取得了不小的进步,其中多元主体在参与贫困治理的过程中发挥了巨大的作用。其贫困治理主要分为以下几个阶段:第一阶段,20世纪70年代初到70年代末,社会组织(非政府组织、第三方公共部门)参与扶贫治理的崛起阶段;第二阶段,70年代末到90年代,政府与社会组织合作发展阶段;第三阶段,90年代至今,政府综合减贫战略阶段。

第一阶段,20世纪70年代初到70年代末,社会组织参与扶贫治理的崛起阶段。孟加拉建国初期,由于政治动荡、政府缺乏经验无法维持社会稳定和秩序,经济遭受严重打击。在这种混乱的情况下,制定政策或制订发展计划是困难的,政府采取的扶贫措施不够充分,无法满足人民的需求。随着新政府未能应对这些挑战,新兴的第三方公共部门(社会组织)开始崛起,承担了救助战后难民的工作。这些社会组织在孟加拉的贫困治理中发挥了重要的作用。经过多年的发展,孟加拉逐步建立起2000多家从事发展与扶贫工作的社会组织。其中孟加拉乡村促进委员会(BRAC)、孟加拉格莱珉银行(GB)等取得的成就尤为突出。1972年,为了救助在独立战争中遭受苦难的孟加拉国难民，法佐·哈桑·阿比德发起成立原名为“孟加拉复兴援助委员会”（BRAC）的第三方公共部门（社会组织）来救助和安置灾民。同时他们开设医疗中心，最初的重点是建立护理人员自行筹资的医疗保险计划并提供综合卫生保健服务，并于1974 年推出小额信贷项目。该项目覆盖了孟加拉的所有地区，为大多数贫穷、无土地的农村妇女提供无抵押贷款，使她们能够获得收入并提高生活水平。[①] 1977 年开始，BRAC 开始采取更有针对性的方法，成立了村庄组织来帮助无地、小农场主、工人和弱势妇女。同年，BRAC 成立了一家商业印刷媒体，为其活动提供资金。在渔业、合作社、农村手工艺品、成人识字、健康和计划生育、妇女职业培训以及社区中心的建设方面帮助贫困人口。经过多年的实践探索，BRAC 逐步为贫困群体建立了一套系统且具有较强针对性的扶贫系统，根据不同贫困程度帮扶对象的贫困特征制定适合的扶贫方案，另外辅以其他优惠政策和措施来协助帮扶对象脱离贫困。[②]

第二阶段，70 年代末到 90 年代，政府与社会组织合作发展阶段。到了 70 年代末，政府认识到鼓励社会组织的协助以及各社会阶层民众的参与对贫困治理的必要性，于是国家开始积极推进社会组织的发展。首先，政府与社会组织合作对人口快速增长进行控制。孟加拉国是世界上人口最稠密的国家，政府认识到人口增长过快带来的一系列自然、经济、社会等方面的影响，开始制定人口控制政策，推行提高人口素质计划并开展一系列人口教育宣传工作。在政府采取的供应导向方式与社会组织开展的需求导向方式的结合下，民众认识到拥有小型家庭的潜在利益，开始执行各项人口控制政策，政府与社会组织的付出初见成效，人口出生率从1961 年的 3%下降到 1981 年的 2. 3%。另一项政府与社会组织合作开展的项目是与 BRAC 合作推广口服补液疗法。20 世纪 70、80 年代，注射盐水或者口服补液盐包无法快捷便利地运送到偏远农村地区，在这种情况

① BRAC，Social Development，http：//www.brac.net/what-we-do.

② 陈维佳：《关于孟加拉国非政府组织反贫困实践的启示》，《今日湖北》2013 年第 7 期，第 77—78。

下，BRAC 口服补液工作组研究人员与医生们共同创造了口服补液盐的本土配方。在各级政府及农村各基层部门的共同协助下，BRAC 口服补液工作组挨家挨户地上门服务，把配方传授给每一个家庭的妇女。口服补液疗法的推广取得了明显的成效，儿童死于痢疾的病例开始大量减少。[①] 其次，在社会组织的努力以及政府的支持下，作为孟加拉国典型金融扶贫模式的小额信贷从这个时期开始发展。目前，孟加拉国已有 1200 多家小额信贷金融机构，其中主要由孟加拉乡村促进委员会（BRAC）、孟加拉格莱珉银行（GB）、社会发展联合会（ASA）等机构提供服务。现阶段，孟加拉小额信贷的主要模式是 GB 模式，即孟加拉格莱珉银行模式。1976 年，受 1974 年大饥荒的启发，尤努斯教授发起了一个研究项目，研究如何设计一个信贷交付系统，为农村贫困人口提供银行服务。孟加拉商业银行“吉大港大学乡村开发计划”开始实验，该计划主要是为没有能力进行贷款抵押的贫困者提供贷款，获得贷款的贫民可以不用考虑高利息而使用这笔款项购买工具、生产资料等资源来进行生产制造，并且能够通过自身能力改善生活条件。1976—1979 年实验期间，尤努斯教授以自己为担保人，为大约 500 名借款人提供了小额贷款，使他们依靠自身能力脱离贫困，使他们在很大程度上提高了生活水平。截止到 1983 年，格莱珉银行的 86 个支行帮助 5.9 万名客户摆脱了贫困。1983 年 10 月，格莱珉银行被国家立法授权作为一家独立银行运作。为了保证借出的款项可以按时得到偿还，格莱珉银行设计了“团结组”系统，组织非正式的小组成员一同申请贷款，同时小组成员还需担任联合的还款保证人，成员之间须相互支持帮助共同为提高自身经济水平而努力。随着格莱珉银行的不断扩大与发展，银行开始涉足更多的领域。例如，住房贷款、面向贫困群体的信贷系统以及为包括农业、渔业、纺织业和高风险投资领域提供资金等的一些其他银行业务。截至 2016 年，格莱珉银行拥有约 2600 家分行和 900 万借款者，其还款率为 99.6%，其中 97%的借款者是女性。[②]

① Salehuddin Ahmed：《孟加拉国的减贫策略及发展历程》，中国国际扶贫中心，2010 年。

② Grameen Bank，Historical Data Series in USD，www.grameen.com/data-and-report /historical-data-series-in-usd/.

第三阶段,20 世纪 90 年代至今,政府综合减贫战略阶段。20 世纪 90 年代开始,孟加拉政府认识到贫困、失业、教育、高人口增长以及食物短缺之间存在着密切的关系,不能单一考虑某一方面问题,需要从整体上规划各项具体政策措施加以同时解决。孟加拉土地资源匮乏,贫困人口数量持续不断地快速增加,减少农村贫困人口数量成为亟待解决的问题。为此,孟加拉政府推出"扶贫综合方案"。该计划重视政府部门与社会组织在社会保障体系中发挥的作用,旨在通过大力发展人力资源来帮助贫困群体脱贫。自 90 年代后期开始,孟加拉政府认识到贫困治理与发展之间具有相互影响作用。于是政府开始转变国家发展战略为加速经济发展。其主要措施为:加大政府对基础社会服务的投资,对管理部门进行改革,修订相关政策制度,帮助贫困者增强自身能力并推行鼓励性优惠项目等。2005 年 8 月,孟加拉政府推出"减贫战略文件"(PRSP),该文件主要包含以下几个方面的内容:就业、营养、有质量的教育、地方政府、产妇保健、卫生及饮用水安全、刑事司法和检测。2009 年,民主党政府围绕国家发展前景和竞选宣言对制定的二代减贫战略文件(PRSP-2)进行了修订,这一加速减贫战略对 2010—2016 年孟加拉国贫困率的显著下降起到了重要的推动作用。该战略内容包括支持贫困治理的宏观经济管理,促进经济增长,创造体面的就业机会,通过科学技术提高生产率和效率以及中小企业的发展。同时强调保护弱势群体、区域平衡、基本人权、良好的治理和提供有效的公共服务。在实现更快的减贫方面,强调这些活动旨在使极端贫困人口、贫困妇女、无土地贫困人口和其他弱势群体受益。为了保护穷人不陷入更深的贫困,确定了优先发展领域并加大这些领域的预算分配,包括社会保障网络计划、粮食安全、灾害管理、小额信贷和农村非农业活动等。近年来,恶劣气候对孟加拉国抗击贫困构成了严重的威胁。因此,为应对恶劣气候问题,各个部门通过不同视角制定气候变化适应性政策,例如,改善作物生产实践、包括造林绿化在内的流域和沿海地区管理、建筑飓风避难场所、筑堤、提高盐度控制措施、提高公众意识、强调气候研究和数据收集,并建立国内资源气候变化基金。另外,以补充政府的政策措施的多捐助方信托基金也在筹备中。[1]

现阶段,孟加拉国形成了政府与社会组织协同治理的模式,通过制定并落实各项政策以期在最短的时间内通过经济增长来减缓贫困,促进社会的发展,并形成了小额信贷以及社会保障体系相结合的方式来保障贫困人口权益。可以说,孟加拉国在扶贫治理中取得了很大的成就。

(三)孟加拉国贫困治理问题分析

虽然孟加拉国在贫困人口减少方面取得了巨大成就,但其依然存在以下几方面的问题:

第一,人口问题依然严峻。孟加拉国在控制人口增长方面取得了一定成效。但其人口增长率仍然较高,人口密度依然位列世界之首。人口增长过快会带来一系列自然、经济、社会等方面的负面影响。在较长的一段时间里,人口问题还将是孟加拉国政府经济发展需要解决的重要方面。一个国家的人口数量只有与自然资源保持相对平衡,国家经济与社会建设才能持续健康地发展,才能从根本上解决贫困问题。

第二,就业供给不足,就业不充分。近年来,孟加拉国经济连年高速增长,但仍然创造不出足够的工作机会。现阶段,孟加拉国的国民经济依然以农业为主,农业解决了大部分人的就业问题,但属于就业不足。服装纺织产业是孟加拉国最重要的制造产业,其创造的就业机会为大量孟加拉人提供了就业岗位,其中有95%是妇女,仍然有大量年轻的孟加拉人处于失业或者打杂等就业不足的状态。失业或者就业不足状态的孟加拉人没有足够的收入来维持基本生活需求,因而造成相当一部分人的贫困问题。

第三,城市化无序发展,发展进程滞后。伴随着经济的发展以及自然、社会等因素的推动,大量向城市转移的农村贫困人口导致孟加拉国城市面临过于拥挤、城市承载力严重不足的情况,进而给城市带来诸如交通

① *National Strategy for Accelerated Poverty Reduction II FY 2009-11*, General Economics Division, Planning Commission, Government of the People's Republic of Bangladesh, December 2009.

拥挤、自然环境污染、郊区贫民窟扩张等一系列问题。另外，进入城市的贫困群体缺乏与就业相匹配的知识与技能，长时间处于失业状态。且由于城市无法为他们提供相应的管理和服务，政府在城市贫困问题上没有综合的应对措施。这一部分人口的到来，意味着直接将来源地的贫困和落后转移到了城市。

（四）孟加拉国扶贫经验启示

孟加拉在各级政府、社会组织以及全体国民的共同努力下，多项扶贫政策与措施取得了令人瞩目的成绩，对我国有重要启示：第一，注重多元主体参与，鼓励并支持社会组织参与。贫困治理是全社会面临的共同问题，在贫困治理中应鼓励并支持社会组织参与。在这方面，孟加拉国提供了一个较好的案例，各方之间共同参与、共同治理，一方面很好地整合了各方的资源，另一方面弥补了政府在服务供给能力、结构、递送效率等方面的不足。第二，注重贫困人口能力建设。根据阿玛蒂亚·森可行能力的观点，贫困被视为基本能力的剥夺，可能是环境、社会、经济条件不公平衍生的社会结果，所以，应当重视从能力建设方面来减少贫困，有针对性地对其赋权增能，使贫困人口能够运用自身能力摆脱贫困。第三，加强顶层设计和监督评价体制，确保政策的落实和执行。应加强顶层设计和总体执行规划，同时，在政策执行过程中，应当加大扶贫推进力度和监督力度，从而最大限度地降低贫困的产生和发展。

6.1.3　典型国家扶贫模式比较分析

贫困问题是全世界面临的最严峻问题之一。自 1993 年起，联合国把每年 10 月 17 日定为“国际消除贫困日”，旨在提高全球消灭贫困的意识。2015 年 9 月举行的联合国发展峰会通过了 2015 年后发展议程，其中一个发展目标是，“到 2030 年，消除全世界极端贫困问题”。根据联合国发布的有关数据显示，全世界在脱贫方面取得了积极进展。由于政治、经济、历史、文化、地理等方面的不同，发达国家、发展中国家以及最不发达国家的扶贫模式及政策措施各有不同。自 20 世纪 30 年代开始，人们认识到贫困问题的复杂性，不断探索新的发展方式来进行贫困治理。总结下来,发达国家采用的扶贫模式主要是以收入分配为主导的“社会福利模式”,典型的国家是美国;发展中国家采用的扶贫模式主要是通过国家实施特别计划,以经济增长为主导的“发展极模式”,典型的国家是巴西;最不发达国家采用的扶贫模式是社会组织参与的以能力建设为主导的“小额信贷模式”,典型的国家是孟加拉国。此部分将通过时间轴,对美国、巴西以及孟加拉国主要扶贫措施演变进行对比分析(见表 6-1),并从不同角度对美国、巴西、孟加拉国三个不同发展水平国家的扶贫模式进行比较分析,对比其贫困政策及措施的特点(见表 6-2),为新时代我国精准扶贫战略的实施提供参考。

表 6-1　美国、巴西、孟加拉国相近时期主要扶贫措施演变对比分析

<table>
<tr><td rowspan="2">美国</td><td>20 世纪 30—60 年代:确立、发展阶段</td><td>20 世纪 60—90 年代:完善阶段</td><td colspan="2">20 世纪 90 年代中期至今:改革阶段</td></tr>
<tr><td>1935 年,提出《社会保障法案》,奠定现代福利制度基础;
1946—1963 年,多次修正,扩大范围</td><td>1964 年,提出“伟大社会方案”和“向贫困宣战”的计划;
1965 年,制定第一个贫困线</td><td colspan="2">1996 年,通过《个人责任和工作机会协调法案》又称福利改革法案;
2002 年,提出《为自立而工作法案》;
2010 年,通过《患者保护和平价医疗法案》;
2017 年,冻结奥巴马医改计划,提出《美国医保法》草案</td></tr>
<tr><td rowspan="2">巴西</td><td>20 世纪 60 年代以前</td><td>20 世纪 60—80 年代:“发展极”模式阶段</td><td>20 世纪 80 年代末到 90 年代:社会战略发展阶段</td><td>2003 年至今:零饥饿计划阶段</td></tr>
<tr><td>巴西合众国时期</td><td>1964 年,巴西军变;
1967 年,改名为巴西联邦共和国。
首先选择马瑙斯作为“发展极”,建立马瑙斯自由贸易区</td><td>1988 年,制定新宪法;
1995 年,卡多佐政府在进行全面经济体制改革的同时提出“社会发展战略”</td><td>2003 年,提出零饥饿计划</td></tr>
</table>

续表

孟加拉国	20世纪40—70年代	20世纪70年代:社会组织崛起阶段	20世纪70年代末到90年代:政府与社会组织合作发展阶段	20世纪90年代至今:政府综合减贫战略阶段
	东巴基斯坦时期	1971年,孟加拉脱离巴基斯坦独立; 1972年,制定宪法; 1972年,法佐·哈桑·阿比德发起成立BRAC	20世纪70、80年代,政府、ICDDR,与BRAC合作推广开始采用口服补液盐治疗痢疾; 1974年,穆罕默德·尤努斯在孟加拉创立小额贷款; 1983年,正式成立孟加拉乡村银行——格莱珉银行	1997年,颁发全民健康医疗保险法; 2005年,提出减贫战略文件; 2009年,修订二代减贫战略文件

表6-2　美国、巴西以及孟加拉国不同角度贫困治理对比分析

主要内容	美　国	巴　西	孟加拉国
贫困特征	相对贫困为主	绝对贫困与相对贫困共存,以相对贫困为主	绝对贫困与相对贫困共存,以绝对贫困为主
法律保障	社会保障法案、个人责任和工作机会协调法案、患者保护和平价医疗法案等	1988年宪法 国家粮食和营养安全法	1972年宪法等
政府贫困治理战略计划	"伟大社会方案"和"向贫困宣战"的计划等	社会发展战略、零饥饿计划等	2005年减贫战略、2009年二代减贫战略等
扶贫主体	政府、企业、社会组织等	政府、企业、国际组织、社会组织等	政府、国际组织、企业、社会组织等
扶贫对象	少数弱势群体如老年人、残疾人、妇女和儿童、失业者、家庭收入减少者、乡村居民、移民等低收入者或贫困群体	低收入阶层,特别是老人、儿童以及残疾人等	极端贫困人口、贫困妇女、无土地贫困人口和其他弱势群体等
扶贫模式	以收入分配为主导的社会福利体系模式	通过政府实施特别计划,以经济增长为主导的"发展极模式",同时施行社会发展战略模式	多元主体参与的以能力建设为主导的政府与社会组织协同治理的模式

续表

主要内容	美　国	巴　西	孟加拉国
贫困率变化（自 2000 年以后）	2000 年,贫困率 11.3%;2016 年,贫困率 12.7%	2003 年,贫困率 24.9%;2015 年,贫困率 8.7%	2000 年,贫困率 48.9%;2016 年,贫困率 24.3%

第一,贫困特征方面。美国主要以相对贫困为主;巴西绝对贫困与相对贫困共存,主要以相对贫困为主;孟加拉国同样是绝对贫困与相对贫困共存,主要以绝对贫困为主。

第二,法律保障层面。美国的社会保障体系有《社会保障法》及其修正法案等一系列法律法规为基础保障;巴西在 20 世纪初出台了一系列社会保障法律,1988 年宪法中明确了巴西人民应享有的各种社会权利,促使社会保障制度的改革,对重要政策进行专项立法,并于 2006 年颁布国家粮食和营养安全法,2010 年将食物权写入宪法;孟加拉国建国初期即制定宪法,指导国家各项政策、发展目标以及战略方针的制定与执行。

第三,政府贫困治理战略计划。美国在"伟大社会方案"和"向贫困宣战"计划等贫困治理特别计划下重点关注保险、教育、医疗等社会保障领域,给贫困者的生活提供了基本保障;巴西在"发展极模式""社会发展战略"以及"零饥饿计划"等指导下,通过调整经济、就业结构和社会保障政策等政策措施,改善收入分配关系进而开展一系列扶贫治理项目;孟加拉国首先是社会组织参与贫困治理,主要是通过提供小额信贷的方式为贫困者提供资金,帮助他们购入生产资料,并辅以相关教育和技术支持,帮助提高他们自身能力。

第四,扶贫主体层面,都是以政府主导多元主体参与的方式。美国依赖市场组织,即企业,通过对私营企业减税、对产业结构调整等手段增加就业以减缓贫困。巴西在贫民窟治理项目中都有社会组织的参与。社会组织有各自的专业领域,可以执行相关具体项目,有些地方政府还雇用当地的社会组织进行社区管理。孟加拉国的社会组织参与扶贫治理是其一大特色,一些社会组织向贫困农民提供小额贷款业务,还有一些社会组织根据不同贫困程度帮扶对象的贫困特征制定适合的扶贫方案，另外辅以其他优惠政策和措施来协助帮扶对象脱离贫困。

第五，扶贫对象层面。美国对少数弱势群体如老年人、残疾人、妇女和儿童、失业者、家庭收入减少者、乡村居民、移民等低收入者或贫困群体设计针对性不同的项目来提供公共援助。巴西把社会救济的政策重点放在低收入阶层，特别是老人、儿童以及残疾人等群体上。孟加拉国强调保护弱势群体、区域平衡、基本人权、良好的治理和有效的公共服务提供。在实现更快的减贫方面，强调这些活动旨在使极端贫困人口、贫困妇女、无土地贫困人口和其他弱势群体受益。

第六，扶贫模式层面。美国采用的扶贫模式主要是以收入分配为主导的“社会福利体系模式”；巴西采用的扶贫模式主要通过政府实施特别计划，以经济增长为主导的“发展极模式”，同时施行社会发展战略的模式；孟加拉国采用的扶贫模式主要为多元主体参与的以能力建设为主导的政府与社会组织协同治理的模式。

第七，贫困率变化层面。根据各国的贫困线标准，2000—2010 年期间，美国贫困率由 11.3%增加至 15.1%，从 2010 年开始贫困率波动下降，到了 2016 年，贫困率为 12.7%。2003—2014 年期间，巴西贫困率不断下降，由 24.9%下降至 7.4%，到了 2015 年贫困率增加至 8.7%，根据世界银行预测的数据，2016 年巴西贫困率依然是增加趋势。自 2000 年以来，孟加拉国贫困率则是不断下降趋势，由 48.9%下降至 24.3%。

通过对三个典型国家扶贫模式的分析，我们总结如下：鉴于各个国家经济发展水平不同，其贫困结构不同，各个国家贫困治理的政策及措施都是针对其国家相应的贫困特征及实际状况的。各个国家的政策实施均有相关法律法规保障。一般由政府主导通过实施特别计划来开展贫困治理，同时多元主体协同参与治理。受多方面因素影响，现阶段贫困治理成效程度不同。另外，各个国家都注重加强在医疗卫生、儿童、教育等领域的投入，旨在通过增加人力资本投资来提高人口素质的方式减少贫困。总体上来看，自本世纪初开始，各国贫困率呈整体下降趋势。近年来，由于经济等多种因素造成的影响，一些国家的贫困率有所回升，其扶贫模式也在不断探索改革中。

6.2 我国传统扶贫模式分析

6.2.1 我国传统扶贫模式历史回顾

在新中国成立以前,由于帝国主义的入侵和掠夺,以及长期的军阀混战,严重阻碍了中国经济的发展,一定程度上也导致了中国的高贫困发生率。1949 年,新中国成立后,中国政府把追求社会公平和共同富裕作为一以贯之的奋斗目标,开始进行反贫困行动。我国的传统反贫困行动大致分为五个阶段,分别是救济式扶贫阶段、以体制改革推动扶贫阶段、开发式扶贫阶段、攻坚式扶贫阶段和扶贫统筹发展阶段。我国扶贫开发已从解决温饱为主要任务的阶段转入巩固温饱成果、提高发展能力、加快脱贫致富、缩小发展差距的新阶段。

一、中国贫困的现状和成因分析

(一)中国贫困状况概述

中国的贫困问题在新中国成立之前就一直存在。新中国成立以来,中国政府采取了多种措施致力于消除贫困,包括积极发展工业经济,以解决居民就业问题;推行土地包干到户等一系列惠农政策,扶持农业生产,帮助改善农村的贫困状况。这些措施在一定程度上缓解了中国的贫困问题,但由于多种原因,到 1978 年为止,中国仍有超过 2. 5 亿农村贫困人口,贫困率高达 30. 7%,贫困人口多分布在集中连片的贫困地区。①

1978 年党的十一届三中全会之后,我国推行家庭联产承包责任制,到 1985 年为止,贫困率下降最为明显,下降了高达 50%,此时,我国农村贫困人口约为 1. 25 亿,贫困率为 14. 8%②。同时,在此期间,城乡收入比

① 李小云、马洁文、唐丽霞等:《关于中国减贫经验国际化的讨论》,《中国农业大学学报(社会科学版)》2016 年第 5 期,第 18—28 页。

② 付民:《中国政府消除贫困行为》,湖北科学技术出版社 1996 年版,第 35 页。

降为 1.86 : 1,达到历史最低点,这也说明家庭联产承包责任制使农村居民的生活得到了显著的提高[①]。党的十一届三中全会以来,我国沿海地区和中部地区的农村贫困人口明显减少,剩余的贫困人口大部分集中在西部地区。1986 年,全国划定 592 个贫困县,政府第一次实行有组织、有计划的农村扶贫开发工作。在这些贫困县中,有三分之二左右的贫困人口分布在东部和中部省份,到 1993 年年底,我国农村贫困人口数约为 7500 万,贫困率降为 8.2%。[②] 1994 年,政府颁布《国家八七扶贫攻坚计划》,决定"集中人力、物力、财力,动员社会力量,到 2000 年年底基本解决全国农村 8000 万贫困人口的温饱问题"。据统计,到 1999 年年底,中国农村贫困人口减少到了 3400 万,贫困率约为 3.7%,其中,东部地区贫困人口约为 500 万人,贫困率是 1.3%;中部地区贫困人口约为 1266 万人,贫困率是 3.9%;西部地区贫困人口约为 1644 万人,贫困率是 7.3%。[③] 统计发现,贫困人口主要分布在自然条件和资源条件比较恶劣的山区和一些老少边穷地区。

由于在 2000 年以前统计职能尚不完善,我国官方只统计了农村贫困人口和农村贫困率两个数据。2000 年,国家统计局出版的《中国农村贫困监测报告》对贫困地区和人口做了统计,我国农村贫困人口约为 3200 万,贫困率为 3.5%。按照聚类分析的结果,该报告将全国贫困地区分为四类。其中,一类地区属于我国经济最发达的地区,贫困率在 1.6%以下,贫困人口仅占全国贫困人口的 2.9%左右。从基础设施方面来看,此类地区在公路、电力、通信、卫生等方面拥有率较高;从农户生活设施和经济状况看,贫困户的人均住房面积、人均生产投入等指标高于其他贫困地区;在自然条件方面,贫困农户多分布于平原,农户耕地面积不足全国贫困人口的 1/2;从人力资源方面看,外出打工的劳动力比重较高,劳动力

① 杨颖:《中国农村反贫困研究:基于非均衡发展条件下的能力贫困》,光明日报出版社 2011 年版,第 41—42 页。

② 李龙强:《我国反贫困政策的评价与创新》,《学术论坛》2008 年第 7 期,第 10—13、18 页。

③ 国家统计局农村社会经济调查总队编:《中国农村贫困监测报告 2000》,中国统计出版社 2000 年版。

文盲率接近全国水平，儿童入学率低于非贫困人口，该地区贫困人口有31.4%表现出明显的人力资源不足的特征，66.7%表现出自然资源不足的特征，15.7%表现出两者兼具的特征。二类地区贫困人口集中在中部多数省份和部分东部省份，这些地区的贫困率从2%到7%不等，贫困人口占全国贫困人口的54.6%。从基础设施方面看，此类地区在公路、电力等方面拥有率较高，但通信、卫生方面的拥有率较低；从经济状况和自然资源方面看，农户经济状况较差，人均土地拥有面积略高于第一类地区贫困人口，但低于全国非贫困人口；从人力资源方面看，劳动负担系数较高，儿童入学率低，劳动文化水平较低。三类地区贫困人口绝大多数集中在西部地区，这些地区的贫困率在9%以上，与一、二类地区相比，三类地区拥有较多的极端贫困人口，大约占全国贫困人口的35.3%。从基础设施方面看，此类地区在公路、电力、通信、卫生等方面的拥有率极低；从经济状况和自然资源方面看，经济状况极差，自然条件恶劣，有43.1%的农户表现出自然资源不足的特征；从人力资源方面看，劳动力文化素质极低，文盲率高达29.4%，儿童入学率也极低。四类地区多集中于高寒地区，这些地区的贫困率约为6%—8%，贫困人口占全国贫困人口的7.1%。此类地区无论在基础设施、自然资源或是人力资源方面，都表现较为良好，贫困人口中只有12%左右的农户存在自然资源不足的现象。

2001—2010年，国务院颁布并实施了《中国农村扶贫开发纲要(2001—2010年)》，我国的扶贫工作进入了一个新的阶段。2007年以前，我国一直采用绝对贫困标准，即极端贫困标准，作为扶贫工作的参考依据；2008年，党的十七大提出“逐步提高扶贫标准”的精神，我国正式采用低收入标准作为衡量贫困规模和程度的标准。按绝对贫困标准，2008年，我国的绝对贫困人口约为1000万，绝对贫困率约为1%；按照低收入标准，2010年，我国制定的贫困线为人均年收入1274元，此标准下的贫困人口约为2688万，贫困率约为2.8%。按区域统计，2010年，我国东部地区农村贫困人口约为124万，贫困率约为0.4%，占全国贫困人口的比重为4.6%；中部地区贫困人口约为813万，贫困率约为2.5%，占全国贫困人口的比重为30.3%；西部地区贫困人口约为1751万，贫困率约为

6.1%,占全国贫困人口的比重为65.1%。农村贫困状况得到缓解也表现在电力、通信、卫生等基础设施,以及人力资源方面。2010年,贫困农户所在村通公路的比重为96.9%,通电的比重为99.8%,通电话的比重为96.9%;卫生就医问题得到良好的解决,87.2%的调查村离最近卫生站的距离在5公里以内,其中,东部、中部、西部的比例分别为95%、90.8%、76.5%;人力资源方面,贫困人口文盲率为13.8%,文化程度有较大提高,儿童入学率约为96.7%,比2000年有大幅度增长。[①]

总体来讲,1978—2010年,我国贫困人口从2.5亿减少为2688万,贫困率从33%下降为2.8%。经过30多年的扶贫工作,我国在消除贫困方面取得了巨大的成就,人均收入增幅明显,卫生、通信、农业、基础设施建设有了极大的改善,儿童入学率、劳动力就业情况也有了较大的提高。但是,由于东部地区的发展快于中西部地区,地区收入差距也日益扩大,贫困地区人口的相对剥夺感越来越强烈,我国扶贫工作依旧任重而道远。

(二)贫困的成因分析

导致中国贫困的因素多种多样,包括自然环境因素、基础设施因素、教育因素和经济发展因素等。

第一,生态环境恶劣是导致地区人口贫困的一个原因。一方面,由于此类地区的地质地貌复杂,自然灾害频发,农作物产量较低,而农业是农民赖以为生的基础,失去了农业发展的支撑,这些地区的农民只能依靠广种薄收来维持温饱,通过农产品来进行商品交易几乎是不可能的事情,因而导致农民的收入低下,贫困率高。另一方面,多数贫困地区处于远离经济中心的地理位置,交通不便,因而贫困地区处于一种封闭与半封闭状态[②],远离经济中心使得经济活动的交易成本增加,同时,就业机会也更难获得,在一定程度上降低了贫困地区商品的竞争力,以及人民的劳动参与率,导致收入过低,产生了贫困。

---

① 国家统计局住户调查办公室编:《中国农村贫困监测报告2011》,中国统计出版社2012年版。

② 姜玉姿:《试析我国贫困群体的成因及脱贫途径》,《理论探讨》2005年第4期,第70—72页。

第二,基础设施薄弱是影响农村贫困的另一个因素。电力、水利、通信、交通等基础设施是农民在农村进行正常生产和生活的基本条件,电力、水利设施不足通过影响农民正常的生产活动进而在一定程度上制约了经济的发展,通信、交通阻碍了农民与外界的沟通交往,减少了农民的信息获得,在一定程度上也影响其劳动参与,减少了其收入。同时,基础设施的落后,在一定程度上影响了其抵御自然灾害的能力,使得贫困地区的农民本就贫苦的生活雪上加霜。

第三是教育落后。根据阿玛蒂亚·森的理论,贫困产生的原因是能力的缺乏,特别是关于收入和发展机会的能力。[①] 贫困地区由于经济不发达、师资力量差等因素,对人才的吸引力不足,进一步导致教育发展落后于非贫困地区,受教育程度低下导致的文盲率高,缺乏知识和技能在一定程度上影响了劳动参与能力和创造财富的能力,造成了贫困地区人民收入较低,贫困率偏高。

第四是经济发展水平低下。其一,由于生态环境的不利影响以及农产品产量低,再加上贫困地区经济发展缓慢,贫困地区的农民通过商品交易获得的收益很低;其二,贫困地区产业结构单一,资金匮乏,资源得不到有效的开发与利用,对当地区域经济发展的推动作用甚微,导致农民的收入来源单一且收入不高,同时,收入水平低又进一步抑制了消费水平和储蓄水平,继而造成了恶性循环;[②]其三,贫困地区农民普遍人力资本水平较低,主要表现为教育水平偏低,这也限制了贫困地区农民的生产经营能力,也一定程度上抑制了贫困地区的经济和社会发展。

二、中国贫困状况的特征

(一)由绝对贫困向相对贫困发展

自从 1978 年开始改革开放之后,中国采取了强有力的措施来解决贫困问题,经过 30 多年的扶贫开发工作,我国农村的绝对贫困问题在很大程

① 姜玉姿:《试析我国贫困群体的成因及脱贫途径》,《理论探讨》2005 年第 4 期,第 70—72 页。

② 刘颖:《农村贫困问题特点、成因及扶贫策略》,《人民论坛》2013 年第 35 期,第 108—110 页。

度上得到了解决,世界银行(2009)认为中国目前已基本消灭无法满足最基本衣食需要的极度贫困。[①] 但是,由于 21 世纪以来我国的城乡二元发展结构没有根本改变,农村公共物品和公共服务提供不足,农村社会保障不完善等造成了农村居民的相对贫困问题更为突出。相对贫困主要体现在两方面:一方面,城乡差距在收入、消费等指标上越来越大;另一方面,农民的生存权利和发展机会也愈发不平等。两方面因素的综合作用在一定程度上导致农民能力的匮乏,使农民普遍处于弱势群体地位,生存状况恶劣。

由此看来,我国的绝对贫困问题虽然得到了有效的缓解,但相对贫困依旧是不容忽视的问题。日渐缓解的绝对贫困现象和愈发突出的相对贫困现象成为当前我国贫困的主要特征之一。

(二)由长期性贫困向暂时性贫困转变

新中国成立以来,长期性贫困一直是我国较为突出的贫困问题,因而反贫困战略更加针对长期性贫困。经过多年的扶贫开发工作,我国的长期性贫困大大减少。但是,由于农村经济非常脆弱,公共服务和产品供应不足,社会保障水平较低,农民抵抗风险的能力极差,返贫现象严重,也因此而导致了暂时性贫困的出现。《中国农村贫困监测报告》显示,我国返贫的比例相对较高,大约在 30%,这也表明,如何防止脱贫人口返贫是当前我国面临的一项非常严峻的挑战。[②]

因此,我国的贫困问题逐渐由长期性贫困向暂时性贫困转变,这也是中国贫困问题的主要特征。随着贫困特征的变化,我国也应适时调整反贫困战略,制定更完善的社会保障体系来帮助农民抵御风险,减少暂时性贫困问题。

(三)农村贫困向城市蔓延

一方面,随着中国经济发展,工业化、城市化进程的加快,越来越多的农村劳动力向城市转移,但另一方面,户籍制度使得农村劳动力不能与城

① 东亚及太平洋地区扶贫与经济管理局:《从贫困地区到贫困人群:中国扶贫议程的演进中国贫困和不平等问题评估》,世界银行,2009 年。

② 东亚及太平洋地区扶贫与经济管理局:《从贫困地区到贫困人群:中国扶贫议程的演进中国贫困和不平等问题评估》,世界银行,2009 年。

市居民享受到同等的教育、医疗、养老等福利待遇。世界银行(2009)估计,我国乡城之间劳动力流动规模非常大,大约为1.5亿人,这个庞大的流动人群事实上仍然缺乏必要的基本公共服务,在就业、医疗、教育等基本权利获得方面与城市居民仍然显著分割,这也是城市贫困或乡城互动贫困产生的重要原因。①

由此可见,农村贫困问题越来越有向城市化蔓延的趋势。给予转移的农村劳动力同等的城市基本公共物品和服务,通过城市化、工业化来消化部分农村劳动力,或许是解决贫困问题的一个思路。

三、中国传统扶贫模式经历的发展阶段

在过去的20多年中,我国学者如刘光辉、阿班·力提汗、刘清荣等人对中国反贫困战略的阶段划分做了比较深入的研究,在传统扶贫时期,学者将新中国成立以来的传统扶贫大致划分为四个阶段,分别是:1949—1978年,以社会救济式扶贫为主的阶段;1978—1984年,以体制改革推动扶贫为主的阶段;1984—1994年,以开发式扶贫为主的阶段;1994—2000年,以攻坚式扶贫为主的阶段。通过对政策实施绩效进行分析,范小建(2009)、廖富洲(2011)认为,除救济式扶贫阶段的效果不明显外,1978年以来的扶贫政策取得了较为显著的成效。②

(一)救济式扶贫阶段

1949—1978年是以社会救济式扶贫为主的阶段。在这个阶段,政府对农村中的“五保户”及贫困户采取救济政策,使之能够维持基本的生活。据统计,1950—1954年,由民政部门统筹,各级政府向农民发放的救灾、救济费近10亿元;1955—1978年,为了保障农村贫困户的基本生活,国家拨款22亿元。③ 但是,由于受到经济发展水平的制约,扶贫效果不

① 东亚及太平洋地区扶贫与经济管理局:《从贫困地区到贫困人群:中国扶贫议程的演进中国贫困和不平等问题评估》,世界银行,2009年。

② 华正学:《近年来国内学术界关于反贫困问题的研究综述》,《农业经济》2017年第9期,第53—55页。

③ 王爱云:《1978—1985年的农村扶贫开发》,《当代中国史研究》2017年第3期,第36—50、125页。

够理想,中国的贫困状况依旧比较严重,到 20 世纪 70 年代,贫困人口仍多达 2.5 亿。

救济式扶贫是一种"输血式"扶贫方式,主要是中央政府通过各基层政府对贫困户进行生活救济和财政补贴。救济式扶贫完全是依靠政府的行政力量,政府既是投资主体又是经营决策主要负责者。但是,由于这个阶段没有形成严格的扶贫组织体系,扶贫政策也很不完善,并且救济式扶贫不能培养贫困户的自我发展能力,因此,贫困人口一直处于普遍的被动接受状态,养成了反复向政府伸手索取财物的习惯,其结果是广大贫困农户的生产力并不能得到真正解放,救济式扶贫无法从根本上消除贫困、遏制返贫,实现贫困户的长期脱贫。①

(二)以体制改革推动扶贫阶段

1978—1984 年,我国开始实行以体制改革推动扶贫的政策。1978 年召开的中国共产党第十一届三中全会,从发展生产和商品经济入手,确立了以家庭联产承包制为核心的改革政策,中央财政专项每年划拨支援经济不发达地区发展资金作为扶贫资金,供"经济不发达的革命老根据地、少数民族地区、边远地区以及穷困地区"使用。截止到 1985 年,全国各省份的扶贫受援县已达 1230 个,比 1980 年增加 608 个;农业总产值由 1397 亿元增加到 3214 亿元;农民家庭人均纯收入增加 264 元;乡镇企业总数发展到 606.52 万个,从业人数增加到 5208 万人。② 农村经济体制改革成为中国农村经济发展的巨大动力,这一政策使得农村贫困现象大幅度减少。据国家统计局保守估计,贫困人口由 1978 年的 2.5 亿减少到 1985 年的 1.25 亿,绝对数减少了一半,贫困人口的比重也由 30.7%下降到 14.8%,下降了近 16 个百分点。③

农村经济体制改革取消了"平均主义"的分配政策,通过实行家庭联产承包制赋予农民更多的经营自由权,放宽了农产品价格,同时发展

① 王蓉:《我国传统扶贫模式的缺陷与可持续扶贫的战略选择》,《农村经济》2001 年第 2 期,第 8—10 页。

② 付民:《中国政府消除贫困行为》,湖北科学技术出版社 1996 年版,第 31—35 页。

③ 付民:《中国政府消除贫困行为》,湖北科学技术出版社 1996 年版,第 31—35 页。

乡镇企业,解放了生产力,极大地调动了农民的生产积极性。这一阶段主要是国家通过制定政策发展经济,贫困户依靠自己的能力和努力分享国家发展的成果来脱贫。体制改革使得农村经济快速增长,农民生活普遍得到改善,这种自发性的经济增长给中国反贫困带来了辉煌的成果。

(三)开发式扶贫阶段

1984—1994 年是以开发式扶贫为主的阶段。1984 年 9 月,中共中央国务院联合发出《关于帮助贫困地区尽快改变面貌的通知》,这是中国反贫困进入新一阶段和新型模式的重要标志。据统计,1995 年,我国农村贫困人口约 6500 万。可以看到,贫困人口比 1985 年的 1.25 亿减少了约 6000 万;同时,国家重点扶持的 592 个贫困县,新增基本农田 996 万亩,新增经济园林 1371 万亩,解决了 680 万头大牲畜、718 万人的饮水困难问题;新修公路 2 万多千米,新架输电线路 3 万多千米。① 这十年的扶贫过程,也是我国扶贫由"输血"模式转变为"造血"模式的历史性变革时期,帮助贫困地区人民依靠自己的力量脱贫致富,奔向小康。

开发式扶贫改变了过去分散救济扶贫的方式,把重点转向经济开发,即在国家必要的扶持下,利用贫困地区的自然资源优势,进行开发性生产建设。在这一阶段,成立了国务院贫困地区开发领导小组,划定了国家贫困县,开始了以政府为主导的区域瞄准的扶贫机制,将扶贫资金主要投入工业,重点扶持龙头企业作为扶贫经济实体,促进区域经济发展。这一阶段标志着扶贫战略的重大转变,逐渐形成了贫困农户的自我发展能力,使贫困户依靠自身能力脱贫致富。

(四)攻坚式扶贫阶段

1994—2000 年是以攻坚式扶贫为主的阶段。1994 年 3 月,国务院正式公布并实施《国家八七扶贫攻坚计划》,要求基本解决贫困人口的温饱问题,到 20 世纪末基本消除绝对贫困现象。与此同时,国家新增 10 亿元扶贫专项贴息贷款和 10 亿元以工代赈资金。上述政策和措施具有较强

① 付民:《中国政府消除贫困行为》,湖北科学技术出版社 1996 年版,第 84—88 页。

的"造血"特征,显著改善了贫困地区的就业状况和生存状态,贫困地区的状况快速好转。据统计,到 2000 年年底,贫困人口约为 3200 万人,绝对贫困发生率也随之下降到 3%左右;国家重点扶持贫困县农业增加值增长 54%,工业增加值增长 99.3%,粮食产量增长 12.3%;贫困地区通电、通路的行政村达到 90%左右,通邮、通电话的行政村比例接近 70%;农民人均纯收入年均增长 12.8%,到 2000 年年底达到 1337 元,达成世界反贫困史上的伟大壮举。①

扶贫攻坚阶段,政府通过增加扶贫资金投入,发展投资少、见效快、效益高的种植业、养殖业和相关加工业,发展乡镇企业,组织劳务输出,以开发式移民的方式解决老少边穷地区的温饱问题。这一阶段依旧是以政府为主导,实行分级负责以省级为主的管理机制,结合专项基金、优惠政策、以工代赈、温饱工程、社会力量等方式对贫困地区进行扶持。在这一阶段,贫困人口大幅度减少,扶贫政策产生了明显的效果。

(五)扶贫统筹发展阶段

2000—2010 年是扶贫的统筹发展阶段。2001 年 9 月,国务院发布《中国农村扶贫开发纲要(2001—2010 年)》,这是一个具有标志性意义的文件,是新时期我国扶贫开发的一个纲领性文件。在此之前,我国扶贫资金重点用于基础设施的建设,而在这一阶段,我国政府将扶贫资金的投入转向直接帮扶贫困人口的生产发展、收入增加和人力资源的提高。2006 年 5 月,国务院扶贫办组织相关部门审慎评估了我国反贫困政策实施取得的阶段性成果,全国有 4.51 万个贫困村完成了整村推进扶贫开发,同时,认定了近 800 家扶贫培训基地,培训了 318 万贫困农户劳动力实现非农就业;对不具备生存条件地区的 150 多万贫困人口实行了移民扶贫。据统计,按农村贫困标准 1196 元测算,截止到 2010 年,贫困人口减少到 2688 万,贫困发生率从 10.2%减少到 3.8%;重点县农民人均纯收

① 肖阳:《实施新"纲要"中国扶贫开发进入新阶段》,北方网,http://news.enorth.com.cn/system/2001/06/19 /00007 3614.shtml,2001-06-19。

入增加到3273元,年均实际增长7.6%;在全国已确定的15万个贫困村中,已经完成12万个贫困村的整村推进计划。[①]

扶贫统筹阶段政府继续实行开发式扶贫,坚持综合开发、全面发展,坚持可持续发展,坚持政府主导。在这一阶段,瞄准对象实现了从县到村的转变,扶贫开发与资源保护、生态建设相结合,同时,2005年之后,扶贫思路调整为救济式扶贫作为开发式扶贫的补充。另外,政府将扶贫目标定为尽快解决极少数贫困人口的温饱问题,改善贫困地区的生产条件,提高贫困人口的生活质量。由于随着贫困人口的不断减少,减贫的困难程度也随之增加,它会表现为单位扶贫资源的投入所带来的贫困人口减少数量的下降,即“减贫难度的递增性”。通过扶贫统筹阶段的政策,一定程度上改善贫困人口的收入水平和分配状况,缓解了多元性贫困,对改善贫困人口的教育、卫生和社会发展状况产生了多方面的作用。

6.2.2 我国传统扶贫模式典型经验分析

一、以工代赈扶贫模式:以四川省广元市为例

20世纪80年代,我国反贫困战略发生了大的调整,从“输血”为主,逐步转变为以“造血”为主要特征,重视发展贫困地区的经济、促进贫困地区就业等方式,其中,较为重要的是以工代赈模式。“以工代赈”往往与工程实施连接在一起,通过公共工程实施,一方面大幅改善贫困地区交通、水利等基础设施的状况,同时,也在一定时期内为贫困地区提供了大量工作机会,通过改善就业继而改善家庭的经济状况,从而实现反贫困的目标。[②] 我国以工代赈扶贫政策实施效果非常显著,是我国反贫困的重要措施之一。

此部分以四川省广元市为例,介绍广元市贫困的基本情况、以工代赈

① 《扶贫办相关负责人解读我国未来十年扶贫工作重点》,中华人民共和国中央人民政府网,http://www.gov./jrzg/2011-04/27/content_1853749.htm,2011-04-27。

② 帅传敏、孔祥智:《浅析“以工代赈”项目的经济学原理——以联合国WFP援华项目为例》,《经济问题》2006年第3期,第47—49页。

扶贫模式实施情况和效果，以及以工代赈模式的经验启示。

（一）基本情况介绍

广元市位于四川北部，处于山地向盆地过渡地带，辖有三区四县，分别是利州区、昭化区、朝天区、苍溪县、旺苍县、剑阁县、青川县。由于广元市处于山地向盆地过渡地带，交通、通信、能源等基础设施的建设不够全面，部分产业无法找到更好的销售渠道，市场流通率低。这样特殊的地理位置一定程度上影响了区域经济的发展，造成了其下辖的“三区四县”中，昭化区、朝天区、旺苍县、青川县、剑阁县、苍溪县成为秦巴山区特殊困难地区。[①] 在这种情况下，加强基础设施建设对广元市具有重要意义。

据统计，2005 年四川省 GDP 总额为 7385 亿元，2005 年广元市 GDP 仅为 145. 19 亿元，在四川省各市州中排名第 17 位，四川省人均 GDP 为 9060 元，广元市人均 GDP 为 5268 元，在四川省各市州中排名第 20 位。[②] 无论是 GDP 总量还是人均 GDP，广元市排名均处于靠后位置，其城镇、农村居民的人均收入均未达到四川省平均水平。广元市的扶贫攻坚战役任重而道远。

（二）典型实践

在政策支持方面：前文已经论述，以工代赈政策是党中央、国务院批准，我国一项重要的反贫困政策，该项政策主要从 1984 年年底开始大范围实施。2005 年，国家发展和改革委员会通过了《国家以工代赈管理办法》，该《办法》规定：“以工代赈投入重点建设与贫困地区经济发展和农民脱贫致富相关的农村小型基础设施工程。建设内容是县乡村公路、农田水利、人畜饮水、基本农田、草场建设、小流域治理，以及根据国家要求安排的其他工程”。

在国务院持续的扶贫政策下，为改善贫困地区的生活状况和经济发展，四川省以工代赈办公室将广元市作为试点，开始开展以工代赈项目。2005—2010 年，广元市以工代赈项目建设总投资 40213 万元，其中，国家

① 广元市人民政府网站，http://www.cngy.gov.cn/impression.html。

② 四川省统计局网站，http://www. sc. stats. gov. cn/tjcbw/tjnj/2006/chinese/dir/chinesemenu.htm。

以工代赈项目资金、易地扶贫搬迁试点项目资金和省级配套资金共计27035万元。截至2010年年底,广元市实际累计完成以工代赈项目总投资43022.32万元。[①] 尤其在2008年汶川地震发生后,广元市政府在争取以工代赈资金的同时,围绕市委、市政府和县区为政府的发展布局,结合以工代赈政策落实基础设施重建计划。中央下达至市以工代赈及贫困村建设包干基金3.99亿元,占四川全省以工代赈资金14.36亿元的27.8%,已落实到以工代赈灾后恢复重建项目上的资金达2.401亿元,占中央包干基金的60%。另外,其他行业项目资金由以工代赈办综合安排的有1214万元。[②] 总体来说,广元市着力进行基础设施建设,使一大批乡村公路、人畜饮水、小型水利工程得到了发展,为贫困地区的经济建设与发展起到典型示范作用。

在扶贫成效方面:截至2010年3月底,广元市计划项目建设总投资6922.1万元,实际完成7068.105万元,是计划总投资的102%。其中,基本农田建设工程,实际完成基本农田建设5700亩,占年度计划6220亩的87%;县乡村公路工程,实际完成新、改建通村公路148.4公里,占年度计划165公里的90%;小型水利工程,实际完成蓄水池(塘、堰)39口16732立方米,占年度计划43口20740立方米的91%,完成灌溉渠(管)54.8千米,完成年度计划59.1千米的92.7%;新增、改善灌面29025亩,占年度计划31150亩的93%;人畜饮水工程,实际完成打井500口,占年度计划540口的93%,建成蓄水池28口1700立方米,占年度计划31口2210立方米的90%,解决了9350人、11536头牲畜饮水的难题。[③]

以工代赈由于与公共项目工程紧密相连,该反贫困政策的实施极大地促进了贫困地区公共设施的改善,从交通、生产、生活多个方面为反贫困提供了条件支撑,为从根本上改变贫困地区生产、生活和经营问题奠定

---

① 《广元市累计完成以工代赈项目总投资超4亿元》,四川省人民政府网站,http://www.sc.gov.cn/10462/10464/10465/10595/2011/3/11/10153262.shtml,2011-03-11。

② 《广元全面完成以工代赈年度目标任务》,四川新闻网广元频道,http://gy.newssc.org/system/20091221/00073 6378.htm,2009-12-21。

③ 《全市以工代赈项目工程建设进展顺利》,广元新闻网,http://www.gyxww.cn/GY /ZHXW/201004/56831.html,2010-04-13。

了基础。

经济条件是贫困地区发展生产的基础，而以工代赈项目的投资建设为贫困地区提供了坚实的物质基础，使贫困人口从中直接受益。通过一系列项目的实施，2005—2010 年，广元市农民年人均纯收入从 2000 元增加到 4036 元，年均增长 15.07%；2010 年，广元市农村贫困人口减少为 42.7 万人，贫困发生率降低为 26.62%。① 除了为贫困人口改善生活条件提供了坚实的物质基础外，以工代赈项目建设还为贫困地区的农民直接提供了工作机会，这极大地改善了贫困地区的就业状况，通过获得劳动收入来改善家庭经济状况，让反贫困有更加牢靠的就业基础。以工代赈项目的建设，极大地促进了贫困地区经济发展，有效改善了贫困地区群众的生产生活条件。

（三）经验与启示

以工代赈扶贫模式充分利用了贫困地区劳动力资源充裕的特征，项目实施过程中充分调动了民众的积极性，一定程度上改善了贫困地区的基础设施，增加了贫困人口的就业和收入。这种扶贫模式为政府治理贫困问题积累了经验，给予政府一定的启示。

第一，提供了就业机会和非农收入。以工代赈政策是通过将扶贫资金投入到贫困地区的基础设施建设当中，从而吸收劳动力，在当地形成生产力，使当地贫困人口直接受益。政府在贫困地区进行的基础设施建设，一方面，工程多数采取了适宜贫困地区资源状况的项目和技术，尤其是修建公路和水利工程都可以就地取材，并且这些工程大多采用简单的劳动密集型技术，易于学习，同时，基础设施工程提供了大量的空缺岗位，可以吸纳当地贫困人口作为劳动力，从而使得贫困人口获得工资收入②；另一方面，这些工程多数在非农忙季节进行，由于多数贫困人口除了农业便没有更多的收入来源，基础设施工程的出现，使得贫困人口在低收入水平时

① 《广元市 2010 年国民经济和社会发展统计公报》，广元市统计局网站，http://stats.cngy.gov.cn/News/Detail/c51559ae-db7b-462b-95e0-73a5d849cfbd，2013-02-26。

② 斯丽娟：《以工代赈在农村扶贫开发中的效益——基于甘肃省以工代赈政策实施的调查》，《甘肃社会科学》2011 年第 3 期，第 237—239 页。

期可以获得工作机会,从而提高了当地贫困人口的收入水平。

第二,有效地利用了农村剩余劳动力。贫困地区之所以贫困,是因为贫困人口的收入水平不足以支撑其消费。由于绝大多数贫困人口既没有掌握技术也没有管理能力,因此形成了大量的剩余劳动力。以工代赈政策的实施,增加了人力资本的投入,使得贫困人口不仅获得了就业机会,还能学习专业技术和组织管理能力,使得大量剩余劳动力得以利用。贫困人口参与工程实施获得的实物和货币,不再是救济,而是劳动报酬,这样的方式极大地调动了贫困人口的积极性,变"输血"的扶贫模式为"造血"模式,有效地整合了剩余劳动力资源,提高了农村贫困人口的自我发展能力。

第三,为经济发展创造了基础。贫困地区经济不发达的原因之一是生产的基础条件差,阻碍了经济的发展。以工代赈政策通过基础设施的建设,改善了贫困地区的交通状况,进而带来了运输业的发展,打通了贫困地区与外界交流的通道,由此而带来的活跃的乡镇企业和农村集市贸易,促进了生产和流通的增长与发展,推动了农村经济的发展,经济的发展进一步为贫困人口提供更多的就业机会,提高贫困人口的收入水平,从而形成了经济的良性循环,提高了贫困地区的经济可持续发展能力。

整体来说,以工代赈政策在增加贫困地区基础设施建设、吸纳整合剩余劳动力资源、增加就业收入等方面具有综合性的扶贫功效,能够大力改善贫困地区的经济增长速度和发展水平,为缓解我国贫困状况起到了积极的促进作用。但是,以工代赈政策也有其自身的局限性。第一,贫困地区可供使用的资源是有限的,以工代赈政策实施的项目不可能同时覆盖到所有地区,资源不够的非项目村很难参与到工程之中,从而无法获得就业机会和收入。第二,以工代赈涉及的项目多数是有时限的,一旦工程结束,项目村的农民就失去了这份收入,因此以工代赈项目带来的就业和收入都是短期的。第三,以工代赈政策实施的首要目标是改善基础设施,实现促进当地经济增长的长期目标,因而项目实施具有效率优先的原则,而非公平优先原则,在这种情况下,可能有一部分劳动力质量低下的最贫困人口难以从中受益,从而拉大了贫富差距。随着贫困人口的减少以及贫富差距的拉大，以工代赈的成效也相对降低。可见，要想贫困人口能获得维持生存的稳定收入，缓解我国整体的贫困状况，除了提供就业岗位，还须对贫困人口进行文化、教育、卫生综合性帮扶。

二、财政专项资金扶贫：以甘肃省定西市农业建设专项补助资金为例

财政专项扶贫资金是国家财政安排的用于支持各省、自治区、直辖市的贫困地区、少数民族地区、边境地区等各地的专项资金，以此来改善贫困地区的基本生活条件，提高其收入水平，增加其自我发展能力，加快贫困地区的经济发展。财政专项扶贫资金的使用方向包括少数民族发展资金、"三西"农业建设专项补助资金、扶贫贷款贴息资金等。1984 年，国务院发布了《关于帮助贫困地区尽快改变面貌的通知》，标志着我国进入制度化开发式扶贫阶段。与此同时，中央财政开始加大向贫困地区投入专项扶贫资金的力度，截止到 2010 年，中央财政累计安排财政专项扶贫资金约 2203.22 亿元，其中 2001—2010 年累计投入约 1440.34 亿元。[①] 财政专项扶贫资金的投入，重点发展贫困地区的基础设施、农业、医疗、教育等方面，提高了贫困人口的综合素质。

"三西"农业建设专项补助资金是我国财政专项扶贫资金之一，是我国最早的区域性扶贫开发项目。"三西"包括甘肃的河西、定西和宁夏西海固地区。此部分以定西地区为例，介绍定西地区贫困的基本情况、"三西"农业建设专项补助资金的扶贫情况和效果，以及专项扶贫资金使用的经验启示。

（一）基本情况介绍

定西市位于甘肃中部，黄土高原、陇南山地、甘南高原的交会处，幅员面积 2.03 万平方公里，属于黄土高原丘陵沟壑区。定西市年降雨量只有 350—600 毫米，而蒸发量却高达 1400 毫米以上，因此定西经常遭遇干旱灾情，造成农民衣食无着。定西市所辖安定、通渭、渭源、临洮、漳县、岷县

① 胡静林：《加大财政扶贫力度支持打赢脱贫攻坚战》，中国扶贫在线，http://f.china.com.cn/2016-09/12/content_39281638.htm，2016-09-12。

共一区六县,全部为国家级贫困县。[①] 自古以来,定西就有“陇中苦瘠甲于天下”的称谓。由于严酷的自然条件、闭塞的信息资源,导致其人口、环境资源不协调,经济增长长期受限,定西一直被极度贫困问题所困扰。因此,克服自然条件的制约,探索出定西地区真正有效的、可持续的脱贫和发展之路,对我国解决贫困问题有着重要的意义。

据统计,1978 年扶贫之初,定西市 GDP 只有约 2.5 亿元,人均 GDP 只有约 117.2 元,人均纯收入约 75 元;2010 年,全国 GDP 总额为 413030 亿元,甘肃省 GDP 总额约为 4121 亿元,其中定西市 GDP 仅为 156 亿元,在甘肃省各市州中排名第 12 位;甘肃省人均 GDP 为 15631 元,定西市人均 GDP 为 5304 元,在甘肃省各市州中排名第 14 位。[②] 无论是 GDP 总量还是人均 GDP,定西市排名均处于靠后位置。可以看出,虽然我国的扶贫政策起到了一定的作用,但是定西市 GDP 总量与人均 GDP 均远低于全国平均水平,可见定西市贫困状况不容乐观,仍须加大投入力度解决。

(二)典型实践

在政策支持方面:从 20 世纪 80 年代开始,我国就开始进行对贫困地区进行财政扶贫。一方面,1994—2000 年,中央财政依照《国家八七扶贫攻坚计划》,累计发放财政扶贫资金约 531.81 亿元;2001—2010 年,中央财政根据《中国农村扶贫开发纲要(2001—2010 年)》,累计发放财政专项扶贫资金约 1440.34 亿元;2011—2015 年,中央财政累计发放财政专项扶贫资金约 1898.22 亿元。另一方面,1994 年,甘肃省实行“四七”扶贫攻坚计划,2001 年,甘肃省发布《甘肃省 2001—2010 年农村扶贫开发纲要》,将人力、财力、物力向贫困县全方面倾斜。

为了改善甘肃河西走廊地区、定西干旱地区以及宁夏西海固地区的贫困面貌,1982 年,国务院建立“三西”地区农业建设领导小组,安排“三西”农业建设专项补助资金,提出了“有水走水路、无水走旱路、水旱路都

① 中国定西党政网,http://www.dingxi.gov.cn/zjdx/A0509index_1.htm。

② 《甘肃发展年鉴 2011》,甘肃省统计局网站,http://www.gstj.gov.cn/tjnj/2011/index.asp?classid=70。

不通另找出路”的建设方针和“兴河西、河套之利,济中部、西海固之贫”的扶贫开发路子,这一措施开创了全国区域性扶贫开发的先河。扶贫资金主要用于支持该地区的农业基础设施建设、农业产业发展、水利工程、种植业、农业科研和技术推广等方面。

1982 年,国务院安排每年 2 亿元、为期 10 年的“三西”农业建设专项补助资金,1992 年,经国务院同意,将该项资金再延长 10 年,到 2002 年结束。1997 年,“三西”地区扶贫工作会议要求该地区于 1999 年率先实现脱贫,并同意将 2001 年和 2002 年的资金分别提前到 1998 年、1999 年使用。2008 年起延续至 2015 年,国务院决定将“三西”农业建设专项补助资金使用期限继续延长,并将资金总量从每年的 2 亿元增加到 3 亿元。2008 年之前,国家年均安排定西“三西”农业建设专项资金 2600 万元,占“三西”资金总量 2 亿元的 13%;2008 年资金总量增加到 3 亿元后,年均安排定西 3200 万元,占比下降到 10. 6%。① 30 多年来,“三西”地区的扶贫开发取得了显著成绩。

“三西”农业建设专项补助资金投入使用时期,为加强资金管理,国务院陆续发布了《“三西”农业建设专项补助资金使用管理办法(1995 年)》《国家扶贫资金管理办法(1997 年)》,以及修订了《“三西”农业建设专项补助资金使用管理办法(2001 年)》,并对扶贫资金的扶持对象、条件等做了规定。

在扶贫成效方面:生态环境恶劣是造成定西贫困的原因之一。经过农业建设专项补助资金的投入,截止到 2000 年,定西累计完成治理水土流失面积 1910 平方公里,治理率达到 52. 5%,林草覆盖率为 28. 9%;建成水保治沟骨干工程 44 座,沟头防护 1. 24 万道,涝池 1414 个,拦泥小塘坝 34 座。现有的治理工程可拦泥 1200 多万吨,拦泥效率为 59%,拦蓄径流能力为 47000 万立方米,蓄水效率 85%;土壤侵蚀模数减少为每平方公里 3115 吨。②

① 《向贫困宣战:“三西”农业专项建设》,《宁夏日报》,http://www.qstheory.cn/zhuanqu/bkjx/2015 -04/16/c_11149 92173.htm,2015-04-16。

② 张艳荣、钟学军:《定西县扶贫资金使用生态效益分析及评价》,《甘肃农业》2002 年第 5 期,第 26—27 页。

截止到2010年,定西市完成植树造林31.3万亩,其中荒山造林约8.6万亩,封山育林约8万亩,义务植树749万株。[①]

定西市对生态环境的一系列改造,提高了土壤的存水率,从而增加了作物的产量和林草的成活率,土拦蓄径流能力的增加,减少了土壤侵蚀面积,从而更有效地防止了下游泥沙的淤积。对于定西这样的干旱地区,生态环境的有效治理,一定程度上促进了农业的生产与发展,从而提高了定西市贫困人口的生活水平。

另外,"三西"农业建设专项资金的投入,一定程度上改善了农业基础设施、种植业等产业发展、农业技术推广等方面,从而改变了贫困地区的面貌,提高了贫困人口的收入,减少了贫困发生率。据统计,1982年,定西地区的农村绝对贫困人口约有170万,绝对贫困率为78%,农民人均年收入约为66元,经过国家不间断的扶贫专项资金投入,1993年年底,定西农民人均纯收入约为423元,绝对贫困人口约为85.43万人,绝对贫困率下降为35%;2000年,定西市绝对贫困人口下降为15.27万人,绝对贫困率为3.67%,此时,定西市已基本解决温饱问题;2010年,按照新的贫困标准,定西市农民人均纯收入约为2702元,农村贫困人口约为39.33万人,贫困率为15.52%。[②]

对定西财政专项资金扶贫的政策,由最初的农业基础设施建设,逐步发展为整村推进、人居工程、农村人饮工程,发展特色产业,增加技术推广、劳务培训等方面。[③] 专项资金扶贫政策的转变,在解决农民基本生活的基础上,进一步开发产业和资源,充分培养农民自我发展技能,不仅提高了贫困人口的收入,甚至达到了增效的目的,从而推动了经济的全面发展。

(三)经验与启示

第一,基础设施建设是根本。基础设施建设是民众公共服务获得

---

① 《定西市2010年国民经济和社会发展统计公报》,每日甘肃,http://dx.gansudaily.com.cn/system/2011/04/20/0119 62261.shtml,2011-04-20。

② 《定西扶贫开发三十年:成就、亮点及经验启示》,四川省扶贫和移民工作局,http://www.scfpym.gov.cn/show.aspx? page=1&id=8548,2012-12-27。

③ 崔敏:《农村扶贫开发政策的定西实践:历史、成效与对策》,《新疆农垦经济》2016年第9期,第60—65页。

或基本权利享有的重要保障，大力建设公共基础设施，有助于反贫困战略的实施，以及贫困地区居民生活质量的提升。定西地区属于黄土高原干旱地区，特殊的生态环境使得定西面临严重的水资源、森林资源的匮乏，因此，加强以水利为中心的基础设施的建设，实施退耕还林、小流域综合治理政策，从而改善生态环境，是其他一切发展的基础。政府投入财政专项资金对定西贫困地区进行植树、造林、水利设施建设以及节水灌溉技术的推广、蓄水工程的修建，不仅有效地提高了水资源的利用率，还控制了水土流失问题，改善了植被的生存环境。生态环境的改善，增强了干旱地区抵御自然灾害的能力，进一步改善了定西的农业生产条件，一定程度上有助于农民的经济收入提高，缓解了定西的贫困状况。

第二，实施科技扶贫是关键。落后的生产力和生产方式也是导致定西经济上贫困的原因之一。随着财政扶贫资金对定西的支持，落后的生产技术已无法进一步促进定西农业的发展，因此，开发先进的生产技术和培养科技人才对定西的农业和经济发展至关重要。一方面，先进科技和设备的投入，科学的规划指导，既有助于贫困地区有效地利用资源、降低生产成本，又能使其快速有效地适应农业不断扩大的发展规模，带动了新产品新产业的发展；另一方面，对贫困地区人力资源的投资，使其掌握与发展配套的技术，一定程度上加强了农民自身素质，是打破贫困地区低水平均衡的一个重要途径。

第三，培养支柱产业是保障。经济发展的落后，是定西贫困的主要原因，而贫困又反过来制约了经济的发展，形成了恶性循环，在贫困地区选择和培养适合的支柱产业是政府扶贫的首要任务。[①] 定西地区有着丰富的农业资源，发展农业产业化，一方面可以开发利用贫困地区的优势资源，带动经济发展；另一方面可以吸收贫困人口参与劳动，既增加了贫困人口的收入，又培养了贫困人口的专业技能，帮助当地人民摆脱贫困。培

① 李含琳：《甘肃省中部干旱地区返贫现象和反贫困战略研究》，《农业经济问题》1993 年第 6 期，第 35—40 页。

养支柱产业对资源和劳动力双管齐下，充分结合两者的优势，不仅解决了贫困人口的温饱问题，还巩固了贫困地区的区域化经济基础，促进农业向市场化、特色化、规模化、效益化方向发展，保障了贫困地区经济的可持续性。

“三西”农业建设专项补助资金开创了我国区域性扶贫的先河。通过定西地区的案例，可以看出“三西”农业建设取得了不错的生态效益和经济效益：水土流失问题得到治理，贫困地区的生活条件逐步改善，粮食生产稳步发展，区域性支柱产业初步形成，为我国扶贫开发增添了宝贵经验。但是，一方面，由于贫困程度极深，贫困人口较多，资金的投入相对不足，导致扶贫难度大，定西地区并没有从本质上解决稳定脱贫问题，农民的返贫率依旧较高；另一方面，由于财政资金分配比例不合理，项目针对性不强，导致扶贫资金的运用效果并不理想，扶贫效益受到影响。

随着“三西”地区生态环境的改善、农业生产的发展，农业建设补助资金发挥的成效也会逐渐降低。要想降低返贫率，更为彻底地解决贫困问题，第一，政府应加大投资力度，将农业建设资金与其他财政扶贫资金整合使用，并完善资金管理和监督机制；第二，扶持当地特色产业，合理优化产业结构，适当发展工业，全面发展贫困地区的经济；第三，将文化扶贫、经济扶贫与生态建设结合起来，全面发展贫困地区的科教文卫等各项社会事业，实现环境、社会、经济的协调与可持续发展，提高贫困人口的自我发展能力。

三、发达地区支援欠发达地区式扶贫：以上海支援云南为例

东西协作扶贫是我国制定的又一项扶贫政策，主要是通过组织经济较发达的东部省市对经济欠发达的西部地区提供经济援助和技术人才援助，进而解决西部贫困地区群众的温饱问题，逐步缩小东西部发展差距，促进区域经济协调发展，最终使贫困人口脱贫致富。[①] 东西协作扶贫的

① 韩广富、周耕：《我国东西扶贫协作的回顾与思考》，《理论学刊》2014 年第 7 期，第 34—38 页。

建议最早由邓小平在 1978 年的中央工作会议上提出，他指出“允许一部分人、一部分地区先富起来，同时，国家应当从各方面对西南、西北等落后地区给予帮助和支持，带动其他人、其他地区富起来”。1994 年 4 月 15 日，我国出台《国家八七扶贫攻坚计划（1994—2000 年）》，国务院首次明确提出了城市间的对口支援方略，要求北京等大城市或发达省份，都要对口帮助一两个经济欠发达省份或城市，帮助、支持其发展经济。对口支援战略利于发挥不同城市或省份的优势，优势互补、结构互补，从而形成相对良好的协作发展局面，进而推动中国的反贫困战略顺利实施。

此部分以发达地区上海市帮扶云南省贫困地区为例，介绍云南省贫困的基本情况、东西协作扶贫模式的实施情况和效果，以及东西协作扶贫模式的经验启示。

（一）基本情况介绍

云南省总面积为 39.41 万平方千米，属于山地高原地形，地理环境复杂。一方面，云南存在着三大生态脆弱带：滇东南石山岩溶地区、滇东北乌蒙山区、滇西横断山区，自然环境的恶劣、交通的闭塞，严重限制了地区的经济发展；另一方面，云南也是我国民族自治地方最多的省份，少数民族多分布在边境地区，不仅是我国地缘政治上的重要战略门户，也是贫困比例最高的地区。[①] 1994 年，贫困地区农村贫困人口约为 2008.4 万，占全省总人口的 51%，人均纯收入在 500 元以下的就有 1670 万人；73 个国家重点贫困县农民年人均纯收入约为 378 元[②]，居全国倒数第三位。云南的贫困问题在我国既有代表性，又有典型性，国务院扶贫开发小组的负责人认为：“云南是全国扶贫攻坚的重中之重、难中之难。”解决云南省的贫困问题，对我国的发展意义重大。

1993 年，云南省 GDP 总额为 783 亿元，在全国排名第 17 位；2010

① 云南省人民政府网站，http://www.yn.gov.cn/yn_yngk/yn_sqgm/201201/t20120116_2914.html。

② 云南省人民政府扶贫办公室编：《云南扶贫开发年鉴 2011》，云南人民出版社 2013 年版。

年,云南省 GDP 为 7224 亿元,在全国排名第 24 位,下降了 7 位。1993 年,云南省人均 GDP 为 2030 元,在全国排名第 20 位;2010 年,云南省人均 GDP 为 15752 元,在全国排名第 30 位,排名下降了 10 位,其中 73 个重点贫困县人均 GDP 仅为 8590 元。① 可以看出,虽然扶贫政策的实施在一定程度上增加了云南省的 GDP 和人均 GDP,但是,无论是 GDP 还是人均 GDP,云南省在全国排名均下降了,甚至没有达到全国平均水平。云南省的扶贫工作仍需加大力度。

(二)典型实践

在政策支持方面:东西协作扶贫的模式最早由邓小平在 1978 年提出,随后,我国又出台了一些对口支援政策,以缓解经济不发达地区的贫困状况。但是这些政策更多地倾向于救济式的方式,没有从根本上解决贫困问题。1994 年 4 月,国务院在《国家八七扶贫攻坚计划(1994—2000 年)》中首次明确提出东西扶贫协作模式,随后,中央发布的《中共中央关于制定国民经济和社会发展"九五"规划和 2010 年远景目标的建议》进一步明确几个发达省区要大力开展东西对口支持扶贫的协作。1996 年 7 月,国务院扶贫开发小组在《关于组织经济较发达地区与经济欠发达地区开展扶贫协作的报告》中明确布置了东部发达省份与西部省份的协作扶贫关系,标志着我国东西协作扶贫工作的正式启动。②

自实施沪滇对口扶贫以来,中央和地方政府出台了一系列政策和措施,对东西协作扶贫模式进行补充和完善。例如,《关于加强沪滇对口帮扶与重点领域合作框架协议》确立了由上海 14 个区县对口帮扶云南 26 个重点县的帮扶机制,帮扶合作资金逐年增长,合作力度逐年加大。截止到 2011 年,上海市已累计投入帮扶资金 19. 59 亿元,其中,1988 年,在文山、红河、思茅三地首批启动 44 个温饱试点村项目;2006—2010 年投入

① 国家统计局网站,http://www.stats.gov.cn/tjsj/。

② 李勇:《改革开放以来东西扶贫协作政策的历史演进及其特点》,《党史研究与教学》2012 年第 2 期,第 36—43 页;韩广富、周耕:《我国东西扶贫协作的回顾与思考》,《理论学刊》2014 年第 7 期,第 34—38 页。

2264 万元对宏德、保山、临沧三个州市的少数民族自然村进行帮扶;新农村建设工程累计投入帮扶资金 11.6 亿元,成功实施基本农田改造、道路修建、路面硬化、饮水工程建设等 2972 个项目。① 这些扶贫措施成功降低了云南省贫困人口的数量,被国家有关部门誉为“新时期民族团结和谐发展的新典型”。

在扶贫成效方面:第一,在东西协作扶贫政策实施之前,云南省在交通、电力、通信等基础设施方面极其落后。1994 年,贫困农村中不通电的有 2006 个,占比达到 24.6%;9 个乡镇和 2294 个行政村不通公路。通过东西协作扶贫政策,2000 年,云南省村庄的通路率由 1994 年的 73.4%上升到 2000 年的 95.8%,2003 年,通路率又降为 71.9%;通电率由 1994 年的 75.4%上升到 2000 年的 97.7%,2003 年降为 89.7%;安全饮用水比例由 1994 年的 78%变为 2003 年的 48.8%。主要是由于 2003 年统计标准的变化,通路率、通电率以及安全饮用水指标在数据上表现为降低,但数据的绝对数量是增长的。②

上海市对云南省的对口扶贫,通过一系列基础设施项目的建设,如道路修建、饮水工程、通信工程等,有效地改善了贫困地区农民的生产生活条件,对解决贫困问题起到了很大的作用,为其他地区的对口扶贫工作发挥了示范和带动作用。

第二,上海市对云南省对口扶贫的一项有力举措是通过培育云南省的优势产业,带动云南的经济发展,从而增加贫困人口的收入,降低贫困人口数和贫困发生率。1995 年,云南省政府启动了生物资源开发工程,创建了拥有 18 大类 42 个子项的支柱产业;云南省还投入 1.47 亿元资金发展种植业养殖业,开发 337 项帮扶项目,培植了大量的蔬菜示范基地和养殖基地。③ 据云南省扶贫办统计,20 年来,沪滇经济合作累计到位项目

① 《上海对口援滇工作基本情况》,上海市人民政府合作交流办公室,http://xzb.sh.gov.cn/node2/node4/n1021 /n1023/n1031/u1ai105777.html,2015-06-29。

② 李周、乔召旗:《西部农村减缓贫困的进展》,《中国农村观察》2009 年第 1 期,第 2—13、21、94 页。

③ 赵新国、毛晓玲:《上海对口帮扶云南的工作实践及其成效考察》,《黑龙江民族丛刊》2014 年第 2 期,第 33—37 页。

资金645.8亿元,实施项目近2000个,[①]实现了由单一技术转让、营销合同向以资金为纽带的并购重组、技术协作、全方位、多领域合作发展。

据2011年云南省扶贫开发年鉴数据,重点贫困县的农民人均纯收入由1994年的378元增加到2000年的1053元,绝对贫困人口由652.5万人减少到337.5万人,2000年的贫困发生率为9.8%。2010年,云南省农民人均纯收入由2001年的1534元增加到3952元,按照新的扶贫标准,贫困人口数减少为525万人,贫困率下降为14%,其中,73个国家扶贫重点县农民人均纯收入由2000年的1100元提高到2880元。[②]

第三,上海对口支援云南的扶贫行动,在文化、教育、卫生、社会服务方面给云南注入了新的力量,推动了社会效益的产生。例如,开展学校间的对口交流合作,并成功实施上海云南100所中小学对口帮扶;从上海先后派出11批960名教师赴滇支教,并选派云南省院校的骨干教师、教育行政人员赴上海培训;实施卫生技术人员培训项目,培训全科医师合格13780人,社区护理合格2456人;推行上海19家三级医院对口支援云南19家县级医院的项目,通过三年左右的时间,建成了满足群众需求的医疗服务中心。[③]

上海对云南的东西协作扶贫模式,实现了对云南教育、医疗、文化、卫生等领域全方位的帮扶,发展和巩固了社会事业以及教育卫生,保障了农民的基本教育和基础医疗服务的权利,提高了贫困地区人口的素质,间接地帮助贫困人口增加了收入,为贫困地区稳定持久的脱贫提供了有效的方式。

(三)经验与启示

特殊的地理位置,匮乏的环境资源、基础设施、教育医疗等,一定程度

① 杨光:《真情真心帮扶滇沪情深谊长——上海与云南对口帮扶合作20年综述》,国务院扶贫开发领导小组办公室,http://www.cpad.gov.cn/art/2016/4/20/art_42_48504.html,2016-04-20。

② 云南省人民政府扶贫办公室编:《云南扶贫开发年鉴2011》,云南人民出版社2013年版。

③ 赵新国、毛晓玲:《上海对口帮扶云南的工作实践及其成效考察》,《黑龙江民族丛刊》2014年第2期,第33—37页。

上是导致云南省贫困的原因。在我国专项扶贫、行业扶贫和社会扶贫“三位一体”的扶贫格局中,东西扶贫协作属于社会扶贫的重要组成部分。这种扶贫模式可以将东部发达地区先进的文化、教育、生产方式等带到西部地区,培育发展社会事业,在一定程度上解决了云南省深度贫困的问题,同时也给政府解决区域贫困问题提供了启示。[①]

第一,有效地将资源互补,促进东西部共同发展。西部地区贫困的主要原因是社会发育程度较低,商品经济极不发达,市场缺乏竞争力。但是,江泽民指出:“发达地区有较多的优势,贫困地区也有自己的优势,通过对口帮扶,可以做到东西互助,优势互补。”一方面,相比于西部,我国东部地区有优秀的人才、充足的资金、先进的技术,以及发达的市场经济,东西协作扶贫的方式,直接将东部的人才、资金以及技术输送到西部,为西部注入了新的经济活力;另一方面,西部地区有更丰富的资源,同时,西部地区的劳动力价格比东部地区更低。因此,东部发达地区的企业通过利用西部的资源和廉价劳动力,结合自己拥有的资金和技术,不仅为企业创造了效益,同时也为西部地区建立了支柱产业,提高了贫困人口的收入,减轻了西部贫困状况,促进了东西部地区的共同发展。

第二,注重教育卫生事业,实现劳动力素质的提高。劳动力的素质,一定程度上影响了其自我发展能力。一般来说,低素质的劳动者由于受教育程度较低,内部自我良性发展机制尚未形成,缺乏竞争观念、风险意识,存在较大的返贫隐患。东西协作扶贫模式,将扶贫的重点转向区域性贫困人口自身的能力培养,在进行基础建设的同时,集中力量进行文化、教育、卫生的建设和技术培训,以此来提高贫困人口的素质。这样的扶贫方式,不仅培养了为企业服务的高技术含量的劳动力,还加强了劳动力自我发展能力,使得贫困地区人民可以更有效地抵御灾害。另外,对卫生事业领域的投入,直接增强了贫困人口的身体素质。因此,东西协作扶贫模式有效地提高了劳动力的素质,一定程度上能够增加其收入,改善贫困人

① 陈忠言:《中国农村开发式扶贫机制解析——以沪滇合作为例》,《经济问题探索》2015年第2期,第90—94、125页。

口的经济情况。

第三,初步建立了扶贫协作的机构和机制。制度性陷阱是困扰西部农村发展的一个因素,建立和完善扶贫协作机制一定程度上弥补了西部建设的不足,促进了西部经济的发展。[①] 一方面,政府成立对口帮扶小组,进行区县结对帮扶或派驻援助干部,通过整合双方优势,形成网络化的组织机制,加强对口扶贫省份之间的沟通交流,有利于政府及时地发现问题、解决问题;另一方面,利用扶贫协作制度充分整合扶贫资金,合力对西部地区进行扶贫开发工作,保障文化、教育、卫生扶贫的共同发展,同时,适当调整公共资源的配置方向,开展各类公共活动,培养贫困人口的合作意识和集体行动能力,一定程度上能够提高贫困人口的自我发展能力。总之,建立和完善扶贫协作机制,有助于推动贫困地区资本的生成和积累,增强贫困地区应对贫困问题的能力,帮助贫困人口解决收入低以及返贫率高的问题。

总的来说,东西协作扶贫通过地方政府间协作、企业积极参与、社会广泛动员、人才双向交流的模式,取得了较大的社会效益和经济效益,探索出了一条新的扶贫道路,为我国扶贫工作做出了巨大的贡献。但是,东西协作扶贫模式并不能完全解决西部地区的贫困问题,这种模式自身仍存在一定的局限性。第一,西部地区尤其是云南省,属于少数民族聚集地,少数民族的贫困问题,是由特殊的历史发展背景、地理环境造成的。从分布来看,少数民族贫困人口大多居住在高寒、边远的山区,总体上成大分散、小集中的分布特点,虽然东西协作扶贫政策一定程度上缓解了贫困状况,但是对于少数民族聚集的深度贫困地区来说,由于其发展起点低,总体上仍落后于其他地区的发展,且抵御风险的能力较低,东西协作扶贫模式并不能从根本上解决问题。第二,东西协作扶贫模式更多的是东部发达地区对西部贫困地区的支援,受援地区成为较大的受益者,东部发达地区获得的收益相对较为微弱,因此导致了东部发达地区扶贫的自

① 张磊:《我国西部地区农村扶贫模式及政策建议》,《改革与战略》2017 年第 6 期,第 146—148 页。

主性不强，整个扶贫工作对社会发展的溢出效应不大。

四、小额信贷扶贫模式：以海南省琼中县为例

国际小额信贷最早开始于 20 世纪 70 年代的孟加拉国，旨在为特定的目标阶层客户，即中低收入阶层，提供适合的金融产品服务，这也是其区别于其他传统扶贫模式的本质特征。我国在 1993 年引入小额信贷扶贫模式，以国际机构捐助或软贷款为主要资金来源，探索孟加拉乡村银行式小额信贷在中国的可行性。之后，国务院出台了一系列政策，明确提出小额信贷是一种有效的扶贫到户的措施，要积极稳妥地推行小额信贷扶贫模式。2006 年，我国还出台了《中共中央、国务院关于推进社会主义新农村建设的若干意见》，提出要“发展小额贷款公司等农村金融机构，以满足中低收入农民的信贷需求”。据统计，1993—1998 年，我国已投入资金累计 10 多亿元，覆盖全国 22 个省的 605 个县。[①] 可见，政府对扶贫到村到户工作的重视程度和措施力度空前提高。

此部分以海南省琼中县为例，介绍海南省琼中县贫困的基本情况、小额信贷扶贫模式的实施情况和效果，以及小额信贷模式的经验启示。

（一）基本情况介绍

海南省琼中黎族苗族自治县是海南省下辖的民族自治县之一，属于少数民族聚集地，各族人民喜欢自成村峒，这在一定程度上也造成了村落、人口分布分散的地理环境。[②] 山区的地理位置不利于交通设施建设和信息交流。交通状况的落后和信息交流的不畅通，再加上该县“九分山，半分水，半分田”的生态环境特点，一直阻碍着琼中县的经济发展。2007 年，琼中县财政收入为 5000 万元，居海南省倒数第一，琼中县被定为国家级贫困县[③]。海南省经过体制性改革扶贫、大规模开发式扶贫，扶

① 杜晓山、孙若梅：《中国小额信贷的实践和政策思考》，《财贸经济》2000 年第 7 期，第 32—37 页。

② 琼中黎族苗族自治县人民政府网站，http://qiongzhong.hainan.gov.cn/zjqz/gk/201703/t20170306_2248328.html。

③ 郑晓玲：《农村小额信贷扶贫相关问题探讨——以海南省为例》，《经济研究导刊》2009 年第 31 期，第 79—80 页。

贫有了一定的效果,但是海南省仍有大量的贫困人口,需对扶贫策略做出改变。小额信贷扶贫模式就是2007年海南省在琼中县进行的试点项目。

2007年,海南省GDP总额约为1254亿元,琼中县GDP总额约为8亿多元,在海南省17个省直辖县市中排名第15位;海南省人均GDP为14923元,琼中县人均GDP约为3823元,在海南省排名第16位。[①] 可见,琼中县的经济在海南省中排名倒数。海南省因此引入小额贷款扶贫模式,致力于探索出适合本地的扶贫方式,改善贫困人口的经济状况。

(二)典型案例实践

在政策支持方面:小额信贷是在我国扶贫政策背景下发展起来的,主要目标是解决扶贫资金使用效率问题。1998年10月,中共中央在《中共中央关于农业和农村工作若干重大问题的决定》中首次将小额信贷认定为一种有效的扶贫资金使用方式,并将其作为重要的扶贫方式加以推广。在《中国农村十年扶贫开发纲要(2001—2010年)》中再次指出:"积极稳妥地推广扶贫到户的小额信贷,支持贫困农户发展生产。"得益于政策和政府支持,我国农村小额信贷项目发展迅猛,截至2002年年底,全国有3万多个农村信用社开办了小额信贷项目,占农村信用社总数的比例达到90%以上;小额贷款余额共近1000亿元,受益农户约5986万户。[②]

2007年,海南省启动新一轮农村信用社改革,将格莱珉银行小额信贷模式引入,并将琼中县定为首个试点区县,这在后来被总结为"琼中模式"。同年,琼中县政府出台了《农村小额贷款实施暂行办法》和《琼中县农村小额贷款奖罚试行办法》,同时,在政府的支持下,农信社推出了"特色经济+政府引导+信贷扶持"的小额信贷模式,实施"农民还款,政府贴息"的政策,向农户(60%为家庭妇女)发放贷款,扶持农户发展效益高、不破坏生态的产业项目。[③] 2010年,《海南省农民小额贷款贴息资金管理

① 海南省统计局网站,http://stats.hainan.gov.cn/。

② 金媛媛:《浅析农村信用社农户小额信贷》,《科技创业月刊》2006年第3期,第24—26页;杜晓山:《中国农村小额信贷的实践尝试》,《中国农村经济》2004年第8期,第12—19、30页。

③ 卓令会、吴高:《小额信贷与特色经济——海南省琼中县案例》,《中国金融》2008年第7期,第79—80页。

暂行办法》出台,政府安排了 7700 万元用于农民小额贷款贴息资金,并建立动态贴息机制,以提高农户信用行为的激励和政策导向性。海南省目前已成为我国小额信贷发展最好、增长最快的地区之一,有效地探索出了一条具有本地特色的农村金融发展之路。

在扶贫成效方面:小额贷款扶贫模式的典型特征是扶贫到户,政府通过协调财政、金融部门,向贫困地区的农民提供扶贫贷款资金,贫困农民运用贷款资金进行生产活动,进而增加收入,降低贫困发生率。小额贷款扶贫模式实施之前,琼中县农民人均纯年收入为 2000 多元,远低于全国平均水平。① 2007 年,琼中县政府实行小额贷款政策,并提出"提前还款者贴息 100%,按期还款者贴息 80%,不按期还款者(受严重自然灾害影响的除外)三年内不予贴息",一定程度上减轻了贫困户的利息负担。②

通过一系列政策的实施,到 2009 年 9 月底止,琼中县农信社针对贫困户,累计发放小额贷款 4344.2 万元,贷款收回率达到 98%以上,其中,提前还款农户占总还款农户的 12%,不良贷款率在 2%以下,琼中县 2010 年 GDP 增加到约 12 亿元,比 2009 年增加 15.5%,农民人均纯收入也由 2007 年的 2000 元增加到 2010 年的 3350 元;到 2012 年,琼中县农村贫困人口数减少为 4.32 万人;农村贫困率从 2005 年的 45%下降到 2010 年的 21%。另外,有资料显示,2008 年试验点户均纯收入增长 20%—30%,其中有 40%的收入增加额来自贫困户将小额信贷用于种植业和养殖业所获得的收入。③

格莱珉银行小额信贷模式被引入以后,琼中县形成了新的扶贫模式,贫困地区开展的业务范围进一步扩大,资金得到充分的利用,保证了贫困人口能够稳定地获得生产经营性贷款,并将资金使用于过去无力投入的

① 卓令会、吴高:《小额信贷与特色经济——海南省琼中县案例》,《中国金融》2008 年第 7 期,第 79—80 页。

② 海口经济学院课题组:《小额信贷扶贫模式的比较与思考——基于海南省琼中县的调查数据》,《当代经济》2009 年第 23 期,第 40—42 页。

③ 海口经济学院课题组:《小额信贷扶贫模式的比较与思考——基于海南省琼中县的调查数据》,《当代经济》2009 年第 23 期,第 40—42 页。

生产领域。尤其是在政府的引导下,把发放的贷款重点支持贷款周期较短的优势和特色产业,如种植业、运输业、农产品加工项目等,既发展了当地特色产业,使资金产生了效益,推动了农村产业化发展,又降低了贷款回收的风险,贫困人口也因此获得稳定的收入来源。另外,县财政的贴息政策,降低了贷款风险,2013 年琼中县信用社的不良资产率仅为 0.9%,实现了“贷款—还款—再贷款”的良性循环。①

小额信贷扶贫模式的实践,一方面,利用贷款资金实施特色产业项目,调动了贫困人口劳动的积极性,增加了贫困人口的收入,帮助他们自力更生脱贫;另一方面,贷款业务的良性循环,有利于金融机构的发展,一定程度上完善了农村的资本市场和信用体系,有效地破除了农村贷款难问题,也探索出了一条新的金融扶贫发展道路。以贫困户为重点,把解决贫困问题和培养信用体系结合起来,形成整体合力,综合提高了贫困人口整体素质和收入水平。

(三)经验与启示

第一,扶贫到户是有效的扶贫政策。以往的扶贫到村政策,扶贫对象主要是贫困群体。随着我国愈发完备的扶贫政策的实施,贫困人口的人均收入越来越高,大面积贫困的现象越来越少,但不能保证贫困地区的所有人口都脱离贫困,仍有个别人口处于绝对贫困状态,无法获得发展机会和条件。小额信贷扶贫模式具有一定的贫困瞄准机制,能够保证个别绝对贫困人口获得贷款,真正做到了扶贫资金到户,增加了最贫困户的福利。同时,小额信贷资金具有安全性和持续性的特点,扶贫到户的资金为农户的生产经营创造了发展条件,也产生了一定的效益,使得贫困人口从中受益,从而调动了贫困农户的劳动积极性。②

第二,实现扶贫和完善资本市场的双赢。一方面,小额信贷扶贫模式为农户发展种植业、养殖业等提供了资金支持,农户结合自身优势从事生

① 陈和平、李良廷:《海南琼中发展农村小额信贷的探索与启示》,《中国财政》2013 年第 1 期,第 52—53 页。

② 童元保、齐伟娜:《农村信用社小额信贷的创新发展及可持续性应对:以海南为例》,《农业经济问题》2014 年第 5 期,第 75—80、112 页。

产经营活动,既培养了农户的自主经营能力,增加了农户的经济收入,又能实现生产要素的合理配置,促进农村生产力的发展。另一方面,琼中县小额信贷模式坚持"市场化选择服务对象、商业化持续经营、政府政策适当扶持"的思路,实行整贷零还的政策,充分发挥政府引导和资金扶持作用,既降低了农户贷款风险,又保证了农户能够获得收益,形成了及时还款的良性循环。整贷零还政策有效地解决了市场不完善和贷款风险问题,培养了农户的商品意识和信用观念。总的来说,小额信贷模式在一定程度上解决了农户贫困问题,同时,政策支持引导农户逐步走向市场,促进了贫困地区金融市场的发展和完善,实现了贫困人口和资本市场的双赢,可以看到明显的扶贫效益。

第三,建立互助互督的新型农户关系。小额信贷发展的特点之一是实行联保制度。小额信贷模式通常在贫困地区设立扶贫中心,一个中心由 4—8 个社员联保小组组成,联保小组由 4—7 户村民组成,联保小组成员之间签订联保互助合同,小组内互学、互督、互助、互保。联保制度规定:"如果小组内有一人不能按期还款,其他社员要代其还款"。[①] 这样的贷款人自治组织,通过借贷互保而将分散独立的贫困农户联合起来,形成利益共同体,巧妙地克服了贫困人口和信贷资金之间存在的问题,有利于农户互相激励、互相监督,有效地维系了贷款成员之间的关系,也有利于在生产经营中提高组织程度和协作水平。小组联保贷款制度中的贷款成员彼此较熟悉,相互担保和监督关系的透明度较高,有效地降低了贷款资金风险,能够保证贷款机构安全收回贷款。

小额信贷解决了长期困扰我们的扶贫资金难以送达到贫困农户的问题,提高了贫困人口劳动的积极性,培养了农户的守信思想,实现了贷款偿还的良性循环,既帮助贫困人口脱离了贫困,发展了生产,也为扶贫措施提供了有益的尝试和思路。但是,小额信贷也有其自身的不足之处。第一,小额信贷业务的资金来源渠道较为单一,主要是政府的扶贫资金,

① 孙天琦:《制度竞争、制度均衡与制度的本土化创新——商洛小额信贷扶贫模式变迁研究》,《经济研究》2001 年第 6 期,第 78—84 页。

这在一定程度上限制了贷款业务的拓展和长远发展;第二,由于小额信贷模式引入的时间不长,农村的金融体系相对落后,我国的小额信贷发展的法律和监管体系不够完备,监管缺位现象普遍存在;第三,虽然政府采取了一定的措施进行风险防控,但是,农户进行生产的盲目性使得市场较容易出现风险,另外,较差的外部信用环境也在一定程度上增加了风险发生的可能;第四,小额信贷扶贫模式的可持续性仍然面临挑战,从目前的实施状况来看,由于缺少相应的政策支持,小额信贷的可持续性发展面临着较大的不确定性①。

6.2.3 我国传统扶贫模式评价分析

一、传统扶贫模式实施效果分析

改革开放以来,我国出台了一系列扶贫政策,以发展经济带动贫困人口收入增加为目标,试图解决贫困问题。回顾过去 30 多年来的扶贫工作,我国针对不同阶段的贫困状况,开发了多种扶贫模式。前部分介绍了四种典型的扶贫模式,分别是以工代赈扶贫模式、财政专项资金扶贫模式、东西协作扶贫模式、小额信贷扶贫模式。此部分将针对这四种扶贫模式的实施效果进行分析。

首先是以工代赈扶贫模式的实施。在最初贫困面积较大、贫困问题较严重的时期,最制约我国经济发展的是基础设施建设,而基础设施是人民进行生产生活的基本条件,因此,我国通过以工代赈扶贫模式,在贫困地区进行交通、通信、电力、水利等基础设施建设。既创造了就业机会以增加贫困人口的收入,又提高了贫困地区生产能力以促进其经济增长。

其次是财政专项资金扶贫模式的实施。随着基础设施的相对完善,我国政府逐渐认识到将封闭的农村经济转向开放的市场经济,才是缓解贫困的关键。因此,政府逐步扩大对贫困地区的财政投资,这样的扶贫政策在一定程度上巩固了基础设施建设,培育了当地特色支柱产业,使得农

① 童元保、齐伟娜:《农村信用社小额信贷的创新发展及可持续性应对:以海南为例》,《农业经济问题》2014 年第 5 期,第 75—80、112 页。

民收入快速地增长，生活条件极大地改善，人口素质显著提高，贫困状况得到了极大的缓解，我国扶贫攻坚取得了一定的成绩。

再次是东西协作扶贫模式的实施。很多贫困地区依靠财政专项资金的扶助，虽然获得了不错的经济发展，但是，仅依靠政府的外部力量，市场的活力没有被充分地激发，无法使贫困地区获得长久的内生发展动力。因此，将发达地区先进的生产技术引入到欠发达地区，根据“优势互补、互惠互利、长期合作、共同发展”的原则，鼓励经济发达地区对口支援经济欠发达地区，开展扶贫工作，给贫困地区注入了新鲜血液。东西协作扶贫促进了干部交流、人才培训，提高了贫困人口的综合素质和收入水平，促进了国民经济的均衡发展。

最后是小额信贷扶贫模式的实施。由于政策支持体系和机制尚不够完善，我国大面积贫困问题得到一定的缓解以后，针对贫困群体进行扶贫的边际效应递减，于是，我国引入孟加拉小额信贷模式，推行“自我组织、联户担保、小额贷款、整贷零还”模式，重点强调扶贫到户，解决了贫困人口难以获得信贷资金进行生产的问题。小额信贷扶贫模式在一定程度上提高了扶贫资金的使用效益，增加了扶贫的有效性，有利于推进贫困地区市场体系的形成。

二、传统扶贫模式现存问题分析

总的来说，我国的反贫困措施，对缓解贫困起到了一定的作用，但是，仍存在需要完善的地方，例如，以政府主导的扶贫方式有待改善，以区域为主要扶贫对象的政策有待改变，以经济开发为重点的扶贫策略有待改进。①

（一）以政府为主导的扶贫方式有待改善

一直以来，我国农村反贫困措施是在政府主导下，自上而下展开的。政府部门成立专门的扶贫机构负责处理扶贫事项，颁布相关的纲领性文件，制定明确的扶贫目标、任务、方针；同时，中央财政提供专项转移支付资金和信贷扶贫资金。可见，政府既是扶贫投资的主体，又是扶贫项目的

① 姚迈新：《对扶贫目标偏离与转换的分析与思考——政府主导型扶贫模式中的制度及行动调整》，《云南行政学院学报》2010 年第 3 期，第 122—126 页。

决策者、组织者、实施者。这种政府主导自上而下的反贫困方式,为扶贫开发活动提供了稳定的资金保障和持续、统一的政策支持,也保证了扶贫项目的非趋利性。但是,要想从根本上解决贫困问题,应该让贫困人口真正参与进反贫困进程中,提高贫困人口的反贫困自主权。贫困人口是脱贫行动的主体,如果不能按照贫困人口的需求进行反贫困行动,那么扶贫效果可能会事倍功半。因此,应该更多地调整和转变政府在扶贫开发工作中的职能,将政府推动扶贫与贫困人口主动参与相结合,加快扶贫工作的进程。

(二)以区域为主要扶贫对象的政策有待改变

20 世纪前后,我国贫困地区大多属于连片集中贫困地区,以地区为瞄准对象的扶贫措施,有效地改善了贫困地区的基础设施,提高了当地人民的收入,改变了贫困人口落后的生活方式。但是,随着我国扶贫政策的实施,大规模的贫困区域逐渐减少,贫困地区越来越呈现区域贫困与个体贫困共存的特征,单一的以区域为瞄准对象的扶贫方式更多的是使贫困地区中较富裕的人口受益,对绝对贫困人口有排挤效应。因此,要想使真正的贫困人口脱贫致富,应准确地区分贫困人口与非贫困人口,在政策上做到扶贫到户,根据不同的贫困类型,选择合适的扶贫发展道路,使真正的贫困人口得到扶持,以此来保证扶贫的有效性。小额信贷扶贫模式虽然是一个有效的尝试,但是,由于贫困地区的经济基础较差,我国的信贷扶贫制度不够完善,由区域性扶贫向扶贫到户政策的转变仍有很大的改进空间。

(三)以经济开发为重点的扶贫策略有待改进

我国一直以来的扶贫政策都是以经济发展来促进脱贫的开发式扶贫战略,旨在通过生产性建设,带动贫困地区的经济发展,从而提高贫困人口的收入水平,缓解贫困现象。但是,一方面,我国贫困地区不仅是经济上贫困,也表现在文化、教育、科技上的贫困;另一方面,经济增长的根本动力源于技术的进步,而技术的进步一定程度上取决于智力扶贫政策的开发。因此,加大教育扶贫的投入就显得格外重要。教育投入的增加对贫困的减少有突出作用,应有计划地增加教育投资,普及和发展初等教育,全面实行义务教育,重点发展职业教育,加速培育适应贫困地区扶贫开发的各类人才,转变劳动者落后的思想,树立其自力更生、参与市场经济的观念,将对劳动者的科技培训转化为生产力,有效提高贫困地区劳动者的素质,调动其脱贫致富的积极性和主动性,为发展贫困地区的经济创造条件。可见,除了通过生产建设发展贫困地区经济,也应该注重教育扶贫的投入,提高贫困人口自身能力,最终实现从根本上消除贫困的目标。

经过几十年的扶贫政策,我国解决了大规模区域性贫困问题,整体人口素质得到提高,但是,贫困问题依然存在,贫困人口仍然具有脆弱性。城乡二元结构使得农村发展机会和权利不均等,相对贫困上升为农村贫困的主要特征,我国的扶贫难度也相应增加。联合国第二个消除贫穷十年(2008—2017 年),确定了“充分就业和人人有体面的工作”作为第二个十年的主题,提出“贫困是一个多方面的复杂现象,它不只是收入贫困问题,而且是涉及穷人和最弱势群体在就业、卫生、教育、两性平等和社会排斥等领域所面临的多方面匮乏”。因此,针对贫困个体的、综合性的扶贫措施需要被提出,逐步培养贫困人口自我发展能力,从根本上解决贫困问题,以便协调区域经济发展,逐步缩小城乡差距。

6.3 我国精准扶贫模式分析

长期以来,中国农村以区域开发为主要扶贫手段,按世界银行 1 天 1 美元的贫困标准估计,1978—2010 年,中国贫困人口大约减少了 7 亿多。[①] 但是,随着经济社会发展,传统的开发式扶贫模式越来越无法满足扶

① Chen Shaohua, Ravallion, Martin, "The Developing World Is Poorer than We Thought, but No Less Successful in the Fight Against Poverty", *The Quarterly Journal of Economics*, 2010, 125(4), pp. 1577-1625; World Bank, An Update to the World Bank's Estimates of Consumption Poverty in the Developing World, 2012.

贫工作的需要,扶贫效果日渐下降。2013 年 11 月,习近平总书记第一次提出了精准扶贫的概念,做出了要“实事求是、因地制宜、分类指导、精准扶贫”的重要指示。据统计,按照我国的扶贫标准,2013 年年底,我国农村贫困人口仍有 8249 万,[①]要想实现 2020 年全面脱贫的目标,中国年均需要减少 1200 万贫困人口,传统扶贫模式已不符合要求。因此,新时期扶贫需要继续发挥政府主导作用,同时要发挥各方面的力量综合治理和反贫困。

6.3.1 我国精准扶贫模式概述

我国的扶贫开发工作在《中国农村扶贫开发纲要(2011—2020 年)》颁布和“精准扶贫”思想提出后,进入了以全面建成小康社会为主要目标的新阶段。在这个阶段,我国政府改变了过去的粗放式扶贫模式,转向了更加精准的扶贫方式,更加具体、明确的目标和政策,以及精确的措施一定程度上清除了导致贫困发生的各种因素和障碍,对我国解决贫困问题有重要意义。本部分针对精准扶贫的内涵、内容、特征、扶贫路径做简要概述。

一、精准扶贫的内涵

精准扶贫的概念是习近平总书记在湘西视察时首次提出的,并将其定为一项战略性任务,这普遍被认为是我国精准扶贫理念的正式确立。针对“精准扶贫”的概念界定,基本上强调精准性,即针对贫困人口、扶贫措施、资源、帮扶人等,都应进一步提升政策的精准性,概括起来可以确定为识别、帮扶、管理等方面的精准性。[②]

精准扶贫的最基本要求是精确到户到人,做到扶真贫、真扶贫。具体来说,精准扶贫是以准确划分贫困人口范围、准确识别贫困人口为核心思想,以政府为主导,有针对性地采取措施来开展扶贫工作,积极动员各方力量和资源,综合开展反贫困工作,帮助贫困家庭和人口持续、稳定摆脱

---

① 《中国贫困状况依然严峻,仍有 8249 万贫困人口》,人民网,http://politics.people.com.cn/n/2014/1215/c70731-26210543.html,2014-12-25。

② 莫光辉:《精准扶贫:中国扶贫开发模式的内生变革与治理突破》,《中国特色社会主义研究》2016 年第 2 期,第 73—77、94 页。

贫困。

二、精准扶贫的主要内容

精准扶贫主要包括四个方面的内容，分别为精准识别、精准帮扶、精准管理和精准考核，其中，在实施精准扶贫政策时，识别、帮扶、管理和考核存在内在的逻辑关系，精准识别是基础，精准帮扶是关键，精准管理是根本保障，精准考核是检验扶贫成效的重要方式。①

（一）精准识别

精准识别是指通过申请评议、公示公告、抽检核查、信息录入等步骤，有效地识别贫困家庭和人口的范围、贫困深度、致贫原因等，摸清他们的帮扶需求，并对贫困人口建档立卡。习近平总书记指出，只有把真正的贫困人口弄清楚，才能解决好“扶持谁”的问题。因此，要进行精准扶贫，精准地找到对象是前提，要有科学、合理、有效、简洁、低成本的方式和程序来保证精准的识别贫困对象。

（二）精准帮扶

在精准识别贫困人口的基础上，精准帮扶主要是帮扶内容、帮扶措施和帮扶资源要与需求相匹配，最大限度地满足实际需要。从精准扶贫的经验来看，“五个一批”具有较为良好的脱贫效果，即“发展生产脱贫一批、易地扶贫搬迁脱贫一批、生态补偿脱贫一批、发展教育脱贫一批、社会保障兜底一批”，来消除致贫的关键因素和脱贫的关键障碍。精准帮扶措施是针对传统扶贫工作中一刀切、大而全的帮扶内容、方式而制定的。② 由于我国致贫原因和贫困深度因地区而异，因此，这在客观上要求扶贫工作充分考虑贫困地区的实际情况，采取差异化帮扶措施和帮扶力度，以帮助不同贫困地区和不同贫困深度的贫困人口脱离贫困。

（三）精准管理

精准管理是指对贫困家庭、贫困人口、帮扶措施、扶贫资源和信息等具体实施环节进行精细把控、动态管理，做到权责明确。精准管理包括对

---

① 郑瑞强、王英：《精准扶贫政策初探》，《财政研究》2016 年第 2 期，第 17—24 页。

② 葛志军、邢成举：《精准扶贫：内涵、实践困境及其原因阐释——基于宁夏银川两个村庄的调查》，《贵州社会科学》2015 年第 5 期，第 157—163 页。

三个方面的管理：首先，对贫困家庭和贫困人口的信息进行管理，并对贫困户的信息进行对比分析与统计，找到影响贫困户发展能力的关键因素；其次，对已经建档立卡的贫困人口进行动态化管理，及时将监测到的已经脱离贫困状态的农户调出贫困户范畴，同时对新的贫困户进行建档立卡管理；最后，对扶贫部门的项目和资金进行监督与管理，及时推动各项工作的进展。从我国精准扶贫的经验总结来看，精准管理主要概括为六个方面的精准，要做到扶贫对象、项目安排、资金使用、措施到户、因村派人、脱贫成效六个方面的精准。[①]

（四）精准考核

为了准确评估扶贫政策的实施效果，实现对贫困县扶贫工作情况和扶贫效果的量化考核，我国建立了精准扶贫考核机制，包括建立了贫困地区和人口脱贫退出和返贫再入机制，量化的考核方式改变了以往农村扶贫领域考核的形式化问题，精准考核贫困地区、贫困家庭和人口的脱贫成效，有助于评价不同层级扶贫部门的工作成效，以及扶贫资金的使用与项目落实情况。同时，考虑到驻村扶贫干部的未来发展，精准扶贫也将依据扶贫工作内容和指标对干部进行考核，包括制定了一系列关于扶贫干部的激励和管理措施，给予驻村干部以更多的支持，充分调动其积极性。

三、精准扶贫的主要特征

2015 年 6 月，习近平总书记在贵州考察期间提出了“六个精准”要求，即“扶持对象精准、项目安排精准、资金使用精准、因村派人精准、措施到户精准、脱贫成效精准”，这也是精准扶贫工作的本质内涵。[②] 根据“六个精准”的内涵，可以将精准扶贫的特征总结为：目标更加明确、措施更加有效、管理更加精细、扶贫主体更加多元

（一）扶贫目标更加明确

传统扶贫模式发展到精准扶贫模式，本质上是从粗放型的反贫困方

① 刘永富：《精准扶贫脱贫的基本方略是六个精准和五个一批》，国新网，http://www.scio.gov.cn/xwfbh/xwbfbh/wqfbh/2015/33909/zy33913/Document/1459277/1459277.htm。

② 汪三贵、刘未：《“六个精准”是精准扶贫的本质要求——习近平精准扶贫系列论述探析》，《毛泽东邓小平理论研究》2016 年第 1 期，第 40—43、93 页。

式,发展为精细化的反贫困方式。制定精准扶贫的政策,将扶贫对象明确到村、到户、到个人,一定程度上弥补了脱贫攻坚过程中解决个体贫困问题的短板,既能够保证微观层面对贫困对象的个性化帮扶,又能够实现宏观层面的区域环境改善和中观层面的县区产业经济发展。"扶贫对象精准"的要求,使得扶贫目标更加明确,保证了从微观到宏观、从个体到区域的全面扶贫。

(二)扶贫措施更加有效

传统的扶贫模式往往具有区域性、单元性和整体性,并非针对以家庭为单位的微观组织,这是传统扶贫模式与当前精准扶贫模式的重要区别之一。精准扶贫措施的制定,是根据扶贫对象具体的贫困状况,主张根据需求制定具有异质性的扶贫方案,尊重贫困发生与应对的异质性,从而更加实事求是,脱贫成功的可能性也更大。

(三)扶贫管理更加精细

同样,由于精细化的对象管理和措施,也必然要求资源改变原来区域整体配置的方式,要求资源与各个家庭反贫困的具体需求相一致,侧重扶贫管理的个体化特征。精准扶贫政策的实施,更加突出贫困人口的主体地位,将扶贫管理落实到村户及个人,并强调资源限于贫困人口使用,设置了各种措施,防止资源和支持在贫困和非贫困人口之间混用。同时,一系列的精准要求(六精准),保证了资金、项目的精准投向和考核,有利于扶贫政策精准投放,落实到每一个贫困家庭和贫困人口,使得资金使用效果和脱贫成效更加显著,做到"扶真贫、真扶贫"。

(四)扶贫主体更加多元

传统扶贫模式的实施一直由政府主导,对扶贫项目进行分配和管理,即使部分扶贫项目的实施有企业或社会组织的参与,但他们并没有拥有对扶贫项目以及资金的决策权和控制权。在实践中,这样的扶贫方式经常导致扶贫资源偏离扶贫目标和既定轨迹,影响到扶贫效果。精准扶贫政策实施以来,我国政府越发重视多元主体共同参与扶贫,一方面,将贫困人口由过去被动接受者的状态转变为扶贫的主动参与者,发展其自身能力,激发其脱贫的积极性;另一方面,赋予企业和社会组织等参与主体一定的权利，发挥其自身的优势，有助于贫困人口的瞄准和扶贫资源的有效利用。

四、精准扶贫治理路径

我国要实现2020年全面建成小康社会的目标，改善贫困人口的经济状况是关键。保证贫困地区小康社会的建成是全面建成小康社会的基础。目前，我国贫困人口多集中在自然资源贫乏、生态环境脆弱等生存条件恶劣、基础设施落后，产业发展滞后的地方，精准扶贫在实施过程中面临着较大的问题，因此，找到实现精准扶贫有效性的路径就变得极为重要。此部分主要从四个方面阐述精准扶贫的优化路径，分别是优化精准识别方式、构建精准帮扶模式、健全精准管理体制、促进多元主体合作。①

（一）优化精准识别方式

随着贫困人口的数量减少和分布变化，我国对贫困人口的识别难度越来越大，减贫效果也相应降低。精准扶贫的政策，优先从完善贫困人口识别的方式入手，以精确识别、瞄准贫困人口，改善扶贫效果。首先，要想将政策直接运用到贫困村户和个人，应当引导行政识别方式的转化，推动扁平化的识别方式，赋予村级识别权，加强其在识别中的功能，同时，充分发挥驻村扶贫工作的作用，让扶贫工作更加公开、透明。其次，应当采用结合当地实际情况、因地制宜的识别方式，继续发挥传统贫困识别方式的积极作用，重视将更多的贫困风险因素作为识别贫困的综合判定标准，完善贫困户多维度识别方式，把贫困户纳入扶贫范围，确保所有人贫困人口得到识别与精准帮扶，实现识别的理性化和决策的科学化。

（二）构建精准帮扶模式

过去传统的扶贫模式，扶贫效应的持续性较弱，对贫困户的无差别对待，使得资源浪费和返贫现象严重。为了改变这种状况，应该建立长效化的扶贫模式，把精准扶贫作为一项系统工程进行规划。首先，把教育扶贫

① 庄天慧、陈光燕:《蓝红星.精准扶贫主体行为逻辑与作用机制研究》,《广西民族研究》2015年第6期，第138—146页。

放在首位,把提高贫困人口的人力资本作为重中之重,重视改变观念、改变生产经营方式理念等,这是扶贫先扶人的关键所在。其次,广泛推广文化扶贫和金融扶贫,充分挖掘贫困地区在经济、文化领域的潜在资源,从思想和资金等方面对其进行支持,引导贫困人口参与生产并获得劳动报酬,把潜在的资源转化为发展动力,探索扶贫的内生路径,带领和推动贫困人口脱贫致富。最后,发展旅游、互联网+等创新扶贫模式,一方面,利用贫困地区的地理优势和旅游资源,发展旅游甚至生态旅游业务,确保扶贫和生态保护的双赢:另一方面,利用互联网技术进行信息传递,及时宣传和普及扶贫政策,帮助扶贫难题的处理,促进扶贫的联动帮扶作用,确保扶贫效应的可持续。

(三)健全精准管理体制

想要治理我国贫困问题,使边缘化贫困人口脱贫致富,完善资源配置机制和健全精准扶贫管理体制是必不可少的。首先,加快推进精准扶贫各项政策和制度改革和创新,如土地管理制度、金融扶持政策、社会保障制度等,充分利用低效土地资源、扶持金融信贷产品、完善农村社会保障体系,激发贫困地区要素资源市场活力。其次,建立差异化的治理机制,由于不同贫困地区的经济发展水平、致贫原因不同,任何单一的措施都难以发挥有效作用,只有建立综合化、差异化的扶贫治理机制,才能形成扶贫治理的复合优势。最后,建立动态化的精准扶贫的考核机制,一方面,跟踪考核扶贫各阶段和脱贫后的发展情况,并对扶贫效果进行分析;另一方面,要重视多维度的考核机制建立,将收入因素之外的其他考核标准纳入精准扶贫的考核范畴。

(四)促进多元主体合作

想要高效地实施精准扶贫政策,实现贫困人口的脱贫致富,仅依靠政府主导的力量是远远不够的,还应该积极推动多元主体的参与,加强政府、市场、社会三方的协同合作治理。首先,市场作为“看不见的手”,在资源配置方面有着不可小视的作用,政府向贫困地区引进项目,企业通过扶贫项目的生产经营,带动贫困地区经济的发展;其次,社会力量能够与贫困群众进行更为亲密的接触,了解贫困群众的真实需求,动员更多社会力量参与扶贫,能够将政府政策与贫困人口的需求精准地连接起来,提高扶贫的精准度;最后,政府作为提供项目和资源的平台,应该制定更加理性和科学的决策,合理安排多元主体的协作机制,实行差异管理和多方联动帮扶,以弥补政府在扶贫工作中的缺陷,更加精准地实现贫困治理。

6.3.2 我国精准扶贫典型模式经验分析

一、集中连片扶贫模式:以武陵山连片特困地区为例

经过多年的扶贫开发,我国的贫困问题有所缓解,但是,由此而带来的区域发展不平衡问题依然突出,贫困人口呈现出向老区、边远山区、少数民族聚居区等地聚集的现象,这些地区也被称为集中连片地区。经过分析发现,这些地区的地理位置的相对集中,并且贫困问题是由于历史、政治、民族等多种复杂因素的共同作用而形成的,因此,对其进行“贫困地方连片综合整治”的集中连片扶贫模式效果较好。① 2011 年,《中国农村扶贫开发纲要(2011—2020)》确定六盘山区、武陵山区、燕山—太行山区以及已明确实施特殊政策的西藏、四省藏区、新疆南疆三地州等 14 个连片特困地区作为未来 10 年扶贫攻坚的主战场,这一政策使得“连片特困地区”的概念被广泛运用于扶贫工作当中。

集中连片特困地区往往是地理环境和经济文化环境等复杂性与多元性并存的地区,呈现出贫困状况集中性、贫困原因复杂性、贫困程度深沉性和反贫困艰难性的特征。② 实行区域连片扶贫开发,有利于集中资金重点扶贫、实现基础设施共享,更有利于调动当地干部群众的积极性,加快实现脱贫致富的目标。国内外的实践发展表明,在新形势下实现集中连片特困地区贫困农户的生计策略转变是有效脱贫的关键。

此部分以武陵山特困片区扶贫为例,介绍武陵山地区贫困的基本情况、连片扶贫模式的实施情况和效果,以及连片扶贫模式的经验启示。

① 刘牧、韩广富:《集中连片特殊困难地区扶贫攻坚面临的问题及对策》,《理论月刊》2014 年第 12 期,第 165—168 页。

② 程联涛:《我国贫困地区区域特征及扶贫对策》,《贵州社会科学》2014 年第 10 期,第 114—117 页。

（一）基本情况介绍

到 2013 年年末，从地域面积上看，14 个集中连片贫困地区达到了 369.5 万平方公里，占据了我国国土面积的三分之一以上；从人口数量来看，14 个集中连片贫困地区达到 2.4264 亿人口。[①]。武陵山片区是 14 个连片特困地区之一，它是以武陵山脉为中心的一个自然区域，包含有 42 个国家级扶贫开发重点县、13 个省级重点县，共含乡镇 1376 个。[②]

武陵山片区海拔约 1000 米，处于云贵高原的东部延伸地带，气候恶劣，生态环境脆弱，人均耕地面积少，贫困问题严重。[③] 2010 年，武陵山区农民人均纯收入 3499 元，仅相当于当年全国平均水平的 59.1%，人均地区生产总值仅有 9163 元，相当于全国平均水平的 33.76%。据测算，贫困人口约有 400 万人，贫困发生率 20%左右。[④] 另外，片区水利设施薄弱，电力和通信设施落后，人均教育、卫生支出仅相当于全国平均水平的 51%。[⑤]

（二）典型案例实践

在政策支持方面：2010 年，国家提出将集中连片贫困地区和特殊类型导致的贫困地区作为我国扶贫开发的重点政策，这进一步夯实了集中连片反贫困治理的战略举措。同年，《武陵山片区区域发展与扶贫攻坚规划（2011—2020）》出台，将武陵山片区确立为区域发展和扶贫攻坚的“先行先试”试点，并提出要把扶贫攻坚和跨省合作协同发展有机结合起来，促进扶贫开发和区域经济的共同发展。同时，武陵山片区内湖北、湖南、贵州、重庆四省市相继出台了《湖北省连片特困地区区域发展与扶贫

---

① 邢成举、葛志军：《集中连片扶贫开发：宏观状况、理论基础与现实选择——基于中国农村贫困监测及相关成果的分析与思考》，《贵州社会科学》2013 年第 5 期，第 123—128 页。

② 青觉、孔晗：《武陵山片区扶贫开发问题与对策研究》，《中央民族大学学报（哲学社会科学版）》2014 年第 2 期，第 25—34 页。

③ 《武陵山片区区域发展与扶贫攻坚规划（2011—2020 年）》，武陵网，http://www.iwuling.com/column/yaowenjujiao/mingsheng/ziliaoku/2012/0322/2105.html，2012-03-22。

④ 黄承伟：《连片特困地区扶贫战略研究以武陵山片区为例》，经济日报出版社 2016 年版，第 8—20、89 页。

⑤ 《武陵山片区区域发展与扶贫攻坚规划（2011—2020 年）》，武陵网，http://www.iwuling.com/column/yaowenjujiao/mingsheng/ziliaoku/2012/0322/2105.html，2012-03-22。

攻坚工作推进办法》《湖南省武陵山片区区域发展与扶贫攻坚实施规划》《武陵山片区（贵州省）区域发展与扶贫攻坚实施规划（2011—2015年）》《重庆市（武陵山片区、秦巴山片区）农村扶贫开发规划（2011—2020年）》等文件，大力推进连片特困地区扶贫综合开发规划。

2011—2013年，中央资金对武陵山片区的投入达到131.53亿元，年均增长32.5%；对于特色村寨，2014年，贵州省还投入不低于50万的资金对其进行扶贫开发。[①] 2015年，湖北省财政厅在加大对武陵山片区各县市基本财力保障补助的基础上，安排片区财政扶贫资金7亿元、财政调度资金26.33亿元、重大产业发展基金15亿元、中小实体经济发展资金7.22亿元、农业综合开发资金5000万元、小农水重点县资金1.6亿元、中央现代农业资金5400万元，对片区进行扶贫开发。[②] 2016年，国家发改委以发改财金〔2016〕679号文正式批准总规模为500亿元的中国铜仁武陵山扶贫投资发展基金，这成为贵州省获批的第一支扶贫投资发展基金。[③] 可见中央政府对我国连片特困地区扶贫开发的支持力度。

在扶贫效益方面：经过一系列的扶贫战略和政策调整后，武陵山片区扶贫开发取得了较为不错的效果，贫困人口数量逐渐减少，片区的基础设施、教育、旅游、金融和经济等领域也都获得了不错的发展。据测算，2013年，武陵山片区71个县的人均纯收入达到5915.76元，与2003年的1690.81元相比，年均增长13.34%；地区生产总值达到5879.71亿元，其中二、三产业占比约79.96%；社会消费品零售总额达到2033.05亿元；居民储蓄存款余额达到4609.11亿元。另外，在教育扶贫领域，国家民委所属的6所高校发挥自身优势，帮扶武陵山片区，扩大招生，仅2015年在片

① 杨勇：《把好脉开好方精准扶贫奔小康——贵州省民宗委积极推进武陵山片区扶贫工作》，贵州民族报，http://dzb.gzmzb.com/P/Item/8301，2014-4-24。

② 李爱旻：《省财政厅落实财政政策大力支持武陵山片区精准扶贫》，湖北省民族宗教事务委员会，http://www.hbmzw.gov.cn/zwdt/ywdt/32176.htm，2015-12-17。

③ 马结华：《我市武陵山扶贫投资发展基金获批》，铜陵日报，http://szb.trxw.gov.cn/epaper/search/my-detail.jsp? searchKeys=%CE%D2%CA%D0%CE%E4%C1%EA%C9%BD%B7%F6%C6%B6%CD%B6%D7%CA%B7%A2%D5%B9%BB%F9%BD%F0%BB%F1%C5%FA&newsID=70699&fieldsSelected=&StartDate=&EndDate=&orderKey=&pagename=null&papername=%CD%AD%C8%CA%C8%D5%B1%A8，2016-04-08。

区就安排招生计划 4534 人;在旅游扶贫领域,仅 2014 年,武陵山核心地区的旅游业综合收入就达到各地 GDP 的 22%—23%,旅游项目得到初步开发,形成了具有一定影响力的旅游品牌。[①] 2014 年年末,武陵山片区农民人均纯收入增加到 6743 元,为全国平均水平的 64.29%,农村居民人均生活消费支出为 6353 元,为全国平均水平的 68.88%。[②]

武陵山片区扶贫开发政策的实施,通过对教育、产业、金融等领域的综合扶贫投入,使得片区的经济、基础设施建设、教育环境等有了明显的改善,为片区居民提供了良好的公共服务和发展的机会,提高了片区居民的整体素质和收入水平,贫困发生率明显降低。

(三)经验与启示

第一,注重因地制宜,有利于差异化扶贫。集中连片特困地区最大的特点是农村贫困人口数量多,且较为集中。但是,连片特困地区面积较大,由于经济发展程度、地理环境、思想意识等的差异性,不同的地区有其自身的贫困特点,因此,应该根据贫困地区自身的区域特点,选择适合的精准扶贫模式。[③] 中央政府应找准不同贫困地区的差异点,因地制宜地制定差异化的子规划,以突出不同地区的特色产业,进而增加贫困地区群众的经济收入。厘清不同地区的发展需求,尊重不同贫困地区的差异性,并因地制宜的选择精准扶贫模式,才能更好地解决贫困问题,实现贫困人口脱贫致富的目标。

第二,推进产业扶贫,帮助贫困人口增收。针对贫困地区进行产业化扶贫是促进其经济发展、提高贫困户收入的一种有效方式。集中连片扶贫模式的实施,一方面充分结合连片贫困地区的资源优势或产业优势,重视通过连片旅游开发、产业开发等方式,大力推动产业扶贫政策实施。另一方面,还通过完善连片贫困地区发展所需要的环境、交通、市场配套产

---

① 杨光:《武陵山片区脱贫攻坚纪实》,人民日报,http://ccn.people.com.cn/n1/ 2016/0120/c366510-28069965.html,2016-01-20。

② 《2014 年武陵山片区基本情况》,经济发展司,http://jjfzs.seac.gov.cn/art/2016/11/13/ art_8651_269923.html,2016-11-13。

③ 张玉强、李祥:《我国集中连片特困地区精准扶贫模式的比较研究——基于大别山区、武陵山区、秦巴山区的实践》,《湖北社会科学》2017 年第 2 期,第 46—56 页。

业政策支持等多种方式,为连片地区集中脱贫提供支撑条件。连片贫困地区产业扶贫的积极推进,既能够充分利用贫困地区的资源,又能在一定程度上发展本地经济,拓宽贫困人口就业渠道,直接促进了贫困人口收入的增加。

第三,实行连片开发,促进区域协同发展。集中连片特困地区人口数量多、贫困程度深、致贫原因复杂的特点,一定程度上导致了区域社会经济发展滞后,因此,针对贫困地区实行连片扶贫开发,一方面,利用国家的扶贫策略,进行合理分工和合作,实行整体推进,逐步改变过去贫困地区经济发展各自为政、一盘散沙的局面,加强基础设施建设,构建具有区域优势的产业,积极发展各项社会事业等,以区域扶贫带动区域发展;另一方面,考虑到连片贫困区可能涉及多个省份,还应当建立跨区域的协作机制。①

集中连片扶贫模式有效地将精准扶贫政策与连片特困地区的实际情况相结合,通过精准扶贫项目的开展和对片区的统筹规划,不断提高了贫困人口的收入,实现了"真扶贫、扶真贫"的目标。但是,由于连片特困地区的贫困差异性较大,扶贫成效受到了一些因素的影响。第一,各个地区由于地理、经济发展条件不同,扶贫困难性也不同,而片区地方政府各自为阵,缺乏对扶贫统一的宏观规划,使得精准扶贫工作缺乏与扶贫制度的融合性;第二,片区各地不同的扶贫方法产生的扶贫效果也不尽相同,如果没有差异化的考核和评价体系,扶贫工作的成效难以得到有针对性的考核,扶贫模式的应用与创新发展也会受到阻碍。

二、旅游扶贫模式:以河北省涞水县为例

旅游精准扶贫是一种开发式、开放型的扶贫模式,是我国反贫困的重要方式和手段之一,主要是指通过运用科学有效的方法和程序,对旅游资源进行开发,进而带动和促进相关产业的发展,通过旅游产业发展实现经济增收、就业同步实现。与此同时,还通过大力发展与旅游相关的辅助产

① 程联涛:《我国贫困地区区域特征及扶贫对策》,《贵州社会科学》2014 年第 10 期,第 114—117 页。

业,促进区域旅游产业的快速发展。[①] 在部分社会经济发展水平较低的地区,旅游扶贫已成为主导性产业,对就业、可持续发展、资源开发产生了较大的作用。数据表明,2011—2014 年,约有 1000 万人在旅游扶贫政策的带动下,实现脱贫的目标,大约占到总贫困人口的 10%以上。[②] 2014 年年底,全国已有乡村旅游经营户超过 200 万家,乡村旅游特色村 10 万个,接待游客 12 亿人次,约占全国旅游接待总人数的三分之一。[③]

此部分以河北省涞水县为例,介绍涞水县贫困的基本情况,旅游精准扶贫的实施情况和效果,以及旅游精准扶贫模式的经验启示。

(一)基本情况介绍

河北涞水县位于燕山—太行山贫困带。燕太片区生产生活物资匮乏,耕地面积仅占 18%,贫困人口约有 1097.5 万,人均地区生产总值和农村居民人均纯收入分别仅占全国的 40.1%和 57.6%,贫困发生率为 24.4%,是我国扶贫攻坚的重点地区。[④] 燕太片区虽然工业资源匮乏、教育落后,但是特殊的地理位置、自然资源以及悠久的历史,形成了丰富的生态旅游资源和文化旅游资源。实践也证明,旅游精准扶贫是燕太片区脱贫的有效途径之一。而地处太行山东麓北端的涞水县,2012 年被河北省政府确定为环首都扶贫攻坚示范区重点县,是旅游精准扶贫的典型地区。

涞水县位于河北省中部偏西,与北京、天津毗邻,人口约 34 万,其中贫困村有 88 个,贫困人口约 68719 人。[⑤] 涞水县的旅游资源丰富,环京津冀带便利的地理位置给涞水县带来了巨大的旅游消费市场,通过对野三

---

① Sin H L.,“Who are we responsible to? Local' stales of volunteer tourism”, Geoforum, 2010, 41(6), pp.983-992.

② 邓小海、曾亮、罗明义:《精准扶贫背景下旅游扶贫精准识别研究》,《生态经济》2015 年第 4 期,第 94—98 页。

③ 姜蕾:《旅游扶贫成为贫困地区新的经济增长点》,中国青年报,http://news.163.com/15/0723/05/AV6FE4ED00014AED.html,2015-07-23。

④ 邢慧斌、席建超:《燕山—太行山片区旅游精准扶贫模式创新研究》,《河北大学学报(哲学社会科学版)》2017 年第 2 期,第 118—125 页。

⑤ 王新歌、虞虎、李萍、林明水、陈田:《燕山—太行山片区旅游精准扶贫识别案例实证——以河北涞水县为例》,《生态经济》2017 年第 7 期,第 151—155、231 页。

坡景区的投资建设,实施科学精准的扶贫项目,能够带动周边村镇的发展。因此,结合涞水县的现实条件和基础,实施旅游精准扶贫对于发展区域经济、引导贫困人口脱贫有重要意义。

(二)典型实践

在政策支持方面:2014年,“旅游精准扶贫”的概念在《关于促进旅游产业改革的若干意见》中被首次提出,并被视为推进反贫、富农的重要方式;2015年,国务院扶贫办发布了《关于进一步促进旅游投资和消费的若干意见》,再次明确将旅游扶贫作为重要的扶贫方式之一,旅游扶贫在反贫困战略中的地位进一步凸显。

而旅游精准扶贫模式作为燕太片区主要的扶贫模式之一,也获得了国家及地方政府的政策支持。例如,2012年年底,《燕山—太行山片区区域发展与扶贫攻坚规划(2011—2020年)》将环首都区域发展和扶贫攻坚上升为国家战略,将河北省22个县纳入扶贫规划,并在涞水县38个贫困村中选定30个作为旅游扶贫村;2016年,河北省旅游工作领导小组印发《河北省乡村旅游提升与旅游精准扶贫行动计划》,预计到2018年,培育10个省级美丽乡村旅游示范区,100个3A级以上乡村旅游景区,通过旅游产业带动500个以上贫困村、20万以上贫困人口脱贫。一系列的政策规定,对发展旅游家庭手工业的贫困户,每个贫困户给予3000元的财政补贴,对发展旅游致富产业的所有贫困户,金融部门给予3万—5万元金融贷款,对合作共建的旅游产业园区,按照带动贫困户的数量,给予20万—300万元担保贷款扶持,由县政府全额贴息三年。此外,县政府投入1000万元用于野三坡景区建设,并搭建旅游资产收益扶持平台,将投资转化为股份,每年将门票的部分收益进行分红。近年来,涞水县在旅游产业上累计投资7.5亿元,游客数量实现了每年30%的增长速度。①

在扶贫效益方面:在旅游精准扶贫政策的带动下,涞水县扶贫工作取

① 杨志民、韩瀚、葛西劝:《涞水县实施旅游精准扶贫3年减少1.5万贫困人口》,凤凰网,http://hebei.ifeng.com/a/ 20160203/4259868_0.shtml,2016-02-03。

得了一定的成效。全县新建农家乐 55 家,旅游扶贫观光采摘园 75 个,旅游产品经销店 120 家,吸纳旅游行业就业约 2.5 万人,每年带动减少贫困人口约 1.5 万人,成为旅游精准扶贫的样本。其中,成果最显著的属于野三坡风景区。地方政府投资建设野三坡景区,打造了 21 个沿线的景观休闲带,新建 23 万平方米的亲水步游路、生态停车场、服务中心、观景平台,完成 35 公里三坡景观大道修建。[①] 另外,还对旅游区下拒马河沿线 520 栋、215 万平方米的明清徽式建筑进行了改造,完成了百里峡售票大厅、步游路、标识牌、购物长廊、综合服务区、停车场等的改造,使野三坡景区游客数量以 30%的速度增长。[②]

总的来说,“十二五”期间,野三坡景区总收入累计达到 44.93 亿元,其中,实现门票收入 4.37 亿元,截止到 2015 年年底,贫困村数量由 97 个减少到 60 个,实现了 3 万人脱贫。此外,2016 年,涞水县景区门票收入达到 1.5 亿元,实现社会效益 17 亿元,33 个试点村的 60%以上人口实现脱贫。[③] 近年来,野三坡每年的旅游收入超过 10 亿元,对县域经济的贡献率达到 20%,实现了普通小镇向国家 5A 级风景区的转变。[④]

旅游精准扶贫充分利用了当地丰富的生态资源,通过旅游项目的开发,带动了地区经济的增长,同时也为贫困地区提供了更多的就业,进而提高了贫困人口的收入水平,实现贫困人口的脱贫致富。

（三）经验与启示

第一,改变了过去以区域为扶贫目标的策略。传统旅游扶贫模式,更加关注整个贫困地区是否适合发展旅游业,以及旅游业对当地的经济带

① 《太行山头产业革命野三坡实现 5A 梦想》,中国日报中文网,http://www.china daily.com.cn/dfpd/hb/2014-06/27/content _17620674.htm,2014-06-27。

② 《上半年野三坡接待游客 110 万》,凤凰网,http://news.ifeng.com/a/20140710/41105083_0.shtml,2014-07-10。

③ 杨光:《河北:涞水旅游扶贫打破“久扶久贫”怪圈》,国务院扶贫开发领导小组办公室,http://www.cpad.gov.cn/art/ 2017/2/28/art_5_59827.html,2017-02-28。

④ 《河北涞水县:打造礼拜一精准扶贫新模式》,中国扶贫在线,http://f.china.com.cn/201608/13/content_ 39084427.htm,2016-8-13。

动情况是否良好，忽视了个体的受益和发展，导致部分贫困人口不但无法从旅游发展中获益，还可能要承担旅游发展带来的风险和成本，使得贫富差距进一步拉大。旅游精准扶贫政策，改变了过去以区域为扶贫对象的观念，转为以贫困人口为扶贫对象，要求将旅游业发展与家庭和个体的经济状况改善直接相连，与家庭和个体的就业促进直接相连，使得贫困人口获得实实在在的收益和发展机会，进而促进经济、社会、生态的和谐发展，旅游扶贫的效果大大提升。

第二，完善了基础设施建设，创造了就业岗位。旅游业的健康发展，需要便利的交通、完善的基础设施和良好的服务来吸引大量游客，进而获得更多的经济收入，形成旅游产业的良性循环。旅游精准扶贫政策的实施，一方面，由各级政府以及社会力量给予贫困地区一定的资金支持，贫困地区通过整合各类资金资源，极大地改善了区域内的各类资源和设施，促进了交通、水利、文化等方面设施条件的极大改善，进一步为反贫困夯实了条件与基础；另一方面，结合本地生态环境资源开发旅游产业，带动本地区农业、住宿业、餐饮业和服务业发展，各类行业的发展为贫困人口直接提供了就业岗位，使得贫困人口参与到旅游业的开发中，增加了贫困人口的收入，推动了当地经济的发展。

第三，实现了扶贫与生态资源保护的有机结合。旅游精准扶贫也是在依托各类旅游资源和条件的基础上，通过开发利用资源带动旅游业的发展，进而引导当地人口摆脱贫困。资源是旅游精准扶贫开发的前提条件，如果相应资源失去或被破坏，旅游精准扶贫也就失去了存在和发展的基础。因此，为了实现旅游精准扶贫工作的经济效益和社会效益，必须重点推进环境综合治理工程，加强对生态自然环境资源和文化资源的保护，避免对当地生态和人文环境造成不利影响，使旅游精准扶贫遵循可持续发展的原则，形成旅游扶贫产业的良性循环，保证贫困人口的可持续受益。

旅游精准扶贫充分利用了贫困地区的自然资源和消费市场优势，通过旅游业带动了整个贫困地区的发展，不仅能够帮助贫困人口脱贫致富，还改善了贫困地区的自然环境和文化环境，对实现“扶真贫，真扶贫”的目标有重要意义。但是，旅游精准扶贫模式也存在着一定的不足之处。

第一,旅游精准扶贫模式主要依托核心景区带动周边区域的发展,因而造成了距景区中心较远的地区受益程度较低,造成贫富差距加大的可能性也相应增加;第二,可持续的旅游精准扶贫模式一定程度上依靠"扶贫、扶智、扶志"的综合方式,而贫困地区人口的受教育程度较低,缺少智力投入的旅游扶贫模式,一定程度上影响了贫困人口的自我发展能力和脱贫观念,进而削弱了扶贫效益;第三,旅游产业的发展规模,一定程度上受到当地农副产品产业、文化产业的影响,部分地区仅重视旅游产业的发展而忽略了附加产业的开发,影响了贫困地区的经济效益。

三、教育扶贫模式:以湖北恩施龙凤镇为例

贫困问题表现为经济发展的落后,但教育的落后是贫困地区贫穷的根本原因。对教育扶贫的研究涉及贫困文化理论、资源要素理论、人类素质贫困理论等,旨在通过对贫困人口的教育投入和教育资助服务,提高当地人口的科学文化素质和劳动技术技能,使其具有自身发展能力,以此来促进区域经济和文化发展,并最终使当地人口摆脱贫困。[①] 实施精准扶贫政策以来,教育扶贫成为我国扶贫开发总体战略的重要组成部分,也被认为是阻断贫困代际传递的关键扶贫方式。

此部分以湖北省恩施州龙凤镇为例,介绍龙凤镇贫困的基本情况、教育精准扶贫的实施情况和效果,以及教育精准扶贫模式的经验启示。

(一)基本情况介绍

湖北省恩施州位于武陵山区,属于土家族和苗族聚集地,交通、教育、经济发展落后,社会发育程度低,人口文化素质较低,专业技能匮乏。2014年,恩施州贫困人口仍有153.7万人,约占农村人口的44.5%,贫困状况不容乐观。龙凤镇位于恩施州北郊,到2016年年底,全镇约有6.7万人,2673户人家。其中,贫困户数共659户,占到总户数的24.65%;特困户共135户,占到总数的5.05%。[②] 受到自然条件、历史因素的影响,龙凤镇发展一直落后,尤其是拥有高学历、专业技能的人较少,一定程度上阻碍了经济

① 谢君君:《教育扶贫研究述评》,《复旦教育论坛》2012年第3期,第66—71页。

② 汤惠琴:《农村精准扶贫:理论意蕴、实践路径与经验探究——以湖北省恩施州龙凤镇扶贫实践为例》,《农村经济与科技》2017年第18期,第152—153页。

的发展。因此，实施教育精准扶贫政策对扶持龙凤镇的发展极为重要。

（二）典型实践

在政策支持方面：2014 年 4 月，作为全国综合扶贫改革试点的龙凤镇，在湖北省恩施州颁布《恩施州瞄准特殊困难对象实施精准扶贫方案（试行）》后，也随即推行精准扶贫。2015 年 11 月，中央扶贫开发工作会议提出“治贫先治愚，扶贫先扶智”的口号，坚持国家教育经费要继续向贫困地区、基础教育、职业教育倾斜的措施，争取“发展教育脱贫一批”。随即，中共中央、国务院颁布《中共中央国务院关于打赢脱贫攻坚战的决定》，《决定》要求“让贫困家庭子女都能接受公平、有质量的教育”，赋予教育扶贫“阻断贫困代际传递”的使命。2015 年 12 月，湖北省颁布《湖北省教育精准扶贫行动计划》，提出“坚持‘精准扶贫，教育先行；教育扶贫，育人为本’，充分发挥教育扶贫的人才、智力、科技、信息优势”。中央政府和湖北省政府的一系列政策支持，有效地保障了龙凤镇教育精准扶贫工作的开展。

在扶贫效益方面：2012 年以来，我国用于教育的投入突破了 3 万亿元大关，近五年占国内生产总值的比重一直达到 4%。[①] 截止到 2016 年年底，龙凤镇农村常住居民人均可支配收入达到 7954 元，比 2012 年增长 90.1%，贫困人口由 24822 人减少到 6451 人，近八成农民脱贫。[②] 恩施州建立了“三大带三小”教育模式，即“大校带小校，大课连小课，大手牵小手”，并在试点区学校构建了“支教式、同体式、协作式”三种模式的学校发展共同体。通过“同步课堂”，使城区 11 所中小学与龙凤镇 12 所中小学形成了教育共同体；通过支教式模式，使支教学校派出管理干部和教师共计 100 余人次到被支教学校，被支教学校派教师到支教学校学习共计 600 余人次。[③] 同时，龙凤镇还建设了教师信息管理系统，对教师培训、管理、职称评定、福利待遇等进行精准化管理。

① 《十九大第五场记者招待会五部委介绍保障改善民生情况建起了世界最大社会保障安全网》，http://www.enshi.gov.cn/2017/1023/593589.shtml? mobile=no，2017-10-23。

② 《龙凤镇综合扶贫改革试点，试的怎样?》，恩施土家族苗族自治州人民政府网，http://www.enshi.gov.cn/2016/0608/212458.shtml，2016-06-08。

③ 《湖北恩施：“三大带三小”打造试点区共同体学校》，人民网，http://hb.people.com.cn/n2/2016/1209/c337099-29439679.html，2016-12-09。

教育精准扶贫政策的实施，一方面，有效地增加了受教育者的比例，尤其是女性受教育者比例的增加，从根本上改变了贫困人口落后的思想观念，有效地改善了人口素质，提高了贫困人口自身的发展能力；另一方面，缓解了教师质量参差不齐的矛盾，平衡了教育资源的配置，提高了学校的管理水平，有效地遏制了生源流失。同时，对贫困地区教育的投资，改善了教师待遇低、队伍不稳定的问题，减少了优秀教师的外流。总体来说，教育精准扶贫提高了贫困地区的入学率，提高了贫困人口的素质，巩固了贫困人口自身发展能力，有效地增加了社会效益。

（三）经验与启示

第一，提高教师和教学质量是关键。大力提高教师和教学质量，调动教育工作者的积极性，是教育精准扶贫的关键点之一。实施教育精准扶贫政策，一方面，要大力引进优秀师资，建立动员和支持机制，提升贫困地区师资质量，改善师资结构；同时，建立全方位、多渠道的培训模式，加大教师培训、培养力度，提高教师和教学质量；另一方面，在待遇、职称、配套支持等方面，加大对贫困地区教师的支持力度，能够吸引人来，并且能够留得住人。综合上述条件，为提高教师和教学质量打下坚实的基础。

第二，有助于改变贫困人口的思想观念。缺乏改变落后面貌的主观能动因素是地区贫困的根本原因。习近平总书记指出："摆脱贫困，其意义首先在于摆脱在头脑中意识和思路的'贫困'，强化自身发展能力。"因此，实施教育精准扶贫对改变贫困人口的思想观念至关重要。一方面，教育精准扶贫通过减轻贫困人口入学的经济压力，提高入学率，进而不断提升教育水平，向他们输入现代知识、信息和价值观念，进而提高贫困人口的文化知识水平和文化自觉意识；另一方面，为贫困劳动力提供有效可行的技能培训，提高劳动者素质，帮助其摆脱"等、靠、要"消极保守的思想桎梏，通过自身努力获得收入，进而加强贫困地区的经济建设。总体来说，通过高质量的教育帮助贫困人口掌握知识与技能，转变意识与态度，激发其自我发展的主观能动性，进而摆脱贫困。

第三，更好地实现人力资源开发。目前看来，我国贫困地区的人力资源有数量多但文化素质与思想观念较匮乏的特点。一方面，精准教育扶贫政策的实施提高了基础教育的质量与水平，改善了贫困人口的思想观念，为贫困地区的人力资源开发工作奠定了基础，决定了后续的人力资源可持续开发的效果与水平；另一方面，针对贫困地区劳动力的技能培训为贫困地区提供了相应的专业化人才，提高了劳动者的素质，是人力资源开发的重要途径。两方面的教育扶贫措施，分别从短期和长期综合提高了贫困地区人口的素质，更好地实现了贫困地区人力资源的开发。

要想彻底摆脱贫困，最根本的动力是依靠贫困群众自身的力量，改变“等、靠、要”的思维模式，通过教育精准扶贫，努力转变贫困人口的观念，激发贫困人口运用自身智力去创造财富的能力，阻断贫困的代际传递。因此，教育精准扶贫是以人为本的、脱贫致富的长效机制。但是，教育精准扶贫模式也存在着一定的局限性。第一，教育资源配置不够合理，较多地重视基础教育，忽略了对终身教育、继续教育的投入和分配；第二，教育扶贫项目的获得多依赖上级政府的转移支付，而贫困地区政府更多地关注能否获得项目，缺乏对相关项目以及实施过程的有效评估和监督手段，无法检验项目是否适合当地需要，是否能够实现最佳的资源配置效率；第三，精准教育扶贫模式要求贫困人口从被动学习转为主动学习，对贫困者学习的系统性、专业性都有了新的要求，而我国现阶段的教育体系中，针对精准扶贫的推进机制尚未形成。

四、金融精准扶贫模式

“精准扶贫”战略的实施，离不开金融这一重要手段的支持。为了促进贫困地区社会、经济等方面的持续健康发展，需进一步加强完善农村地区相关金融服务机制。2016 年 3 月 16 日，中国人民银行等七部门联合印发了《关于金融助推脱贫攻坚的实施意见》，从“准确把握金融助推脱贫攻坚工作的总体要求、精准对接脱贫攻坚多元化融资需求、大力推进贫困地区普惠金融发展、充分发挥各类金融机构助推脱贫攻坚主体作用、完善精准扶贫金融支持保障措施、持续完善脱贫攻坚金融服务工作机制”六个方面提出了实施意见。[①] 可见，我国对金融精准扶贫高度重视且全

① 中国政府网，http://www.gov.cn/xinwen/2016-03/24/content_5057078.htm，2016-03-24。

力推动实施。

目前,理论界和学术界对金融扶贫还没有一个严格的概念界定。从广义范围来看,金融扶贫旨在满足贫困地区群体的多元化金融需求,以普惠金融理论为基础,着力引导各类金融机构共同参与,制定和执行扶贫相关的宏观金融调控政策,构建公平、系统、完善的扶贫金融服务体系,帮助贫困群体实现减贫和脱贫的目标。

从狭义角度来讲,相对于以往传统的社会救助扶贫和财政扶贫而言,金融扶贫主要通过金融机构对贫困人口进行信贷金融支持,按照保本微利的原则实施创新各种金融产品,对其实行较低的优惠利率和低成本的金融服务支持,以解决其生产生活的金融服务需求,从而助力贫困人口实现脱贫。①

目前我国金融精准扶贫的帮扶力度不断加大。一方面,贷款投放量持续增加,例如,截至 2016 年年末,贫困地区(共 832 个县,含 680 个连片特困地区县、152 个非片区重点县)人民币各项贷款余额 4.15 万亿元,同比增长 18.17%,比全国平均增速高出 3.14 个百分点。② 另一方面,金融扶贫模式和金融扶贫产品不断创新,例如,中国农业银行湖南、安徽、河北、山西等分行创新推出了“光伏扶贫贷”,贵州、湖南等分行创新推出了“异地扶贫搬迁贷”。③ 通过不断推进对贫困地区的普惠金融服务,全国贫困地区贷款保持了较快增长,基础金融服务的覆盖面不断扩大,贫困人口依托金融支持进而脱贫致富的比例持续上升。

此部分以安徽金寨县、云南玉溪市、甘肃定西市为例,介绍三种金融扶贫模式,分别阐述其实施情况和效果,以及带来的经验启示。

(一)模式一:安徽省金寨县“扶贫贴息贷款模式”

精准扶贫的目标是满足穷人的一般金融需求,通过金融创新来开发适当的金融产品和金融工具,以从根本上改善他们的生活。如果单一地依靠金融信贷资助扶贫工作,很容易导致较高的财务杠杆风险,并会对贫困地区的生产和服务产生负面影响。因此,政府不仅是为了向贫困群体

① 卢施羽:《陕西农村金融扶贫发展模式研究》,西北农林科技大学 2016 年硕士学位论文。

② 《2017 中国农村贫困监测报告》,中国统计出版社 2017 年版。

③ 《2017 年农业银行三农金融服务报告》。

提供财务杠杆支持,而且是为平衡和分散杠杆风险提供途径,通过财政投入和对利息进行一定程度的补贴等宏观政策手段,统筹协调社会资本和金融机构共同参与扶贫。①

扶贫贴息贷款是普惠金融阶段最主要的金融扶贫模式,主要是由政府通过农村信用合作社、农业银行等金融机构提供的信贷服务,支持农村地区经济发展。② 此部分以安徽省金寨县为例,介绍金寨县的基本情况、扶贫贴息贷款模式的实施情况和效果,以及该扶贫模式的经验启示。

1. 基本情况介绍

安徽省金寨县位于安徽省西部地区,鄂豫皖三省交界处,是全省面积最大、山库区人口最多的县。2011 年,金寨县被确定为大别山片区扶贫攻坚重点县,当时贫困人口为 19.3 万人,贫困发生率 33.3%,是国家级首批重点贫困县。2016 年,全县完成地区生产总值 969542.9 万元,同比增长 8.1%。截止到 2016 年年底,全县贫困人口降至 6.6 万,贫困发生率为 11.2%,金寨县山区还有 3 万余户,近 8.3 万贫困人口等待脱贫致富,仍然是全国、全省脱贫攻坚的主战场。③

2. 典型实践

为充分发挥金融服务行业在脱贫攻坚工作中的“输血”和“造血”作用,提高贫困户参与产业发展的组织程度,建立完善经营主体与贫困户之间的紧密型利益联结机制,带动建档立卡贫困户增收脱贫,金寨县抓住政策机遇,积极推进金融扶贫分贷统还扶贫小额贷款工作,加快贫困户脱贫致富步伐。2012 年 9 月,安徽省政府与人民银行等金融机构协调配合,出台《金寨县农村金融综合改革实施方案》,坚持“政府主导、市场运作、多方协同、持续发展”的原则,发挥政策合力,全面实施以金融服务扶贫开发为特色的农村金融综合改革。为加大金融机构对金寨县“三农”信贷的支持力度,人民银行适度下调贫困地区法人金融机构稳健性参数,将

① 黄英君、胡国生:《金融扶贫、行为心理与区域性贫困陷阱——精准识别视角下的扶贫机制设置》,《西南民族大学学报(人文社科版)》2017 年第 2 期,第 1—10 页。

② 邢琳:《农村金融扶贫要帮到点子上》,《人民论坛》2017 年第 19 期,第 76—77 页。

③ 金寨县人民政府网站,http://www.ahjinzhai.gov.cn/4697751.html,2018-01-05。

支农再贷款、再贴现限额分别提高到 3 亿元和 2 亿元，并提高差别准备金动态调整政策的容忍度。改革以来，金寨县依托农村信用信息服务平台，发放专业合作社贷款 469 笔，金额达 1.65 亿元，农户信用贷款 3200 笔，人均贷款从 5581 元增加到 1.2 万元，增幅 115%，金额达 5400 万元，县域信贷总量新增了 46 亿元，较 3 年前增长了 2.2 倍。①

金寨县大力发展特惠金融，精准对接脱贫开发，推进信用与信贷融合，引导信贷精准投放。乡扶贫办成立乡、村及农商银行扶贫小额信贷专项工作组，安排部署全乡精准扶贫贷款工作，按照公开、公平、公正的原则和规范透明的工作机制，精选对象，精准放贷，制作各村小额信贷任务分配表，严格按照户申请、村审核、乡审查、县审批、银行放贷 5 个程序，各村及帮扶责任人根据任务及名单逐户开展小额信贷工作，形成“政府主导，银行主体，市场运作，稳步推进的工作格局”。另外，为建立风险缓释机制，提高脱贫保障能力，金寨县设立 1000 万元的扶贫贷款风险补偿基金，并且开展国家级农村保险改革创新试点，全力协助承办银行对接受贫困户投资的经营主体进行调查，收集经营主体资产负债状况、用工人数、经营规模、融资情况、带动能力和征信状况等信息，规范操作，严格程序，强化小额扶贫信贷监管，确保信贷资金安全、参与资金运转正常和贫困群众充分受益，防止出现不良贷款。②

截至 2017 年 9 月 30 日，金寨县扶贫小额信贷余额 22499.4 万元；2017 年新增贷款 21306.9 万元，完成年度任务 1.802 亿元的 118.24%；“户贷户用”13105.9 万元，占比 58.25%，“分贷统还”9393.5 万元，占比 41.75%；目前正在使用贷款的贫困户 18224 户，贫困户获贷比例达 44.77%。“户贷户用”中贷款 5000 元的有 5529 户，占比 34.8%；贷款 1 万元的有 10348 户，占比 65.2%。贫困户“户贷户用”入股光伏电站 11885 户，已实现分红 3565.5 万，户均增收 3000 元；“分贷统还”资金投

① 金寨县人民政府网站，http://www.ahjinzhai.gov.cn/SortHtml/1/Unit_51.html，2017-02-01。

② 朱雅寒、许晓春、栾敬东：《安徽大别山区金融扶贫效果研究》，《华东经济管理理》2017 年第 5 期，第 28—33 页。

资经营主体给予投资贫困户每年不低于年化收益率6%的分红，2017年2357户569.17万元分红已经全部打卡发放到位，户均增收2400元。扶贫小额信贷由县财政扶贫专项资金给予全额贴息，目前已累计贴息328.94万元。县扶贫移民局设立扶贫小额贷款风险补偿金3597万元，目前已发放的扶贫小额信贷都未到期，未产生不良贷款，未发生风险。①

3. 经验与启示

过去由于信息不对称和农村地区信用体系的不完善，加上缺少有影响力的担保人，导致即使贫困人口拥有较高的可信度也无法获得银行贷款。实施扶贫贴息贷款模式后，政府可以利用自身的信息优势，通过作为贫困人口的担保人来弥补信息不对称的问题，并且对其进行贴息扶贫贷款，从而帮助贫困人口获得金融资源。随着我国精准扶贫政策的稳步推进落实，各地先后展开为贫困人口建档立卡工作，政府逐渐掌握了有关贫困人口的大量基本信息。② 金融机构可以通过与政府之间实现信息共享，利用扶贫贴息贷款以达到更好的金融扶贫效果。③

目前，扶贫贴息贷款已经成为我国金融扶贫中最重要的一项手段，扶贫资金总额中扶贫贴息贷款占比55.9%，基本形成了以中国农业银行为贷款发放主体、按“到户贷款”和产业化扶贫龙头企业与基础设施等项目贷款两部分的扶贫贴息贷款体系。然而，金融机构的小额信贷不能与普通商业贷款相类比，因为贫困家庭教育程度低，金融知识薄弱，金融机构不仅向其提供信贷支持，还应配套提供相关专业技术培训和管理服务，以确保贫困家庭有生产和服务能力，有必要引入政府的规划职能和风险投资的专业化管理。④

以农村信用合作社、村镇银行等为主的金寨县涉农金融机构，主动与

---

① 金寨县人民政府网站，http://jinzhai.luan.gov.cn/4665281/10222911.html，2017-02-01。

② 黄英君、胡国生：《金融扶贫、行为心理与区域性贫困陷阱——精准识别视角下的扶贫机制设置》，《西南民族大学学报(人文社科版)》2017年第2期，第1—10页。

③ 郭利华、毛宁、吴本健：《多维贫困视角下金融扶贫的国际经验比较：机理、政策、实践》，华南师范大学学报(社会科学版)，2017年第4期，第26—32、189页。

④ 郭利华、毛宁、吴本健：《多维贫困视角下金融扶贫的国际经验比较：机理、政策、实践》，《华南师范大学学报(社会科学版)》2017年第4期，第26—32、189页。

贫困地区保险公司以及相关政府部门等进行金融合作扶贫,依据贫困人口的个人情况和金寨县当地实际环境,设计实施具有金寨县特点的金融扶贫途径。但是,由于山区独特的地理特征,山区金融扶贫不仅涉及贫困人口、金融机构信贷风险补偿,还涉及山区基础设施建设维护费用等,导致金融扶贫资金投入压力增大,单纯依靠政府补贴和涉农金融机构自身资金来源无力支撑,社会需要共同承担山区扶贫脱贫责任。①

贫困地区农村金融机构要加强对贫困群体的密切跟踪,及时掌握扶贫形势政策,要进一步扩大对扶贫贴息贷款的支持力度,适当扩大扶贫贷款规模。同时,加大基础设施建设力度,信贷扶贫资金适度向贫困群体资产建设方向倾斜,确保贫困地区居民生活。此外,地方农村金融机构需要进一步加强与地方政府部门的合作交流,定期召开小范围座谈会进行信息沟通,确保扶贫资金安全、有效、准确利用。

(二)模式二:云南玉溪"互助资金扶贫模式"

2006 年起,中央开始安排专项扶贫资金开展农村贫困互助试点,这是国家财政资金扶贫方式的新探索。贫困村互助资金是指在贫困村建立的为民所有、为民所用、为民所管、为民所享、滚动发展的周转使用资金,引导贫困村内农户以入股方式投入自有资金,主要由村民入社交纳的互助金、财政投入扶贫资金以及社会捐赠资金等部分组成。② 扶贫资金互助社组织成员学习生产技术、分享市场信息,在村干部或者有能力的人的引领下,互助资金扶贫模式能够更精准瞄准贫困人口,向有一定生产能力和信誉的贫困户提供小额资金,助其减贫脱贫。互助资金的重点在扶贫,关键在互助,方向在合作。

为规范发展贫困村互助金,国务院扶贫办联合财政部出台了《关于进一步做好贫困村互助资金试点工作的指导意见》(国开办发[2009]103号)、《关于做好 2011 年贫困村互助资金试点工作的通知》(国开办发

① 蔡尚:《对贫困山区金融精准扶贫的调查与思考:安徽省以金寨县为例》,《金融经济》2017 年第 16 期,第 140—142 页。

② 财政部农业司扶贫处:《巩固成果强化管理稳步推进互助资金试点工作》,《农村财政与财务》2012 年第 9 期,第 7—8 页。

[2011]71 号),制定和颁布了《贫困村互助资金操作指南》,建立了互助资金联系人制度、绩效考评办法,在全国范围内推广使用互助资金管理软件,对互助社相关数据进行实时监测,每半年发布监测报告。

据不完全统计,2012—2014 年,各级财政累计安排扶贫贷款贴息资金 103 亿元,引导发放扶贫贷款近 2375 亿元。截至 2014 年年底,全国 1161 个县、1.99 万个村开展了贫困村互助资金试点,资金总规模累计 51.89 亿元。其中,中央和省级财政扶贫资金合计为 38.94 亿元,来自农户 7.97 亿元;入社农户 173.95 万人,其中贫困户占 40%;累计发放借款 114.79 亿元,其中贫困户占 62.1%;累计逾期金额 1.57 亿元,借款逾期率 1.4%,损失金额 0.14 亿元。2014 年全国安排扶贫贴息资金近 50 亿元,发放扶贫小额信贷接近 1000 亿元,较 2013 年的到户贷款 466 亿元实现了翻番,有力地促进了贫困地区产业发展和建档立卡贫困农户增收。①

1. 基本情况介绍

玉溪市位于滇中腹地,是第一批国家农业可持续发展试验示范区。2016 年,玉溪市地区生产总值为 1311.9 亿元,财政总收入为 462 亿元,一、二、三产业对经济增长的贡献率分别为 8.2%、32.1% 和 59.7%;城镇化率为 48.9%。全市人均 GDP 达到 52812 元,城镇常住居民人均可支配收入为 29631 元,农村常住居民人均可支配收入为 10977 元。②

2017 年,玉溪市共投入中央、省、市、县专项扶贫资金 4.07 亿元,其中市、县、区专项扶贫资金 2.46 亿元。实施易地扶贫搬迁、整乡推进、整村推进、产业发展、革命老区等项目 834 个,发放到户贷款 40893.8 万元,贴息 693 万元。通过贫困对象动态管理工作,全市有建档立卡的贫困人口 26708 户 95297 人,比 2013 年建档立卡的贫困人口 34630 户 121110 人减少 7922 户 25813 人。其中未脱贫人口 15389 户 53356 人,贫困发生率为 2.9%,是全省唯一贫困发生率低于 3%的州市。2016—2017 年,中央、

① 《2017 中国农村贫困监测报告》,中国统计出版社 2017 年版。

② 云南省统计局网站,http://www.stats.yn.gov.cn,2018-01-28。

省、市、县财政专项扶贫资金投入9.22亿元，比“十二五”期间增加46.2%，为脱贫攻坚提供了坚强有力的政策资金保障。①

2. 典型实践

为加快农村产业结构调整，增加群众收入，加快贫困群众脱贫致富，云南省玉溪市峨山县小街街道于2012年成立了扶贫资金互助社。扶贫互助资金在信誉度较高的群众，特别是贫困群众中吸纳社员，用于帮助扶持社员发展生产，增加经济收入。自扶贫资金互助社成立以来，互助社拨入财政专项资金150万元，扶贫资金互助社发展社员345户，社员入社资金5.1万元，累计发放借款356.2万元，收回248.2万元，在借108万元，未发放原始本金42万元，收取资金占用费107006元，受益农户189户362人，占总户数的39.8%。据统计，目前借款发放、本金和占用费回收情况正常，没有出现呆账、坏账的情况。②

玉溪市按照“政府+银行+资金互助社+群众”方式，扶贫资金互助社的运作模式为与联系单位挂钩，吸纳有需求的会员入股，在村党支部和村委会成立资金互助社。通过挂钩单位向其一次性投入部分运作支持资金，整合成员入股资金、政府财政扶贫资金和银行提供免息、贴息贷款等资金，以开放性、金融扶贫、社会为发展基础，设立互助发展资金，成员的借款多数用于发展养殖业和种植业。互助资金扶贫模式手续简易，操作方便，一般成员申请后三天内可以获得贷款。这种资金扶贫模式可以依据会员的实际资金需求量对其进行精准资金投放，使得贫困群体的闲散资金有了收益，并且有效地解决了贫困群体农业生产中面临的融资难、融资贵问题，促使会员的资产变为了资本。③

玉溪市政府为规范贫困村互助资金的安全有效利用，建立和完善规范化运作、资金使用、风险控制和奖惩评估四大机制，形成了层级之间相

① 玉溪市政府网站，http://www.yuxi.gov.cn/yxszfxxgk/fpxx/20171228/698993.html，2017-12-28。

② 玉溪日报网站，http://www.yxdaily.com/epaper/yxrb/html/2016/09/28/A02/A02_45.htm，2016-09-28。

③ 玉溪日报网站，http://www.yxdaily.com/epaper/yxrb/html/2016/11/23/A01/A01_77.htm，2016-11-23。

互监督、彼此制约的工作体系。在加强防控资金风险的同时，在互助资金使用方面，政策支持其最大限度地向贫困群体倾斜，并配套出台实施有关贫困村互助资金具体规范流程、管理规定和实施方案，政府职能部门一一落实相应职责。在贫困村互助资金运行早期，对于未满足要求的互助社要求进行整改退出，其中包括未按照实施方案使用资金的、贫困人口参与率低于30%的、资金借款率未超过总资金数额一半的、互助资金到位6个月后没有实现启动的，以及互助社总体不良贷款率高于10%的。高效利用贫困村互助资金，发挥互助资金在金融精准扶贫中的作用，发展壮大农村集体经济，是政府工作的重中之重。①

3. 经验与启示

互助资金扶贫模式，第一，丰富了财政扶贫模式，促进内生动力。互助资金试点建立起了以贫困农民需求为导向的资金使用及管理的决策机制，改变了以往财政扶贫资金使用方向由政府主导的运作模式，催生了贫困农民的内在发展动力，提高了扶贫资金入户率。第二，增加了农村信贷的多样性，减少了借款成本。农村金融机构存在贷款门槛高、手续繁杂、抵押担保条件多等问题，而互助资金使用范围由互助会自主决定，灵活性大，能够兼顾村级生产生活，条件简单，程序简化，效率较高，解决了部分贫困农户发展生产资金周转问题。第三，丰富了参与式扶贫的内涵，提高了资金使用效益。互助资金出自政府，归于百姓，以参与式的理念和方式进行，丰富了参与式扶贫的内涵。第四，促进了村民自治与民主管理，推进了基层民主建设。互助资金使用强调的是村民民主选举、民主决策、民主管理、民主监督，这样的管理模式大大增强了村民互助意识和民主意识，更能体现农民当家作主的主体地位，为推进基层民主建设起到了推力作用。第五，增强了互助村民的诚信意识，促进了乡风文明建设。互助资金贷款的采取3—5户联户担保方式，增强了连带责任性。② 因此，信用良好的村民容易得到担保借到互助金；信用不良的村民，则由于无人担

① 李飞：《我市创新发展扶贫互助资金助推脱贫攻坚》，《汉中日报》2017年5月26日。

② 杨云龙、王浩、何文虎：《我国金融精准扶贫模式的比较研究——基于“四元结构”理论假说》，《南方金融》2016年第11期，第73—79页。

保,无法借到互助金,即使第一次能借到资金,但如果有赖账行为,或将被赶出互助会,则永远失去参会资格。最后,转变了农村基层组织的职能,提高了执政能力。通过互助资金及项目的落实,农村基层组织的职能由管理型向服务型转变,工作重点倾斜于指导、帮助,由村民自我发展生产、脱贫致富,进一步增强了农村基层政权的执政能力。①

但是,在互助资金运作的过程中,出现了以下几点问题。第一,资金筹集问题。由于互助资金主要来源于财政扶贫资金的拨付,社会捐赠资金极少,过度依赖于财政扶贫资金,造成互助会可持续发展能力偏低。第二,资金使用问题。受资金量的制约,资金互助社不能吸纳更多的贫困户,造成互助资金一直在固定的几十户会员中流转,不能更好地发挥扶贫效果,并且资金逾期不还、闲置等问题开始显现。第三,资金监管问题。在实际操作过程中,内部监督难以有效实施,外部基层监管部门人员不足,扶贫部门缺乏具有一定财务知识和金融知识的工作人员,没有建立统一标准的贫困村互助资金试点考核制度,扶贫和财政部门没有结合监管情况,对各互助会进行绩效考核。②

(三)模式三:甘肃省定西市"产业金融扶贫模式"

产业金融扶贫模式是指在精准扶贫的基础上,向传统的单一产业扶贫模式中注入金融工具,利用金融手段支持产业扶贫,从而促进扶贫政策、财政目标、金融资源与产业的完美结合,撬动资金的杠杆效用。③ 该扶贫模式的核心问题是如何在精准扶贫的基础上,建立与完善贫困群体获得信贷资源和参加产业发展的衔接机制。目前,金融支持产业扶贫的基本做法是采用贴息担保的方式,给建档立卡的贫困户提供小额贷款,以帮助其参与发展特色产业,实现脱贫致富。"产业贷动"金融扶贫模式是由银行和

① 王辉、何频:《对安徽农民资金互助发展现状的思考——以安徽金寨为例》,《安徽行政学院学报》2017 年第 5 期,第 44—48 页。

② 中国人民银行合肥中心支行课题组刘兴亚:《农村金融综合改革试点:安徽省金寨县案例研究》,《南方金融》2015 年第 2 期,第 64—67 页。蔡尚:《对贫困山区金融精准扶贫的调查与思考:安徽省以金寨县为例》,《金融经济》2017 年第 16 期,第 140—142 页。涂思:《湖北省农村金融扶贫体系研究》,武汉大学 2017 年士学位论文。

③ 李常武:《金融支持产业扶贫的实践探索》,《金融时报》2017 年 4 月 17 日。

政府对贫困群体进行信贷资格筛选,合格的贫困群体可以通过当地特色产业的龙头企业或专业合作社,委托企业或合作社集中管理、销售,对项目盈利和脱贫带动成效进行定期综合评估。扶贫贷款投放过程中,政府主管部门、产业龙头企业、专业合作社或致富带头人,扮演了第三方担保的角色,和银行共同监控资金的使用和效益产出。①

金融支持产业扶贫模式中,以贫困地区的区域性优势产业为着力点,例如,当地的特色中药材、蔬菜、畜牧、林果、乡村旅游等;以金融政策、财税政策为主要手段,金融机构通过整合自身信贷需求和优质资金渠道,引导助力贫困地区发现市场以及创造市场;以一批发展前景良好、带动能力强、具有广阔领域覆盖面的地方特色的龙头企业为抓手,作为农业产业的龙头企业,可以结合自身多年的产业发展基础和丰富的资源与投资经营,以产业驱动带动长效扶贫机制,提高贫困群体的主动脱贫动力。通过此种模式,可以实现金融机构创造市场的功能,并且有助于当地特色产品发现市场。②

1. 基本情况介绍

定西市位于甘肃中部,通称"陇中"。曾经的定西有过辉煌,但更多的是贫穷和落后。2000 年以来,定西抢抓国家实施西部大开发战略机遇,在改善生态、加强基础设施建设的同时,大力培育地区特色优势产业,逐步走出了一条具有欠发达地区发挥比较优势的成功之路。2008 年,定西市被中央确定为全国改革开放 18 个典型地区之一。2010 年 3 月,为把定西建成扶贫开发示范区,全国重要的优质中药材药源基地和交易市场,甘肃省重要的特色农副产品加工基地,甘肃省政府出台《关于支持定西加快发展促进经济社会发展的意见》。此后,政府相继出台若干文件,大力支持定西市中药材和马铃薯等特色优势产业,把定西市列为"'两州两市'扶贫攻坚区"。2010 年 7 月,在新一轮西部大开发的战略部署中,

① 李海波:《关于创新金融扶贫模式的探讨——基于河北模式的讨论》,《农村金融研究》2017 年第 5 期,第 13—18 页。

② 杨云龙、王浩、何文虎:《我国金融精准扶贫模式的比较研究——基于"四元结构"理论假说》,《南方金融》2016 年第 11 期,第 73—79 页。

党中央、国务院将定西市列入秦巴——六盘山国家扶贫开发重点区进行扶持,提出一系列有助于定西又快又好发展的利好政策,并且取消了贫困地区市级公益性项目建设配套资金。①

2016 年,定西市实现地区生产总值 331.08 亿元,比上年增长 7%。其中,第一产业增加 78.75 亿元,增长 5%;农村居民人均纯收入 6289 元,比上年增长 8%;农村居民人均生活消费支出 6324 元,增长 18.9%;农村居民家庭恩格尔系数为 37.1%,比上年降低 2.27 个百分点。享受农村最低生活保障的居民 506066 人,共发放农村低保金 83542.66 万元;全市农村五保供养人数 14191 人,发放农村五保供养金 6681.54 万元。截至 2016 年年底,定西市尚有 46.36 万贫困人口,占全省的 18.1%,贫困发生率达 17.5%。全市贫困人口中低保、五保贫困户占比高达 53.4%,因病因残致贫占比达 21%,因学致贫人口占比达 16.1%。全市现深度贫困县 4 个,占全市县区总数的 57%;深度贫困乡镇 34 个,占全市乡镇总数 28.6%;深度贫困村 557 个,占全市行政村的 30.5%;深度贫困区域内贫困人口 31.5 万人,占全市现有贫困人口的 67.9%。②

2. 典型实践

发展产业过程中,资金是必不可少的,而金融机构支持是最有效的途径。该模式的核心问题是要准确发现致富的地方特色产业,根据贫困地区所处的特色环境、经济发展水平、劳动力结构等具体情况,大力发展优势产业和特色产业。金融扶持产业的发展,而产业的发展也反哺贫困户,帮助贫困户脱贫致富。③

如何有效解决贫困农户信贷资金的可得性,充分发挥信贷资金的驱动效应,定西金融机构实践中持续在探索。近年来,定西金融机构积极整

① 定西市人民政府网站,http://www.dingxi.gov.cn/zjdx/dxjj/A050901index_1.htm. 2018-01-30。

② 甘肃省统计局网站,http://www.gstj.gov.cn/HdApp/HdBas/HdClsContentDisp.asp? Id=12199,2018-01-30。

③ 马九杰、罗兴、吴本健:《精准化金融产业扶贫机制创新探究》,《当代农村财经》2016 年第 9 期,第 26—29、37 页。

合地方扶贫攻坚工作,采取多种方式支持贫困家庭发展生产,帮助贫困家庭稳步脱贫致富。

方式一:贫困户自主发展。依托于定西市当地资源优势产业,金融机构精确瞄准引导有能力、有自主发展意愿的贫困户向其提供专项小额信用贷款。

方式二:帮扶带动发展。一方面,政府集中使用扶贫专项贷款进行扶贫开发,积极培育发展新型农业经营主体,将贫困人口吸纳为成员,将有能力且有意愿的贫困群体发展为种养大户。另一方面,对于自身缺乏发展能力的贫困人口实施折股量化的特殊制度,利用为其提供的财政扶贫贷款资金入股农民专业合作社,使贫困人口成为股东,通过参加企业劳动服务,每年享受红利。

方式三:多元发展。企业可以与多家金融机构合作,创新金融扶贫产品。公司担保,扩大信贷效应,使农户更容易获得贷款,有效地解决了各经营主体和农户的融资瓶颈。贷款规模根据规模和发展程度合理确定,以银行信贷投资为基础,以政府农业产业政策为引领,以保险为担保,以财政担保资金为保障,贫困家庭、保险、政府和银行按比例承担相应风险,财政给予适当贴息。随着龙头企业的引导,逐渐形成了"工程紧随贫困户,贫困户追随专业合作社,合作社紧随龙头企业,龙头企业紧追市场"的"四步走"模式。①

3. 经验启示

金融支持产业扶贫模式下,实现政府财政资金与金融信贷资金相结合的扶贫机制,既能与地方政府的扶贫措施相结合,又能充分发挥金融机构的金融信息优势。利用地方龙头企业和新型农业经营主体市场渠道优势,帮助贫困人口参与高增值的产业发展渠道,促进信贷资本向产业资本转化,促进资源禀赋转化为实际的产业优势,从而增强贫困家庭的增收、

① 甘肃省人民政府网站,http://www.gansu.gov.cn/art/2018/2/15/art_35_334393.html,2018-02-15;甘肃日报,http://szb.gansudaily.com.cn/gsrb/201712/16/c29446.html,2017-12-16;郑志晓、王兆斌、吴晓迪、李雯博:《深度贫困地区有条件有能力与全国一道迈入全面小康社会——关于甘肃省定西市推进精准扶贫精准脱贫的调研与思考》,《红旗文稿》2017年第20期,第19—22页。

经营能力,提高贫困人口的收入水平,从而实现扶贫增收的目标。通过金融支持产业扶贫,可以促进金融机构为贫困人口提供服务的积极性。①

首先,通过金融支持产业扶贫发放扶贫贴息贷款,提高了贫困人口的贷款可得性,使其能够以较低的成本获得金融服务,降低贫困人口的融资成本。其次,加大扶贫资金的使用效率。通过建立贷款利息贴息和贷款风险补偿基金,金融支持产业扶贫由传统财政专项资金扶贫转向金融机构对其进行资金支持。金融机构可以有效地撬动扶贫开发资金的杠杆效用,使金融资本代替财政资金支持贫困地区产业发展。最后,优化社会信用环境。通过大力推进金融支持产业扶贫,贫困群体信用评级范围不断扩大,农村信用体系得到完善。②

但在实际操作过程中,存在以下问题。一方面,金融机构参与产业扶贫的积极性不大,没有创新的金融产品满足精准扶贫的需要。政策上缺乏对产业扶贫的引导和激励,现实中只有农村信用社的少量产业扶贫信贷支持,而其他金融机构的支持力度、支持方式较为有限。另一方面,贫困群体通过这种模式将信贷资金引入了扶贫产业,收入获得提高,但该模式是否具有可持续发展的前景,以及能否真正改善贫困群体自身的脱贫能力,还需要进一步实践观察。③

五、国外金融扶贫经验以及对我国的启示

世界各国的农村经济发展程度与金融支持减贫政策因各国国情不同而存在差异,各国通过多元化减贫脱贫的实践,促进了各国经济平稳发展,在深化农村金融体制改革上积累了大量经验。本部分主要归纳总结具有代表性的国家的实践经验,为中国的扶贫机制设计提供借鉴参考。目前国际上存在几种较为公认的小额信贷模式,包括孟加拉的格莱珉乡

① 马九杰、罗兴、吴本健:《精准化金融产业扶贫机制创新探究》,《当代农村财经》2016 年第 9 期,第 26—29、37 页。

② 彭雅婷:《我国连片特困地区金融扶贫研究》,湖南农业大学 2016 年硕士学位论文。

③ 郑志晓、王兆斌、吴晓迪、李雯博:《深度贫困地区有条件有能力与全国一道迈入全面小康社会——关于甘肃省定西市推进精准扶贫精准脱贫的调研与思考》,《红旗文稿》2017 年第 20 期,第 19—22 页。

村银行、印度尼西亚的人民银行小额信贷体系和欧美社区银行等。

（一）国外金融扶贫经验

1. 模式一：孟加拉格莱珉银行的小额信贷

孟加拉国是全世界人口密度最高的人口大国及世界最不发达国家之一，经济发展水平较低，国民经济主要依靠农业，2016 年国内生产总值为 2214 亿美元，人均国内生产总值为 1466 美元。[①] 全国约有 1.6 亿人口，其中大约 80%的人口居住在农村，一半以上的农民生活水平处于贫困线以下。[②]

目前，小额信贷是帮助世界贫困人口的重要手段之一。自 20 世纪 70 年代以来，国际小额信贷业务发展迅猛，其中以格莱珉银行最为典型。[③] 孟加拉格莱珉银行创建于 1983 年，是世界上第一个专门为贫困人口提供贷款的银行，不需要借款人的任何抵押品，并建立了基于问责制、相互信任、创造和参与其中的银行体系，扭转了传统的银行业务惯例。在格莱珉银行，信贷是消除贫困的一种具有成本效益的武器，并且是促进穷人社会经济条件发展的催化剂。因为穷人的社会经济状况不佳，因此格莱珉银行的创始人穆罕默德·尤努斯及其董事总经理推断说，如果可以根据合理和适当的条款向穷人提供财务资源，"这些数百万的农民们拥有数百万的小追求，加起来可以创造最大的发展奇迹。"[④]经过 30 余年的发展，格莱珉银行的经营运作模式逐渐走向成熟，世界银行、国际食品研究政策研究所（IFPRI）和孟加拉发展研究所（BIDS）等外部机构进行的许多独立研究都记录了格莱珉银行对贫穷的借款人的积极影响。

格莱珉银行将需要救助的穷人作为其目标群体，利用社会压力和连

① 中华人民共和国外交部网站，http://www.fmprc.gov.cn/web/gjhdq_676201/gj_ 676203/yz_676205/1206_676764/1206-x0_676766/，2018-02-01。

② 中华人民共和国外交部网站，http://www.fmprc.gov.cn/web/gjhdq_676201/gj_ 676203/yz_676205/1206_676764/1206-x0_676766/，2018-02-01。

③ 郭利华、毛宁、吴本健：《多维贫困视角下金融扶贫的国际经验比较：机理、政策、实践》，《华南师范大学学报（社会科学版）》2017 年第 4 期，第 26—32、189 页。

④ 周孟亮、彭雅婷：《我国金融扶贫的理论与对策——基于普惠金融视角》，《改革与战略》2015 年第 12 期，第 40—44 页。

带责任作为内部运营机制,主要面向农村手工业者或者具有一定特殊技能的农户。到目前为止,其客户 95%以上是极度贫困的女性借款者,格莱珉银行已经发展成为世界上效益最好、运作最成功、规模最大的小额贷款机构。运营成功的关键是其拥有一套完善、独特的组织架构,为目标群体提供短期小额贷款,整贷零还。① 格莱珉银行由其客户群体组成管理组织,五个人组成一个联保小组,互相监督、代替担保,按其贷款额度的一定比例收取强制储蓄金和小组基金作为风险基金,形成完善的内部约束机制,无须外部的抵押担保人。同时实施小组会议和中心会议制度,检查项目落实情况和资金是否具有流动性、安全性,办理存款、贷款和还款等业务以及交流盈利致富渠道,促进贷款者的经营和发展能力。格莱珉银行实施与实际结合的还款机制,建立了一套完善的动态激励和约束机制以保障可持续经营。另外,在业务运营上重视储蓄业务,鼓励贫困群体开立养老金储蓄账户、贷款保险储蓄账户和其他形式的储蓄账户,提倡贫困群体进行小额存款业务,从而可以在贫困群体需要资金时或发展其他业务时起到应急作用。② 截止到 2017 年 10 月,孟加拉格莱珉银行自成立以来,累计支付金额 22775. 58 万美元,贷款偿还率为 99. 12%,累计发放微型企业贷款 10137522 美元,存款余额 2392. 59 万美元,共有 8918801 名会员,成立了 1377849 个小组、141019 个中心,服务覆盖了 81399 个村庄,总计 2568 个分支机构。③

孟加拉格莱珉银行的理念对我国具有重要借鉴意义。就我国的情况而言,农村经济和金融体制的落后是我国经济发展中最大的问题,相对滞后的农村金融体系,无法有效地配置金融资源,没有有效的融资方式渠道。如何积极完善农村地区的金融信贷体系,有效保障有借款需求的农民顺利取得贷款,促进农村经济发展,需要深入思考格莱珉银行运营成功

① 卢施羽:《陕西农村金融扶贫发展模式研究》,西北农林科技大学 2016 年硕士学位论文。

② 袁玥:《我国政府金融扶贫模式创新研究》,东北师范大学 2012 年硕士学位论文。

③ 格莱珉银行网站,http://www.grameen-info.org,2018-02-01。

的经验。①

2. 模式二:印度尼西亚人民银行

印度尼西亚人民银行(Bank Rakyat Indonesia),BRI 成立于 1895 年,是印尼五大国有银行之一,负责为农村地区的群众提供小额信贷业务,被公认为世界上最成功的乡村银行之一。印尼人民银行不仅向印尼大量贫困人口提供可持续信贷支持,同时主要开展商业银行、零售银行、投资银行和农村小额信贷四个方面的业务,为了更好地向农村地区的居民提供便捷服务,专门设立小额信贷部。②

印尼人民银行金融扶贫实践的主要特点如下。第一,较好地解决了信息不对称问题,印尼人民银行在农村和乡镇中心设立大概覆盖 16—18 个村庄的村镇银行,村镇银行对各村情况有一定了解并为其制定合适的贷款计划。第二,实行较高的贷款利率。由于贷款群体有较高的违约风险,印尼人民银行为了应对可能存在的贷款损失风险、通货膨胀以及支付银行自身的运营成本,故实行了较高的贷款利率,这是印尼人民银行得以可持续运营的基本保障。第三,贷款对象定位合理,贷款手续操作便利。印尼人民银行将贷款目标的范围划定在潜在的农村中低收入人群、拥有合格信贷条件的小企业主和每年约 1 万美元营业收入的小型家庭作坊,只为个人发放小额贷款,实行操作简易的贷款业务程序,没有烦琐的贷款手续。具体流程包括借款者提交贷款申请、村镇银行工作人员现场调查、贷款审批和发放贷款等。第四,最大限度地维护借款人的权益。印尼中央银行要求银行应以书面形式向客户提供有关其所有产品的完整清晰的信息,并要求各分行设立专门部门处理和解决客户投诉,所有投诉都必须在 20 个工作日内解决完成。③

印尼人民银行完全遵循商业化的运营原则,在开展小额信贷业务过程中,充分发挥了村银行的各种资源效用,从而使得小额信贷业务实现了商

① 易宪容:《贷款也是一种生存权》,《上海金融报》2006 年 10 月 17 日。

② 周孟亮、彭雅婷:《我国连片特困地区金融扶贫体系构建研究》,《当代经济管理》2015 年第 4 期,第 85—90 页。

③ 彭雅婷:《我国连片特困地区金融扶贫研究》,湖南农业大学 2016 年硕士学位论文。

业可持续性。在印尼人民银行的小额信贷业务中,从产品到组织管理和支持保障等环节,均根据印尼自身国情对其业务进行全面系统的设计,实现了印尼人民银行的业务可持续经营,扩大了经济效益,推动社会经济发展。

3. 模式三:欧美社区银行

欧美社区银行起源于美国,立足不同社区的实际情况为个体提供各种所需的贷款服务,主要为当地居民家庭和中小企业提供具有异质性的金融服务,由于其抛弃了烦琐的贷款手续,操作简单,近年来在欧美迅速发展壮大。[①] 截至 2015 年年末,美国社区银行共计 7000 余家,占银行机构总数的 95.2%,在美国各地拥有 24000 多个营业网点,近 30 万名员工,超过 1.2 万亿美元资产,资产总额占银行业总资产的 10.2%,贷款金额 8740 亿美元,占银行业总贷款的 11.2%。[②]

社区银行是以社区为依托建立的小型银行,专注于为有限特定区域内的客户提供金融服务,主要从事存款、贷款和结算等传统银行业务,资金来源主要为核心存款。社区银行的贷款对象有其自身的局限性,以难以通过传统手段从正规金融机构和中小企业取得信贷支持的群体为主。由于社区银行以社区服务为目标,相对于其他商业银行,社区银行的整体资产规模较小、运营机制较为灵活。社区银行解决了大银行与小企业、社区居民之间信息不对称的难题,更易于解决贷款中的委托代理问题,很大程度上降低了放贷过程中由于信息不对称所造成的坏账风险,运营风险较低。[③]

分析欧美社区银行的成功经验,主要包括以下三个方面。首先,社区银行以社区为基础,与当地居民和企业密切相关,拥有强有力的群众基础。社区银行主要满足社区客户的需求,其借款者主要是社区内难以从大型金融机构取得贷款的中小企业和居民,因此具有较强地缘优势。社区成员作为银行主要员工,可以有效地缓解由于信息不对称造成的信用

① *ICBA Report:Community Banking Facts*,www.icba.org,2018 年。

② 中国工商银行网站,www.icba.org,2018-01-30。

③ 田莹莹、王宁:《小额信贷的国际经验对中国农村金融扶贫的启示》,《世界农业》2014 年第 8 期,第 54—58 页;郭威:《小额信贷的国际经验对我国农村金融扶贫的启示》,《农业经济》2017 年第 5 期,第 91—93 页。

违约风险。其次,欧美社区银行资金主要来自于当地居民的利息收入和存款。社区银行的资金主要用于社区内部居民和中小企业,严格限制资金外流。社区银行在社区中立足,与当地居民和企业紧密相连,受到当地居民的欢迎。最后,政府对社区银行的发展创造有利环境。在法律上,美国为鼓励社区开展金融活动、更好地满足社区居民的需要,政府制定《社区再投资法》和《格拉斯—斯蒂格尔法案》,大力支持欧美社区银行积极依据自身实际情况,推出不同形式的金融融资产品。①

（二）我国金融扶贫存在的问题

综合来看,我国尚未建立起与金融扶贫的特点、任务和目标相适应的、系统的金融支持体系。在扶贫开发过程中,要因时而变,及时改变财政扶贫思路,亟待建立一套科学的、全面的、系统的扶贫绩效评估体系,依据扶贫情况的变化而相应完善。

第一,如何处理政府与市场的关系。在农村金融扶贫体系中,政府和市场的作用是相辅相成的。政府主要发挥引导与协调的作用,市场主要调控金融资源配置。如果完全由市场配置金融资源,由于资金具有安全性、流动性与盈利性的特点,最终导致农村地区资金外流,因而面向市场的小额信贷并没有达到为贫困群体消除贫困、增加收入的效果,并且在一定程度上会增加其破产风险。那么,政府干预农民的小额信贷,为贫困人口提供信贷支持,这样是否可以避免贫困人口的信贷危机？同时,金融机构可以因拖欠款而减少农民贷款的供应,农民不能从正规的金融机构获得贷款并转向高利贷,这使得信贷市场的贷款利率上升。不同层级的政府根据扶贫工作的要求有不同的具体职能,小额信贷不是减少贫困的万能药,小额信贷只能在某些情况下发挥作用。②

第二,金融机构缺乏全局意识。大多数金融机构往往只关注扶贫工

① 何梅:《美国社区银行的经营特点及对我国的启示》,《西南金融》2013 年第 1 期,第 42—44 页;郭磊:《美国社区银行模式对中国村镇银行发展的启示》,《世界农业》2013 年第 12 期,第 55—57、202 页。

② 强国令、闫杰:《基于农村视阈下的普惠金融扶贫的理论探讨与思考》,《技术经济与管理研究》2018 年第 1 期,第 118—121 页。

作中地方资金的需求，而忽视项目需求、人才需求和市场需求等方面。财政扶贫、产品创新和扶持服务等扶贫优惠政策主要集中在贫困户自身，农户、龙头企业和合作扶持政策不多，其他与提高农民生活水平密切相关的优惠政策相对较少。[①] 此外，我国独特的金融监管体系缺乏对贫困地区实际情况的了解，对其实行统一的严格准入机制，严重限制了贫困地区金融业务的发展和创新。[②]

第三，金融机构尚未形成清晰的机制体系。作为一项重要的专项工作，目前金融扶贫还没有形成完整、清晰、准确、科学的机制体系，特别是针对如何满足扶贫的现实需求，还需要对金融从业人员和金融监管机制进行长期的探索和研究。从目前的金融监管框架来看，金融、信贷和产业政策难以融合，货币政策制定机构与微观金融监管机构的分离使得难以在决策和具体指导层面上充分达成共识，无序竞争和资金浪费问题依然突出；政府、银行与贫困户之间难以实现深度发现对接扶贫，无法形成准确、有效、长期的综合服务机制。从金融机构的运营实践来看，由于扶贫开发贷款长期实行低利率，导致高违约率等风险大于其他类型的贷款，金融机构较为谨慎地进行扶贫贷款投放，贫困群体贷款难的问题没有明显得到解决。政府激励机制对完成扶贫任务目标缺乏内生动力，导致金融机构自身缺乏有效激励，只为了完成监督扶贫的任务。根据部分地区的情况，部分金融机构制订了金融扶贫工作计划和方案，但可操作性和目标性不足，要建立健全、可持续、科学、准确的扶贫机制体系，还需要政府和金融机构共同探讨。[③]

第四，金融扶贫协调机制构建难。由于金融扶贫涉及中央和地方政府、金融机构、监管机构、担保公司、龙头企业和贫困人口等多个领域，因

① 李海波：《关于创新金融扶贫模式的探讨——基于河北模式的讨论》，《农村金融研究》2017 年第 5 期，第 13—18 页。

② 唐阳孝、罗新星、唐启亮、杨春燕：《金融扶贫机制创新的实践与探索——以四川省达州市金融扶贫为例》，《农村金融研究》2017 年第 7 期，第 57—61 页。

③ 唐阳孝、罗新星、唐启亮、杨春燕：《金融扶贫机制创新的实践与探索——以四川省达州市金融扶贫为例》，《农村金融研究》2017 年第 7 期，第 57—61 页；陈万和：《金融扶贫进入“深水区”后面临的问题与对策——以十堰市为例》，《武汉金融》2017 年第 3 期，第 79—80 页。

此金融扶贫是汇集各方力量的重大工程。从资金投入的角度来看，解决贫困人群等基本生活条件的“救济”痕迹较为明显。从政府角度看，目前扶贫资金主要以财政性扶贫资金为主，无法利用资金杠杆作用，投资效率不高，其扶贫效果受到一定程度的限制。从银行、政府与担保公司合作的情况来看，保险机构为穷人开展创新小额贷款保险的意愿不强，贫困户的负担能力相对较低，一些贫困县政府与金融机构就如何分配实施扶贫贷款风险补偿资金的比例问题未能达成一致意见，导致部分地区小额扶贫贷款未能发挥有效作用。①

（三）金融扶贫模式创新的对策与建议

第一，明确政府和市场在金融扶贫中的职能。在金融扶贫这一多元体系中，政府起着统领全局的重要作用，应充分发挥其宏观职能，积极发挥资金财务杠杆的作用，建立一个功能齐全、完善、科学的金融缓冲机制，可以纵向连接政府与贫困人口，横向整合金融机构的资金来源。一方面，各级政府要注重纵向联系功能，准确识别财政扶贫目标，将政府对贫困人口的财政补助进行分类管理和评估。另一方面，横向金融机构的联系和协助也非常重要，通过整合横向财力资源，可以弥补贫困地区财政供应不足的困境。各地区政府要充分发挥地方财政的支持作用，制定协调扶贫相关部门的意见规划，与金融扶贫的资金、政策相匹配，创造良好的政策环境，降低金融机构的经营成本。②

第二，加强贫困人口自我脱贫能力。金融扶贫模式由“输血型”向“造血型”模式转变，最终环节集中在贫困人口自身能力上。要提高贫困群体主动减贫脱贫能力，一方面可以为贫困群体建立个人发展账户，通过小额信贷手段对其进行资产建设，将对贫困地区投入的财政资金转化为个人发展账户中的存款，账户持有人通过自己的努力经营产生稳定资金

---

① 唐阳孝、罗新星、唐启亮、杨春燕：《金融扶贫机制创新的实践与探索——以四川省达州市金融扶贫为例》，《农村金融研究》2017 年第 7 期，第 57—61 页。

② 黄英君、胡国生：《金融扶贫、行为心理与区域性贫困陷阱——精准识别视角下的扶贫机制设置》，《西南民族大学学报（人文社科版）》2017 年第 2 期，第 1—10 页；强国令、闫杰：《基于农村视阈下的普惠金融扶贫的理论探讨与思考》，《技术经济与管理研究》2018 年第 1 期，第 118—121 页；陈建华：《环京津贫困带金融扶贫模式》，《中国金融》2017 年第 5 期，第 71—73 页。

流，从根本上解决贫困问题[①]；另一方面，政府要加强在贫困地区的金融知识宣传力度，派遣专业人员对其进行定点帮扶，开设技能培训讲座，增强贫困群体实现自我发展的能力，提高贫困人口的金融素养，实现财政金融扶贫制度的可持续发展[②]。

第三，提升金融机构的扶贫能力。首先，应健全利息补贴机制。除传统针对农户的扶贫贴息贷款外，政府还应提高龙头企业和农民专业合作社的补贴水平，按照人民银行同期基准利率给予贴息，加大对其的优惠力度，适当延长贴息期限。其次，要重视完善金融机构的农业贷款风险补偿机制，政府应出台有关政策，专门对各类金融机构进行风险补偿，要求其遵守专款专用、超支不补、结余留存的原则，增强货币政策的准确性和针对性，弥补金融机构坏账风险，达到有效缓解金融机构的扶贫成本的问题。最后，完善农业保险制度，建立长效保障机制。鉴于农业保险的低收益和高风险，在国家和地方财政政策性补贴的基础上，政府应明确其工作范围、原则和保费补贴方法，对城乡财政资金进行补贴，探索农业再保险，通过建立再保险公司完善农业保险市场。[③]

第四，建立全方位的金融支持扶贫体系。为了长期可持续地向贫困地区提供金融服务供给，贫困地区的基础设施和公共服务建设需要不断加强完善。首先，构建完善的农村信用体系和信息共享制度。长期以来，农业现代化和农民收入的增加受到融资制约，要加强完善农户信贷渠道和机制建设，把金融资源推向农村，特别是满足农民生产性资金的需求，农村信用体系建设是金融扶贫的出发点和有效切入点。目前，可以从两个方面进行改善：一是要注意培养农户信用意识，提高农民参与评价的积极性和现代金融服务能力；二是加强农户信用载体建设，加大对银行进行

---

① 张萍、栗金亚：《资产建设理论视阈下农村贫困救助政策的启示》，《经济与管理》2012年第9期，第26—28、48页。

② 冯彦明：《金融扶贫的“石柱模式”》，《中国金融》2017年第5期，第76—78页。

③ 李海波：《关于创新金融扶贫模式的探讨——基于河北模式的讨论》，《农村金融研究》2017年第5期，第13—18页；卢施羽：《陕西农村金融扶贫发展模式研究》，西北农林科技大学2016年硕士学位论文；张雅博、王伟：《农村金融扶贫问题研究综述与展望》，《金融发展研究》2016年第11期，第37—43页；陈建华：《环京津贫困带金融扶贫模式》，《中国金融》2017年第5期，第71—73页。

金融扶贫的支持力度，搭建农民信用报告平台，深入推进农村金融市场建设。其次，建立科学、准确的金融扶贫效果评价体系。农民收入的持续快速增长，可以提高农民的信贷水平，产生农民信贷的激励效应，增强与银行之间的议价能力，吸引更多的优质资金用于自身的生产经营。[①]

6.3.3　我国精准扶贫模式评价分析

一、精准扶贫模式实施效果分析

新中国成立以来，我国一直致力于解决贫困问题，并且取得了举世瞩目的成就。传统的粗放式扶贫模式对我国减贫问题起到了一定的作用，但是，“大水漫灌”的传统扶贫模式，使得扶贫政策在实施过程出现于政策相偏离或失控的问题，让扶贫流于形式，浪费了大量人力、物力、财力。为了解决扶贫工作中的盲点，如扶贫资金、资源无法准确到户等问题，我国开始实施精准扶贫政策。

考虑到不同贫困地区的贫困状况、贫困原因不尽相同，精准扶贫政策通过“精确识别、精确帮扶、精确管理以及精确考核”四个步骤，有效地将贫困人口识别出来，对其致贫原因进行分析并制订帮扶计划，集中力量予以扶持，同时，对扶贫对象进行全方位的监测和考核，实施动态管理以保证扶贫工作的精确和有效。精准扶贫政策作为新时期重要的战略性措施，兼顾公平与效率两方面因素，帮助贫困对象提高了自身发展能力，发展了贫困地区的经济，防止了贫富差距的过分扩大，对于我国实现脱贫致富的目标、全面建成小康社会有积极的意义。

从 2013 年精准扶贫政策实施以来，我国农村累计脱贫 5564 万人，每年减少的贫困人口数超过 1000 万人，从 2012 年年底到 2016 年年底，贫困发生率从 10. 2%下降到 4. 5%。[②] 另外，据统计，2013 年，中国极端贫困

① 郭利华、毛宁、吴本健:《多维贫困视角下金融扶贫的国际经验比较:机理、政策、实践》,《华南师范大学学报(社会科学版)》2017 年第 4 期,第 26—32、189 页;郭威:《小额信贷的国际经验对我国农村金融扶贫的启示》,《农业经济》2017 年第 5 期,第 91—93 页。

② 《中国贫困发生率 5 年下降一半多 5564 万人稳定脱贫》,中新经纬,http://www.chinanews.com/jingwei /09-29/ 89270.shtml,2017-09-29。

人口的人数大约是1.4亿,世界银行报告中指出,经过精准扶贫政策的实施,按照购买力平价计算每人每天1.9美元的国际贫困标准,预计2018年中国的极端贫困率将降至1%以下。[①] 我国在反贫困问题上取得了巨大成就,提前五年实现了极端贫困人口减半的发展目标。

二、精准扶贫模式现存问题分析

(一)精准扶贫模式之间的对比分析

集中连片贫困地区的特点是贫困面积较大、贫困人口数量较多、贫困程度较深,实施连片扶贫模式,有助于贫困地区进行差异化扶贫以及贫困区域的协同发展。但是,集中连片扶贫模式也存在着一定的缺点:第一,连片贫困地区贫困原因复杂,而贫困的识别指标有限,难以反映不同贫困人口的差异,导致扶贫对象选择不准确;第二,由于贫困面积大、贫困原因各异,导致连片贫困地区的产业扶贫针对性不强;第三,连片贫困地区的部门间协作能力较差、资源配置效率较低,难以形成精准的扶贫合力,因此,需要更加有针对性的产业扶贫模式与之配合。

旅游精准扶贫模式的优点是,以贫困地区的生态和文化资源为基础,进行有针对性的产业扶贫,将精准到区域的扶贫目标转变为精准到个人的扶贫目标,解决了集中连片扶贫模式针对性不强、资源配置效率低的问题。旅游扶贫模式的缺点是,由于传统生产方式和情感因素的影响,使得贫困人口对于特定的产业扶贫模式接受程度不同,很难做到全员参与;部分贫困地区仅重视旅游产业的发展,忽略了附加产业的开发,无法充分带动商业价值的提升;旅游扶贫模式更多的依靠外部动力驱动脱贫,内生动力较差,影响了扶贫的可持续性。因此,需要一定的教育精准扶贫配合,来培养其自我发展能力和改变脱贫观念。

教育精准扶贫模式的优点是,通过智力投资提高贫困人口素质和人力资本质量,激发其自我发展的主观能动性,阻断贫困的代际传递,从根本上解决了贫困问题。教育精准扶贫模式的缺点是,教育作用的发挥需

---

① 《世界银行报告:中国在经济快速增长和减贫方面成就巨大》,央广网,https://baijiahao.baidu.com/s? id=1593638810199368578&wfr=spider&for=pc,2018-02-28。

要较长的周期，培养出来的人才不一定能够满足当时就业市场的需要；对于部分贫困面积大、贫困程度深的地区，教育扶贫的成本较高；我国现阶段的教育扶贫体系中针对精准扶贫的推进机制不够完善。因此，需要地方政府将教育扶贫融入地方发展规划，配合其他扶贫模式，形成内外合力，协同解决贫困问题。

金融精准扶贫下，在以政府为主导的模式中，由于有政府的支持，导向作用较强，可调动较多社会资源，扶贫覆盖范围较广，但如果单独依靠政府进行金融精准扶贫，可能会导致金融资源低效配置，持续性较差。在以金融机构为主导的模式中，通过调动较多的金融资源，该模式的可持续性相对较强，但在扶贫时金融机构兼顾盈利性目的。金融支持产业扶贫模式能解决生存与发展的问题，可降低信贷与信用风险，具有较强的操作性，不足之处是当地需要有特色或者具有可扶持的产业，并且需要银政企进行有效对接。

（二）精准扶贫模式与粗放式扶贫模式对比分析

过去 30 多年，传统的粗放式扶贫模式解决了我国大规模的区域性贫困问题，为我国扶贫工作做出了突出的贡献。但是，随着我国整体贫困面的减小，扶贫难度加大，粗放式扶贫模式越来越不适合我国现阶段的发展。精准扶贫模式是针对贫困个体的、综合性的扶贫措施，目的在于从根本上清除导致贫困的原因和障碍，实现可持续脱贫。不同的精准扶贫模式有着自身的优点，本部分将几种典型的精准扶贫模式与粗放式扶贫模式进行对比分析，阐述典型精准扶贫模式相对于粗放式扶贫模式的优越性，如表 6-5 所示。

表 6-5　四种典型精准扶贫模式与粗放式扶贫模式的对比

	扶贫特点	扶贫方式	扶贫内容	与粗放式扶贫的比较
集中连片精准扶贫	适用于贫困状况集中、贫困原因复杂、贫困程度较深和反贫困艰难的贫困地区	集中资金，对贫困片区进行综合性精准扶贫	通过对连片地区进行差异化的产业化投资，进而促进区域协同发展，帮助贫困人口增收	粗放式的连片扶贫模式，缺乏对贫困地区制定因地制宜的政策和进行差异化的投资，部分贫困地区无法充分利用并发展自身的资源优势，导致贫困人口增收效果差，贫困地区经济发展缓慢

续表

	扶贫特点	扶贫方式	扶贫内容	与粗放式扶贫的比较
旅游精准扶贫	适用于工业匮乏,但自然生态资源丰富的贫困地区	开发贫困地区的旅游资源、交通、基础设施,发展附加产业	通过对贫困地区进行旅游业投资和开发,完善基础设施建设和相关服务,带动和促进周边村镇和相关产业的发展,实现扶贫与生态、文化资源保护的有机结合,保障旅游业的健康发展	粗放式的旅游扶贫模式更多的是针对旅游、生态资源的开发,缺乏对交通、基础设施和相关服务行业的开发建设,影响了旅游的人数和景区收入,而贫困人口为了增收,进一步加大对旅游资源的开发,一定程度上破坏了生态环境,使扶贫陷入恶性循环
教育精准扶贫	适用于人口文化素质较低、人力资源匮乏、教育发展落后的贫困地区	对贫困地区和人口投入教育扶助资金和提供教育资助服务,阻断贫困代际传递	通过教育教学提高贫困人口科学文化素质和劳动技能,增加贫困地区人力资本	粗放式的教育扶贫没有考虑贫困地区的文化环境、经济环境以及贫困客体的实际需求,造成了部分地区资源浪费、教育成本增加、培养的人才不能满足经济发展的需求的情况,影响贫困地区的发展,甚至部分地区可能产生教育致贫的现象
金融精准扶贫	适用于有劳动能力、有融资需求但缺乏资金的贫困群体	对贫困地区有资金需求的群体提供资金支持,促进贫困群体收益增长、贫困地区经济发展	通过对贫困地区实施扶贫贴息贷款、建立扶贫互助资金、金融支持产业等模式,向贫困地区进行资金投入和金融支持	粗放式的金融扶贫更偏于政策性金融,主要目标不是盈利,而是解决农村贫困问题。政府干预较多,一定程度上影响了金融资源的配置效率,也导致了部分金融机构产生坏账问题。同时,由于获得的贫困群体的信息不精准,影响了金融机构利用市场机制扶贫的有效性

三、我国精准扶贫模式发展方向

精准扶贫政策的战略重点在于实现贫困地区的精准脱贫。党的十八届五中全会从实现全面建成小康社会奋斗目标出发,明确到2020年,在我国现行标准下,实现农村贫困人口脱贫、贫困县全部摘帽,解决区域性整体贫困。因此,未来的扶贫开发需要准确把握“精准”的扶贫理念,强化对贫困人口的识别和管理,加大对贫困地区的资源倾斜力度,加强多元扶贫主体间的协同合作,保障贫困地区发展的可持续性,健全贫困治理的制度体系,注重扶贫工作实施的科学性。

(一)强化对贫困人口的识别和管理

精确识别贫困人口是精准扶贫工作的核心任务,只有准确识别、有效管理贫困人口,才能从根本上解决扶贫开发中贫困人口底数不清、针对性不强、扶贫资金和项目指向不精准等一系列问题。一方面,贫困人口瞄准效率是影响扶贫效果的一个重要因素,在扶贫过程中,应从上到下逐级细化扶贫对象,实现对贫困县到贫困户的全面把握,准确地识别每一个贫困个体;另一方面,随着精准扶贫政策的实施,部分贫困人口实现脱贫致富的同时,也有部分人口存在返贫的可能性,贫困人口的动态性变化在一定程度上增加了扶贫精准落实的困难。因此,在将来的扶贫开发工作过程中,应该加强对贫困人口的动态管理,保证建档立卡管理的准确性,以及贫困人口的真实性,及时总结脱贫、返贫的经验或教训,尽可能防止返贫现象发生。总的来说,在推进扶贫开发的过程中,应该进一步强化对贫困人口的识别和管理,减少识别过程中出现误差的可能性,培养贫困人口的自我发展能力,从而提升扶贫攻坚的内生动力。

(二)加大对贫困地区的资源倾斜力度

自从精准扶贫政策实施以来,我国政府对贫困地区投入了相当数量的人力、物力、财力资源,贫困人口的数量有所减少,贫困问题得到了一定的缓解。但是,由于“剩下的贫困人口贫困程度较深,减贫成本更高,脱贫难度更大”,[①]我国政府应该向贫困地区投入更多的扶贫资源,以保证扶贫攻坚工作的有效实施。首先,加大资金的投入力度,统筹整合财政资金,提高资金使用效率,确保资金投向的准确性。其次,加大人力资源的投入力度,提升驻村扶贫工作人员和扶贫干部比例,提高基层工作人员的

① 《中共中央国务院关于打赢脱贫攻坚战的决定》,中华人民共和国中央人民政府网站,http://www.gov.cn/zhengce/2015-12 /07/ content_5020963.htm,2015-12-07。

素质和工作能力，充分发挥扶贫领导干部的先锋模范作用，更好地服务贫困群众，带领贫困人口实现脱贫致富。最后，加大政策资源的倾斜力度，针对不同的贫困地区和贫困人口制定不同的帮扶措施，提供不同的帮扶项目。例如，针对基础设施条件较差的地区，出台政策优先发展交通、水利、通信等基础设施的建设；针对有独特生产条件的地区，出台政策实行特色产业扶贫；针对教育落后、师资力量较差的地区，出台政策改善教育教学质量、对贫困学生进行教育资助；针对丧失劳动能力的贫困人口，落实社会保障政策。

（三）加强多元扶贫主体间的协同合作

精准扶贫政策的有效实施，不仅需要政府的力量，也需要市场、社会组织力量的共同参与。过去的扶贫模式虽然也有市场和社会的参与，但更多地强调政府的主导作用，忽略了市场和社会的作用，一定程度上导致扶贫主体参与性不强，贫困客体的积极性不高，扶贫效果不理想。因此，在未来精准扶贫政策的推进过程中，要加强“政府——市场——社会”的协同合作，政府把握好宏观调控问题，积极引导企业参与到扶贫项目中，并给予企业一定的主导权，充分发挥市场和社会组织的力量。首先，在政府部门参与的前提下，把扶贫项目交给市场和社会，有利于规避政府失灵问题；其次，市场作为“看不见的手”，能够高效地调控对贫困资源的配置，形成多种产业合作模式，带动贫困人口增收；最后，社会组织自身集中了丰富的社会资源，且专业性强，在扶贫过程中可以充当政府与贫困人口之间的桥梁，提高扶贫效能。[①] 可见，扶贫主体之间的协同合作有助于形成扶贫开发合力，高效帮扶贫困人口。

（四）保障贫困地区发展的可持续性

政府对贫困地区的政策支持一定程度上缓解了贫困状况，但是，贫困地区由于受教育程度低、资源贫乏、经济落后，自身减贫能力弱，脱贫通常具有长期性、反复性、顽固性的特征。精准扶贫的最终目标是实现贫困人

① 梁土坤：《新常态下的精准扶贫：内涵阐释、现实困境及实现路径》，《长白学刊》2016 年第 5 期，第 127—132 页。

口的脱贫以及脱贫之后的可持续发展,因而,我国扶贫的发展方向,应该重点关注扶贫对象在减贫脱贫之后的发展过程中的可持续发展问题,应通过实施绿色减贫措施,把绿色发展、可持续发展融入精准扶贫项目、帮扶措施和扶贫产业发展培育中,实现扶贫方式从外源向内源的转变,追求长效的发展机制,最终使贫困地区和贫困人口真正精准脱贫。

(五)健全贫困治理的制度体系

虽然政府对于贫困地区的资金、人力资源投入越来越多,但是,由于没有健全的监督与管理机制,导致对贫困人口进行的帮扶措施不够有针对性,使得在扶贫过程中出现了扶贫效率低下以及大量的资源浪费情况。在这种情况下,为了实现精准扶贫政策的有效落实,提升扶贫绩效,最终实现精准脱贫,首先,应根据不同的致贫原因和贫困深度,积极探索有效的扶贫模式,制定精准的帮扶措施。其次,建立严格的监督和管理体制,一方面对扶贫对象进行监测和管理,及时了解扶贫绩效,以便为扶贫工作提供决策支持;另一方面,对项目资金、各级政府进行监察,保证资金透明化管理,以及公众对扶贫信息的知情权。最后,扶贫成效考核把考核GDP 转换为考核生产、就业、贫困发生率等多项内容,建立多维度考核体系,将定性考核与定量考核相结合。

(六)注重扶贫工作的科学性

我国政府采取了一系列的措施进行扶贫开发工作,然而,部分扶贫措施、扶贫模式、扶贫政策的实施效果欠佳,因此,在未来的扶贫过程中,应更加深入实践、注重对扶贫工作科学性的考察,完善科学合理的扶贫机制,推进精准扶贫工作的规范化,追求长效发展。例如,提高扶贫资金的科学规范使用,以保障贫困人口能够得到及时、有力的资金支持;对扶贫项目进行科学的规划,针对贫困地区的不同情况实施扶贫项目,避免扶贫措施不精准的现象,保障贫困人口从中受益;对扶贫政策执行科学的评估,了解扶贫政策的实际实施效果,为政策制定者提供有效的参考依据。

7

金融扶贫典型个案分析

邓大松等

7.1 西藏金融扶贫资金使用效率研究*

7.1.1 西藏金融扶贫概述

西藏金融扶贫发展与国家金融扶贫发展情况息息相关。回顾近20年来我国金融扶贫的政策安排,从1987年的扶贫攻坚计划到农村扶贫纲要,都提出通过信贷政策来支持带动贫困人口从事相关产业并实现脱贫。随着扶贫工作的深入开展,金融扶贫在扶贫工作中的重要性日益凸显。2015年,中共中央和国务院出台了《打赢脱贫攻坚战的决定》;2016年3月,中国人民银行等7部委联合印发了《关于金融助推脱贫攻坚的实施意见》,这些都说明了金融扶贫工作在新时期的重要性,也为西藏金融扶贫的发展指明了方向。金融扶贫成为西藏脱贫攻坚的重要力量,也是推动西藏扶贫工作转型,培养贫困地区和贫困人口自我发展能力的重要因素。

随着西藏扶贫工作重点由"输血"转向"造血",金融扶贫的重要性日益凸显。在精准扶贫思想的指导下,西藏金融扶贫既要广覆盖,又要有针对性。如何利用市场化手段,在扩大西藏金融扶贫覆盖面的同时,通过金融扶贫提高被扶贫对象的主观能动性,是西藏扶贫工作的难点和重点。随着互联网技术的普及和应用,西藏金融业有了快速发展,为金融扶贫工作的开展提供了日趋完善的硬件环境。普惠金融因其对公平的重视,在各国金融扶贫工作中备受重视,西藏自治区政府对发展普惠金融解决贫困也给予了高度重视。发展普惠金融要求金融机构在扶贫的同时追求机构自身的可持续发展,国际经验已经证明,只要机制设计合理,金融业在扶贫开发中大有可为。

* 本部分由邓大松教授和肖彩波、刘红卫、陈城、贺薇、卜芳五位研究生撰写。

据相关数据显示,西藏的普惠金融在近年得到快速发展,农牧区支付服务环境建设不断深化,支付清算网络覆盖面逐步扩大。截至 2016 年 11 月末,全区累计设立助农取款服务点 5075 个,行政村覆盖率达到 77.36%;建成“刷卡无障碍示范街”11 条,“旅游刷卡便利店”和“口岸刷卡直通车”商户共计 198 户;累计布放 POS 机 1.78 万台、电话支付终端 7952 台、ATM 终端 1926 台,让更多贫困人口享受到了高效、便捷的金融服务。同时,贫困地区农村信用体系和中小企业信用体系建设明显加快。[①] 截至 2016 年 11 月末,全区累计评定信用县 28 个、信用乡(镇)473 个、信用村 4445 个,覆盖全区 69%的乡(镇)和 85%的行政村,让国家的支农惠农政策真正惠及广大农牧民。[②] 贫困地区金融机构的快速发展及信用评级制度建设,改善了贫困地区的金融环境,为西藏进一步的金融扶贫工作提供了良好的基础。

在精准扶贫思想的指导下,西藏金融扶贫工作体现出如下特点:

第一,始终重视贫困地区的信贷资金投入工作。以 2016 年为例,西藏自治区金融系统加大了贫困地区信贷资金的投入力度。截至 2016 年 12 月末[③],西藏本外币各项贷款余额 3048 亿元,比年初增加 924 亿元,增长 44%。其中,涉农贷款余额 860 亿元,比年初增加 447 亿元,增长 108%;扶贫贴息贷款余额 423 亿元,比年初增加 130 亿元,增长 44%。已发放农村承包土地经营权抵押贷款共计 148.5 万元,发放农民住房财产权(含宅基地使用权)抵押贷款 263 万元,户均贷款分别达 5 万元和 14 万元。发放首笔林权抵押贷款 800 万元。协调区财政厅落实易地扶贫搬迁贷款和产业发展贷款贴息资金 7998.25 万元。

第二,加大易地扶贫搬迁贷款力度,重视贫困人口的住房保障。“十三五”期间,易地扶贫搬迁贷款实现一次性投放。2016 年,中国人民银行拉萨中心支行督促指导国家开发银行西藏分行和中国农业发展银行西藏

① 西藏日报,http://www.xzdw.gov.cn/xwzx/qnyw/201701/t20170125_62652.htm。

② 西藏日报,http://tibet.news.cn/jujiao/20170125/3635067c.html。

③ 西藏日报,http://media.tibet.cn/finance/news/1485308122215.shtml。

分行投放“十三五”易地扶贫搬迁专项贷款151.18亿元,并指导两家银行为西藏各市(地)易地扶贫搬迁项目提供信贷支持,完成62亿元贷款资金拨付,助力搬迁安置人口超1.55万人。

第三,创新扶贫贷款项目,建立建档立卡贫困户小额信贷品种。建立除政府救济兜底的“五保户”以外的贫困群众享受扶贫贴息贷款利率和户均5万元的“免担保、免抵押”贷款。

第四,创新产业扶贫贷款投放模式。中国人民银行拉萨中心支行制定出台《关于切实加强产业扶贫开发贷款资金管理的意见》,进一步规范了贷款流程,积极协调了中国农业银行西藏分行等金融机构争取总行优惠政策,有效落实了600亿元的产业信贷规模;协调财政部门设立200亿元的产业风险补偿基金,全力支持农牧区相关产业发展。截至2016年12月末,西藏全区产业扶贫项目贷款余额332亿元,较年初增加190亿元,增长1.4倍。①

第五,金融精准扶贫推广模式基本形成。西藏金融系统建立了金融精准扶贫试点县建档立卡贫困户每户5万元以内、期限3年、免担保、免抵押、免利息的“三免贷款”。设立了全区第一个县级贷款风险补偿基金,打造了财政资金撬动信贷资金新模式。截至2016年11月末,全区向667户建档立卡贫困户累计发放贷款3335万元。②

7.1.2 金融扶贫资金效率评价的基本理论

金融扶贫资金管理状况将直接影响扶贫资金的使用效率。扶贫资金管理涵盖了包括扶贫战略的定位、组织职能的发挥以及对整个扶贫资金的筹措、分配和使用管理的整个过程。在经济学中,通常从资源的配置来理解效率概念,反映资源利用或配置的状况,资源利用或配置得好,则称为效率高,反之,则为效率低下。“资金效率”是“资金使用效率”的简称,衡量“资金效率”的指标主要是有效性和充分性。充分性是从投入的角

① 人民网,http://www.sohu.com/a/125148350_114731。

② 人民网,http://www.sohu.com/a/125148350_114731。

度来看,在投入一定的情况下如何发挥资金的最大效用。从管理学的角度来讲,效率是指在特定时间内,组织的各种收入与产出之间的比率关系。产出一定的情况下,效率与投入成反比;投入既定的情况下,效率与产出成正比。公共部门的效率包括两方面:一是生产效率,它指生产或者提供服务的平均成本;二是配置效率,它指提供的产品或服务满足利害关系人的不同偏好的程度。

一、帕累托最优论

帕累托最优理论也称帕累托最优效率理论、帕累托最佳配置理论,是维弗雷多·帕累托提出的研究效率问题的重要理论。指的是资源分配的一种理想状态,判定是否达到这种理想状态,需从帕累托最优和帕累托改进两个方面判断。帕累托最优是指资源在某种配置下,不可能通过重新组合生产和分配增加一个人或多个人的福利而不使其他人的福利减少;帕累托改进是指在某种经济境况下,如果可以通过适当的制度安排或交换,至少能提高一部分人的福利或满足程度而不会降低其他所有人的福利或满足程度。帕累托最优理论在政策上可以理解为:为了提高贫困人口的福利水平,政府可以采取税收手段,通过适当地减少高收入人口的收入,把高收入人口的福利损失用来弥补低收入的贫困人口的福利,最终达到缩小贫富差距的目的。

一般而言,效率包括了经济效率和社会效率两个方面。所谓经济效率,是指扶贫资金的投入对社会资源配置和经济机制运行的合理性和有效性,具体而言,政府应通过制定和实施相应的经济政策,使得经济活动中各生产要素能够通过合理配置以达到最佳的经济效果。经济效率体现在经济主体行为中,是以最小的投入获得最大的收益,实现各要素资源的合理配置。社会效率,则指由于经济和社会的发展,社会成员受惠范围与程度大大提高,社会进一步发展的潜在条件和后继条件得完善,人的生存环境和生活质量得以改善,并能为社会成员提供必要的社会安全、人权等方面的保障,为社会成员创造一个自由的发展环境,同时为社会成员提供各种服务,满足其各种层次上的需求,使其受惠程度大大提高,从而保证其能够在最大范围内自由发展。比如,政府积极发展教育事业,促进贫困人口受教育的机会均等，满足其在教育方面的需求。

西藏金融扶贫资金使用效率评价的帕累托最优同样可以体现在效率的两个表现方面，即扶贫资金的经济效率和扶贫资金的社会效率。扶贫资金的经济效率是指扶贫资金的投入应以提高贫困人口的物质生活水平和加快落后地区经济发展为目标，通过补贴、捐款、贷款等形式，促进资本回流到经济落后地区，促进资本的合理配置。扶贫资金的社会效率则是指通过扶贫资金投入，改善贫困人口发展。经济效率是扶贫有效率的基础，如果不能实现经济效率，也就谈不上有扶贫效率，同时扶贫也应该兼顾社会效益。

二、博弈论

扶贫资金管理中的博弈分析。依据预期效用理论，作为一个理性组织或个人，只有当他违反规则时的效用小于遵守规则时的期望效用，他才会主动遵守某一规则。对于部门而言，违规成本大于由此带来的收益时，会选择遵守规则，否则就会选择违规行为。政府决策部门选择是否采取监督、监督力度多大时，也同样会对监督成本和监督收益进行权衡。部门的违规成本来自两个方面，一是违规所受到的惩罚力度，二是政府决策部门的监督强度。同样，政府决策部门的监督强度选择会考虑支出部门的违规程度和由此造成的损失两个方面。社会主义场经济体制的建立，出现了众多的利益主体，呈现利益多元化的倾向。在市场经济中，政府部门、社会团体、各种利益集团及个人等利益主体都在为实现各自利益的最大化。在既定的政策环境中，每一个利益主体在行为选择时，他们可能不顾及政策主体目标取向，一切从有利于自身偏好的目的出发，甚至还会通过隐藏行为和信息，来达到背离公共政策的约束而不受到惩罚的目的。

扶贫资金管理过程中，上下级政府间的博弈。按照博弈论，在扶贫资金管理过程中，存在上下级政府间的博弈，即上级政府与贫困地区政府之间的博弈。上级政府的行为取向是为实现既定的脱贫目标，并依照相应程序，将一定数量的扶贫资源划拨给辖区内下级贫困地区政府用于扶贫使用；下级贫困地区政府的行为是对扶贫资源的再分配。在这种层级传递过程中，上下级政府之间由于存在着信息的不对称，会导致不完全信息下的动态博弈,下级贫困地区政府的行为很大程度上决定了现阶段我国反贫困政策的效果。

在博弈过程中,上级政府追求的目标之一是投入的扶贫资源能够最大化地提高脱贫比例,而下级贫困地区政府的目标之一是尽量降低脱贫比例来争取下一周期更多的扶贫资源投入。张新伟(1998)通过博弈矩阵分析,指出双方均存在两种策略可以选择[①]:上级政府可以选择农村扶贫资源的投入,也可以选择不投入;下级贫困地区政府则可以选择努力扶贫或者不努力扶贫。上级政府决定投入扶贫资源的前提是相信下级贫困地区政府会采取积极的脱贫措施,努力扶贫,否则,上级政府将会选择不投入。当出现下面两情况时,下级贫困地区政府才会选择努力扶贫策略:一是下级贫困地区政府预计上级政府不会投入扶贫资源,二是贫困程度不是上级政府投入扶贫资源的依据。

贫困户与贫困地区政府之间的博弈问题。其基本原理与扶贫资金管理过程中上下级政府间的博弈相同,贫困户很明白,得到政府的扶贫支持比靠自身脱贫的成本要小,如果他们的收入超越了规定的贫困线,政府将取消对他们进行扶贫资源的投入。因此,作为理性经济人的贫困户,在与上级政府的博弈过程中,将始终维持贫困状态,从而可以从政府那里获得持续的扶贫资源。

三、委托—代理理论

委托—代理理论主要研究的是个体行为,无论是一个组织内部还是组织外部,本质上说还是该组织负责人代表参与系列博弈。扶贫组织是个多部门、多层级的结构体系,具有两个主要特征。一是代理人的多重目标。例如,第一级政府既有发展当地经济的任务,又有脱贫的目标,在扶贫资源不足的情况下,往往会产生冲突,并且政府需要在公平与效率方面进行平衡。二是一个代理人有多重委托人,以及既是代理人又是委托人。

为了协调各个参与扶贫的部门之间的关系,从中央到地方都成立了各级政府的跨部门扶贫领导小组。国务院扶贫开发领导小组是国务院的

① 张新伟:《市场化与反贫困路径选择》,中国社会科学出版社 2001 年版。

议事协调机构,成立于1986年5月16日,当时称国务院贫困地区经济开发领导小组,1993年12月28日改用现名,涉及中央层面30多个部门。在国务院扶贫开发领导小组之下,国家相关部委、省、自治区、直辖市和地(市)、县级政府也成立了专门的扶贫开发办公室,负责本地的扶贫开发工作。所有到省级的扶贫资金一律由省级人民政府统一安排使用,并由各有关部门规划和实施项目。西藏也设立了对应的扶贫机构:自治区扶贫机构——地市级扶贫机构——县级扶贫机构——乡村扶贫——贫困户。扶贫参与主体层级链达到了6—7级。

国家扶贫资金的管理层有四层,并且是按行政规则逐级管理的,这种管理可以看作是多重委托—代理,即国家、省(市)、地区、县这四级管理层之间存在一种委托—代理关系。其中,国家是最初委托人,县是最终代理人,省(市)、地区既是一级委托人,又是一级代理,他们之间的错综复杂关系约束着扶贫资金的使用效率。从西藏扶贫整个过程来看,委托—代理的层级更多,包括上级政府与下级政府的委托—代理关系、政府部门与支出部门的委托—代理关系、政府部门与政府官员之间的委托—代理关系、扶贫项目运作过程中的委托—代理关系等。目前,这种委托—代理关系一般都没有签订具有强约束力的或比较规范的合同契约,只是根据国家扶贫战略及目标任务要求,以各地贫困人口、贫困状况来确定扶贫资金的总规模,然后将资金下拨给各级相关扶贫部门。从运行过程看,这种多重委托—代理关系使信息的传递,责任的归属逐渐变得模糊起来,看似明确的管理却又变得缠杂不清,谁都有权管理扶贫资金,却又找不到对扶贫资金真正负责任的人。这种管理状况不是造成扶贫资金的流失,就是造成扶贫资金低效率投入。扶贫组织层级关系所体现出的是一种多重委托—代理关系,但是,与产权明晰的市场主体中的委托—代理关系不同,其在农村扶贫组织中具有特殊性。一是农村扶贫资金存在“所有者缺位”的状况;二是扶贫组织绩效评价制度不健全,存在“激励不足”的问题;三是从自治区到最终的贫困户,组织线条比较长,层级比较多,交易成本比较高。

因此,要想提高扶贫资金使用效率,实现扶贫效益最大化,政府及其他扶贫主体就必须把扶贫资金投入到最需要得到扶持的最贫困地区、最贫困乡村和最贫困农户。不过在农村资金扶贫过程中,扶贫对象并不是静止的,而是一个动态的变化过程,也就是说,随着扶贫地区经济的不断发展,贫困人口的收入不断增加,扶贫对象的经济地位也在不断发生变化,扶贫对象就需要不断调整。因此,要做到扶贫对象精准,就必须建立一个动态化的扶贫资金瞄准机制。那么,帕累托最优理论、扶贫资金的博弈论分析及委托—代理理论的阐述,将为后面的研究提供强有力的理论支撑。

7.1.3 西藏金融扶贫资金使用效率的描述性统计分析

一、西藏金融扶贫资金投入现状的描述性统计分析

目前西藏扶贫依然存在贫困人口基数大、贫困集中连片、局部贫困突出、贫困程度深、返贫现象普遍、相对贫困突出等困难。人居环境差、生产方式落后、贫困人口素质低等因素一直困扰着贫困地区的经济社会发展。西藏党委、政府提出,在“十三五”期间,在我国现行标准下,西藏要实现59万农村贫困人口如期全部脱贫,贫困县全部摘帽,区域性整体贫困全面解决,贫困发生率降至5%以下,贫困人口可支配收入年均增长16%以上。因此,西藏部门高度重视金融扶贫工作,明确提出改善贫困地区和贫困群体金融服务的供给能力和支持水平,主要采用投放金融产品的形式,积极发挥金融杠杆作用,推动扶贫开发由“输血式”“粗放式”“被动式”“分散式”向“造血式”“精准式”“参与式”“整体式”转变。促进贫困地区的贫困人口的自我发展能力,增强扶贫意识,改变落后面貌。

(一)西藏金融扶贫资金投入规模

从资金投入方面看,2005—2016年,西藏金融扶贫累计投入中央和自治区财政专项扶贫资金151.44亿元,以“十二五”期间为例,西藏累计投入扶贫资金85亿元,其中财政专项资金24亿元,发放扶贫贴息贷款417.4亿元。西藏地区生产总值超过了1026.39亿元,增长11%,经济增速位居全国前列,为全面建成小康社会奠定了坚实基础。

从图7-1所呈现出的西藏财政扶贫资金投入情况来看,中央及西藏财政专项扶贫资金投入逐年增长,尤其是在2009年之后,中央对西藏的

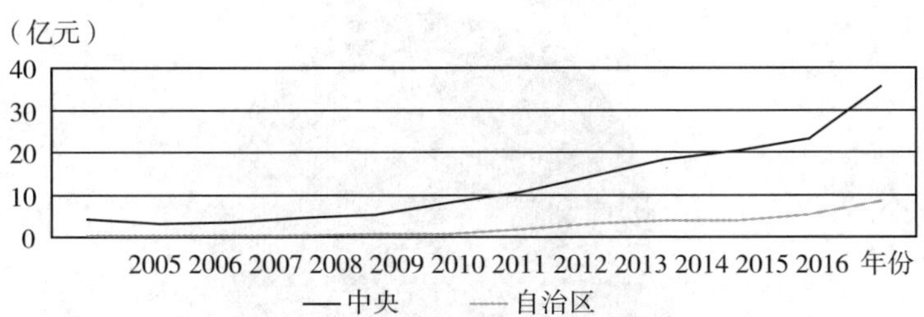

图 7-1 2005—2016 年西藏财政扶贫资金投入变化趋势

财政扶贫资金投入增速加快，为西藏扶贫工作的推进提供了有力的资金支持。截至 2016 年 11 月末，中央对西藏投入的财政专项扶贫资金，从 2005 年的 4. 18 亿元增长至 2016 年的 35. 45 亿元，其中，2010—2015 年间的增速尤其明显。同时西藏财政扶贫资金的投入从 2010 年的 0. 75 亿元以逐年 1—1. 5 倍的速度增长，截至 2016 年达到 8. 46 亿元，是上一年的 1. 5 倍。可见中央对西藏扶贫工作的大力支持下，西藏的财政扶贫资金也在快速加大投入力度。

（二）西藏金融扶贫资金来源结构及变动趋势

扶贫资金是缓解贫困地区贫困问题最直接也是最重要的资源，西藏金融扶贫资金按照来源结构的多样性大体可分为中央扶贫专项资金、西藏各机构投入的资金以及国内外社会公益组织捐赠三种类型。首先，中央扶贫专项资金是西藏金融扶贫资金来源的主体，它由中央财政部门所提供的财政扶贫资金和扶贫专项贷款两部分组成。其次，西藏各机构投入的资金，由西藏以及各个辖区提供的资金组成。

截至 2016 年，中央对西藏投入财政扶贫资金 122. 40 亿元，占西藏金融扶贫资金总投入的 81%，自治区财政扶贫资金总投入 29. 04 亿元，占西藏金融扶贫资金总投入的 19%，中央财政的支持仍是西藏金融扶贫资金的主要来源，如图 7-2 所示。

如图 7-3 所示，中央对西藏金融扶贫资金的投入由财政扶贫发展资金、少数民族发展资金、以工代赈资金以及国有贫困林场和农场的扶贫资金等组成。其中财政扶贫发展资金占据中央拨款的最大部分。截至 2016

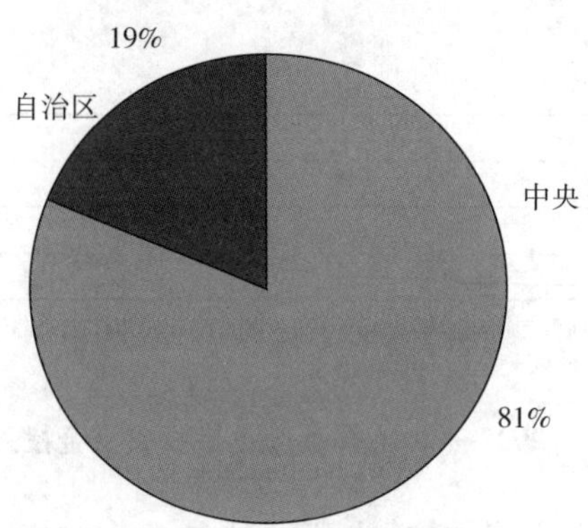

图 7-2　西藏金融扶贫资金来源占比

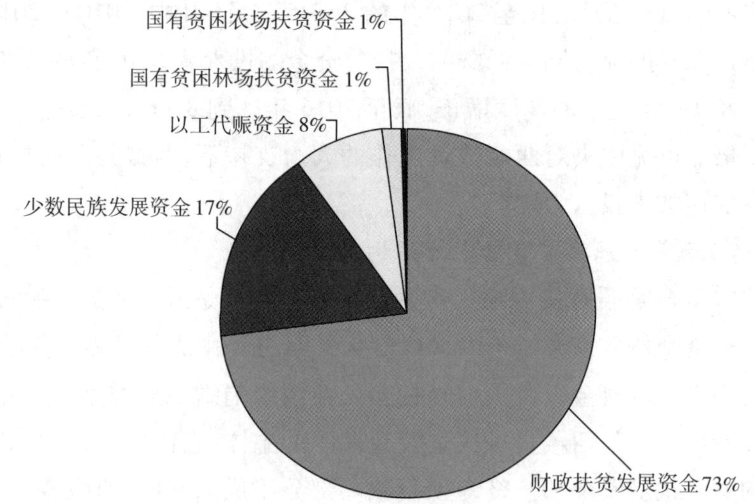

图 7-3　中央对西藏金融扶贫资金投入构成

年,中央财政扶贫发展基金对西藏总投入 90.05 亿元,占比 73%;其次是少数民族发展资金,占比 17%,剩下主要是占比 8%的以工代赈资金。

在各级部门的积极推动下,西藏金融扶贫力度不断加大,中央财政扶贫发展资金也不断增加。从图 7-4 可以看出,在中央对西藏金融扶贫资金投入构成中,财政扶贫发展资金的投入量最大,且增速最快,尤其是在 2015 年之后,财政扶贫发展资金迅速增加,由此也可以看出中央政府对西藏脱贫工作的重视。国有贫困林场和农场扶贫资金直至 2008 年才开

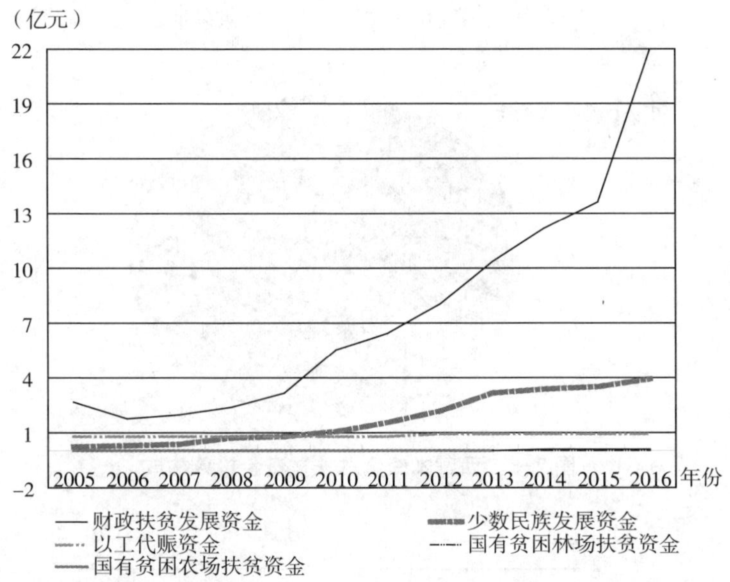

图 7-4 2005—2016 年中央对西藏金融扶贫资金投入构成变化趋势

始产生有效投入,2008 年以后逐步趋于稳定投入的状态。在占比 17%的少数民族发展资金方面,资金量的投入增速明显慢于财政扶贫发展资金,逐年递增比例不超过 0. 8%。投入相对稳定的是占比 8%的以工代赈资金,截至 2016 年总投入 10. 23 亿元。总的来看,2005—2016 年,中央对西藏的扶贫资金投入达到了逐年平均增幅不少于 3. 1%的力度,为确保"十三五"时期国家现行标准下 59 万农牧区贫困人口如期全部脱贫的目标顺利实现提供了有力的资金保障。

在中央积极推动西藏贫困农牧区全面脱贫的号召下,西藏本级扶贫发展资金的投入截至 2016 年达到了 20. 48 亿元,占整个西藏本级金融扶贫资金投入的 70%。在少数民族发展资金方面,相比中央少数民族发展资金总投入的 21. 35 亿元,西藏本级少数民族发展资金投入仅有 8. 11 亿元,不到中央少数民族发展资金投入总额的 1/3,但其在西藏本级金融扶贫资金投入中的占比却远高于中央少数民族发展资金在中央对西藏金融扶贫资金投入中的占比。由此说明,西藏本级金融扶贫资金的来源很大程度上依托扶贫发展资金以及少数民族发展资金。

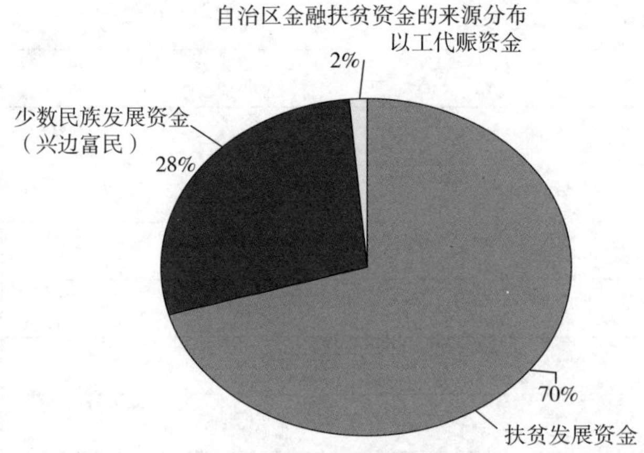

图 7-5　西藏本级金融扶贫资金投入构成

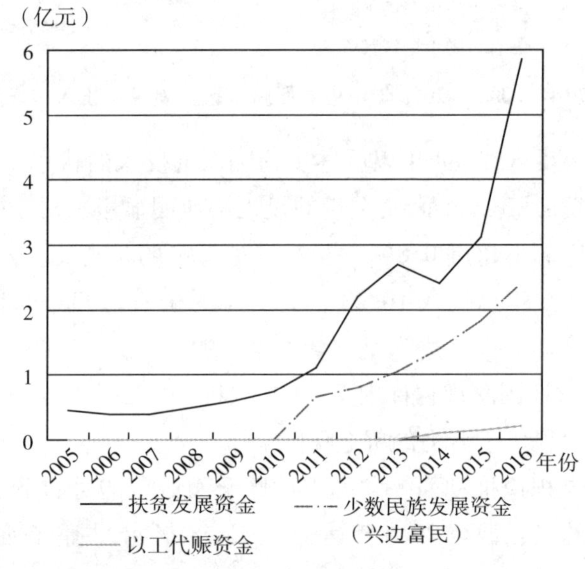

图 7-6　2005—2016 年西藏本级金融扶贫资金投入构成变化趋势

国家统计局的调查数据显示，“十二五”时期，西藏政府累计投入扶贫资金 29.04 亿元，减少贫困人口 58 万人，贫困发生率由 2010 年的 49.62%下降到 32.95%，这些成效都离不开西藏对扶贫攻坚任务的有力支持。从 2010 年开始，西藏首次进行少数民族发展资金投入并逐年以不低于0.2%的增量叠加投入。中央及西藏对于西藏的金融扶贫工作高度重视并给予了全面支持,切实满足西藏扶贫工作推进的资金需求,为西藏"十三五"时期打赢脱贫攻坚战,全面建成小康社会打下了坚实的根基。

(三)西藏金融扶贫资金使用结构及变动趋势

从西藏扶贫实践过程中的资金配置的实际情况来看,扶贫资金的使用结构几乎涵盖了贫困农牧民生产生活的各个方面。例如,农村道路、桥梁、村容村貌、科教文卫、社会保障等民生建设事业以及水渠灌溉、农田建设、种植养殖、农产品加工等生产经营项目。根据配置投向的不同,可以把扶贫资金分为民生基本建设和生产经营两种类型。

从图7-7可以看出,西藏对各地(市)的扶贫贴息贷款发放总体呈增长趋势,部分地区扶贫贴息贷款发放在2013年后呈现出迅速增长的势头,尤其是拉萨、昌都、日喀则、那曲等地的扶贫贴息贷款在2013年后迅速增加;2010年、2011年,各地扶贫贴息贷款差距较小,2012年之后,扶贫贴息贷款发放的地区间差距逐渐扩大;地区间的扶贫贴息贷款差距也体现了地(市)间的经济发展水平差距。在西藏金融扶贫过程中,不仅要实现贫困地区和贫困人口的脱贫,也要防止地区间及农户间贫富差距的进一步拉大。

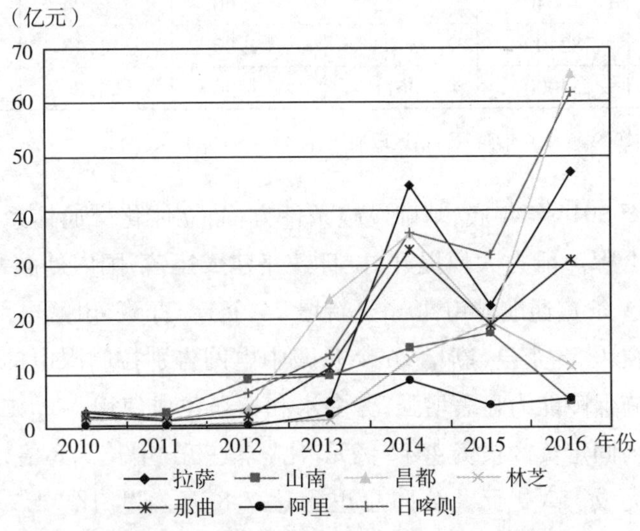

图7-7　2010—2016年中国人民银行拉萨中心支行在西藏各地(市)扶贫贴息贷款累放数变化趋势

二、西藏金融扶贫资金使用效率的描述性分析

(一)西藏金融扶贫资金使用的环境产出效果

西藏金融扶贫通过模式构建,注重贫困人口的自我增值、自我发展。这改变了传统“漫灌式”扶贫方式,提高了扶贫有效性与精准性。金融机构通过有效的客户定位筛选出帮扶对象,而后按需给予相应的金融服务、精确到户。随着扶贫贴息贷款、小额担保贷款、联保互助贷款、产业资金扶持等金融扶贫开发工程的推进,西藏金融扶贫规模不断扩大,农村的贫困状况得到了一定改善。

表 7-1　2009—2016 年西藏金融扶贫资金使用的产出情况

年　份	扶贫资金投入(万元)	新增公路里程(公里)	新增就业人数(万人)	新增安置房数(万套)	广播电视覆盖率(百分比)
2016	35450	78000	16.9	21.5	95.96
2015	23280	4332	4.30	10.13	95.90
2014	20480	5123	2.80	4.30	95.50
2013	18310	4341	10.1	5.99	94.51
2012	14220	4766	2.30	1.58	92.80
2011	10640	4275	2.60	3.74	91.41
2010	82400	3903	2.00	1.13	90.40
2009	54000	3611	1.90	1.86	—

资料来源:2009—2016 年西藏自治区政府工作报告。

截至 2016 年年底,基础设施条件方面,立体化交通体系互联互通水平和综合保障能力大幅提升,拉日铁路建成运营,国内外航线增至 63 条(新增 44 条)、通航城市 40 个(新增 24 个)。青藏、川藏电网实现联网,主电网覆盖 58 个县(新增 26 个),藏中电网告别拉闸限电的历史。农田水利设施保障能力显著增强,旁多水利枢纽建成使用。“十二五”累计完成全社会固定资产投资 4642 亿元,比“十一五”增长 1.8 倍,其中规划投资超额完成 152 亿元。公路总里程达 7.8 万公里,比“十一五”末增加 33.7%。川藏公路西藏段、新藏公路全线黑色化。拉林高等级公路开工

路段、林芝米林机场快速通道、嘎拉山隧道和雅江特大桥建成通车，高等级公路实现零的突破，达到300公里。墨脱公路全线通车，结束了全国唯一一个县不通公路的历史。拉林铁路全面开工建设。贡嘎、米林、邦达机场改扩建工程进展顺利，国内外航线增至63条，通航城市40个。立体化交通体系互联互通水平和综合保障能力大幅提升。金沙江上游、澜沧江上游和雅江中游水电规划获得国家批复。老虎嘴、藏木、果多、多布水电站建成投运，加查水电站开工建设，电力装机容量达230万千瓦，比“十一五”末增长1.4倍。拉洛水利枢纽、恰央水库、澎波和江北灌区建设进展顺利。行政村移动信号全覆盖，通宽带率达80%。完成54个县城供排水工程。新型城镇化扎实推进，城镇化率达到26%。昌都旧城改造、那曲“三项工程”基本完成，拉萨城市供暖工程建成，惠及千家万户。农牧民科技特派员覆盖所有行政村。科技进步贡献率达到40%。中央支持西藏的12项重点人才工程扎实推进。实施“西藏特培”计划，出台高层次人才引进办法。选拔认定西藏学术技术带头人100名，引进急需紧缺人才3182名。全区专业技术人才达到7.3万人，高技能人才达到2.3万人。新建改造城镇保障性安居住房21.5万套。实现医疗救助城乡一体化全覆盖，城乡生活困难群众临时救助制度全面实施。7.2万重度残疾人纳入生活困难补助范围。狠抓中小学校舍安全等九大工程，新建改扩建校舍394.5万平方米。学前儿童入园率达到61.5%。“两基”攻坚任务全面完成，义务教育巩固率达到90%。职业教育在校生规模达到2万人。西藏大学成为博士学位授予单位。

从图7-8可以看出，西藏在加快破解基础设施瓶颈，加快建设全区公路方面的投入保持稳定趋势，在2016年，政府总完成公路里程数接近8万公里，每万元扶贫资金投入所新增的公路里程数创历年最高的2.2公里。就业和社会保障方面，西藏始终秉承爱民、利民、惠民理念，坚持把70%的财力投向民生领域，着实办好民生“十件实事”，不断提升公共服务水平。从2009年开始全面推进实施了18项民生补助政策，扎实推进教育公平，切实解决每年新增就业人数的难题，在2013年首次达到了每万元扶贫资金投入解决5.52人次的就业需求，体现出政府高效的社会保

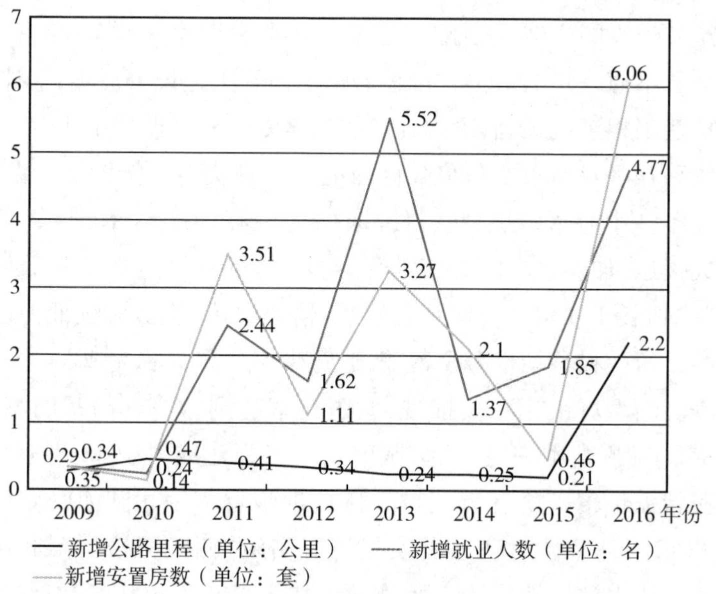

图 7-8　2009—2016 年西藏每万元扶贫资金使用对公路里程、就业人数以及安置房的新增产出情况

障运行机制，实现了西藏应届高校毕业生全面就业的目标。连续 8 年累计投入 278 亿元，全面完成农牧民安居工程，在 2016 年建设完成了 21.5 万套城镇保障住房，达到了每万元扶贫资金投入可解决 6.06 套的房屋需求。金融扶贫资金在西藏的民生工程建设中已呈现出“高产出、高效率、高质量”的态势，使得西藏 46 万户、230 万农牧民住上了安全适用的房屋，生产生活条件得到了历史性的改善。

（二）西藏金融扶贫资金投入的区域差异及主体改善效果

西藏金融扶贫主体间关系复杂，涉及财政、金融机构和政府扶贫职能部门。西藏采取了多元化的政策措施，使金融扶贫主体明确，金融扶贫惠及面扩大。2016 年，西藏自治区发改委、财政厅、扶贫办及“银证保”联合出台《关于进一步落实精准扶贫金融政策和信贷资金安排的意见》，明确“十三五”时期西藏金融扶贫总体规划，明晰搬迁扶贫类贷款、到户扶贫类贷款、产业扶贫类贷款、扩大抵押物范围扶贫类贷款、社保类金融产品和其他类贷款6大类19项精准扶贫金融政策和具体措施,为构建全方位覆盖农牧区各阶层和弱势群体的普惠金融体系,为打赢脱贫攻坚战提供了强有力的金融支撑。截至2016年11月末,西藏本外币各项贷款余额3013.61亿元,比年初增加889.12亿元,增长41.85%。其中,涉农贷款余额859.41亿元,比年初增加446.37亿元,增长1.08倍。2016年,西藏已下达贴息资金8661.38万元,撬动金融资本160.02亿元。

表7-2 西藏金融扶贫贴息贷款情况统计

指标名称	数额(亿元)	增长率(%)
西藏本外币各项贷款余额	3013.61	41.85
涉农贷款余额	859.41	108
扶贫贴息贷款余额	393.53	34.27
发放农村承包土地经营权抵押贷款	0.0148	-
发放首笔林权抵押贷款	0.08	-

注:以上数据截至2016年11月末。

从产业扶贫贷款投放方面来看,西藏产业扶贫贷款投放情况总体较好。研究制定了《关于切实加强产业扶贫开发贷款资金管理的意见》,进一步规范贷款流程,加大产业扶贫贷款投入,积极协调农行西藏分行等金融机构争取各自总行优惠政策,有效落实600亿元的产业信贷规模;协调财政部门设立200亿元的产业风险补偿基金,切实发挥财政资金撬动信贷资金的作用,全力支持农牧区相关产业发展。截至2016年11月末,西藏产业扶贫项目贷款余额327亿元,较年初增加183亿元,增长77.6%。以中国人民银行拉萨中心支行为例,统计数据显示,按照西藏要求,西藏"十三五"期间易地扶贫搬迁信贷资金152.38亿元已于2016年4月全部投放。截至2016年6月末,拉萨市14.39亿元、林芝市1.72亿元、日喀则市41.59亿元、昌都市60.47亿元、山南市0.55亿元、那曲地区28.95亿元、阿里地区4.70亿元易地扶贫搬迁贷款均已拨付完毕。

截至2016年年末,西藏易地扶贫搬迁贷款的发放促进了各地区的贫困人口再就业,明显推进了易地扶贫搬迁项目的进程。相关统计数据显

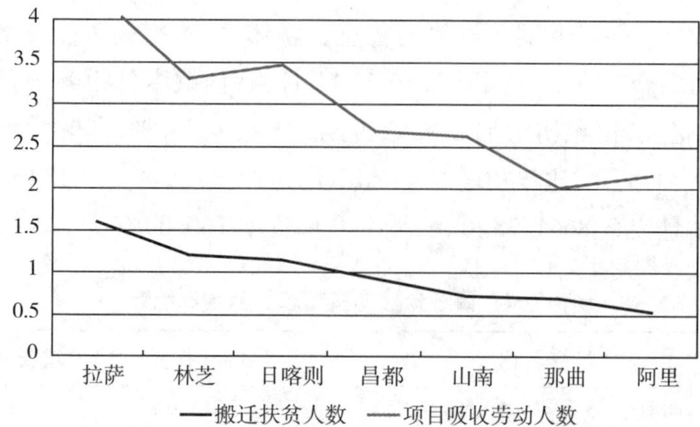

图 7-9　西藏各辖区每万元金融扶贫资金对搬迁扶贫人数及产业扶贫项目吸收劳动人数的影响情况

示,以 2016 年各地区的易地扶贫搬迁贷款和产业扶贫贷款贴息为例,各辖区内每万元的金融扶贫资金投放对搬迁扶贫人数以及产业扶贫项目吸收劳动人数的影响与地区自身经济发展水平显著相关。地区经济发展水平与金融扶贫资金投放所产出的效果正相关。由此,一要抓好易地扶贫搬迁与扶贫产业建设相结合,着力解决不愁吃、不愁穿的问题,不断增加贫困人口收入水平;二要抓好易地扶贫搬迁与农村小城镇建设相结合,着力解决不愁住的问题,不断改善基础设施建设;三要抓好易地扶贫搬迁与贫困地区转移就业培训相结合,着力解决有技能、有就业、有钱花的问题,不断提高贫困群众幸福指数;四要抓好易地扶贫搬迁与教育、医疗脱贫相结合,着力解决因学致贫、因病致贫的问题,不断提高社会保障水平;五要抓好易地扶贫搬迁与宣传教育引导相结合,着力解决内生动力不足的问题,不断提高老百姓参与脱贫攻坚的主动性、自觉性。

(三)西藏金融扶贫资金使用的收入效应分析

金融扶贫对贫困地区农民收入增长有两方面效应:一是直接效应。金融机构对农户的信贷投入,能够直接提高农民的种养规模和种养效益,对农民的收入增长效应能够明显体现出来。二是间接效应。金融扶贫对农村基础设施的投入,改善了农业生产条件,降低了农业耕作成本,长期间接影响农民收入。

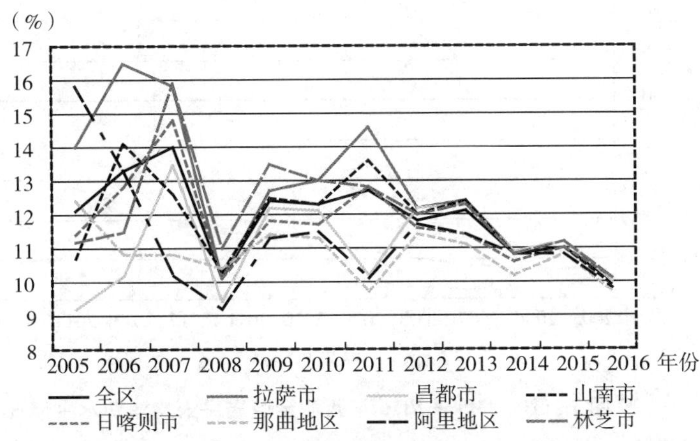

图 7-10 2005—2016 年西藏各辖区地区生产总值增幅情况

2015 年,西藏地区生产总值达到 1026.39 亿元,增长 11%,经济增速位居全国前列。西藏农牧民人均可支配收入 8244 元,已连续 13 年保持两位数增长,收入增速连续 8 年超过了城镇居民,减少贫困人口 58 万人。全面完成农牧民安居工程,46 万户、230 万农牧民住上安全舒适的房屋。基本解决了农牧区安全饮水、无电地区用电问题,实现乡镇通光缆、通邮、行政村通电话全覆盖。2005—2016 年西藏各地市地区生产总值逐年攀升,增速逐渐趋于稳定,从图 7-10 可以看出,西藏全区及各地(市)的地区生产总值增幅渐趋于 10%左右,各地(市)间的生产总值增幅差距逐渐缩小。同时,西藏全区居民的人均消费水平不断提高,城镇居民和农村居民的人均消费水平差距有所扩大。

2016 年,西藏实现地区生产总值 1151.41 亿元,第一、二、三产业增加值所占比重分别为 9.1%、37.4%、53.5%,与上年相比,第一产业比重下降 0.3 个百分点,第二产业提高 0.7 个百分点,第三产业下降 0.4 个百分点。全区居民消费价格总水平比上年上涨 2.5%,其中城市上涨 2.6%,农村上涨 2.5%。商品零售价格上涨 2.1%。农业生产资料价格上涨 0.4%。工业品出厂价格上涨 2.9%。

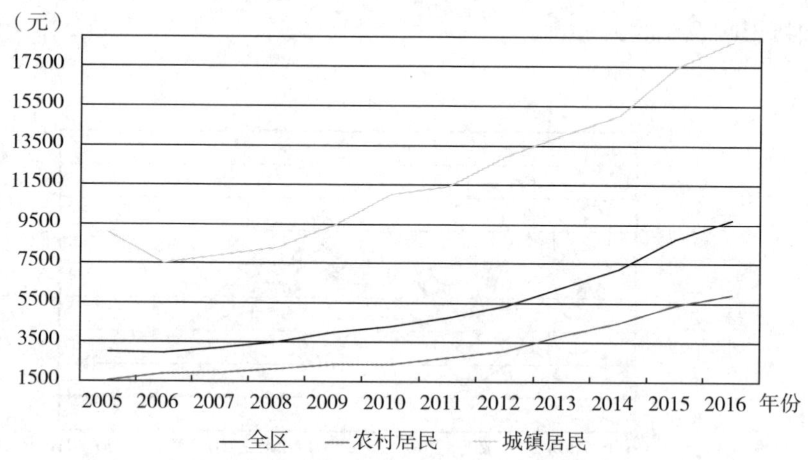

图 7-11 2005—2016 年西藏全区居民人均消费水平情况

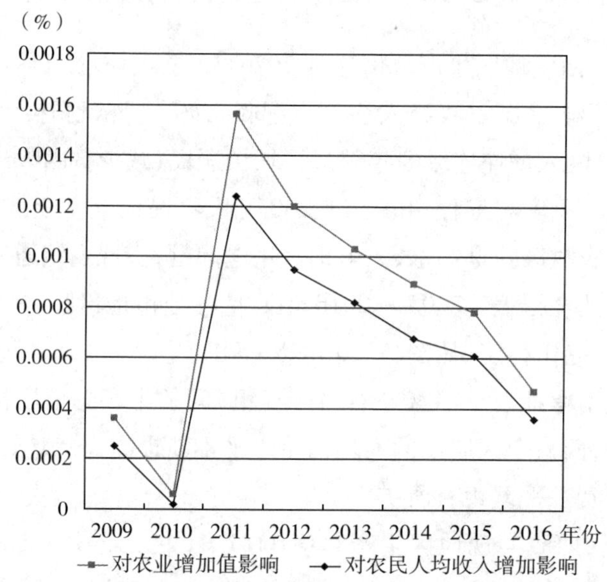

图 7-12 2009—2016 年西藏每万元扶贫资金投入对农民人均收入增加以及农业增加值的影响趋势

截至 2016 年年末，西藏农牧民人均可支配收入已达到 9094 元，相比 2012 年的 5697 元，5 年增长了 3000 多元。增幅从 2009 年开始平均在

13.54%左右。从西藏每万元扶贫资金投入对农民人均可支配收入增加以及农业增加值的占比来看,农业增加值受扶贫资金投入的影响与扶贫资金带给农民人均可支配收入增加的影响呈同步状态,这就表明,西藏每万元对第一产业的投入直接影响着农民人均可支配收入的增加,西藏传统的农牧业作为产业支柱带动着全区二、三产业的稳步增长。五年来,农牧业发展打下提质增效新基础。强农惠农政策全面落实,财政支农资金累计投入787.2亿元,农牧业基础地位显著加强。

7.1.4 西藏金融扶贫资金使用效率评价的模型分析及实证检验

该部分利用DEA-Tobit两阶段法对西藏金融扶贫支出效率进行研究,从静态现状和动态趋势两个维度对西藏金融扶贫支出效率进行深入剖析。并利用Tobit模型对效率评价结果及其影响因素之间的关系进行实证分析。

一、模型构建(DEA方法)

(一)效率测度的DEA方法

由Charnes、Cooper和Rhodes(1978)创建并发展而来的DEA(数据包络分析),是一种确定有效生产前沿面评估决策单元(DMU)相对有效性的非参数方法,该方法融合了计量经济学的边际效益理论和高等数学中的线性规划模型,通过界定是否位于生产前沿面来比较各决策单元之间的相对效率和规模收益。作为效率评价的基本方法,其操作原理是把一组已知的n个包含多个输入和输出部门的决策单元(Decision Making Unit,DMU)投影到生产前沿面上,通过衡量DMU与生产前沿面的偏离程度来评价决策的有效性,进而评价每个DMU的投入产出情况。自第一个DEA模型被提出以来,DEA方法在适用不同规模效益、权重等方面有了诸多演进,不断派生出一系列新的DEA模型。其中,在国内众多研究中使用较多的是CCR模型和BCC模型。CCR模型的前提假设是规模报酬不变,而Banker、Charnes和Cooper于1984年提出的BCC模型则不考虑生产可能集是否满足锥性,假设规模报酬可变。

假设 n 个决策单元对应的输入数据和输出数据分别为：

$$x_j = (x_{1j}, x_{2j}, \cdots, x_{mj})^T, j = 1,2,\cdots,n \tag{7.1}$$

$$y_j = (y_{1j}, y_{2j}, \cdots, y_{sj})^T, j = 1,2,\cdots,n \tag{7.2}$$

其中，$x_j \in E^m$，$y_j \in E^s$，$x_j > 0$，$y_j > 0$，j=1,2,⋯,n。

BCC 模型为：

$$\begin{cases} \min\theta = V_p \\ s.t. \sum_{j=1}^{n} x_j \lambda_j + s^- = \theta x_0 \\ \sum_{j=1}^{n} y_j \lambda_j - s^+ = y_0 \\ \sum_{j=1}^{n} \lambda_j = 1 \\ s^- \geqslant 0, s^+ \geqslant 0, \lambda_j \geqslant 0, j = 1,2,\cdots,n \end{cases} \tag{7.3}$$

θ 代表被测量的决策单元的综合效率水平，且满足 $0 \leqslant \theta \leqslant 1$。若 $\theta = 1$，则称决策单元 j_0 为弱 DEA 有效，若 $\theta = 1$，并且 $s^- = 0, s^+ = 0$，则称决策单元 j_0 为 DEA 有效。

通过 DEA 方法对效率进行测算，可以从投入导向和产出导向两个角度开展，投入导向侧重于衡量在一定产出的条件下的最少投入，而产出导向则侧重于衡量在一定投入条件下的最大产出。根据西藏金融扶贫的实际情况，本部分根据历史数据采取产出导向的 BCC 模型来测度西藏金融扶贫支出效率，选用投入导向的 BCC 模型预测未来西藏金融扶贫支出效率。

DEA 方法在测度一组多投入和多产出的效率时也存在着局限性，把效率测度局限于处理时间序列和横截面数据，缺乏适用于面板数据的研究方法。Fare 等先后两次发展和完善了由 Malmquist 于 1953 年提出的 Malmquist 指数，用 DEA 方法来测度跨期的动态 Malmquist 指数。

$$M_{v,c}^{t,t+1} = \frac{D_v^{t+1}(x^{t+1}, y^{t+1})}{D_v^t(x^t, y^t)} \times \left[\frac{D_v^t(x^t, y^t) / D_c^t(x^t, y^t)}{D_v^{t+1}(x^{t+1}, y^{t+1}) / D_c^{t+1}(x^{t+1}, y^{t+1})}\right] \times \left[\frac{D_c^t(x^t, y^t)}{D_c^{t+1}(x^t, y^t)} \times \frac{D_c^t(x^{t+1}, y^{t+1})}{D_c^{t+1}(x^{t+1}, y^{t+1})}\right] \tag{7.4}$$

在(7.4)式中,等号左侧 $M_{v,c}^{t,t+1}$ 代表综合效率的变化(即 TFP 变化率),等号右侧第一项和第二项分别反映了纯技术效率变化和规模效率的变化,二者的乘积反映了技术效率变化,第三项为技术进步。当 $M_{v,c}^{t,t+1} > 1$ 时,跨期效率处于增长阶段;$M_{v,c}^{t,t+1} = 1$,跨期效率不变;$M_{v,c}^{t,t+1} < 1$,跨期效率处于下降阶段。

(二)西藏金融扶贫效率评价体系

金融扶贫效率是金融扶贫投入与产出的比值,反映了金融部门扶贫资金的管理与绩效水平。根据效率的分类,可将金融扶贫效率分为经济效率和社会效率两个方面,金融扶贫的经济效率是扶贫资金的投入对社会资源配置和经济运行的合理性与有效性;金融扶贫的社会效率是指由于经济和社会的发展,扶贫过程中的受惠范围和程度扩大,社会进一步发展的条件得以完善,以实现社会成员的自由全面发展为目标。

金融扶贫投入即金融扶贫支出,金融扶贫产出则指金融扶贫支出衍生出的多样化的脱贫成效。由于扶贫的外部性,金融扶贫产品多为公共产品或半公共产品。金融部门通过金融扶贫支出来安排各种扶贫产品和服务以满足贫困群体的需求,金融扶贫产品的供给由两个阶段组成:一是供给阶段(贫困辨识阶段),即对贫困群体的需求进行辨识、判断,进而决定如何扶贫,即提供什么样的扶贫产品和服务以满足贫困群体的需求;二是生产阶段(扶贫进行阶段),把金融扶贫资金变为具体的扶贫产品予以实施。相应的,金融扶贫效率也可以被分为两个方面:一是在贫困辨识阶段,金融扶贫产品与贫困群体的需求匹配程度;二是在扶贫落实阶段,能否将金融扶贫产品的成本降到最低。衡量西藏金融扶贫资金支出效率主要包括金融扶贫资金投入和金融扶贫产出两个方面,结合已有研究及数据可获得性,确定西藏金融扶贫资金使用效率评价指标体系(见表 7-3)。

表 7-3　西藏金融扶贫资金使用效率评价指标体系

一级指标	二级指标	指标解释
金融扶贫资金支出(投入)	X:人均扶贫贴息贷款(万元)	直接反映金融扶贫资金的支持力度

续表

一级指标	二级指标	指标解释
金融扶贫资金效益(产出)	Y_1:人均 GDP 水平(元)	反映人均经济发展水平
	Y_2:农村居民人均 GDP 水平(元)	反映农村人均经济发展水平
	Y_3:人均工业产值(元)	反映工业发展情况
	Y_4:城乡居民人均消费水平(万元)	反映扶贫对人民生活的改善程度
	Y_5:每人自有住房面积(平方米)	反映扶贫对住房状况的改善
	Y_6:每万人中在校学生数(人)	反映扶贫对教育水平的改善程度
	Y_7:每千人拥有卫生技术人员数(人)	反映扶贫对人们健康的影响

二、金融扶贫资金使用效率及趋势分析

(一)西藏金融扶贫资金使用效率分析

通过对 2005—2016 年西藏金融扶贫投入与产出历年的横截面数据进行分析,测算出历年西藏金融扶贫资金使用得分,具体如表 7-4 所示。当利用 BCC 模型评价西藏金融扶贫资金使用效率时,其运行结果解读如下:当综合效率等于 1 时,说明此 DMU 实现了综合效率有效,即该年份金融扶贫资金支出实现了最优扶贫效益,达到了帕累托最优。综合效率又可以进一步分解为技术效率和规模效率,即综合效率=技术效率×规模效率。其中,技术效率反映了政府对金融扶贫资金使用的配置效率,若技术效率=1,则说明此 DMU 实现了技术有效,即在该年份政府能在金融扶贫资金使用量不变的情况下,使其转化为更多的扶贫产出,也就是在投入不变的情况下,实现了收益最大化。规模效率反映的是金融扶贫规模成效,若规模效率=1,说明此 DMU 实现了规模有效,即金融扶贫效益的增速高于金融扶贫资金支出的增速。

从西藏金融扶贫资金使用综合效率来看,所有决策单元(年份),中弱 DEA 有效数量高于 DEA 有效数量,实现 DEA 有效的年份为 2005 年

和2008年,在过去的十年中,综合效率呈下降趋势,尤其是在2011年之后,综合效率得分下降幅度偏大。从对西藏金融扶贫资金使用的综合效率的分解看,在技术效率方面,所有决策单元(年份)中,弱DEA有效数量低于DEA有效数量,这说明过去十年中,西藏金融扶贫资金使用的配置效率较高,政府能在扶贫资金投入量不变的情况下,实现最大的扶贫成效;在规模效率方面,所有决策单元(年份)中,弱DEA有效数量高于DEA有效数量,这说明过去十年中,西藏金融扶贫资金使用的规模效率不够理想,金融扶贫效益的增速低于金融扶贫资金支出的增速。自2011年之后,西藏金融扶贫资金使用的规模效率出现大幅降低,表中数据显示,西藏金融扶贫资金使用的规模效率从2011年的0.773降为2012年的0.348,出现了大幅下降,之后规模效率一直处于较低水平,规模效率也是引起综合效率大幅下降的主要原因,这一点在图7-13中可以得到直观呈现。

表7-4　2005—2016年西藏金融扶贫资金使用效率

年　份	综合效率(CRS)	技术效率(VRS)	规模效率	规模报酬
2005	1	1	1	—
2006	0.833	0.856	0.972	irs
2007	0.988	1	0.988	irs
2008	1	1	1	—
2009	0.687	1	0.687	irs
2010	0.600	0.787	0.762	irs
2011	0.773	1	0.773	irs
2012	0.348	1	0.348	drs
2013	0.256	1	0.256	drs
2014	0.290	0.639	0.290	drs
2015	0.280	1	0.280	drs
2016	0.239	1	0.239	drs

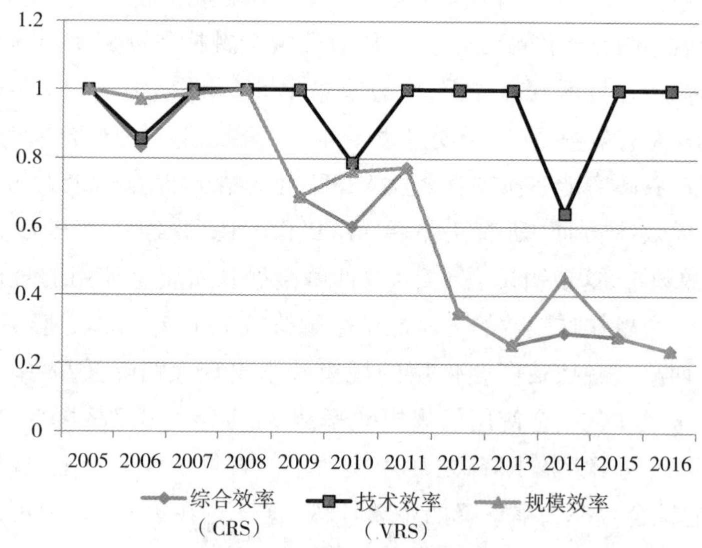

图7-13 2005—2016年西藏金融扶贫资金使用效率

（二）西藏金融扶贫资金投入冗余与产出不足分析

从上一部分分析可以看出，2005—2016年西藏金融扶贫资金使用存在不同程度的效率低下问题，原因之一可能是西藏金融扶贫资金投入和产出结构不合理所导致的。为此，本部分将根据BCC模型计算出的DEA无效单元的投入冗余额和产出不足额与初始投入额和产出额进行对比，并进一步计算每一年的投入改进方向和改进距离（见表7-5）。在西藏金融扶贫产出方面，农村居民人均GDP水平方面的产出严重不足，尤其是在2011—2013年，农村居民人均GDP产出不足率达到了55.3%，之后，农村居民人均GDP产出不足率虽有下降趋势，但仍保持较高水平。在教育产出方面，每万人中在校学生数也存在比较严重的产出不足情况，与医疗卫生和人均GDP情况相比，虽然教育（每万人中在校学生数）方面存在的产出不足年份较少，但产出不足率较高，尤其是在2010—2012年，产出不足率达到了67.45%，2012年之后，教育产出不足率出现下降，但仍处于较高水平（24.8%）。在医疗卫生方面，以每千人拥有卫生技术人员数为代表进行分析后发现，医疗卫生方面存在普遍的产出不足情况,多数年份均存在不同程度的产出不足问题,且产出不足率逐渐上升,2015 年达到了 48.2%;在城乡居民人均消费水平方面也存在较严重的产出不足问题,这说明金融扶贫在拉动城乡居民消费方面存在效率损失。在人均 GDP 方面,初期产出不足率较高,随后出现下降趋势,之后又略有回升,这说明金融扶贫在促进西藏整体经济发展方面的成效是先升后降的。在金融扶贫促进产业发展方面,产出不足率年份最少,这说明金融扶贫在促进产业发展方面的效果较为理想。在投入冗余方面,多数年份存在投入冗余问题,这说明过去十年中的多数年份西藏金融扶贫资金使用效率较低,并未能充分发挥扶贫资金的应有效益。

表 7-5 西藏金融扶贫资金投入冗余率与产出不足率

年份	X	Y_1	Y_2	Y_3	Y_4	Y_5	Y_6	Y_7
2005	—	—	—	—	—	—	—	—
2006	-91.86	1446.45	333.21	297.94	348.35	—	—	0.13
2007	-86.43	1234.81	228.63	214.01	273.61	—	—	0.31
2008	—	—	—	—	—	—	—	—
2009	-129.03	15.39	278.64	—	—	2.43	373.20	0.39
2010	-297.65	—	425.82	27.21	64.83	5.61	610.89	0.68
2011	-312.8	399.23	1042.98	—	550.30	8.96	1128.20	1.44
2012	-397.21	—	1380.61	86.52	574.61	14.26	1516.88	1.88
2013	-289.43	63.70	1883.79	—	530.23	17.55	214.82	2.64
2014	-182.33	256.94	728.99	—	868.78	32.97	228.12	3.50
2015	-243.18	494.15	612.00	—	603.08	45.09	387.53	4.36
2016	-314.59	711.65	872.22	—	616.51	51.91	367.00	5.22

注:$Y_i(i\in[1-7])$代表产出不足率,即在保持投入不变的情况下,产出应该增加的幅度;X 代表投入冗余率,即在保持产出不变的情况下,投入应该减少的幅度。

(三)西藏金融扶贫资金使用效率的动态趋势分析

DEA 的 BCC 模型仅能对静态横截面数据进行测度和分析,并不适合测量动态面板数据,缺乏对西藏金融扶贫资金使用效率变化趋势的动态分析。为此，本部分采用 DEA-Malmquist 方法，利用 2005—2016 年西藏金融扶贫资金使用及相关产出的面板数据，分析西藏金融扶贫资金使用效率的演变趋势。在 DEA-Malmquist 方法中，综合效率大于 1 时，说明 t 至 $t+1$ 期的效率处于增长态势。综合效率可以分解为技术效率和技术进步，技术效率变化又可进一步分解为纯技术效率变化和规模效率变化。技术效率变化从纯技术效率和规模效率两个方面分别反映了仅包含金融扶贫资金投入配置技术和配置技术加上配置规模对于综合效率水平的影响。技术进步则可以衡量金融扶贫投入调整对综合效率的贡献度。

从表 7-6 综合分析可以发现，2005—2016 年，西藏金融扶贫资金投入的技术效率基本在 1 上下波动，技术进步和综合效率则先下降后上升，并逐渐趋于 1。从综合效率来看，其波动幅度较大，多处于小于 1 的水平。2005—2007 年，综合效率略有下降，随后逐渐上升，2014 年之后逐渐大于 1，这说明在某种意义上，精准扶贫政策的实施提高了金融扶贫资金投入效率。过去十几年中，技术效率基本保持在 1 左右，技术进步水平低于 1，其变化呈现出先降后升趋势，并在 2014 年之后接近 1。

表 7-6　2005—2016 年西藏金融扶贫资金投入的动态效率变化

年　　度	综合效率	技术效率	技术进步
2005—2006	0. 938	1. 086	0. 864
2006—2007	0. 741	0. 932	0. 795
2007—2008	0. 770	1. 009	0. 763
2008—2009	0. 811	1. 012	0. 801
2009—2010	0. 733	1. 002	0. 732
2010—2011	0. 782	0. 964	0. 811
2011—2012	0. 899	0. 998	0. 901
2012—2013	0. 918	1. 006	0. 913
2013—2014	0. 974	0. 987	0. 987

续表

年　　度	综合效率	技术效率	技术进步
2014—2015	1.013	1.006	1.007
2015—2016	1.021	1.009	1.012

从上述分析可以发现,过去十几年中,西藏金融扶贫工作面临着效率降低的困境,在绝对贫困人口减少,有能力脱贫人口脱贫后,脱贫工作进入攻坚期。尽管贫困人口数量在减少,但脱贫难度增加,由帮扶脱贫到自主脱贫的难度增加,扶贫资金投入的综合效率增长陷入困境。反映金融扶贫资金投入调整对综合效率影响的技术进步指数在2011年之后保持增长趋势,并在2014年之后超过了1,这说明西藏金融精准扶贫对资金投入的调整在促进综合效率提升方面发挥了积极作用。

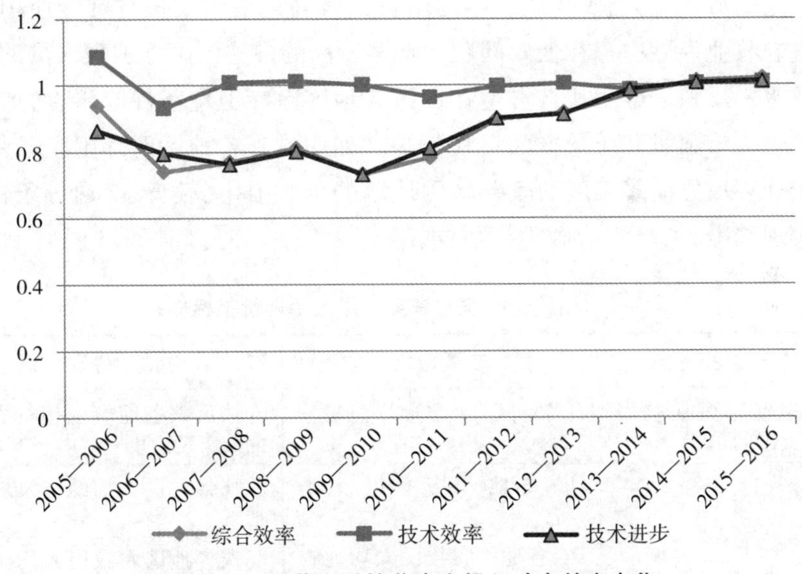

图 7-14　西藏金融扶贫资金投入动态效率变化

三、西藏各地区金融扶贫资金投入效率分析

为了具体分析西藏各地区金融扶贫资金投入效率情况,根据搜集数据及模型需要,建立了相应的指标体系(见表7-7),其中,用各地区

2010—2015 年的人均扶贫贴息贷款作为投入(I),扶贫资金产出(效益 O_i)的指标包括:各地区人均 GDP 水平、各地区农牧民人均纯收入、各地区农牧业产值和各地医护工作人员数量。仍然采用 BCC 模型进行分析,具体结果如表 7-8 所示。

从分析结果可以看出,2010—2015 年,西藏各地区金融扶贫资金使用综合效率得分为 1 的占多数,技术效率水平得分高于规模效率得分的情况较多,这说明“十二五”期间,西藏各地区金融扶贫资金使用效率较为乐观,政府对金融扶贫资金使用的配置效率较高,但各地区多数年份的扶贫资金增长速度超过扶贫效益增长速度,存在规模不经济的问题。从各地区的扶贫产出增长比来看,农牧民人均纯收入水平存在较大的提升空间,与各地区人均 GDP 相比,农牧民人均纯收入增长比幅度较大,说明在扶贫过程中,城镇居民受益水平超过了农村居民受益水平,扶贫效益存在一定的城乡差异,农牧业产值的增长比较高也说明了扶贫资金使用在促进农牧业发展中存在低效问题。普遍较高的各地区医疗护理人员的增长比水平反映了金融扶贫资金在促进各地区医疗卫生条件改善、增加医疗护理人员数量和质量方面存在欠缺。如何改善各地区医疗卫生条件,从宏观环境方面多维度的改善贫困地区的公共卫生、教育、交通等条件,是实现精准脱贫和“造血式”脱贫的基础。

表 7-7　西藏金融扶贫资金使用效率评价指标体系

一级指标	二级指标	指标解释
各地区金融扶贫资金支出(投入)	I:各地区人均扶贫贴息贷款(万元)	直接反映各地金融扶贫资金的支持力度
各地区金融扶贫资金效益(产出)	O_1:各地人均 GDP 水平(元)	反映各地区人均经济发展水平
	O_2:各地区农牧民人均纯收入(元)	反映各地区农牧民人均纯收入水平
	O_3:各地区农牧业产值(元)	反映各地区农牧业发展情况
	O_4:各地区医护工作人员数量(人)	反映各地区医疗卫生情况

表 7-8 西藏各地区金融扶贫资金投入效率及改进情况

年份	DMU	规模效率	技术效率	综合效率	规模报酬	改进率	增长比			
						I	O_1	O_2	O_3	O_4
2010	拉萨	1	1	1	—	0	0	0	0	0
	山南	0.50	0.81	0.41	irs	27.7	120.1	209.3	193.5	259
	昌都	1	1	1	—	0	0	0	0	0
	林芝	1	1	1	—	0	0	0	0	0
	那曲	0.52	0.85	0.45	irs	35.67	298.1	301.4	255.3	310
	阿里	1	1	1	—	0	0	0	0	0
	日喀则	1	1	1	—	0	0	0	0	0
2011	拉萨	1	1	1	—	0	0	0	0	0
	山南	0.20	0.82	0.16	drs	24.04	22.32	29.8	30.2	40.2
	昌都	1	1	1	—	0	0	0	0	0
	林芝	1	1	1	—	0	0	0	0	0
	那曲	0.67	0.85	0.57	irs	32.5	29.9	76.5	109.5	300
	阿里	0.95	0.65	0.62	irs	104.8	185.9	99.4	89.3	201
	日喀则	1	1	1	—	0	0	0	0	0
2012	拉萨	1	1	1	—	0	0	0	0	0
	山南	0.13	0.82	0.11	drs	30.9	87.4	109.5	153.5	105
	昌都	1	1	1	—	0	0	0	0	0
	林芝	1	1	1	—	0	0	0	0	0
	那曲	0.92	0.94	0.86	irs	182.4	103.6	143.6	209.5	196
	阿里	1	1	1	—	0	0	0	0	0
	日喀则	1	1	1	—	0	0	0	0	0
2013	拉萨	1	1	1	—	0	0	0	0	0
	山南	0.20	0.83	0.16	drs	54.1	86.6	23.3	110.2	230
	昌都	0.44	0.92	0.41	irs	49.3	67.2	94.3	109.5	175
	林芝	1	1	1	—	0	0	0	0	0
	那曲	0.37	0.81	0.30	drs	45.2	72.88	186.2	239.1	233
	阿里	0.63	0.74	0.47	irs	201.2	199.4	80.5	148.5	291
2013	日喀则	1	1	1	—	0	0	0	0	0

续表

年份	DMU	规模效率	技术效率	综合效率	规模报酬	改进率	增长比			
						I	O_1	O_2	O_3	O_4
2014	拉萨	1	1	1	—	0	0	0	0	0
	山南	1	1	1	—	0	0	0	0	0
	昌都	0.78	0.52	0.41	drs	90.3	186.3	148.2	145.7	184.9
	林芝	1	1	1	—	0	0	0	0	0
	那曲	0.61	0.82	0.50	drs	36.6	60.7	83.4	128.3	190
	阿里	0.63	0.59	0.37	drs	103.2	93.7	129.3	234.8	301.2
	日喀则	1	1	1	—	0	0	0	0	0
2015	拉萨	1	1	1	—	0	0	0	0	0
	山南	0.63	0.88	0.55	irs	62.2	71.3	108.4	113.6	169
	昌都	1	1	1	—	0	0	0	0	0
	林芝	1	1	1	—	0	0	0	0	0
	那曲	0.63	0.85	0.53	drs	67.3	79.3	102.4	105.2	201
	阿里	0.54	0.79	0.43	drs	48.7	104.9	82.6	208.2	267
	日喀则	1	1	1	—	0	0	0	0	0

注：改进率为在产出不变的情况下，金融扶贫资金投入应缩减的比例；增长比为在投入不变的情况下，各项产出应增加的比例。

四、相关结论

（一）西藏金融扶贫资金投入效率状况及变化趋势

根据前述模型分析可以发现，2005—2016年，西藏金融扶贫资金投入综合效率整体上呈下降趋势，其中技术效率情况较好，多数年份的技术效率得分为1，说明此期间西藏金融扶贫资金使用的配置效率较高，政府能通过对扶贫资金在不同扶贫措施方面的合理分配实现较高的扶贫成效。但在规模效率方面的得分情况较差，还呈现出下降趋势，西藏金融扶贫资金使用的规模成效不够理想，金融扶贫效益的增速低于金融扶贫资金支出的增速，这也说明，随着扶贫工作的深入，扶贫资金的增加呈现出规模效益递减的现象，如何提高扶贫资金投入的边际收益是提高整体扶贫成效的关键。

（二）扶贫成效存在一定的城乡差距和领域差距

在扶贫成效方面存在一定的城乡差距。以农村居民人均 GDP 水平为例，与西藏人均 GDP 水平相比，农村居民人均 GDP 水平较低，模型分析结果显示的较高产出不足率，也说明在扶贫资金投入对 GDP 产生的带动中，农村居民受益较小。扶贫成效在教育和医疗方面也存在产出不足的情况。在教育方面，每万人中在校学生数存在较严重的产出不足情况，与医疗卫生和人均 GDP 情况相比，虽然教育（每万人中在校学生数）方面存在的产出不足年份较少，但产出不足率较高，尤其是在 2010—2012 年间，产出不足率达到了 67.45%，2012 年之后，教育产出不足率出现下降，但仍处于较高水平（24.8%）。医疗卫生方面存在普遍的产出不足情况，且产出不足率逐渐上升，2015 年达到了 48.2%。教育和医疗领域存在的较高的产出不足率，说明政府在下一步的扶贫工作中应重视宏观环境方面的扶贫工作，需要进一步改善教育、医疗卫生环境，提高教育、医疗技术水平，尤其应加大教育资源和医疗卫生资源引进方面的投资，通过优秀人才资源的引进推动教育和医疗水平的提高，同时辅之以先进的专业设施和前沿管理技术，努力实现从软件和硬件两个方面共同推进西藏教育和医疗环境的改善。

模型分析还发现，金融扶贫资金投入在人均 GDP 产出方面，初期产出不足率较高，随后出现下降趋势，之后又略有回升；在拉动城乡居民消费方面也存在效率损失；在促进产业发展方面，产出不足率年份最少，这说明金融扶贫在促进产业发展方面的效果较为理想。在投入冗余方面，多数年份存在投入冗余问题，过去十年中多数年份的金融扶贫资金使用效率较低，尤其是金融扶贫资金投入的增加是边际效益递减的，这也说明当前西藏金融扶贫工作的难点并不在于扶贫资金不足，而在于如何提高扶贫资金的投入效率，即如何激发贫困群体的发展潜能，通过带动目标群体脱贫的主观能动性来提高扶贫资金的使用效率。

（三）西藏金融扶贫投入效率存在地域差异

各地区模型分析结果显示，金融扶贫投入效率呈现出一定的地域差异。在经济发展水平较高的拉萨、林芝等地区，金融扶贫资金投入效率得分较高，基本达到了最优水平。但在经济发展水平较低的阿里、那曲等地，金融扶贫资金投入。效率得分较低，资金投入存在冗余，产出存在不足，尤其是在教育和医疗方面的产出不足率较高。其原因在于，初期扶贫资金投入能有效地满足贫困人口基本生存，此时，贫困人口收入增加，扶贫资金投入效率较高，处于规模报酬递增阶段，随着扶贫资金投入的增加，扶贫目标已不仅仅是满足贫困人口的生存需求，还包括了满足或激发贫困地区和人口的发展能力，即扶贫的重点由初期的“扶生存”演变为“扶发展”，相应的扶贫体制也应随之发生转变，这也是中央提出精准扶贫的原因之一。在“扶发展”的扶贫模式下，由于拥有较好的社会、经济资源，对经济发展水平相对较高地区的扶贫资金投入会产生较高的产出，贫困人口的发展机会相对充足，教育、医疗条件更为有利。从发展角度而言，这些环境因素更有利于经济发展水平较高地区的贫困人口实现由救助式脱贫转变为自我发展式脱贫，自我发展式脱贫产生的外部效益远高于救助式脱贫，因此会产生宏观环境和微观个体间的良性循环，即有利的外部环境促进个体的发展，进而实现脱贫，个体脱贫又进一步促进了外部环境的发展。但在经济发展水平较低的地区，则呈现出与上述相反的作用机理，由此决定了“扶生存”到“扶发展”的转变在经济发展水平较低的地区难度更大。

7.1.5 西藏金融扶贫资金使用效率的影响因素分析

一、资金使用效率影响因素的 Tobit 回归模型分析

通过测算 2005—2016 年西藏金融扶贫资金投入效率及 2010—2015 年西藏各地区金融扶贫资金投入效率，可以发现，各年份金融扶贫资金投入效率存在差异，地区间金融扶贫资金投入效率也存在一定程度的差异。由于 DEA 模型仅仅考虑了决策单位涉及的投入产出指标，未考虑外生因素对扶贫效率的影响，为此，本部分利用随机效应的 Tobit 回归模型进行分析。Tobit 模型是受限因变量模型，可以避免使用 OLS 直接进行回归时，因为被解释变量的取值范围是(0,1]而导致回归估计结果有偏差。

2005—2016 年西藏金融扶贫资金使用效率的影响模型构建如下：

$$y_{it} = \alpha_t + \beta_t X_{it} + \varepsilon_t \text{ , } i = 1,2,3 \tag{7.5}$$

其中 ε_t 是随机干扰项，$\varepsilon_t \sim N(0,\sigma^2)$ ，(7.5)式的被解释变量 y_{it} 为西藏及各地区金融扶贫资金使用的综合效率得分。解释变量包括：

财政自主权(x_{1t})：即自身财政收入/财政总支出。根据相关文献观点，由于不同年份各地区经济发展水平不同，各地区政府在财政实力上也表现出不同的水平。经济发展水平较高地区，由于经济实力的支持而拥有更强的财政实力和更大的财政自主权，同时经济发展水平较高地区的资金收益率、人力资本收益率等都较高，对扶贫资金使用效率具有正向影响；而经济发展水平较低的地区，其财政更多地依赖中央政府转移支付，财政自主权较低，同时，经济发展水平较低也说明其投资环境、发展环境较差，资金收益率、人力资本回报率等较低，对扶贫资金投入效率具有不利影响。

贫困人口密度(x_{2t})：即贫困人口数量/总人口数量。贫困人口是金融扶贫资金投入对象，贫困人口规模必然会影响扶贫资金的投入量及分配情况，较高的贫困人口密度通常对应较高的扶贫资金投入。

经济因素(x_{3t})：即上一年度地区 GDP/地区总人口数。地区经济发展水平与政府金融扶贫资金投入效率之间密切相关，较高的经济发展水平意味着较完善的金融体系，政府可运用的扶贫资金更多，也意味着较高的扶贫资金使用效率。

表 7-9 所示为西藏金融扶贫资金使用效率影响因素的回归模型计量结果，模型 1 主要是对财政自主权进行回归分析，模型 2 主要是对贫困人口密度进行回归，模型 3 则是对经济因素进行回归，模型 4 对政府自主权、贫困人口密度和经济因素同时进行回归。各模型的 rho 值均大于 0.61，说明个体效应是影响西藏金融扶贫资金使用效率变化的主要原因。通过比较各模型的对数似然值可以发现，模型 4 的拟合度要优于模型 1—模型 3。模型 1 主要考察政府因素对金融扶贫资金使用效率的影响，财政自主权通过了显著性检验，且对金融扶贫资金使用效率影响为正，财政自主权每增加 1 个单位，金融扶贫资金使用效率将增加 0.3401 个单

位。这说明政府掌握的财政收入越高,越有利于金融扶贫资金使用效率的提高。

表 7-9　西藏金融扶贫资金使用效率的影响因素分析

变　量	模型 1	模型 2	模型 3	模型 4
财政自主权(x_{1t}) z	0. 3401 ** 2. 56			0. 4301 *** 2. 57
贫困人口密度(x_{2t}) z		0. 5047 2. 68		-0. 3285 * 1. 78
经济因素(x_{3t}) z			0. 6743 *** 3. 19	0. 8237 *** 4. 83
常数项 z	0. 3429 2. 09	0. 3247 * 1. 98	0. 3198 ** 5. 03	0. 2941 1. 48
个体效应标准差 z	0. 3122 ** 1. 09	0. 3209 *** 1. 26	0. 3098 ** 1. 65	0. 4002 *** 2. 41
干扰项标准差 z	0. 2189 *** 19. 91	0. 2094 ** 19. 08	0. 1983 ** 18. 49	0. 1873 18. 19
似然比检验	198. 04	203. 45	213. 91	201. 40
rho	0. 6137	0. 6145	0. 7431	0. 7021
对数似然值	102. 45	98. 05	109. 42	121. 38

注:* 、** 、*** 分别表示在 10%、5%、1%的水平上显著。

模型 2 主要考察贫困人口密度对金融扶贫资金使用效率的影响,贫困人口密度对金融扶贫资金使用效率为正向影响,但未通过显著性检验。模型 3 主要考察经济因素对金融扶贫资金使用效率的影响,经济因素对金融扶贫资金使用效率的影响为正,且在 1%的水平上显著,根据分析结果,经济因素每提高 1 个单位,金融扶贫资金使用效率将增加 0. 6743 个单位,说明较高的经济发展水平有利于促进金融扶贫资金使用效率的提高。模型 4 综合考察了政府自主权、贫困人口密度和经济因素对金融扶贫资金使用效率的影响,在模型 1、模型 3 中,显著的政府自主权因素、经济因素仍然显著,且影响方向相同;在模型 2 中,不显著的贫困人口密度因素变为显著,且方向变为负向。说明对于西藏金融扶贫资金使用效率来说,政府自主权因素和经济因素是其主要影响因素,且影响都为正,而贫困人口密度因素的影响程度较低,且不稳定。这也说明在扶贫工作早期阶段,通过救助式扶贫等方式对缺乏劳动能力的贫困人口进行收入补助,可以大量减少贫困人口数量。但随着扶贫工作的发展,扶贫工作的难度逐渐增加,如何使具有劳动能力的贫困人口由“扶助式”脱贫变为“自主”脱贫,如何缩小由于教育、医疗等机会不平等造成的贫困成为扶贫工作的重点和难点。在这一过程中,贫困人口密度对扶贫资金效率的影响由初期的正向变为负向,也说明贫困人口越多,越不利于扶贫方式的转变,不利于缩小贫富差距。

二、西藏金融扶贫资金使用效率的影响因素定性分析

根据上一部分的模型分析结果,我们发现影响西藏金融扶贫资金使用效率的因素主要包括:政府自主权因素和经济因素。囿于所获数据的有限性及由此造成的回归模型分析的局限性,本部分从定性角度对影响西藏金融扶贫资金使用效率的因素做进一步的分析和说明。该部分的思路主要是先对各种原因造成的模型分析的不足进行说明,然后针对模型分析的不足进行定性的分析补充。

研究西藏金融扶贫资金使用效率必然涉及投入和产出两个角度,随机效应的 Tobit 回归模型通过将 DEA 分析结果中的综合效率作为被解释变量,结合选定的解释变量进行模型回归。模型分析的核心基础是数据,而由于多方面因素限制,我们仅能获取政府自主权、贫困人口密度和经济因素三个方面的数据作为解释变量,未能获取同样影响金融扶贫资金使用效率的教育开支情况、医疗卫生开支情况等方面数据,这必然会对模型结果产生影响。同样由于数据限制,我们在 DEA 分析中仅将扶贫贴息贷款作为投入,虽然可以较好地代表金融扶贫资金投入情况,但并不全面,也会对分析结果精确度产生影响。

模型分析仅考虑了量化因素,对于一些难以量化的因素缺少考虑。在金融扶贫资金投入方面除资金投入量之外,还存在很多其他需要考虑的因素,如投入方式、投入渠道、投入领域等,而这些因素的量化仍存在一定的难度。如何在今后的扶贫开发工作中通过网络技术来实现对这些方

面数据的搜集和补充,对衡量扶贫成效是非常有益的,也是提高扶贫精准度的关键。在金融扶贫资金使用成效方面也存在很多难以量化的方面,作为边疆少数民族地区,历届中央政府都非常重视西藏的社会稳定和民族团结,为维护稳定团结大局,中央及西藏政府将改善民生工作置于重要位置,从收入、住房、教育、医疗等多方面对贫困人口进行补贴、扶持,实施了多项利民、惠民政策,政府在此方面的支出所产生的社会效益的量化也存在困难,尤其是扶贫资金投入在社会稳定、民族团结方面取得的成效难以进行量化。“治国必治边,治边先稳藏”“稳定是西藏发展的重中之重”,西藏扶贫工作所取得的维护社会稳定、民族团结的成效是其他方面难以比拟的。

对于西藏金融扶贫资金使用效率模型分析中难以体现的因素进行定性分析是对定量分析的有益补充。西藏金融扶贫资金使用效率涉及资金投入和扶贫产出两个方面,资金使用效率的提高意味着在扶贫产出不变的情况下投入减少,或在扶贫资金投入不变的情况下产出增加。在金融扶贫投入方面最基本、最核心的是金融扶贫资金,而金融扶贫资金的筹集、配置、运作等需要政府部门、金融部门等多方工作人员的协调、配合,在这一过程中产生了金融扶贫的人力资本投入和扶贫资金的投入方式,从而产生了影响金融扶贫资金投入效率的两个重要因素:人力资本和投入方式。人力资本对扶贫资金投入效率的影响主要体现为:工作效率低下、各部门间协调度差、权力寻租、技能低下、主观性强等。投入方式对扶贫资金投入效率的影响主要体现在:资金投放环节过多造成的效率损失。资金投放渠道不合理导致的效率损失,而造成前者的原因在于政府行政流程设置不合理,即行政无效或低效;造成后一问题的原因在于缺少对贫困地区、贫困人口现实需求的客观、合理评估,未考虑个体性差异,即未能真正做到精准扶贫。这就涉及扶贫目标——贫困地区、贫困群体的问题,即扶贫对象精准的问题,对于不同贫困地区、贫困群体存在不同的致贫原因,需要进行相应的信息采集、分析,确定不同地区、群体的贫困类型,进而采取不同的扶贫策略,探索不同的扶贫目标实现方式。扶贫资金作用于目标对象后产生扶贫产出,主要表现为:贫困地区、人口收入增加,贫困地区经济发展水平提高，贫困人口生活水平提高，贫困地区宏观环境改善，社会稳定和谐。贫困地区和人口收入增加的实现方式主要有两种：一种是通过转移支付，即中央或西藏对贫困地区政府的拨款，各级政府对贫困人口的救助，这种方式实现的收入增加是“输血式”扶贫，更适合扶贫工作早期阶段；另一种是借助扶贫资金的帮助，通过地区产业发展或个体努力实现收入增加，这种方式实现的收入增加是“造血式”的扶贫，更适合扶贫工作进行一段时间后，在社会稳定的基础上，培育贫困地区和贫困人口的自我发展能力。

纵观人类社会发展历史，物质资料的丰富催生了生产资料剩余，而个体机会、能力差异又导致生产资料剩余的分配不均，在人类社会进入工业社会后，机器化大生产及资本剩余使不同地区、不同群体间的贫富差距日益明显、扩大，作为调节初次分配的政府政策也随之逐渐产生，疾病救助、工伤保险、养老保险、灾难救济……在社会不断向前发展的过程中确保了弱势群体的相对公平，使人类社会在飞速发展中能兼顾贫困、弱势群体的利益，更加凸显社会发展的人文关怀，也是人类社会与自然社会相区别的根本所在。所以，从某种角度看，扶贫将伴随人类社会发展过程，在社会发展初期，扶贫主要是在收入（物质）维度满足贫困人口生存的基本需求，扶贫工作的重点是对贫困群体生存需求的满足。在社会发展中期，扶贫将由一维的物质（资金）扶贫转变为多维的扶贫，多维扶贫不仅包括微观个体，还包括宏观环境方面，在环境方面为贫困个体创造公平、良好的生存发展环境，提供公平的教育机会、工作机会，创造良好的医疗条件，为贫困个体的自我发展创造环境条件，进而通过对微观个体的引导、支持，激发贫困个体的自我发展欲望和能力，实现扶贫工作的新突破，与此同时，对于缺少劳动能力的贫困群体则须完善救助制度，通过转移支付确保部分特殊贫困人群的生存和发展。在这一阶段，扶贫工作的重点是培养贫困群体中具有劳动能力的人群的自我发展能力，激发整个社会的发展潜能，同时对缺乏劳动创收能力的贫困群体辅之以救助。在社会发展的高级阶段，整个经济社会发展处于高级阶段，社会物质极大丰富，人民生活水平得到极大提高，对于缺少自我创收能力的无劳动能力贫困群体的转移支付制度更为完善，针对特殊弱势群体的配套环境更为完善，社会扶贫工作的重点是对缺少劳动能力的贫困群体进行转移支付和人文关怀。

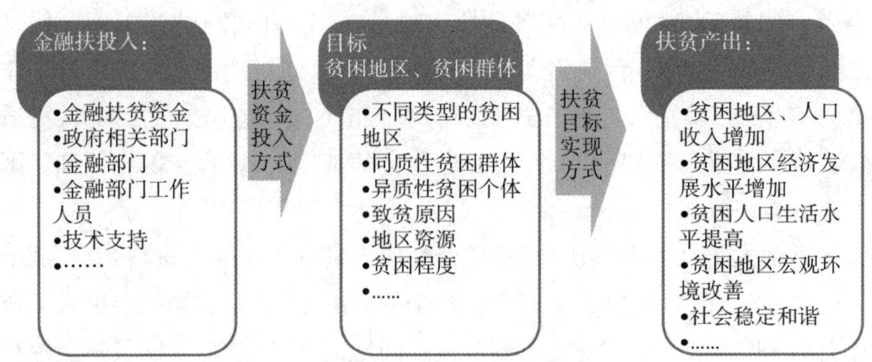

图 7-15　金融扶贫投入及产出路径

Tobit 模型回归结果显示，经济因素是影响西藏金融扶贫资金投入效率的主要变量，其次为政府因素，贫困人口密度的影响较小且不稳定。鉴于模型分析的局限性，我们又结合实际对其进行了定性分析。从发展角度而言，扶贫是对社会发展中的弱势群体给予人文关怀的一种体现，是经济发展兼顾效率与公平的体现，在这一过程中产生的社会情感难以量化，但对人类社会的进步却至关重要；从政府角度而言，扶贫工作对于西藏社会稳定、民族团结的重要性不言而喻，通过扶贫工作为经济发展、人民生活创造和谐、稳定的社会环境，对西藏社会发展至关重要。为此，在分析西藏金融扶贫资金投入效率时，不仅要看到取得的数字成效，更要看到扶贫工作取得的情感效益和稳定、团结效益。

7.1.6　提高西藏金融扶贫资金使用效率的对策建议

本部分围绕如何提高西藏金融扶贫效率，实现西藏脱贫攻坚整体目标展开论述。

西藏扶贫工作取得的重大进展中，金融扶贫的成效功不可没，为了促进西藏金融扶贫工作的更好开展，根据前述分析结果，我们认为西藏金融扶贫资金投入效率的提高可从转变金融扶贫思路和完善金融机构两个方面着手。转变金融扶贫思路主要包括三个方面:转变思想意识、提高人力资本和大力促进第三产业的发展。促进贫困地区和贫困群体的意识转变主要表现为培育其现代发展意识,通过大力发展各种类型的教育,尤其是在基础教育中引进区外优秀教师,提高农牧民的教育普及率,提高贫困地区和个体的自我发展能力,实现从思想意识和技术能力方面助推西藏扶贫体制的转型。同时,利用西藏独特的自然地理优势和丰富的传统文化资源,大力发展旅游、文化、服务等第三产业。金融机构的完善主要包括:专业相关人才的引进及加强与区外金融机构的合作交流,学习其他地区的先进金融专业技术,通过人才引进,培育西藏金融领域的自生创新力量,促进西藏金融与经济发展的良性互动,更好地发挥金融扶贫在西藏产业发展中的作用。

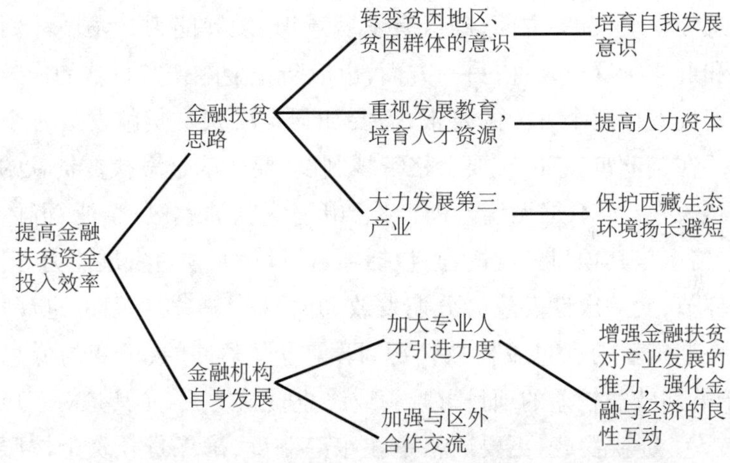

图 7-16 提高西藏金融扶贫资金投入效率的构思

第一,明确金融扶贫的定位,转变金融扶贫思路,变“无偿”救助为“有偿”扶持。

金融扶贫,尤其是金融扶贫贷款的目的是促进贫困地区产业发展和带动贫困人口增收创收,而不仅仅是对贫困地区和群体的救助。中央政府对西藏金融业发展制定了一系列的优惠政策，西藏金融扶贫工作开展中也实施了一系列的优惠政策，包括扶贫贴息贷款、“免担保、免抵押”的小额贴息信贷、试点推广“三免贷款”等，扶贫贷款发放主要涉及易地搬迁和产业发展。贴息贷款作为金融扶贫的主要形式，可以为西藏产业发展、地区发展提供所需的资金，但贴息、无息贷款在满足贫困地区和贫困群体资金需求的同时，也容易产生资金浪费，降低资金使用效率。在商业贷款运作中，由于偿贷能力低或不具备偿贷能力，贫困群体基本被排除在贷款对象之外，金融扶贫贷款发放弥补了商业信贷排斥穷人的缺陷，可以满足贫困群体发展的资金需求，但由于贴息、无息或“三免”贷款的门槛较低，只要达到贫困条件就可以获得“免费”贷款，这在一定程度上降低了贷款的利用效率，势必影响金融扶贫资金的使用效率。因此，在加大金融扶贫资金投入力度的同时，也应明确金融扶贫资金目标，提高资金使用效率。为此，金融扶贫资金在注重公平的同时，也应兼顾效率，应改革低息或无息贷款政策，一方面，确保有发展意识、发展能力和发展计划的贫困地区和群体贷款可及性；另一方面，也应防止金融扶贫贷款的低效或无效。要实现上述两个方面的要求，需要加强金融扶贫贷款发放各个环节的管理。在贷款审核环节，要严格审核制度，要明确金融扶贫贷款的目的在于促进发展，而不是无偿救助，对于申请贷款的地区、企业、群体或个体，要严格审核其项目计划内容，包括项目可行性、项目发展能力等；在贷款发放环节，变一次性发放为分期发放，并根据上一期项目的进展情况，确定下一期贷款的利息及发放情况，即实施有条件的、可变的低息或无息，对于前期效益较差的项目可减少或终止贷款发放，尤其是对于风险较高的“三免”贷款发放，更要严格审核跟踪制度，确保贷款资金按照预期项目安排使用。

通过健全贫困地区、贫困人口的信用体系，降低扶贫小额信贷回收风险。推动贫困地区信用体系建设，促进信用与信贷的联动，探索信用信息与建档立卡贫困户信息的共享和对接，完善贫困地区金融信用信息基础数据库。建立农村基层党组织、“驻村第一书记”、致富带头人、金融机构等多方参与的贫困农户、新型农业经营主体信用等级评定制度，探索建立针对贫困户的信用评价指标体系,完善电子信用档案,深入推进“信用户”“信用村”“信用乡镇”的评定与创建。同时,建立健全贫困地区的融资风险分担和补偿机制,支持有条件的地方设立扶贫贷款风险补偿基金和担保基金,专项用于建档立卡贫困户贷款以及带动贫困人口就业的各类扶贫经济组织贷款风险补偿。支持各级政府建立扶贫产业基金,吸引社会资本参与扶贫。支持贫困地区设立政府出资的融资担保机构,鼓励和引导有实力的融资担保机构通过联合担保以及担保与保险相结合等多种方式,积极提供精准扶贫融资担保。

第二,在追求短期扶贫效益的同时兼顾贫困地区和人口的长期发展,逐步加强对教育和医疗的投入,为实现贫困地区的自我发展能力、促进西藏扶贫工作的转型奠定人力资本基础。

从长期发展来看,对教育和医疗的投入更有利于西藏扶贫工作转型的实现。加强教育扶贫力度,大力发展教育,提高贫困人口的学习能力、知识水平和专业技能,同时,通过医疗卫生水平的提高,增强贫困人口身体素质,双向结合促进贫困人口发展能力的提高。众所周知,教育和医疗是解决贫困问题的长久之计,教育在于启民智,医疗在于强民体。通过教育转变贫困人口的传统观念,提高其知识技能和文化素养,激发其发展动机和欲望,培养其自力更生的脱贫致富能力。解决贫困儿童问题是打破贫困代际传递的关键,对贫困儿童干预的重点是贫困家庭,通过提升家庭的经济和抚养能力来帮助儿童摆脱贫困的风险,保障儿童的成长与发展,避免陷入贫困代际传递。可采取有针对性的“贫困儿童发展计划”“贫困妇女教育计划”等,着眼于长远和未来开展精准扶贫。可针对贫困家庭实施有条件的现金转移,要求受益家庭必须遵从一系列条件,包括保障子女上学、接受医疗保健以及其他社会服务等,促进贫困家庭改善低水平的营养、健康和教育,打破贫困的代际传递。有条件现金转移支付具有很强的灵活性,既可以是采用综合减贫方式的项目,也可以是针对某一具体领域的项目,如提供就业机会和培训等。

金融扶贫应精准对接教育、医疗的金融服务需求,增强贫困户的自我发展能力。具体包括:其一,支持各种形式的职业技能培训机构创立;其二,大力支持优秀专业教师人才的引进,以调整师资力量为主,提高贫困地区的基础教育水平,促进西藏高等教育改革和创新,在引进区外人才的同时,加大区内高校人才培养力量;其三,支持各级医疗机构的创立和发展,大力支持引进区外优秀的专业医疗技术人才,大力充实基层的医疗卫生机构,提高县市(地区)级的医疗卫生机构的专业技术水平,同时,配合以医疗保障制度的完善,逐渐彻底解决贫困人口的"看病难、吃药贵",因病致贫和因病返贫的现象。

第三,加强与区外金融机构的合作交流,大力引进金融专业人才,确保金融扶贫的理论技术支撑。

金融扶贫工作离不开西藏金融业的发展和完善,普惠金融的理念为金融扶贫工作的发展指明了方向。普惠金融倡导以可负担的成本为社会各阶层、各群体提供适当、有效的金融服务,重视贫困群体、小微企业、农民等低收入群体的金融服务可及性,旨在消除贫困,实现社会公平。但这并不意味着普惠金融是一项带有公益性质的慈善救助行为,普惠金融的目的在于帮助受益群体提升自我发展能力,在降低金融可及性的同时,仍要坚持商业可持续原则,坚持市场化和政府扶持相结合。普惠金融的实现对于西藏金融扶贫工作的意义重大,但普惠金融并不仅仅表现为金融机构或金融服务在地域上的普及,更表现为一种管理理念,如何在商业理念和政府扶持之间进行权衡,从而既保证贫困群体获益,又保证其可持续发展,是普惠金融实现的关键和难点。金融扶贫及普惠金融发展所涉及的理论知识和操作技术具有很强的专业性,既需要丰富的实践经验,又需要坚实的专业技术知识,为此,应一方面加强与区外金融机构的交流合作,学习其他地区的金融扶贫经验;另一方面大力引进金融专业人才,壮大西藏金融发展的高水平人才力量,通过交流合作与人才引进,从经验和知识理论两个方面更好地推进适合西藏的普惠金融管理理念的形成和发展。

第四,建立西藏金融扶贫大数据平台,为扶贫信息的整合和共享提供渠道,从而有助于提高扶贫资金使用效率。

金融精准扶贫的实现需要发挥扶贫相关部门、驻村工作队、第一书记和村两委等基础组织的作用,积极做好基础工作和前期工作,从而降低金融机构工作成本和风险程度,通过与其他部门的精准对接,制定科学合理的金融扶贫规划,精准选择扶贫项目,做好供需对接,降低信贷成本,从而更好地发挥金融机构在脱贫攻坚中的作用。通过建立扶贫大数据平台,有助于实现金融扶贫与其他扶贫部门的信息共享,实现供需有效对接。可以中国人民银行为主,政府扶贫部门为辅,开发、建设西藏金融扶贫大数据平台。将全区所有贫困县、贫困户的贷款用途、金额、利率、贷款项目进展情况等录入系统,定期对信息进行更新(偏远地区的信息更新周期可稍微延长)。通过金融扶贫数据库,一方面,实现对各地金融扶贫资金的使用情况、贷款项目进展情况、扶贫对象脱贫情况等信息的实时查询;另一方面,方便对金融扶贫资金的使用效率进行统计分析,更重要的是可以实现对扶贫资金使用效率的跟踪调查。不仅可以掌握某一时点扶贫资金使用效率,对金融机构的扶贫专项数据进行监测,评估金融机构扶贫资金流向、使用效率和工作成效,确保扶贫政策落地见效;可以掌握某一时段的扶贫资金使用情况,进而根据西藏地区经济发展的季节性等特征,确定金融扶贫资金的重点发放时段等;还可以促进金融扶贫工作动态调整机制的实现,有助于根据往年金融扶贫工作的统计分析结果,调整来年的金融扶贫资金投入对象,提高资金的使用效率。

第五,强化金融系统内部、金融机构与其他部门的合作交流,促进西藏扶贫体系的形成和完善。

在西藏扶贫工作中,金融扶贫发挥了不可或缺的作用,不论是易地搬迁、生态补偿、发展教育,还是社保兜底等都离不开金融机构的参与和金融扶贫资金的支持。但扶贫工作是一项系统性工程,不仅需要金融系统内部各部门之间的交流合作,更需要金融机构与其他相关部门的合作,实现扶贫信息在各部门之间的共享,降低扶贫工作的行政成本。根据委托—代理理论,扶贫属于多级委托—代理关系,扶贫过程中涉及多级政府部门,还涉及多个相关主体和强异质性的扶贫对象,在委托—代理中产生的授权和监督问题,不仅需要相关的制度约束,更需要有效的信息沟通渠道来提高委托—代理的效率。为此,要提高扶贫资金的投入效率,促进西藏扶贫工作目标的早日实现,可借助大数据技术建立西藏精准扶贫体系,实现扶贫过程中多个部门之间的相互配合、信息交流、技术共享,促进不同扶贫方式之间的有效对接,形成西藏扶贫大格局。同时,加强组织领导,健全责任机制,建立和完善中国人民银行、银监、证监、保监、发展改革、扶贫、财政、金融机构等参与的脱贫攻坚金融服务工作联动机制,加强政策互动、工作联动和信息共享。切实发挥中国人民银行各级行在脱贫攻坚金融服务工作中的组织引导作用,加强统筹协调,推动相关配套政策落实。开展金融扶贫示范区创建活动,发挥示范引领作用。进一步发挥集中连片特困地区扶贫开发金融服务联动协调机制的作用,提升片区脱贫攻坚金融服务水平。

第六,加强融资辅导和培训,拓宽贫困地区融资方式。

多样化的融资渠道可以为贫困地区脱贫提供有效资金保障,是促进贫困地区经济发展能力的有效举措之一。精准对接重点项目和重点地区等领域金融服务需求,夯实贫困地区经济社会发展基础,充分利用信贷、债券、基金、股权投资、融资租赁等多种融资工具,支持贫困地区交通、水利、电力、能源、生态环境建设等基础设施和文化、医疗、卫生等基本公共服务项目建设。支持、鼓励和引导证券、期货、保险、信托、租赁等金融机构在贫困地区设立分支机构,扩大业务覆盖面。加强对贫困地区企业的融资、上市辅导培育和孵化力度,根据地方资源优势和产业特色,完善上市企业后备库,帮助更多企业通过主板、创业板、全国中小企业股份转让系统、区域股权交易市场等进行融资。支持贫困地区符合条件的上市公司和非上市公众公司通过增发、配股,发行公司债、可转债等多种方式拓宽融资来源。支持期货交易所研究上市具有中西部贫困地区特色的期货产品,引导中西部贫困地区利用期货市场进行套期保值和风险管理。加大宣传和推介力度,鼓励和支持贫困地区符合条件的企业发行企业债券、公司债券、短期融资券、中期票据、项目收益票据等债务融资工具。

第七,发挥保险业在精准扶贫中的作用。

保险业在西藏精准扶贫中的作用体现在两个方面:一方面是开发保险产品,扩大贫困地区农业保险覆盖范围;另一方面是促进商业保险与社会保险的协同发力、融合发展。西藏保险业发展远落后于其他省份,应以金融精准扶贫为契机,推动保险公司发展精准扶贫保险产品和服务,扩大贫困地区的农业保险覆盖范围。鼓励西藏保险机构建立健全乡、村两级保险服务体系,通过财政以奖代补等方式支持贫困地区发展特色农产品保险;支持贫困地区开展特色农产品价格保险,有条件的地方可给予一定保费补贴;改进和推广小额贷款保证保险,为贫困户融资提供增信支持;鼓励保险机构建立健全针对贫困农户的保险保障体系,全面推进贫困地区人身和财产安全保险业务,缓解贫困群众因病致贫、因灾返贫问题。在有条件的地方积极发展农村保险市场,构建贫困地区风险保障网络,鼓励保险机构在贫困地区设立基层服务网点,确保贫困地区的保险服务可及性;支持探索建立适合贫困地区特点的农业保险大灾风险分散机制,完善多种形式的农业保险;拓宽保险资金运用范围,进一步发挥保险对贫困地区经济结构调整和转型升级的积极作用。

在促进商业保险与社会保险协同发力方面,针对精准扶贫中农村各项社保制度自成一体、独立运行的问题,基本养老保险、医疗保险和低保之间以及社会保险和商业保险之间缺乏有效衔接、碎片化造成社保“兜底”能力不强问题,推进商业保险公司提供适合西藏贫困地区人口健康需求的小额健康险、疾病险等产品,充分发挥商业保险的优势,实现商业保险和社会保险的优劣互补。对农村贫困地区存在的“因病致贫返贫”“因残致贫致困”“因教致贫致困”等,要以贫困群体的关键问题和主要需求为目标,把各种政策资源都落实到贫困人群上。通过产业扶贫、金融扶贫政策和项目,鼓励、引导多种经济实体和能人大户安置带动贫困残疾人生产增收等,完善并落实社会保险扶贫政策,包括减轻贫困人口参保缴费负担,减轻贫困人口医疗费用负担。

第八,重视金融知识的宣传教育,做好金融扶贫政策宣讲。

重视贫困地区的金融知识普及,强化贫困地区的金融消费者权益保护。加强金融消费者教育和权益保护,配合有关部门严厉打击金融欺诈、非法集资等非法金融活动,保障贫困地区金融消费者合法权益。畅通消费者投诉的处理渠道,完善多元化纠纷调解机制,优化贫困地区金融消费者公平、公开地共享现代金融服务的环境。根据贫困地区金融消费者需求特点,有针对性地开展金融消费者教育活动,在贫困地区深入实施农村金融教育"金惠工程",提高金融消费者的金融知识素养和风险责任意识,优化金融生态环境。对于金融扶贫工作应加强总结宣传,营造良好氛围。通过报纸、广播、电视、网络等多种媒体,金融机构营业网点以及村组、社区等公共宣传栏,大力开展金融扶贫服务政策宣传,增进贫困地区和贫困人口对精准扶贫金融服务政策的了解,增强其运用金融工具的意识和能力。及时梳理、总结精准扶贫金融服务工作中的典型经验、成功案例、工作成效,加强宣传推介和经验交流,营造有利脱贫攻坚金融服务工作的良好氛围。

第九,通过不同措施促进扶贫工作近期和长期目标的实现,确保西藏脱贫攻坚任务的完成和小康社会的建成。

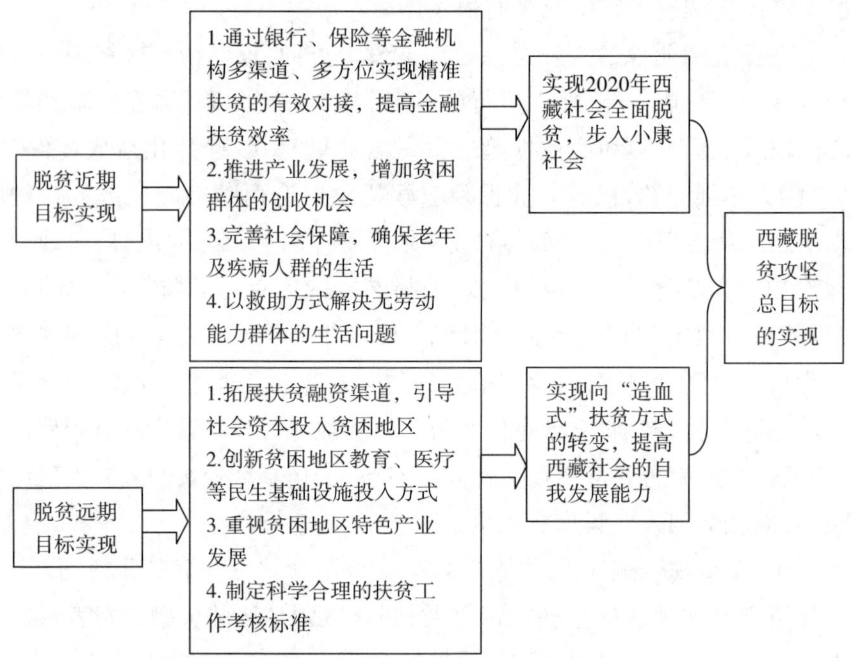

图 7-17　西藏脱贫攻坚总目标的实现路径

西藏脱贫攻坚目标的实现是一项系统工程,需要金融扶贫工作与其他扶贫方式协同发力,推进脱贫攻坚工作的进行。为此,西藏整体的脱贫攻坚工作思路,可结合近期和远期目标从两个方面着手:一方面,着力于近期目标的实现,即2020年与全国人民一道脱贫,步入小康社会;另一方面,在实现近期目标的同时着眼于长期发展能力的培养。具体思路为:在近期目标实现方面,一是以救助方式解决特殊贫困群体的生活问题,对于丧失劳动能力的贫困人口,继续发挥社会救助的保障功能;二是以产业发展方式带动贫困地区和贫困人口创收,继续加强"公司+基地+农户""合作社+基地+贫困户"等产业扶贫模式,挖掘贫困地区的优势资源,加大金融扶贫资金助推产业发展的力度;三是继续完善社会保障体系,尤其是要加大养老保险与医疗保险水平的完善和提高,减少老年贫困和疾病贫困的发生率。在实现长期目标方面,一是重视教育发展,尤其是贫困地区和贫困人口的教育问题,通过教育逐渐消除传统观念对脱贫攻坚的不利影响,同时提高人力资本水平,培养贫困人口的专业技能,提高贫困人口的知识水平;二是重视医疗卫生水平的提高;三是重视第三产业发展,依托独特的生态资源和传统文化资源,大力发展旅游业;四是调整扶贫工作的考核标准,改变扶贫考核标准重近期、轻远期,重收入、轻发展的局限,通过考核标准的调整,引导扶贫工作在注重近期成效的同时,兼顾远期发展,在提高贫困人口收入的同时,兼顾贫困地区的整体环境和贫困人口的生活质量,即变单纯的"扶收入"为全面的"扶发展"。

7.2 以金融服务创新促进钦州市精准扶贫*

金融机构是扶贫的主力军,在扶贫工作中起着至关重要的作用,如何通过建立一个有效的、全方位的金融机制为农村经济发展提供支持,确保

* 本部分由邓大松教授和杨晶、戚文武、劳力、李玉娇、汪佳龙、程欣六位研究生共同撰写。

扶贫做到“精准”，让每个扶贫对象都能在扶贫过程中得到实惠，是亟须深入研究的课题。通过金融服务创新与精准扶贫相结合，能够有效地解决扶贫成本高、扶贫风险大等问题，对整个扶贫开发工作具有重大意义。2017 年 8 月，教育部人文社会科学重点研究基地武汉大学社会保障研究中心主任、钦州市决策咨询委员会金融咨询小组咨询专家邓大松教授率课题组考察钦州市金融扶贫相关情况。课题组主要通过实地考察和座谈等方式，深入考察钦州市福牛牧业有限公司、钦州市富上富畜牧有限公司等农业企业，以及走访了钦州市各相关部门和农信社、人寿保险等单位。课题组就钦州市下一步通过创新金融服务，完善相关机制，更加“精准”地投入扶贫，促进扶贫开发工作取得更大实效进行了研究，并就具体对策措施提出相关建议。

7.2.1 研究背景和意义

一、贫困现实与反贫困治理

贫困问题是人类社会发展过程中不可避免的社会现象，也是世界各国在新时期内所面临的严峻挑战。对处于社会主义初级阶段的中国来说，西部欠发达地区贫困人口较多，贫困现象较为普遍，这不但阻碍了地方经济发展，也影响了社会安定与团结。消除落后地区的贫困状态是现阶段我国实现全面小康社会的必然要求。改革开放以来，国家一直将欠发达地区反贫困工作放在重要位置，先后出台并实施了一系列减贫规划，致力于促进发展，消除贫困，以实现全体人民共同富裕。

党的十八届五中全会以后，中央工作会议多次强调要加大金融扶贫力度，政府运用多种政策工具，通过税收、贴息、财政奖补、融资担保、风险补偿等机制，鼓励金融机构创新金融扶贫产品和服务，将越来越多金融手段运用到扶贫开发过程之中。在新的经济发展形势下，银行及其他金融中介机构发展迅速，金融规模迅速扩大并呈现复杂多样化发展趋势，而经过多年来对扶贫模式的探索，政府部门逐步意识到金融在贫困治理中的巨大潜能，开始通过政策引导手段将金融服务纳入到精准扶贫、精准脱贫战略，实现减贫目的。

二、金融支持精准扶贫战略的意义

金融扶贫是社会发展的需要，也是经济发展过程中必须要经历的一个阶段。由于我国的经济发展不平衡性比较突出，不同地区发展水平差异比较大，且贫困人口基数多，存在一定的空间分布差异特征。因此，如何在贫困地区实施好金融扶贫是我们关注的焦点。

2011 年国家开始实施的《中国农村扶贫开发纲要（2011—2020年）》，重点强调要做好金融扶贫工作。2014 年，《关于全面做好扶贫开发金融服务工作的指导意见》出台，明确将在 2020 年前建立全面覆盖贫困地区各阶层的普惠金融体系。2016 年，中国人民银行等联合印发了《关于金融助推脱贫攻坚的实施意见》，提出了"发展普惠金融为根基，为实现到 2020 年打赢脱贫攻坚战、全面建成小康社会目标提供有力有效的金融支撑"的目标。可见，金融扶贫作为精准扶贫战略体系的重要组成部分，得到了党和国家的高度重视，金融支持精准扶贫被认为是扶贫政策组合拳的重头戏，是打赢脱贫攻坚战的硬措施。

金融机构作为我国经济发展中的重要组织，在履行金融服务和促进金融市场稳定繁荣的同时，为贫困弱势群体提供平等享受现代金融服务的权利是金融机构履行社会责任的根本体现。金融机构要通过自身金融杠杆的作用和信息技术、人才、政策等优势，帮助贫困群体实现增收减贫，真正将金融机构在我国扶贫战略中的地位和重要性显现出来，为全面建设小康社会发挥主导作用。

钦州位于中国西南部，广西壮族自治区南部，地处北部湾经济区南（宁）北（海）钦（州）防（城港）的中心位置，战略地位突出。2016 年内实现 20059 人脱贫、83 个贫困村摘帽。2017 年内计划实现 58 个贫困村、3.81 万贫困人口脱贫的任务艰巨。如何加大金融扶贫力度，创新精准扶贫的新思路，通过相关金融服务创新，为精准扶贫提供资金动力，是其扶贫开发中面临的挑战。

7.2.2 钦州市金融服务创新促进精准扶贫的现状和实践模式

钦州市金融扶贫工作特色鲜明，以金融扶贫为抓手，以金融服务创新进一步促进精准扶贫,激发金融手段的正向激励作用,提高政策效益,精准对接资金需求,从而满足贫困人口产业发展资金需求,助力贫困户减贫摘帽。课题组结合当前钦州市精准扶贫实际,研究指出钦州市金融服务促进精准扶贫现状和问题,以期针对性地提出以"金融服务创新促进精准扶贫"的建议。

一、钦州市金融服务创新促进精准扶贫的现状

(一)金融服务促进精准扶贫成效显著

完善金融服务促进精准扶贫的体系,引导贫困户可以申请扶贫小额信贷,是着力解决产业扶贫和贫困户发展产业缺资金难题的关键。为发挥财政资金引导和杠杆作用,钦州市采取政府与金融机构合作、政府购买服务、财政贴息、以奖代补、民办公助、风险补偿等措施,带动金融资金投向贫困地区。由上级扶贫资金、本级财政资金及广西富牛牧业公司按1∶1∶1的比例共同出资600万元作为风险担保金,由市区农村信用联社按1∶5的杠杆比例提供不低于3000万元授信额度。对新型经营主体(龙头企业、种养大户、合作社、家庭农场)按照带动户数优先提供每户"5万元、3年以内、免抵押、免担保、全贴息"的信用贷款,发挥新型经营主体带动农民增收脱贫的作用。2016年到2017年7月,钦州市共统筹专项扶贫资金17040万元,用于扶持扶贫产业项目建设。2016年主要采取扶持到户和"合作社+基地+农户"的模式,2017年的新增建立产业示范小区、扶持村级集体经济、产业以奖代补等扶持模式。截至2017年6月末,钦州各银行机构发放产业扶贫贷款额共计20470万元,惠及3168户。

(二)风险共担机制激发了贫困户内生动力

钦州市实施扶贫贷款风险担保,并加大扶贫贷款财政贴息力度。截至2017年7月底,全市各县区财政共完成对34150户贫困户评级授信,共发放41700万元扶贫小额信贷资金,用于贫困户自主经营或入股龙头企业和示范合作社委托经营。在推进金融扶贫过程中,钦州市钦北区遴选了辖区一批有实力、带动力强、发展前景好的农业龙头企业或合作社,与区扶贫办、金融办共同出资,设立了1800万元扶贫小额担保金,撬动当地农村信用社,以1∶5的杠杆放贷,为贫困农户搭建了融资平台。在该

模式下,“扶贫小额贷款+风险分担”双管齐下,风险分担机制逐步建立,缓解了部分经营主体的资金困难。为贫困户提供贷款担保,让贫困户的贷款融入龙头企业的效益链中,既能坐享分红,又能提高脱贫致富的能力。

(三)在金融产品创新中有效推动精准扶贫工作

钦州市着力推进完善了农村普惠金融服务体系,加大了农村金融服务供给,推进了农村金融产品和服务创新、农村社会信用体系建设,健全完善了惠农担保体系,农业保险加快发展,金融精准扶贫力度、财政引导和支持力度不断加大。尤其是小额信贷、担保等方式促进产业精准扶贫体系的建设,金融精准扶贫制度日益完善,为钦州市精准扶贫工作提供了支撑。第一,农行钦州分行推行收入认定简化、还款期限设置灵活、贷款利率优惠等接地气的农民“安家贷”品种,解决农民住房难题。第二,针对返乡农民工、农村妇女等特定人群,发放扶贫小额信贷,促进就业创业,提高投资收益。第三,研发量体裁衣式金融服务产品,通过“农业订单贷款”“妇女创业、农村青年创业小额担保贷款”等产品和服务,带动贫困人口脱贫致富。第四,钦州市鼓励参加农业保险并有资金需求的农业经营主体可用保单向担保公司进行反担保;担保公司以扶贫贷款担保基金作保障,对贷款提供担保;有关银行提供担保贷款。

(四)广泛推动金融扶贫示范点,筑起覆盖全市的服务网络

钦州金融服务促进精准扶贫的体系日益健全,评级授信实现全覆盖。小额信贷贷款规模逐年增加,这对解决贫困户脱贫资金问题效果显著。第一,增加信贷投放量,提高贫困地区金融服务水平。依据钦银发(2016)144号等文件,截至2017年6月末,钦州市共挂牌金融扶贫示范点22个,涵盖了扶贫龙头企业、贫困村等,参与单位包括各级人民银行、政府有关部门和主要涉农银行业金融机构。金融直接惠及的贫困户超千户,间接辐射带动贫困村农行超万户。第二,引导金融机构在贫困地区布点。开展“金融服务进村入社区”和“富民惠民金融创新”工程,农信社的机构网点覆盖城乡,金融服务延伸至村委,已构筑起覆盖全市的服务网络,改善农村支付渠道,为贫困户脱贫致富创造有益的

金融环境。

二、钦州市金融服务创新促进精准扶贫的实践模式

在精准扶贫中,钦州市探索对接贫困户金融服务需求的扶贫模式,提供多元化、差异化的扶贫保险产品和服务,为贫困人口提供多重保障。钦州市以金融服务创新促进精准扶贫的模式可归结为:"链式融资"模式、"委托型分红"模式和"自贷自用"模式。

(一)"链式融资"模式

运行机制:金融扶贫贷款→农业经营主体→社内贫困户。

基本特征:第一,金融机构透过核心经济主体注资,解决上下游配套经济主体的融资难和供应链失衡问题。它主要是以农业龙头企业和专业合作社为核心主体,然后在此基础上以订单农业生产或服务为依托,通过以产业为载体,以资金跟着产业、订单或服务走的模式,把金融机构的借贷资金运用到单个的农户中。第二,农业经营主体所采用的是企业型管理、市场化经营、合作社分配模式。金融机构透过农业龙头企业或专业合作社这一核心,对贫困户实行生产资料统一供应、技术统一指导、产品统一回购的方式推动产业发展。第三,产业扶贫是核心,在产业扶贫的基础上通过金融的力量服务于产业发展。这种模式利用农业专业化服务,替代了农户传统的分散生产,适应了规模经济和市场经济的需要,提升了农业效益和农民收入,具有广泛的适应性和旺盛的生命力。

缺陷:优质的农业经营主体少,且社内贫困户扶贫资金有效需求缺乏。

(二)"委托型分红"模式

运行机制:委托主体(龙头企业)→政策性金融机构→扶贫担保→贫困户→入股分红。

基本特征:第一,在这种模式下,扶贫贷款担保与发展现代农业相结合。主要是围绕农业生产、初加工、深加工、新产品开发而开展的。有了产业支撑,贫困区域的金融扶贫就可能得到持续发展。2015 年 5 月,广西富牛牧业有限公司成立了广西第一个由政府和扶贫办、企业共同出资

成立的肉牛养殖金融扶贫风险担保金,开广西金融扶贫之先河。第二,可复制性较强。钦州市在金融扶贫促进精准扶贫中,主要形成了涉及龙头企业+金融机构+担保+合作社+农户等“扶贫担保金”模式。例如,浦北县78.48%的贫困户利用扶贫信贷入股并分红,村民不参与产业经营活动。目前,该模式已被自治区扶贫部门“复制”。第三,在这种模式中,透过与核心经济主体之间的购销行为,将金融信用融入上下游经济主体中,增强彼此供应链或产业链经济主体间的商业信用,促进农民与核心经济主体之间建立长期的战略协同关系,提升供应链的竞争能力。通过龙头企业+政府机构+金融机构三方担保,扩大了信贷额度,也保证了贫困户的保底收入。

缺陷:第一,仅仅以委托分红为基础,没有制定股权量化、二次分红措施,并且金融扶贫贷款的运用以及农业经营主体的经营与贫困户没有直接联系。简单说就是,没有多少贫困户可以参与到企业经营中来,难以发挥金融扶贫贷款的“造血”功能。第二,“委托型分红”模式的另一个明显缺点是,委托经营风险大。考虑到优质的龙头企业少,为了控制风险,一些金融机构会对一些委托经营主体限制放贷。

(三)“自贷自用”模式

运行机制:政策性金融机构或商业性金融机构→贷款贫困户。

基本特征:其一,政策性金融机构→贫困户。提供传统金融服务,包括资助经营贷款,将取得的贷款资金投入提高自身发展能力和发展增收项目中。扶贫小额信贷是指贫困户通过信用、担保或抵押获得10万元(含)以内用于发展产业或入股取得收益的贷款,其中可以享受5万元(含)以内免担保、免抵押的信用贷款;6万—10万元采取担保抵押的贷款方式,财政专项扶贫资金按中国人民银行同期基准利率对扶贫小额信贷连续三年贴息。其二,商业性金融机构→贫困户。这两种方式均为传统的金融机构直接对农户进行信贷的模式。贫困户通过扶贫小额信贷或者担保贷款,获得了扶贫贷款资金。

缺陷:现实中真正将资金用于再生产的贫困农户很少。并且,贫困户贷款意识差,不放心、不愿意贷款现象普遍。这是推进“自贷自用”模式的最大难点。

7.2.3 钦州市金融服务促进精准扶贫的特点与问题

一、钦州市金融服务促进精准扶贫的主要特征

（一）多部门协作推进精准扶贫与金融服务的深度融合

钦州市银行业管理部门及各类金融机构，包括中国人民银行钦州市中心支行、农村信用社、中国农业发展银行钦州分行、中国农业银行钦州分行、钦州银监分局、太平洋寿险钦州中心支公司以及中国人保财险钦州分公司等，积极响应钦州市出台的金融扶贫政策，创新金融扶贫产品，发挥各自机构的职能优势，共同助推脱贫攻坚任务的完成。其中中国人民银行钦州市中心支行充分发挥窗口指导作用，积极争取贷款额度优先满足扶贫资金需求和灵活运用再贷款、差别化存款准备金率等政策工具，出台《钦州市金融扶贫示范点及宣传活动创建方案》（钦银发〔2016〕144号）等文件，召开金融精准扶贫工作推进会，组织协调引导辖区银行业金融机构创新方式出台措施，加大信贷扶贫支持和其他金融服务支持，推进扶贫示范点的创建及宣传活动，加强督促指导考核，切实保障金融扶贫政策措施落地生根。农村信用社作为政府扶贫担保金政策指定的独家扶贫贷款合作银行，是提供扶贫贷款的主力军，负责扶贫贷款的发放和扶贫担保金的存放。2017 年，中国农业发展银行钦州分行负责全市 1514 名建档立卡贫困人口的易地扶贫搬迁贷款的资金供应，约占全市易地搬迁贫困人口的 85%，资金支持模式主要有专项建设基金和区分行“统贷”两种。同时，与地方政府合作，共同推出旅游扶贫的项目。中国农业银行钦州分行推出收入认定简化、还款期限设置灵活、贷款利率优惠的“安家贷”产品，帮助解决农民按揭购房难的问题。钦州银监分局通过对上承接市政府扶贫攻坚工作部署，对下协调和督导各银行机构的分工，整合全市的资金资源，建立考核评估机制，做好监测风控工作。太平洋寿险和人保财险推进公司业务与扶贫工作相融合，通过捐赠、贫困状况调查、大病保险扶贫、农房保险、帮扶扶贫点等措施，积极参与扶贫工作的实践，承担起国企应有的社会责任。

(二)财政部门提供扶贫资金支持

钦州市各级财政部门在金融扶贫工作中发挥的作用主要体现在三个方面:一是将扶贫资金纳入财政预算,提供财政专项扶贫资金,通过扶持到户、折股量化、产业示范小区、村级集体经济以及产业以奖代补等模式,将这部分资金用于扶持扶贫产业项目建设。2016 年至 2017 年 7 月间,共统筹到财政专项扶贫资金 17040 万元;二是负责承担部分小额信贷风险补偿金,委托有资质的平台公司进行统一管理,同时完成全市范围内的贫困户评级授信工作;三是制定资金政策,先后出台了《脱贫攻坚财政专项扶贫资金产业奖补暂行办法》《扶贫小额信贷风险补偿金管理办法》等一系列政策文件,规范金融扶贫资金的使用,确保财政扶贫资金的安全,降低金融扶贫资金的风险。

(三)金融支持以产业扶贫为主,同时创新金融服务方式和产业发展模式

钦州市鼓励各涉农金融机构选择带动能力强的新型农业经营主体,如农业产业化龙头企业、种植大户、专业合作社以及家庭农场,作为金融支持的主办对象,突出产业扶贫重点。依据新型农业经营主体带动的建档立卡贫困户数,提供每户“5 万元、3 年以内、免抵押、免担保、全贴息”的信用贷款。通过这种方式支持农业龙头企业辐射一批、专业合作社带动一批、种植大户帮扶一批、产业园区就业一批,充分发挥新型农业经营主体对贫困户脱贫致富的带动作用。创新金融服务方式,建立扶贫小额信贷,经过评级授信的贫困户可以将贷款入股新型农业经营主体,委托其经营,保证在 3 年以内,每年给予 8%—10%的利息分红,每半年分红一次,贷款风险由地方政府和信用社分别承担 50%。同时,产业发展也随金融服务方式的创新而呈现不同的模式,主要有龙头企业+基地+贫困户、村级集体组织+基地+贫困户、合作社+贫困户、专业大户+贫困户、家庭农场+贫困户等。

(四)农村传统产业与金融、互联网有机结合,开辟新路径

钦州市涉农金融机构充分利用农村电子商务发展的契机,创新“互联网+”的新渠道,助力精准扶贫。中国工商银行钦州分行推出“融 E 购”

电商服务平台，将各地方涉农企业的经营业务纳入电商平台，通过线上线下一体化宣传，提升品牌知名度，拓展新的销售渠道。同时在综合评估客户资金流的基础之上，为客户核定授信，发放信用贷款，以支持农村电商创业融资；农村信用社建立线上"利农商城"，支持客户通过微信、APP、手机银行等方式访问，既推广了农业品牌，增加了销售渠道，又能保证支农资金的及时回笼；中国农业银行钦州分行以专业市场为切入点，打造了"专业市场+批发商+农家店+农户"的商圈服务模式。这些都是涉农金融机构利用农村电子商务平台创新和完善金融产品与服务体系的体现。

（五）金融扶贫政策及时跟进，提供政策保障

为了保障金融扶贫工作的顺利开展，减少执行过程中的各种行政阻力，钦州市出台了涉及金融扶贫的多项政策。比如，钦州市政府从宏观层面规划脱贫攻坚工做出台的《钦州市人民政府办公室关于钦州市农村金融改革 2016 年工作要点的通知》以及《钦州市人民政府办公室关于印发"十三五"钦州市脱贫攻坚财政投入稳定增长机制工作方案的通知》，针对财政扶贫资金和扶贫小额信贷风险补偿金的管理、使用和监督出台了《关于认定承担扶贫小额信贷合作或委托经营主体的实施方案》《脱贫攻坚财政专项扶贫资金产业奖补暂行办法》《钦北区扶贫小额信贷风险补偿资金管理办法》《灵山县财政专项扶贫资金和扶贫小额信贷资金使用申报流程和监督管理办法》，针对小额信贷，农村信用社出台了《钦州市区农村信用合作联社扶贫小额信贷业务管理暂行办法》《关于进一步推进扶贫小额信贷工作的通知》等，这一系列政策的出台，保障了金融扶贫工作真正地落到实处。

（六）携手保险企业探索保险扶贫的可能性和有效模式

参与钦州市金融扶贫工作的保险企业主要是中国人保财险钦州分公司和太平洋寿险钦州中心支公司，这两家国有保险企业积极创新保险服务功能，参与支农融资，探索保险扶贫的可能性和有效模式。2015 年以来，中国人保财险钦州市分公司落实政策性农业保险承保，包括农作物和牲畜保险、农房保险，累计理赔件数 27557 件，支付赔款超过 4488.65 万元；配合涉农银行机构开展普惠金融业务以及农村小额信贷业务；建设覆

盖全辖区的三农服务网络,创造农村就业岗位;挂点帮扶灵山县檀圩镇华屏村,共提供扶贫物资及资金累计4.5万元。太平洋寿险钦州中心支公司主要定点扶贫灵山县太平镇那马村,在指导村民发展特色农业种植的同时,积极开展扶贫捐赠活动,捐赠项目包括村民人身意外伤害保险、扶贫鸡苗、扶贫电视机等。2016年还推出大病保险扶贫政策,在大病保险起付线、赔付比例等方面均给予很大的优惠。

二、钦州市金融服务促进精准扶贫实践中存在的问题

(一)金融扶贫政策宣传效果偏弱,贫困户认知上有偏差

钦州市新型金融扶贫模式采取将5年委托经营合同中的前3年收益分红作为贫困户的自有资金继续委托经营,而不是发放给贫困户。这种新的收益分配模式在短期内得不到实际的收益,表面上还要承担经营风险,这就很容易引起贫困户的误解和疑虑。而扶贫部门的工作人员和委托经营的公司又没有及时详细地宣传与讲解,贫困户本身受教育程度不高,不能自行消化新政策,阻碍了扶贫工作的开展。另一种认知上的偏差是由于政策宣传不到位或不能因地制宜、因人而异,导致部分贫困户将扶贫小额信贷等同于政府的救济款,存在“白要不还”的思想,这也是政策宣传没有达到预期的一种体现。

(二)金融服务供给与扶贫资金信贷需求之间存在矛盾

各级财政部门统筹财政扶贫资金安排的小额信贷和贷款贴息资金、农村信用社提供的扶贫小额信贷资金和商业保险公司提供的政策性农业保险,这三个方面的资金资源在统一的扶贫政策整合下能够保证资金及时足额地供给,但是,相对于金融服务供给的充足,扶贫资金信贷需求则表现得不够强烈。一是贫困户信贷意愿不强烈,主要原因是大部分贫困户没有还款来源,而且普遍存在因病致贫、因学返贫、无劳动能力的贫困因素,加之农村传统种植业和养殖业受自然灾害及市场波动的影响较大,使贫困户对信贷存在顾虑,贫困户“不敢贷”普遍存在;二是企业自愿承载扶贫小额信贷的意愿不强,主要原因是申请贷款的手续和限制烦琐,而且企业自主贷款的利息要比承载扶贫信贷承诺给贫困户8%的分红低,直接导致了企业承载扶贫小额信贷的需求量不高。

（三）扶贫贷款风险过于集中，风险防范机制不够健全

从目前的政策模式来看，钦州市农合机构作为扶贫小额贷款的责任主体，承担自己损失的主要风险。实际操作中，尽管建立了风险补偿机制，但是整个信贷资金链相对脆弱，风险补偿金放大倍数过大，不能完全覆盖扶贫小额信贷的风险。与此同时，相关的保险机构尚未设立信用保证担保风险险种，银保合作也尚未建立，这就使扶贫信贷的资金风险和损失都集中在农合机构。风险防范机制的不完善主要体现在：一方面风险补偿金不能完全到位，无法完全覆盖信贷风险；另一方面是委托经营企业和贫困户自主经营的资金使用无法监控，从而产生了许多不可控的风险。这些都直接导致涉农金融机构信贷投放积极性受挫，政府也存在担心风险过大，无法承受的顾虑，因而阻碍了扶贫工作的进一步推进。

（四）金融扶贫制度设计不尽合理，导致政策执行受阻

钦州市金融扶贫制度将贫困户的小额信贷委托给企业经营，一方面，贫困户的分红收益作为自有资金继续委托企业经营的做法，无法产生短期效益，难以获得贫困户的支持；另一方面，大部分贫困户只领取固定收益分红，无法参与企业生产活动，因而无法产生积极性。除此之外，金融扶贫制度在实际执行过程中受到的阻力主要有两个：一是农信社放贷条件比较苛刻，申请手续烦琐，对于贫困户而言，要求的30%自投资金难以承担，对于企业来说，贷款时滞造成的生产成本难以接受；二是各涉农金融机构之间的协作不够，扶贫小额贷款由农村信用社独家发放，扶贫担保金也只存放在农村信用社，排斥其他金融机构的参与，不能结合实际情况，处理专项扶贫款项，导致农村信用社自身扶贫工作效率不高和其他金融机构参与扶贫的积极性下降。金融资源很难充分介入，出现配置结构的严重失衡，是导致政策执行受阻的突出表现。

（五）扶贫产业基础不够扎实，金融扶贫可持续问题突出

现阶段金融机构参与精准扶贫缺乏制度性安排，金融主体不明确，一些金融机构出于风险和收益保障的考虑，带有完成政治任务的考量，参与产业扶贫多以扶持贫困户传统种养殖为主，投入少，规模小，技术含量低，产业扶贫短期难以见效。

实际中用于自主经营的小额信贷款只占全部小额信贷总额的 30%左右,大部分资金用于委托经营。按照适度设计,政府与农业化经营企业签订三年期的委托经营合同,三年内贫困户的小额信贷入股委托给企业经营,企业定期向贫困户发放收益分红。但制度并没有明确规定三年期满后的政策安排,即使将贫困户的收益分红作为其自有入股继续委托经营,但数额太小,并不能起到很好的脱贫效果。这样做的结果就是绝大部分贫困户只是领取固定收益分红,不能参与企业生产活动,无法学会一技之长,无法保持未来政府政策退出以后继续脱贫致富的能力,又会陷入"输血式"扶贫的老路。由此可见,目前钦州市的金融扶贫制度缺少一种培养足够脱贫致富的持续内生动力的良性机制。

7.2.4 以金融服务创新促进钦州市精准扶贫的建议

基于以上分析,得出以下主要结论:

一是钦州市金融扶贫实施以来的效果是显著的。钦州市各地紧紧围绕精准扶贫工作,积极探索金融服务创新路径,取得了明显成效。但实际操作中仍存在许多亟待完善的地方,主要体现在金融扶贫可持续问题突出,亟须构建长效机制。

二是与"自贷自用"模式、"委托分红"模式相比,贫困户在产业扶贫的基础上进行"链式融资"的模式更好。这种模式利用农业专业化服务替代了农户传统的分散生产,适应了规模经济和市场经济的需要,将金融扶贫资金嵌入了精准扶贫。

三是合理规避金融服务创新促进金融扶贫的贷款风险,是国外金融精准扶贫的通行经验,也是钦州市进一步推动金融服务创新促进精准扶贫的重要政策工具。

四是金融扶贫应立足于开发式扶贫,在资金投入和风险防控并重的基础上不断增强扶贫对象的自我发展能力。

基于以上结论,结合当前钦州市精准扶贫实际,进一步针对政府、企业、贫困户三方提出改进对策,以期为更广范围内探索精准扶贫提供可操作的经验借鉴。

一、加大金融扶贫政策宣传,调动贫困户参与的积极性

根据上文的分析,钦州市有相当数量的贫困户对金融扶贫政策存在误解和疑虑。贫困户对金融扶贫政策的信任和支持是政策实施取得效果的前提条件,加强对贫困户的政策宣传的目的之一在于调动贫困户主动参与金融扶贫的积极性,从而增加贫困户的小额信贷需求,缓解金融扶贫资金供需不平衡之间的矛盾。

一是要充分发挥钦州市扶贫办、基层扶贫工作人员的作用,因地制宜地改进宣传方式,变通知、告示等传统的政策宣传手段为上门讲解服务,基层扶贫工作人员利用定期入户走访贫困户的时间,向他们解释扶贫小额信贷的运作原理以及获益之处,尤其是向他们宣传部分因参与小额信贷而实现脱贫的贫困户的经验,消除贫困户对政策认知上的偏差。

二是确保全域范围内的宣传全覆盖,不仅要做到政策宣传到村,更要做到政策宣传到人。同时增加宣传频率,避免一次性宣传现象的出现,让贫困户真真切切地感受到扶贫政策就在身边。

三是积极发挥中国人民银行农村金融工作宣传功能。将中国人民银行助农取款点、三农综合服务室、反假宣传服务点的宣传功能纳入金融扶贫宣传工作体系,统一部署,进行金融政策,金融产品宣传。

四是提高社会参与度。切实加大与各类慈善机构、社会企业和扶贫爱心人士的协调对接力度,深入开展扶贫招商、扶贫募捐和爱心帮扶活动,积极支持社会各界的广泛参与。创建扶贫爱心网站。利用信息网络技术进行广泛宣传,倡导社会各界通过城乡互动、结亲帮扶、招商扶贫等方式深度参与扶贫开发。探索建立扶贫网络平台。集政务网、电商网和手机客户端的“两网一端”乡村旅游扶贫主题商务网群,为全方位宣传推介生态旅游扶贫、引进社会投资、推行农产品网上交易搭建快捷便利的网络平台。壮大扶贫志愿者队伍。探索建立以离休干部、退休干部、教师、医务工作者、农业科技人员和大学生村干部为主体的扶贫志愿者队伍,深入开展以支医、支教、支农为主题的“三支”扶贫自愿行动。不断激发贫困人口的内生活力,提升其自我发展能力。

二、完善信贷机制，加大金融扶贫资金信贷需求

由于钦州市财政与银行类金融机构提供的金融扶贫信贷资金很大一部分投向"委托型分红"模式，这一模式中龙头企业作为经营主体，直接决定信贷需求的大小。目前存在的两个问题：一是符合委托经营条件的优质龙头企业数量少，二是承接扶贫信贷资金无利可图或获利较少。这都是企业扶贫资金信贷需求不强的主要原因。因此，完善现行的扶贫小额信贷机制，使扶贫信贷资金资源得到充分利用就成了必要。

一是减少扶贫贷款申请过程中烦琐的手续和限制，降低企业申请贷款的时间成本，同时由政府提供部分贷款贴息和减免税收等优惠政策，使企业承载扶贫信贷承诺给贫困户8%分红后的获利要大于企业自主贷款的获利，让企业有利可图，从而增加金融扶贫政策对企业的吸引力，提高企业的扶贫资金信贷需求。

二是探索建立市县区"4321"再担保体系，由各级政府牵头引导和组织龙头企业（含专业合作社等经济实体）、担保机构、银行、政府四方合作，龙头企业、担保机构、银行、政府分别按40%、30%、20%、10%的比例承担信贷风险。通过多方合作，进一步拓宽政策性融资担保渠道，切实解决龙头企业融资难、融资贵和金融机构"不敢贷"问题，实现"四位一体"风险共担、利益共享多赢的格局。

三、建立健全的风险防范机制，发挥政府的监督作用

一旦出现信用风险、自然风险、市场风险等导致贷款无法收回，政府财政和金融机构都无法承受。加之钦州市对扶贫信贷资金的使用无法实现有效监控，导致出现企业想贷、政府不敢贷的悖论，造成扶贫资金资源的闲置与浪费。针对这些问题可以从三个方面着手：

一是进一步规范和加强风险补偿金的管理，多渠道筹集风险补偿金，包括变风险担保金由"财政+农信社"两方出资为"财政+企业+金融机构"多方出资，分散信贷违约风险，按时足额的安排风险补偿金，规范风险补偿金的管理与使用。

二是引入保险公司，探索扶贫资金信贷的保证保险和风险再保险，探

索信贷风险评估机制在扶贫项目中的应用。这不仅可以使保险公司参与金融扶贫,实现金融服务产品的多样化和创新,也能够很大程度上缓解政府和农信社的担保压力,使政府精力得以解放,更多地集中在监督职能上。

三是政府做好监督工作,包括监督委托企业对于扶贫信贷资金的使用,防止企业将资金用于非生产性投资或其他不符合规定的领域;监督贫困户自主贷款经营的资金使用,确保扶贫贷款资金用于发展生产或扶贫指定项目,而不是用于其他消费;监督委托经营企业对于贫困户分红的发放,确保贫困户的利益得到维护。

四、立足于产业自主化,巩固可持续脱贫的根基

钦州市对辖内3家农村信用社的初步调查结果数据显示,截至2017年7月末,钦州市金融支持产业扶贫模式中实行自主经营的贫困户约占总户数的35.24%,参与入股委托经营的贫困户约占总户数的55.96%。自主经营的贫困户很容易陷入单打独斗、经营不理性、生产技术低、抗风险能力薄弱等困境,委托经营的贫困户大多无法参与企业生产活动,只领取固定的收益分红,没有学到一技之长。这两种模式都是立足于短期效益,无法形成持续脱贫能力,长期内会面临返贫的风险。政府的扶贫政策应该帮助贫困地区和贫困户拥有自主生产能力,这就需要变被动扶贫为主动脱贫。

一是鼓励由村集体成立公司,实行村企结合,村民均作为企业员工参与劳动,再依托金融扶贫政策形成“金融机构+村企+政府”的模式。村集体公司可以与其他市场上的生产企业进行商业合作,引进生产技术。二是政府主要充当监督者和政策支持者的角色,为村集体企业提供引导和风险兜底。这一模式的好处在于将单打独斗的贫困户整合起来,合股经营,不仅可以将领取收益分红转变为参与劳动获得收入+分红,贫困户在为自己劳动的模式下更有主动性和积极性,而且可以实现整村规模生产和自主化生产,统产统销,形成具有自主特色的村集体企业,实现生产发展的可持续性。

五、进一步优化农村金融支付环境，创新金融产品，加快农村信用体系建设

目前钦州市涉农金融机构在各县各区建设的“三农金融服务室”还在试点当中，有待在实践中积累经验。基于金融机构构建的农村电商模式还需进一步加强与农村特色产业的结合，开发针对涉农产业的专项“金融+”产品，不断创新金融扶贫服务产品，提高金融服务的可得性。继续完善建档立卡户的授信评级，加快钦州市农村信用体系建设。

一是进一步优化农村金融支付环境。大力支持农村信用社、村镇银行等地方法人银行机构接入中国人民银行支付清算体系，使清算渠道畅通。推出农民工特色银行卡等固定人群特色服务，满足贫苦户最基本的金融服务。在全市贫困地区开展“信用户”“信用村”“信用乡镇”建设等活动，向贫困户宣传基本的金融知识以及信用意识，营造良好的农村金融环境。

二是放宽金融市场准入制度。许多农户因为准入门槛高被拦在门外，因而，根据钦州市当地农户情况“量体裁衣”，适度调低金融市场准入制度是确保金融政策惠及每一个贫困户的基础。

三是建立普惠金融机构体系。优先安排在贫困地区设立小额贷款公司等小微型金融机构。推广扶贫小额信贷保险，探索建立“政府+银行+保险”的风险分担机制，采取“政府补一点，保险公司免一点，农民交一点”的办法，加大财政资金贴息力度，设立扶贫信贷风险补偿资金。继续深化扶贫产业示范园金融创新扶贫工作，全面开展扶贫小额信贷风险奖补工作。

四是创新金融产品。积极为不同的贫困群体量身设计金融产品和服务。鼓励和支持贫困地区符合条件的企业借助各类债务性融资工具，拓宽直接融资渠道是引导金融机构加大扶贫信贷投放，重点支持建档立卡贫困户、专业大户、家庭农场（林场）、农村残疾人扶贫基地、农民专业合作社、农村小微企业、扶贫龙头企业等对象。

五是创新金融服务方式。待贫困地区脱贫后，推广非现金支付工具，积极发展网络支付、手机支付等新型支付方式，深化银行卡助农取款和农

民工银行卡特色服务,改善贫困地区支付服务。实施教育帮扶。通过助学贷款、贷款贴息、贫困救助、爱心人士帮扶等方式,帮助贫困家庭学生解决上不起大学和大学毕业生的就业创业问题。成立扶贫基金会。成立由市扶贫办发起的地方性公募扶贫基金会,为吸纳集聚各类社会资本和民间资本畅通渠道。

六、加强金融扶贫政策执行各方主体之间的对接协调,进一步发挥政府统筹引领作用

从目前钦州市金融政策实施效果来看,政府机构、金融机构、企业等政策主体在工作上缺乏相互配合,政府各部门之间各自为政,不利于政策执行效率的提高;金融机构之间排他性明显,导致金融风险难以分散;金融机构和企业之间缺乏互动与交流,增加了信息不对称的风险。这些问题需要政府从制度出发,避免在角色上事无巨细地包揽,应该统筹全局,明确职能定位,发挥桥梁和纽带的作用。

一是政府部门与政府部门之间。政府各职能部门在工作上加强沟通与配合,减少政策手续上的行政阻碍,弱化部门之间的利益分配,开通政策绿色通道。尤其是加强政策制定部门与扶贫办等政策执行部门的工作沟通协调,考虑实际工作中的特殊情况,促进政策的针对性和可操作性。实现金融扶贫激励机制与考核机制并举,加强扶贫工作管理的同时调动工作人员的积极性。

二是政府部门与金融机构之间。政府在加强扶贫项目创新设计的同时,积极引领金融机构创新金融产品和金融服务,确保金融扶贫政策的连贯性和一致性。加快土地承包经营权、林权等确权颁证工作,拓宽农村扶贫小额信贷抵押物范围,解决金融机构实际中的困难。

三是金融机构与金融机构之间。改变原有扶贫担保金的存放和发放都集中在钦州市农村信用社的政策,引入基层农行、储蓄银行等银行机构处理专属扶贫贷款的存发,分散金融分险。同时银行机构和保险机构也要加强协调与合作,建立银保合作平台,探索信用保证担保险种在扶贫贷款中的可行性。

七、大力发展资本要素扶贫

一是建立资本要素扶贫体系。引导贫困农户将土地、林地、闲置房产、劳动力等要素资源，通过股权量化方式与市场主体进行捆绑发展，同时建立完善管理分工机制和利益联结机制。通过这种扶贫开发方式，有效整合农村闲置、分散、低效的要素资源，不断激活农业要素与贫困人口的内生活力，加速推动精准扶贫、精准脱贫与可持续发展。二是盘活资金参与扶贫。把财政资金转变为股金，在不改变资金使用性质及用途的前提下，将财政投入到农村的各类资金等量化为村集体和农民持有的股金，集中入股到企业、合作社、家庭农场等经营主体，按股比分享收益，提高资金的使用效益。以财政资金撬动各方面资金，撬动村集体资金、个人资金、社会资金、金融资本参与农村发展。三是整合资源要素。引导农民以土地经营权入股，积极推进农村产权制度改革，整合各类资源等，采取存量折股、增量配股、土地入股等多种形式，转换为企业、合作社或者其他经济组织的股权，推动农村资产股份化、土地股权化，盘活各种资源要素，形成资源叠加效应，提高资源利用率。

8

对新时代我国老龄问题的分析思考

王深远

党的十九大对新时代中国特色社会主义建设做出了“两个阶段”的战略部署,这期间也是我国老龄化形势最为严峻的时期。全面认知人口老龄化客观规律和我国应对人口老龄化实践,增强应对自信,有利于统筹经济发展和社会保障,实现“年龄平等,人人共建共享共融”的理想老龄社会和中华民族的伟大复兴。

人口老龄化是人类社会历史发展过程中的一个长周期事件,其发展演变是一个渐进并涉及人类社会多方面发展的过程,将深刻持久改变未来的经济、政治、文化、社会发展格局,并从根本上改变世界发展格局。人类对人口老龄化的认识还远远不够,即便是先期进入人口老龄化的国家也难以全面、科学地回答人口老龄化给人类社会发展带来的深层次问题。我国漫长的几千年社会发展史,更是绝大部分在青年和成年型社会度过的。相比先期老龄化国家已经走过近百年的应对历程,由于我国人口规模大,老龄化速度快,区域经济文化差异大,我们对人口老龄化的认识还存在一定的误区①。在此背景下,全面认识我国人口老龄化的现状及发展态势,在总结我国老龄工作成功经验的基础上提出积极应对人口老龄化的战略措施具有重要意义。

8.1 我国人口老龄化的现状和趋势

新中国成立至世纪之交,随着经济发展、社会进步、人民生活水平的提高和国家计划生育基本国策的有效实施,我国人口再生产类型,经历了由传统型到过渡型再到现代型的历史性转变,人口年龄结构也随之从年轻型过渡到成年型再转变为老年型。1999 年年末,我国 60 岁及以上老年人口比重达到 10.3%,标志着我国进入老龄社会。2016 年,我国总人

① 蔡昉:《关于中国人口及相关问题的若干认识误区》,《国际经济评论》2010 年第 6 期。

口为13.83亿,老年人口规模为2.31亿,人口老龄化水平达到16.7%,我国人口老龄化正处在快速发展时期。

有别于发达国家迈入老龄社会与现代化同步,我国是在现代化任务尚未完成的情况下迈入老龄社会的。人口老龄化是实现中华民族伟大复兴的中国梦的客观背景,也是中国未来发展道路上的基本国情,我们注定要在老龄社会的条件下完成社会主义现代化建设目标。针对党的十九大报告中分“两个阶段”全面建设社会主义现代化国家的重大战略部署,从现在到本世纪中叶,我国人口老龄化将呈现出三个重要发展阶段。①

一是快速发展阶段(2016—2020年)。老年人口数量从2.31亿增至2.55亿,老龄化水平从16.7%升至17.8%。其中,受人口惯性规律的作用,随着1949—1958年第一次出生高峰人口进入老年,2016—2018年,我国老年人口进入第一次增长高峰。到2018年,老年人口数量和人口老龄化水平分别达到2.47亿和17.4%。受“三年困难”时期出生队列影响,2019—2020年,人口老龄化发展速度有所放缓。到2020年,少儿人口数量略高于老年人口数量,达到2.66亿;劳动年龄人口数量达到9.13亿,占届时总人口的63.7%。之后,老年人口数量开始逐渐超过少儿人口数量。

这个阶段的典型特征是顶部老龄化显著:2015—2020年,少儿人口数量和比重皆有所增长,少儿人口数量增长约11.8%,少儿人口占总人口的比重从17.2%上升至18.6%。同期,老年人口数量增长15.39%,老少比从2015年的93∶100转变为96∶100。劳动年龄人口数量减少1.4%,但仍保持在9亿以上,是劳动力资源供给较充分的时期。社会总抚养比从2015年49.6%(其中少儿抚养比为25.7%,老年抚养比23.9%)上升至2020年57.1%(其中少儿抚养比为29.1%,老年抚养比为27.9%),是我国社会总抚养比相对较低的时期。

① 国家应对人口老龄化战略研究·人口老龄化态势与发展战略研究课题组:《人口老龄化态势与发展战略研究》,2014年。

二是急速发展阶段(2020—2035年)。老年人口数量从2.55亿增至4.18亿,人口老龄化水平从17.8%升至28.7%。在此期间,随着1960—1975年第二次出生高峰人口进入老年,老年人口迎来第二个增长高峰,预计年均净增加1087万,老年人口年均增长率为3.35%,是同期总人口年均增长率(0.1%)的33.5倍。在此期间,少儿人口净减少5500万,劳动年龄人口净减少8600万,但一直保持在8亿以上,老年人口净增加1.63亿,社会总抚养比由57.1%快速提升到76.1%。随着人口老龄化持续加重,到2035年,老年人口数量超过少年儿童人口数量将近1倍,老年抚养比将达到50.5%,比少儿抚养比高1倍。

这个时期是本世纪我国人口年龄结构变化最剧烈的时期,其典型特点是:总人口规模接近峰值,老年人口增长速度最快,老少比翻一番,达到198∶100,这种人口老龄化速度在人类发展史上绝无仅有。

三是深度发展阶段(2035—2050年)。老年人口数量从4.18亿增至4.83亿,人口老龄化水平从28.7%升至34.1%。其中,2046—2050年,随着第三次出生高峰人口进入老年,老年人口迎来第三个增长高峰,预计年均净增加666万,老年人口年均增长率为1.42%。在此期间,总人口数量从14.56亿持续减少到14.17亿,少儿人口规模基本稳定在2.1亿左右,劳动年龄人口数量从8.27亿持续缩减到7.13亿,而老年人口以年均净增433万的速度继续稳步增加。到2050年左右,老年人口规模接近峰值。我国老年人口将在2053年达到峰值4.87亿,比届时发达国家老年人口总和多约6700万人,约占届时亚洲老年人口的二分之一,占世界老年人口的四分之一。

这一时期是我国人口老龄化稳定加重的时期,典型特点是:老年人口数量接近峰值;高龄人口加速增加,80岁以上高龄人口从0.6亿增加到1.08亿,年均净增320万,年均增速为4%,比同期老年人口年均增速快3.85倍;2050年,老年抚养比将达到67.7%,少儿抚养比为31%,社会总抚养比达到98.7%,社会抚养负担持续加重。

8.2 我国应对人口老龄化的主要做法

目前,世界上进入老龄社会的国家和地区已达 100 多个,所有发达国家都已进入老龄社会,许多发展中国家已经或即将进入老龄社会。从其他国家的实践来看,人口老龄化既会带来严峻挑战,也蕴含大量机遇。积极应对人口老龄化,必须树立应对自信。进入老龄社会后,只有科学认知,正确应对,才能使人口再生产与物质再生产相适应,持续推动经济社会发展。因此,应对人口老龄化必须未雨绸缪,及早谋划。

从世界上先行进入老龄社会的发达国家的实践来看,有的尽管曾经出现过经济停滞、社会动荡风险,一些国家甚至出现过经济下行、社会失序等问题,但其主因是经济、政治、社会等方面的应对政策失当,而非人口老龄化本身。只要预测及时,措施得当,科学应对,人口老龄化的许多负面影响是可以减轻、延缓甚至避免的。历史地看,我国在快速老龄化的进程中持续保持了经济的中高速发展。这充分说明,经济发展的决定性因素是改革创新。未来我国要提高全要素生产率,使人口老龄化仅仅对经济发展起到延缓作用,实现"边老边富"。

从认识和应对老龄社会的实践看,相比先行进入老龄社会的国家,我们的成效是明显的。取得这些成绩的成功经验主要体现在"四早"上。

一是关注介入早。1982—1999 年是我国尚未进入人口老龄化阶段的关注介入期。1982 年,尽管当时我国 60 岁及以上老年人口占总人口的比重仅为 7.4 %,但应联合国老龄问题世界大会之邀,国务院随即批准成立了老龄问题世界大会中国委员会。同年 10 月,成立中国老龄问题全国委员会(后更名为"中国老龄协会");1999 年成立了议事协调机构——全国老龄委,并设办公室。1989 年,成立国家级老龄科研机构——中国老龄科学研究中心。通过成立专门机构和研究部门,加强了对世界老龄问题的研究。1989 年,我国参加了联合国"以制定政策为目的开展老龄问题研究"项目;1991 年,出席了日本世界老龄大会,并任会议执行主席;1992 年,出席了联合国纪念维也纳老龄问题世界大会十周年国际会议,并提交研究成果。这期间,形成了报送国务院的《中日人口老龄化比较研究总报告》,出版了《正在出现的中国人口老龄化问题》,颁布了《中华人民共和国老年人权益保障法》。在当时与国际社会接触和交往还不够顺畅、全面的背景下,我国通过积极努力,获取了世界老龄问题的第一手资料和数据,形成了一批研究成果,对人口老龄化有了初步认识,并对我国应对人口老龄化提出了初步设想。这充分表明,在我国尚未进入老龄社会之前,党和政府就已高度关注人口老龄化将给经济社会发展带来的影响,并通过积极参加国际会议,搜集掌握人口老龄化资讯,从关注世界先期进入老龄社会的国家的实践中汲取教训,总结经验。正是这种及早关注和高度重视,为我国积极应对人口老龄化奠定了正确的理论基础和思想指导。

二是机会抓得早。1999 年 10 月,我国正式进入人口统计学意义上的老龄社会。按照人口老龄化发展规律和我国老龄化特点,2016 年,我国人口总抚养比超过 50%,人口机会窗口期关闭。2002—2015 年是我国应对人口老龄化的机会窗口期,抓住这一时期,积极做好应对人口老龄化准备,就会为我们积极应对 2022 年开始的老龄化急速发展期和 2036 年开始的老龄化深度发展期的人口老龄化问题赢得先机,争取主动。为充分做好准备,赢得这一"黄金期",2000 年,全国老龄办迅速组织中国老龄科学研究中心开展了第一次全国老年人生活状况抽样调查,并每隔五年进行一次,目前实施了四次,形成了比较完整的老年人统计数据库。全国老龄办还开展了"国家应对人口老龄化战略研究";出版了《中国人口老龄化发展趋势百年预测》,对我国的人口老龄化趋势做出了清晰、科学的预测和判断,确定了我国应对人口老龄化的战略定位;出台了以《中华人民共和国老年人权益保障法》为主体的涉老法规和政策文件共 290 多项,初步形成了老龄法律法规及政策体系;实现全民医保,包括老年人在内的 95%以上的城乡居民享有了基本医疗保险,老年民生保障体系不断健全;老年人公共服务体系建设加快,截至2017年9月,全国养老机构达14.46万家,每千名老年人拥有床位数量达31.6张;老年人优待范围不断扩大,65.8%的老年人享受过公共交通、医院就诊等方面的优待,全社会敬老爱老助老氛围逐步形成,45.6%的老年人经常参加各种有益活动,81.9%的城乡社区建立了老年协会。这些实实在在的成就,体现了我国为应对快速老龄化可能给经济社会带来的诸多问题,在人口机会窗口期抓得早,抓得实,抓得准,从而为下一步应对奠定了基础,赢得了先机。

三是顶层谋划早。人口老龄化有其发生、发展、演变的自身规律,我国的人口老龄化更是有着"老年人口数量最多,老龄化速度最快,应对人口老龄化任务最重"的特点。在21世纪前50年,我国将经历人口老龄化情况最为复杂、形势最为严峻的时期,即2000—2022年的快速发展阶段、2022—2036年的急速发展阶段和2036—2053年的深度发展阶段。鉴于我国复杂、艰巨的人口老龄化应对任务,党和政府高度重视,对人口老龄化及早进行预测研判和战略谋划,早在20世纪就制定了《中国老龄工作七年发展纲要》《中华人民共和国老年人权益保障法》。进入新世纪,党中央、国务院先后下发了《关于加强老龄工作的决定》,制定了"十五""十一五""十二五""十三五"四个老龄事业发展规划,及时编制国家应对人口老龄化中长期战略规划,初步制定了老年人照顾服务、养老服务业、老年法律维权、老年宜居环境等方面的多项政策措施,从国家层面对老龄事业、老龄服务保障等做出了系统安排。我国正是基于对人口老龄化特点和规律的深入思考,对积极老龄化、活力老龄化和健康老龄化的深刻把握,把应对人口老龄化上升为国家战略,从而为理想老龄社会建设奠定了基础。

四是战略部署早。为有效应对2022年以后我国将进入快速老龄化阶段的挑战,党的十八大以来,党和国家高度重视对老龄化的科学研判和形势分析,将老龄工作放在"五位一体"总体布局、"四个全面"战略布局的大背景下去思考,去推动,放在习近平新时代中国特色社会主义思想和治国理政的总体部署中去把握,去谋划,确定了我国应对人口老龄化的战略定位,提出了积极应对人口老龄化的新理念、新思想、新战略,明确了我国老龄事业的目标，部署了新时代“五个着力”的重点任务，形成了“健康中国 2030”和“全生命周期”应对老龄化理念，确立了科学有效的老龄工作领导和组织实施体制机制，并及时启动了“超老龄社会”和应对人口老龄化中长期战略研究，对我国应对人口老龄化做出了系统、全面、综合、科学的部署，初步形成了具有中国特色、适应中国国情的“大老龄”领导决策、科学应对体制机制和模式，使我国老龄工作全面融入新时代中国特色社会主义建设步伐。

8.3　积极应对人口老龄化的战略措施

综上可知，在不到 30 年的时间里，我们走过了发达国家漫长的人口老龄化历程，并取得了显著成效。无论从过去几十年应对人口老龄化取得的成效分析，还是从党中央、国务院对新时代积极应对人口老龄化和发展老龄事业的战略部署来看，都足以说明，我们有能力、有信心做好即将进入快速老龄社会的应对工作，同步实现理想老龄社会建设与“两个一百年”的目标。

8.3.1　实施提高人口生育率的政策

一是做好全面“二孩”政策效果跟踪评估，密切监测生育水平变动态势，逐步推动生育政策从全面“二孩”政策向家庭自主生育政策转变，不断提高总和生育率。二是通过税收、抚育、教育、社会保障、住房等政策，减轻生、养子女家庭负担，不断完善生育政策。三是鼓励雇主为孕期和哺乳期妇女提供灵活的工作时间安排及必要的便利条件，支持妇女生育后重返工作岗位，通过经济补贴、延长产假、建立配偶陪产假制度等方式鼓励家庭生育。四是完善托幼公共政策。加强科学预测，合理规划配置儿童照料、学前教育等资源，满足新增托幼公共服务需求。引导和鼓励社会力量举办普惠性托儿所和幼儿园等服务机构。

8.3.2 实施促进老年人力资源开发利用的政策

一是完善人力资源政策,将老年人才开发利用纳入各级人才队伍建设总体规划,鼓励各地制定老年人才开发利用专项规划。二是完善终身就业促进,加大对大龄劳动力 、老年人的教育和培训,提高劳动参与率。三是实施弹性退休政策,建立 60—65 岁人群的退休政策、待遇调整机制。鼓励专业技术领域人才延长工作年限。四是加快形成老年人力资源开发环境。建立老年人才信息库,实现互联互通、资源共享。推动用人单位与受聘老年人依法签订书面协议。依法保障老年人在生产劳动过程中的合法收入、安全和健康权益。五是发展老年人自愿服务,支持老年人积极参与基层民主监督、社会治安、公益慈善、移风易俗、民事调解、文教卫生、全民健身等工作。深入开展“银龄行动”,组织医疗卫生、文化教育、农业科技等老专家、老知识分子参与志愿服务。

8.3.3 实施促进终身教育政策

一是落实老年教育发展规划,促进各级各类学校开展老年教育,尤其是职业院校加大开展老年教育力度。部门、行业企业、高校举办的老年大学要进一步提高面向社会办学开放度。二是实施社会力量兴办老年教育扶持政策,设立老年教育专项基金,扩大老年教育资源供给,促进老年教育可持续发展。三是调动各种慈善机构的积极性,参与老年教育事业发展,推动老年教育实现办学主体多元化。四是通过远程教育等方式,优先发展城乡社区老年教育,满足广大社区老年人教育需求。

8.3.4 实施加强社会保障体系的政策

一是健全完善社会保险制度。在养老保险方面,完善社会统筹与个人账户相结合的基本养老保险制度,构建包括职业年金、企业年金,以及个人储蓄性养老保险和商业保险的多层次养老保险体系。推进个人税收递延型商业养老保险。在医疗保险方面,完善缴费参保政策,加快推进基本医疗保险全国联网和异地就医结算,实现跨省异地安置退休人员住院费用直接结算。鼓励发展补充医疗保险和商业健康保险、老年人意外伤害保险。在长期护理保险制度方面,鼓励商业保险公司开发适销对路的长期护理保险产品和服务。二是完善社会福利制度,着力保障特殊困难老年人的需求,确保人人能够享有基本养老服务。在全国范围内基本建设针对经济困难的高龄、失能老年人的补贴制度。三是完善社会救助制度,确保所有符合条件的老年人按规定纳入最低生活保障、特困人员救助供养等社会救助制度保障范围。完善医疗救助制度,全面开展重特大疾病医疗救助,逐步将低收入家庭老年人纳入救助范围。

8.3.5 实施老年群体社会治理的政策

一是贯彻新修订的《老年人权益保障法》的内容,不断完善涉老法律法规体系,为保障老年人权益提供法制基础。重点照顾特殊人群,对于孤寡老人、生活困难者、失独老年人等特殊群体,要保障他们的合法权益不受侵害。完善司法维权体系,依法处理老年侵权事件,为老年人群体提供司法保障。二是政府要加大对社会组织的支持力度,通过财政、政策等方面支持老年社会组织发展,同时加强监督,使其进一步规范化和专业化。加快政府职能转变,将涉及老年人的公共服务部分转移给老年社会组织。三是进一步拓展老年人社会参与的渠道。重视基层民众自治组织的作用,吸纳老年人参与基层民主自治,提升老年人社会参与程度。培养社区老年居民意见领袖,发挥其在社区事务中的带头作用,引领社区老年人参与解决社区事务,提升其社会责任感。四是多措并举,全面提升老年人的精神文化生活。依托老年社会组织,为老年人提供形式多样、内容丰富的活动,满足老年人的精神文化需求。

8.3.6 实施促进健康老龄化的政策

一是推进老年医疗卫生服务体系建设,加强老年康复医院、护理院、临终关怀机构和综合医院老年病科建设。提高基层医疗卫生机构康复护理床位占比。二是开展老年人健康教育,加强老年人健康促进和疾病预防。积极开展家庭医生签约服务，为老年人提供连续的健康管理和医疗服务。三是加强老年体育健身，结合贯彻落实全民健身计划，依托公园等公共设施及旧厂房等城市空置场所，建设适合老年人体育健身的场地设施，广泛开展老年人康复健身体育活动。四是推进医养结合。支持养老机构按规定开办康复医院、护理院、临终关怀机构和医务室、护理站等。鼓励执业医师到养老机构设置的医疗机构多点执业。对养老机构设置的医疗机构，符合条件的按规定纳入基本医疗保险定点范围。五是鼓励社会力量举办以中医药健康养老为主的护理院、疗养院，建设一批中医药特色医养结合示范基地。

8.3.7 实施老龄服务供给侧改革的政策

一是夯实居家社区养老服务基础。逐步建立支持家庭养老的政策体系，鼓励成年子女与老年父母共同生活，履行赡养义务和承担照料责任。引导社区日间照料中心等养老服务机构依托社区综合服务设施和社区公共服务综合信息平台，为老年人提供多样化、专业化服务。二是推动养老机构提质增效。加快公办养老机构改革，鼓励具备向社会提供养老服务条件的公办养老机构转制为企业或开展公建民营。支持社会力量兴办养老机构，对民间资本和社会力量申请兴办养老机构进一步放宽准入条件，落实好对民办养老机构的投融资、税费、土地、人才等扶持政策。加快建立全国统一的服务质量标准和评价体系，完善安全、服务、管理、设施等标准，加强养老机构服务质量监管。三是加强农村老龄服务发展，通过邻里互助、亲友相助、志愿服务等模式和举办农村幸福院、养老大院等方式，满足广大农村老年人需求。

8.3.8 实施城乡统筹发展的政策

一是加快户籍改革，放宽随子女外迁老年父母的落户条件。二是加大农民培训和教育力度，提高留守的农业劳动力素质，减缓高素质青壮年劳动力外流对农业生产的影响。鼓励多种形式的适度规模经营，保护老年人在土地流转过程中的合法权益。三是加快调整国民收入分配格局和财政支出结构,形成政府主导、多元投入、统筹使用的支农资金保障机制。将社会建设的重点放在农村,加快农村社会保障体系和养老服务体系建设。全方位开展科技、人员、文化、产品、服务等下乡活动,推动农村实现跨越式发展。四是取消各种对农民工进城就业的歧视性规定和不合理限制,加快形成城乡统一、平等竞争的劳动力市场。加快提升农业机械化水平,扩大农机补贴范围,降低农业生产活动的体力劳动强度。

8.3.9 实施培育老龄产业发展新动能政策

一是土地政策方面,地方政府在编制各种用地规划时,明确保障老龄产业发展用地比例。在制定年度用地计划时,需要逐步提高老龄产业用地比例,优先安排老龄产业重大项目建设用地指标。二是税费政策方面,对老龄企业暂免征企业所得税和增值税。减免带有福利性质的老龄企业自有用房产、土地、车辆的房产税、城镇土地使用税、车辆使用税。对老龄企业为老年人提供生活照料、护理、健身等方面取得的收入暂免城建税和教育附加费。三是财政政策方面,加大对老龄产业的投入,通过贷款贴息、项目补贴、补充资本金等方式,支持国家级老龄产业基地建设,支持老龄产业重点项目,支持老龄产业新产品、新技术的研发。四是金融政策方面,鼓励银行业等金融机构加大对老龄企业的金融支持力度,支持有条件的老龄企业上市融资,发行债券等。

8.3.10 实施保障老年人合法权益的政策

一是完善老年人权益保障配套法规。加快建设老年人社会服务、社会优待、社会参与等方面的制度。建立老年人监护制度。健全优待老年人的财政投入、服务评价、检查监督、奖励表彰等政策。二是加强普法宣传。深入结合“法律六进”活动,推动普法宣传教育规范化、常态化,强化全社会维护老年人合法权益的法治观念。开展更多适合老年人的法治宣传活动,帮助老年人学法、懂法、用法,提高守法意识和依法维权意识。三是加强老年人权益保障落实。健全老年人权益保障法律法规的联合执法、执法检查、综合评估等制度。做好老年人来信来访工作。加强老年人法律服务和法律援助，针对老年群体特点开展适应老年人特殊需求的专项法律服务活动。扩大老年人法律援助范围，拓展基层服务网络，推进法律援助工作站点向城市社区和农村延伸，方便老年人及时就近寻求法律帮助。

8.3.11 实施年龄友好型住房和土地政策

一是制定有利于发挥家庭养老功能的住房政策。逐步调整住房市场供应结构，借鉴国外模式，推进两代居、毗邻住宅建设。鼓励金融机构实施有利于发挥家庭养老功能的房贷优惠政策。二是探索住房反向抵押贷款，研究老年人住房产权、使用权和老龄服务机构居住使用权置换等以房养老途径，为老年人获取养老金和老龄服务提供条件。三是政府在制定廉租房、公租房、经济适用房等住房保障政策时，优先照顾有住房困难的老年人家庭。四是城市重建、改造和制定发展规划时，应该统筹考虑各个年龄群体的居住、生活、就业和社会参与需要，合理设置各类公共服务设施，促进老年群体和其他年龄群体融为一体。五是制定有利于农村人口向城市转移的土地政策，探索老年人宅基地、耕地承包权同城市居住权、社会保障权之间合理转换的办法。

8.3.12 实施独生子女老人特殊保障制度

在不同的人口老龄化阶段，老年人保障重点会呈现不同特点。2020—2035 年，从老年人年龄结构看，“50 后”和“60 后”是主力军。这个群体的突出特点是独生子女老人。由于这一人群特殊的生活、工作经历，特殊的家庭代际关系，以及对退休生活品质理念特殊的思考、需要和感悟，一定程度上讲，能否妥善解决好这部分人的老年生活，直接关系到应对效果的成败。一是制定好独生子女老人退休金补贴制度。这一补贴可以数量不多，但体现了政府对自觉响应国策者的关爱。二是建立适当的、灵活的独生子女陪护、照护老人假制度，使独生子女最大限度地增加陪护、照护父母的时间，使独生子女老人晚年能够享有来自唯一子女的这种亲情和天伦之乐。三是制定社区、志愿者参与独生子女老人的照护、帮助补偿机制,使缺乏子女和家人照护的老人一有照护需要,就能及时得到帮助,减少无助和茫然带来的抑郁、失望和精神障碍。四是营造老年人家庭和谐、珍惜老年夫妻感情的社会、家庭氛围,减少不利于家庭和代际和谐的现象,减少家庭和社会不稳定因素。五是制定利于老年人集体养老的场所、条件和制度,促进同事圈、邻里圈、亲朋圈养老、交际单元的形成,促进互助养老,补偿、替代由于独生子女"无力"赡养带来的缺位。

8.3.13 实施繁荣老龄文化业态的政策

一是通过财政、税收和金融政策,鼓励文化企业转型,面向日益增多的老年人口提供文化产品和文化服务。二是实施配套激励政策,培育老龄文化人才。运用财政补贴等政策,鼓励大专院校开设老龄文化专业,培养一批老龄文化专业人才。出台配套优惠措施,为老龄文化专业人才在就业、在岗培训、继续教育、住房、社会保障等方面提供支持。三是培育老龄文化企业,研究出台相关土地、税收、信贷政策,引导社会资本投入老龄文化产业,充分发挥市场决定性作用,打造老龄文化创意产业。四是健全完善老龄文化产品设计规范以及产品生产标准。

参考文献

黄承伟:《论习近平新时代中国特色社会主义扶贫思想》,《南京农业大学学报(社会科学版)》2018 年第 3 期。

黄承伟:《党的十八大以来脱贫攻坚理论创新和实践创新总结》,《中国农业大学学报(社会科学版)》2017 年第 5 期。

杨增岽、张琦:《习近平精准扶贫精准脱贫思想的哲学基础与理论创新》,《贵州社会科学》2018 年第 3 期。

黄承伟、刘欣:《新中国扶贫思想的形成与发展》,《国家行政学院学报》2016 第 3 期。

寇恩惠、刘柏惠:《公司部门工资差距》,《数量经济技术经济研究》2011 年第 3 期。

田北海、王彩云:《城乡老年人社会养老服务需求特征及其影响因素——基于对家庭养老替代机制的分析》,《中国农村观察》2014 年第 4 期。

王小林:《贫困测量理论与方法》,社会科学文献出版社 2012 年版。

朱晓、范文婷:《中国老年人收入贫困状况及其影响因素研究——基于 2014 年中国老年社会追踪调查》,《北京社会科学》2017 年第 1 期。

韩华为、高琴、徐月宾:《农村老年人口绝对贫困及其影响因素——物质剥夺视角下的实证研究》,《人口与经济》2017 年第 5 期。

刘生龙、李军:《健康、劳动参与及中国农村老年贫困》,《中国农村经济》2012 年第 1 期。

王三秀:《积极老龄化与我国老年贫困治理路径新探索》,《江淮论坛》2016 年第 1 期。

乐章、刘二鹏:《家庭禀赋、社会福利与农村老年贫困研究》,《农业经济问题》2016 年第 8 期。

彭华民等:《西方社会福利理论前沿》,中国社会出版社 2009 年版。

刘一伟、汪润泉:《收入差距、社会资本与居民贫困》,《数量经济技术经济研究》2017 年第 9 期。

武岩、胡必亮:《社会资本与中国农民工收入差距》,《中国人口科学》2014 年第 6 期。

王俊文:《国外反贫困经验对我国反贫困的当代启示——以西方发达国家美国为例》,《社会科学家》2008 年第 3 期。

邓大松、仙蜜花:《美国反贫困政策对中国扶贫工作的借鉴和启示——基于美国福利政策的分析》,《江淮论坛》2017 年第 4 期。

李小云、马洁文、唐丽霞等:《关于中国减贫经验国际化的讨论》,《中国农业大学学报(社会科学版)》2016 年第 5 期。

东亚及太平洋地区扶贫与经济管理局:《从贫困地区到贫困人群:中国扶贫议程的演进中国贫困和不平等问题评估》,世界银行,2009 年。

莫光辉:《精准扶贫:中国扶贫开发模式的内生变革与治理突破》,《中国特色社会主义研究》2016 年第 2 期。

郑瑞强、王英:《精准扶贫政策初探》,《财政研究》2016 年第 2 期。

汪三贵、刘未:《“六个精准”是精准扶贫的本质要求——习近平精准扶贫系列论述探析》,《毛泽东邓小平理论研究》2016 年第 1 期。

张萍、栗金亚:《资产建设理论视阈下农村贫困救助政策的启示》,《经济与管理》2012 年第 9 期。

张新伟:《市场化与反贫困路径选择》,中国社会科学出版社 2001 年版。

蔡昉:《关于中国人口及相关问题的若干认识误区》,《国际经济评论》2010 年第 6 期。

Angus Deaton, 1992, *Understanding Consumption: Clarendon Lectures in Economics*, Oxford Clarendon Press, pp. 78-79.

Carroll, C.D., 1992, "Buffer-stock Theory of Saving: Some Macroeconomic Evidence", *Brookings Papers on Economic Activity*, 29(2), pp. 61-156.

Muellbauer, J., 1998, "Habits, Rationality and Myopia in the Life Cycle Consumption Function", *Annales de conomie et de Statistique*, 44(9), pp. 47-70.

Mehir, C. and G. Weber, 1996, " Intertemporal Nonseparablity or Borrowing Restrictions-a Disaggregate Analysis Using A U. S. Consumption Panel", *Econometrica*, 64(5), pp. 1151-1181.

Reid, L.W., and Rubin, B.A., 2003, "Integrating Economic Dualism and Labor Market Segments of Race, Gender and Employment Status, 1972-2000", *Sociological Quarterly*, 44, pp. 405-432.

Heitmueller, A., 2006, " Public Private Pay Differentials in Devolved Scotland", *Journal of Applied Economics*, IX(2), pp. 295-323.

Jill S. Quadagno, 1984, "Welfare Capitalism and the Social Security Act of 1935", *American Sociological Review*, Vol.49, No.5, pp.632-647.

Rebecca M. Blank, 2002, " Evaluating Welfare Reform in the United States ", *Journal of Economic Literature*, Vol.XL, pp.1105-1166.

John Baffoe Bonnie, 2009, "Black White Wage Differentials in a Multiple Sample Selection Bias Model ", *Atlantic Economic Journal*, XXXVII(1), pp. 1-16.

Heckman, J.J., 1979, "Sample Selection Bias as a Specification Error", *Econometrical*, LXVII(1), pp. 153-162.

Oaxaca, R., 1973, "Male-Female Wage Differentials in Urban Labor Markets", *International Economic Review*, 14(3), pp. 693-709.

Kazuhiro Arai, 1997, " Cooperation, Job Security, and Wages in A Dual Labor Market Equilibrium ", *The Journal of Socio-Economics*, 26 (1), pp. 39-57.

Levinsohn, J., Petrin, A., 2003, "Estimating Production Functions Using Inputs to Control for Unobservables ", *Review of Economic Studies*, 70, pp. 317-342.

附　录

企业年金办法

中华人民共和国人力资源和社会保障部
中华人民共和国财政部令　第36号

《企业年金办法》已经2016年12月20日人力资源和社会保障部第114次部务会审议通过,财政部审议通过。现予公布,自2018年2月1日起施行。

人力资源和社会保障部部长　尹蔚民

财政部部长　肖　捷

2017年12月18日

企业年金办法

第一章　总　则

第一条　为建立多层次的养老保险制度,推动企业年金发展,更好地保障职工退休后的生活,根据《中华人民共和国劳动法》《中华人民共和国劳动合同法》《中华人民共和国社会保险法》《中华人民共和国信托法》和国务院有关规定,制定本办法。

第二条　办法所称企业年金,是指企业及其职工在依法参加基本养老保险的基础上,自主建立的补充养老保险制度。国家鼓励企业建立企业年金。建立企业年金,应当按照本办法执行。

第三条 企业年金所需费用由企业和职工个人共同缴纳。企业年金基金实行完全积累,为每个参加企业年金的职工建立个人账户,按照国家有关规定投资运营。企业年金基金投资运营收益并入企业年金基金。

第四条 企业年金有关税收和财务管理,按照国家有关规定执行。

第五条 企业和职工建立企业年金,应当确定企业年金受托人,由企业代表委托人与受托人签订受托管理合同。受托人可以是符合国家规定的法人受托机构,也可以是企业按照国家有关规定成立的企业年金理事会。

第二章 企业年金方案的订立、变更和终止

第六条 企业和职工建立企业年金,应当依法参加基本养老保险并履行缴费义务,企业具有相应的经济负担能力。

第七条 建立企业年金,企业应当与职工一方通过集体协商确定,并制定企业年金方案。企业年金方案应当提交职工代表大会或者全体职工讨论通过。

第八条 企业年金方案应当包括以下内容:

(一)参加人员;

(二)资金筹集与分配的比例和办法;

(三)账户管理;

(四)权益归属;

(五)基金管理;

(六)待遇计发和支付方式;

(七)方案的变更和终止;

(八)组织管理和监督方式;

(九)双方约定的其他事项。

企业年金方案适用于企业试用期满的职工。

第九条 企业应当将企业年金方案报送所在地县级以上人民政府人力资源社会保障行政部门。

中央所属企业的企业年金方案报送人力资源社会保障部。

跨省企业的企业年金方案报送其总部所在地省级人民政府人力资源社会保障行政部门。

省内跨地区企业的企业年金方案报送其总部所在地设区的市级以上人民政府人力资源社会保障行政部门。

第十条　人力资源社会保障行政部门自收到企业年金方案文本之日起15日内未提出异议的，企业年金方案即行生效。

第十一条　企业与职工一方可以根据本企业情况，按照国家政策规定，经协商一致，变更企业年金方案。变更后的企业年金方案应当经职工代表大会或者全体职工讨论通过，并重新报送人力资源社会保障行政部门。

第十二条　有下列情形之一的，企业年金方案终止：

（一）企业因依法解散、被依法撤销或者被依法宣告破产等原因，致使企业年金方案无法履行的；

（二）因不可抗力等原因致使企业年金方案无法履行的；

（三）企业年金方案约定的其他终止条件出现的。

第十三条　企业应当在企业年金方案变更或者终止后10日内报告人力资源社会保障行政部门，并通知受托人。企业应当在企业年金方案终止后，按国家有关规定对企业年金基金进行清算，并按照本办法第四章相关规定处理。

第三章　企业年金基金筹集

第十四条　企业年金基金由下列各项组成：

（一）企业缴费；

（二）职工个人缴费；

（三）企业年金基金投资运营收益。

第十五条　企业缴费每年不超过本企业职工工资总额的8%。企业和职工个人缴费合计不超过本企业职工工资总额的12%。具体所需费用，由企业和职工一方协商确定。

职工个人缴费由企业从职工个人工资中代扣代缴。

第十六条 实行企业年金后,企业如遇到经营亏损、重组并购等当期不能继续缴费的情况,经与职工一方协商,可以中止缴费。不能继续缴费的情况消失后,企业和职工恢复缴费,并可以根据本企业实际情况,按照中止缴费时的企业年金方案予以补缴。补缴的年限和金额不得超过实际中止缴费的年限和金额。

第四章 账户管理

第十七条 企业缴费应当按照企业年金方案确定的比例和办法计入职工企业年金个人账户,职工个人缴费计入本人企业年金个人账户。

第十八条 企业应当合理确定本单位当期缴费计入职工企业年金个人账户的最高额与平均额的差距。企业当期缴费计入职工企业年金个人账户的最高额与平均额不得超过 5 倍。

第十九条 职工企业年金个人账户中个人缴费及其投资收益自始归属于职工个人。

职工企业年金个人账户中企业缴费及其投资收益,企业可以与职工一方约定其自始归属于职工个人,也可以约定随着职工在本企业工作年限的增加逐步归属于职工个人,完全归属于职工个人的期限最长不超过 8 年。

第二十条 有下列情形之一的,职工企业年金个人账户中企业缴费及其投资收益完全归属于职工个人:

(一)职工达到法定退休年龄、完全丧失劳动能力或者死亡的;

(二)有本办法第十二条规定的企业年金方案终止情形之一的;

(三)非因职工过错企业解除劳动合同的,或者因企业违反法律规定职工解除劳动合同的;

(四)劳动合同期满,由于企业原因不再续订劳动合同的;

(五)企业年金方案约定的其他情形。

第二十一条 企业年金暂时未分配至职工企业年金个人账户的企业缴费及其投资收益,以及职工企业年金个人账户中未归属于职工个人的企业缴费及其投资收益,计入企业年金企业账户。

企业年金企业账户中的企业缴费及其投资收益应当按照企业年金方案确定的比例和办法计入职工企业年金个人账户。

第二十二条　职工变动工作单位时，新就业单位已经建立企业年金或者职业年金的，原企业年金个人账户权益应当随同转入新就业单位企业年金或者职业年金。

职工新就业单位没有建立企业年金或者职业年金的，或者职工升学、参军、失业期间，原企业年金个人账户可以暂时由原管理机构继续管理，也可以由法人受托机构发起的集合计划设置的保留账户暂时管理；原受托人是企业年金理事会的，由企业与职工协商选择法人受托机构管理。

第二十三条　企业年金方案终止后，职工原企业年金个人账户由法人受托机构发起的集合计划设置的保留账户暂时管理；原受托人是企业年金理事会的，由企业与职工一方协商选择法人受托机构管理。

第五章　企业年金待遇

第二十四条　符合下列条件之一的，可以领取企业年金：

（一）职工在达到国家规定的退休年龄或者完全丧失劳动能力时，可以从本人企业年金个人账户中按月、分次或者一次性领取企业年金，也可以将本人企业年金个人账户资金全部或者部分购买商业养老保险产品，依据保险合同领取待遇并享受相应的继承权；

（二）出国（境）定居人员的企业年金个人账户资金，可以根据本人要求一次性支付给本人；

（三）职工或者退休人员死亡后，其企业年金个人账户余额可以继承。

第二十五条　未达到上述企业年金领取条件之一的，不得从企业年金个人账户中提前提取资金。

第六章　管理监督

第二十六条　企业成立企业年金理事会作为受托人的，企业年金理事会应当由企业和职工代表组成，也可以聘请企业以外的专业人员参加，其中职工代表应不少于三分之一。

企业年金理事会除管理本企业的企业年金事务之外，不得从事其他任何形式的营业性活动。

第二十七条 受托人应当委托具有企业年金管理资格的账户管理人、投资管理人和托管人，负责企业年金基金的账户管理、投资运营和托管。

第二十八条 企业年金基金应当与委托人、受托人、账户管理人、投资管理人、托管人和其他为企业年金基金管理提供服务的自然人、法人或者其他组织的自有资产或者其他资产分开管理，不得挪作其他用途。

企业年金基金管理应当执行国家有关规定。

第二十九条 县级以上人民政府人力资源社会保障行政部门负责对本办法的执行情况进行监督检查。对违反本办法的，由人力资源社会保障行政部门予以警告，责令改正。

第三十条 因订立或者履行企业年金方案发生争议的，按照国家有关集体合同的规定执行。

因履行企业年金基金管理合同发生争议的，当事人可以依法申请仲裁或者提起诉讼。

第七章 附 则

第三十一条 参加企业职工基本养老保险的其他用人单位及其职工建立补充养老保险的，参照本办法执行。

第三十二条 本办法自 2018 年 2 月 1 日起施行。原劳动和社会保障部 2004 年 1 月 6 日发布的《企业年金试行办法》同时废止。

本办法施行之日已经生效的企业年金方案，与本办法规定不一致的，应当在本办法施行之日起 1 年内变更。

责任编辑:陈　登

图书在版编目(CIP)数据

中国社会保障改革与发展报告.2017/邓大松 等 著. —北京:
人民出版社,2019.4
(教育部哲学社会科学系列发展报告)
ISBN 978-7-01-020662-2

Ⅰ.①中… Ⅱ.①邓… Ⅲ.①社会保障体制-体制改革-研究报告-中国-2017②社会保障-发展战略-研究报告-中国-2017 Ⅳ.①D632.1

中国版本图书馆 CIP 数据核字(2019)第 065741 号

中国社会保障改革与发展报告 2017
ZHONGGUO SHEHUI BAOZHANG GAIGE YU FAZHAN BAOGAO 2017

邓大松　刘昌平 等 著

人民出版社 出版发行
(100706　北京市东城区隆福寺街 99 号)

天津文林印务有限公司印刷　新华书店经销

2019 年 4 月第 1 版　2019 年 4 月北京第 1 次印刷
开本:710 毫米×1000 毫米 1/16　印张:26.25
字数:390 千字

ISBN 978-7-01-020662-2　定价:88.00 元

邮购地址 100706　北京市东城区隆福寺街 99 号
人民东方图书销售中心　电话 (010)65250042　65289539